Joachim Merchel
Management in Organisationen der Sozialen Arbeit

Studienmodule Soziale Arbeit

Herausgegeben von
Heinz-Jürgen Dahme | Ria Puhl | Regina Rätz |
Wolfgang Schröer | Titus Simon | Mechthild Wolff

Die Reihe „Studienmodule Soziale Arbeit“ präsentiert Grundlagentexte und bietet eine Einführung in basale Themen der Sozialen Arbeit. Sie orientiert sich sowohl konzeptionell als auch in Inhalt und Aufbau der Einzelbände hochschulübergreifend an den jeweiligen Studienmodulen.
Jeder Band bereitet den Stoff eines Semesters in Lehr- und Lerneinheiten auf, ergänzt durch Übungsfragen, Vorschläge für das Selbststudium und weiterführende Literaturhinweise.

Joachim Merchel

Management in Organisationen der Sozialen Arbeit

Einführung

Der Autor

Joachim Merchel, Jg. 1953, Dr. phil., Diplom-Pädagoge, ist Professor für das Lehrgebiet „Organisation und Management in der Sozialen Arbeit“ an der Fachhochschule Münster, Fachbereich Sozialwesen, und dort auch Leiter des weiterbildenden Master-Studiengangs „Sozialmanagement“.

Bibliografische Information der Deutschen Nationalbibliothek

Die Deutsche Nationalbibliothek verzeichnet diese Publikation in der Deutschen Nationalbibliografie; detaillierte bibliografische Daten sind im Internet über http://dnb.d-nb.de abrufbar.

www.beltz.de · www.juventa.de
Herstellung und Satz: Ulrike Poppel
Druck und Bindung: Beltz Bad Langensalza GmbH, Bad Langensalza
Printed in Germany

ISBN 978-3-7799-3073-0

Vorwort

Im Juventa-Verlag ist im Jahr 2009 die dritte, überarbeitete Auflage des Einführungsbuchs „Sozialmanagement“ erschienen. Eine weitere Auflage hätte so viel an Ergänzungen und thematischen Erweiterungen notwendig gemacht, dass Autor und Verlag von einer vierten Auflage Abstand genommen haben. Stattdessen ist in der Nachfolge dieses Lehrbuch zum „Management in Organisationen der Sozialen Arbeit“ entstanden. Die Sozialmanagement-Perspektive hat sich mittlerweile in der Sozialen Arbeit etabliert; es ist heute im Grundsatz nicht mehr besonders gewöhnungsbedürftig, wenn man Soziale Arbeit mit „Management“ in Verbindung bringt. Das erstmalig im Jahr 2001 erschienene Einführungsbuch zum Sozialmanagement war noch von dem Impuls getragen, zu einer allmählichen Durchsetzung der Managementperspektive in der Sozialen Arbeit beizutragen. Das Buch spiegelt damit in Teilen nicht mehr die Diskussion und die Anforderungen wider, um die es heute bei einem einführenden Lehrbuch gehen sollte: die Konzipierung eines angemessenen Managementverständnisses und die genauere Charakterisierung der Aufgaben in den einzelnen Managementbereichen. Dabei soll immer bedacht werden, dass die Managementfunktionen und Managementaufgaben nicht generalisiert, sondern bezogen auf die *spezifischen Konstellationen in Organisationen der Sozialen Arbeit* formuliert und erläutert werden. Die differenzierende Bezugnahme von Managementdenken und Managementkonzepten auf die Spezifika in Organisationen der Sozialen Arbeit bleibt die Verbindung, die aus der Sozialmanagement-Einführung in das hier vorgelegte einführende Lehrbuch übertragen wurde. In das Buch eingearbeitet worden sind selbstverständlich Passagen aus dem Sozialmanagement-Einführungsbuch sowie Verarbeitungen aus verschiedenen Veröffentlichungen des Autors zu Themen, die in einem Zusammenhang mit den in diesem Lehrbuch erörterten thematischen Aspekten stehen.

Es bleibt zu wünschen, dass in der Ausbildung sowie in der Fort- und Weiterbildung von Fachkräften der Sozialen Arbeit das Thema „Management als Modus der Organisationsgestaltung“ als ein integraler Faktor angesehen und verarbeitet wird, in dem viele Bedingungen für eine Ermöglichung oder Begrenzung fachlichen, professionellen Handelns in der Sozialen Arbeit entschieden werden. Das Wissen zu und die Reflexion von Organisations- und Managementaspekten in der Sozialen Arbeit sollten zu einem Bestandteil der Kompetenzen des häufig als Leitorientierung genannten „reflexionsfähigen Praktikers“ werden. Denn professionelles Handeln findet immer in und mit Organisationen der Sozialen Arbeit statt. Wenn mit diesem Buch ein kleiner Beitrag geleistet würde zur Herausbildung von Organisations- und Managementdenken als Teil von Professionalität in der Sozialen Arbeit, würde dies den Autor erfreuen.

Münster/ Dortmund, im Juli 2014
Joachim Merchel

Inhalt

Kapitel 1
Einleitung: Qualifizierte gute Soziale Arbeit braucht gutes Management 11

Kapitel 2
„Management“ und „Organisation“: Begriffe mit unterschiedlichen Bedeutungen, Dimensionen und Erwartungen 22

2.1 Zum Begriff „Management“ 24
2.2 Dimensionen des Managements 29
2.3 Zum Begriff „Organisation“ 33
2.4 Bilder von „Organisation“ – Organisationstheorien als Grundlage für Management 39
2.4.1 Mentale Bilder von „Organisation“ 40
2.4.2 Organisationssoziogische Bezugspunkte für die Konzipierung von Management 43
2.5 „Steuerung“ als eine zentrale Leitkategorie des Managements 56

Kapitel 3
Die Organisation der Sozialen Arbeit als Gegenstand des Managementhandelns 64

3.1 Soziale Dienstleistungen als Bezugspunkt für Managementhandeln 65
3.2 Ähnlichkeiten und Unterschiede im Management von Wirtschaftsbetrieben und Organisationen der Sozialen Arbeit 73
3.3 Steuerungsbereiche des Managements von Organisationen der Sozialen Arbeit – im Überblick 86
3.4 Strategisches Management in Organisationen der Sozialen Arbeit 90
3.5 Normatives Management in Organisationen der Sozialen Arbeit 100

Kapitel 4
Organisationsbezogene Steuerung 107

4.1 Merkmalsbereiche von Organisationen als Bezugspunkte für organisationsbezogene Steuerung 109
4.2 Steuerungsanforderungen im Hinblick auf organisationale Merkmalsbereiche 115

4.2.1 Organisationszweck/ Organisationsziele 115
4.2.2 Handlungsprogramme 119
4.2.3 Organisationsstrukturen 127
4.2.4 Organisationsmitglieder 134
4.2.5 Organisationskultur 138
4.3 Förderung organisationaler Lernfähigkeit 142

Kapitel 5
Betriebswirtschaftliche Steuerung 152

5.1 Gemeinnützigkeit von Trägern Sozialer Arbeit 154
5.2 Umgang mit Finanzierungsmodalitäten 158
5.3 Aussagefähiges und für Steuerungszwecke relevantes Rechnungswesen 165
5.4 Steuerung über Budgetierung und Controlling 172
5.4.1 Budgetierung 172
5.4.2 Controlling 174
5.5 Fundraising 180

Kapitel 6
Fachliche Steuerung 187

6.1 Orientierung vermitteln durch Konzeptionsentwicklung, fachliche Anleitung und Beratung 189
6.2 Qualitätsmanagement/ Qualitätsentwicklung 194
6.3 Evaluation als methodisch strukturierter Reflexionsimpuls 203

Kapitel 7
Mitarbeiterbezogene Steuerung/ Personalmanagement 210

7.1 Zur Bedeutung des Faktors „Personal“ bei sozialen Dienstleistungen 212
7.2 Zielsetzungen/ Herausforderungen für das Personalmanagement 220
7.3 Ehrenamtlich bzw. freiwillig Tätige als besondere Zielgruppe des Personalmanagements 225
7.4 Handlungsfelder des Personalmanagements 228

Kapitel 8
Gestaltung der Bezüge einer Organisation zu ihrer Umwelt 237

8.1 Was macht die „Umwelt“ einer Organisation aus? 239
8.2 Einflussnahme auf Erwartungen und Bedingungsgefüge in der Umwelt der Organisation 245

8.3 Gestaltung interorganisationaler Kooperation 248
8.4 Marketing 254

Kapitel 9
Leitung als Steuerungsfunktion in Organisationen der Sozialen Arbeit 273

9.1 Position und Aufgaben von Leitung sowie organisationsstrukturelle Bedingungen zu ihrer Realisierung 275
9.2 Kompetenzprofil für Leitungspersonen 287
9.3 Führungsstile: Verhaltensmuster für „gute Leitung“? 292

Literatur 301

Kapitel 1
Einleitung: Qualifizierte gute Soziale Arbeit braucht gutes Management

■ Fachliches Handeln in der Sozialen Arbeit vollzieht sich immer in Organisationen. Die Gestaltung von und in Organisationen hat unmittelbare Auswirkungen auf die fachlichen Handlungsmöglichkeiten der Fachkräfte. Im „Management" werden die zentralen Gestaltungsmodalitäten für die organisationalen Rahmenbedingungen in den Blick genommen und realisiert. Die „Management-Perspektive" betrachtet die Organisation der Sozialen Arbeit als „Betrieb". Wie bei allen Betrieben kann sich Management jedoch nicht auf die betriebswirtschaftliche Steuerung konzentrieren, sondern muss die gesamte Steuerungsbreite einer Organisation in den Blick nehmen. Leitorientierung für Management in Organisationen der Sozialen Arbeit muss eine reflektierte Integration von Managementdenken und fachlichen Anforderungen an die Soziale Arbeit sein.

Fachkräfte in der Sozialen Arbeit haben in aller Regel den Anspruch, gute Arbeit leisten zu wollen. Sie wollen die Leistungen so erbringen, dass sie den Adressaten nutzt, dass individuelle und soziale Probleme durch ihre Arbeit einer Lösung näher gebracht werden, dass ihr Handeln dem aktuellen Wissensstand und den in der Profession entwickelten methodischen Handlungsmöglichkeiten entspricht. Als Fachkräfte mit einem professionellen Handlungsbewusstsein wollen sie eine möglichst gute Fachpraxis gestalten. Damit eine solche gute Fachpraxis entstehen kann, sind u.a. in den Debatten zum Qualitätsmanagement unterschiedliche Faktoren aufgelistet worden. Eine relativ grobe, aber in der Qualitätsmanagementdiskussion breit verwendete Unterscheidung differenziert solche Faktoren in Strukturqualität, Prozessqualität und Ergebnisqualität. Man benötigt zur Herausbildung einer guten fachlichen Arbeit förderliche Rahmenbedingungen im Hinblick auf sachliche Ausstattung, Finanzen, Organisationsstrukturen (Strukturqualität). Die Fachkräfte müssen gute fachliche Kompetenzen und Motivationen entfalten, um angemessene Interaktionen gestalten zu können (Prozessqualität), damit Ziele erreicht werden, also effektiv gehandelt wird (Ergebnisqualität) und dabei der Ressourcenaufwand in einem angemessenen Verhältnis zum Ergebnis gehalten wird (Wirtschaftlichkeit). In dieser kurzen Charakterisierung wird bereits deutlich, dass die Interaktionen, in denen sich eine gute Arbeit der Fachkräfte zeigt, in den Rahmen einer Organisation eingebunden sind: Die Organisation stellt die Rahmenbedingungen zur Verfügung, sie sorgt für Personal, das den Aufgaben angemessen ist, und achtet auf die Aufrechterhaltung und Weiterentwicklung von Qualifikation und Motivation der Fachkräfte, sie definiert Regeln und gibt methodische Orientierungen für angemessenes Handeln der Fachkräfte, sie stimmt die individuellen Handlungsweisen der verschiedenen Akteure aufeinander ab, sie schafft Möglichkeiten der Zielreflexion und der Bewertung der Wirtschaftlichkeit der Arbeit u.a.m. Wie also eine Organisation, in der Soziale Arbeit stattfindet, gestaltet wird, hat unmittelbare Auswirkungen auf die fachlichen Handlungsmöglichkeiten der Fachkräfte und damit auf die Chancen für die Fachkräfte, ihre Absicht, gute Arbeit leisten zu wollen, realisieren zu können.

Organisation und fachliches Handeln in der Sozialen Arbeit stehen also in einem unmittelbaren Zusammenhang zueinander. Soziale Arbeit als helfendes, förderndes und/oder kontrollierendes Handeln bei sozialen Problemen ereignet sich immer in Organisationszusammenhängen, und das Handeln der Fachkräfte muss sich immer in solchen organisationalen Kontexten herausbilden. Denn ohne Organisationen ist Soziale Arbeit nicht denkbar: Organisationen (Träger, Einrichtungen) erhalten Aufträge und zu deren Erfüllung Ressourcen, müssen für diese Ressourcen Leistungen zielgerichtet und mit einem bestimmten Qualitätsgehalt erbringen und müssen dafür sorgen, dass diese Leistungen kalkulierbar und über einen gewissen Zeitraum verlässlich erbracht werden. Ohne dass Organisationen ihre Funktionsfähigkeit unter Beweis stellen, erhalten sie auf Dauer keine Aufträge und keine Ressourcen aus ihrer Umwelt (gesellschaftliche und staatliche Institutionen oder „Kunden", die ihre Leistung kaufen) und gefährden damit ihre Existenz.

Soziale Arbeit bedarf also der Gestaltung des organisationalen Rahmens, damit die Einrichtungen existieren können und damit angemessene Bedingungen zur Herausbildung einer guten fachlichen Arbeit geschaffen und aufrechterhalten werden. Der Begriff, in dem die unterschiedlichen Dimensionen und Aktivitäten zur Organisationsgestaltung, gekennzeichnet werden, heißt „Management". Wenn also von „Management in Organisationen der Sozialen Arbeit" oder von „Sozialmanagement" die Rede ist, dann sind solche Funktionen und Aktivitäten gemeint, mit denen organisationale Rahmenbedingungen für zielorientiertes fachliches Handeln gestaltet werden und in denen dafür Sorge getragen wird, dass innerhalb der Organisation so zielbezogen und so wirtschaftlich gehandelt wird, dass die Umwelt der Organisation weiterhin Ressourcen zur Verfügung stellt und somit der Organisation zur Weiterführung ihrer Existenz verhilft.

Mit dem Begriff „Management" gerät die Tatsache in den Blick, dass Organisationen der Sozialen Arbeit nicht nur als Träger und Einrichtungen betrachtet werden dürfen, in denen Menschen geholfen wird, sie therapiert, beraten, gefördert, sozial kontrolliert werden, sondern auch als „Betriebe" angesehen und gestaltet werden müssen. Damit Organisationen leistungsfähig werden und bleiben,

- müssen Ressourcen beschafft und deren Einsatz gesteuert werden,
- bedarf es der geregelten und zielbezogenen Kooperation zwischen Einzelpersonen und Gruppen innerhalb der Organisation,
- müssen Entscheidungen zur Sicherung der Handlungsfähigkeit getroffen werden,
- muss Personal angeworben, bezahlt und gehalten werden,
- müssen interne Dynamiken in und zwischen Organisationseinheiten sowie Spannungen zwischen Personen beobachtet und bearbeitet werden,
- müssen Erwartungen und Ansprüche der Umwelt erkundet und die Leistungen darauf abgestimmt werden,
- muss die Leistungsfähigkeit intern beobachtet und bewertet und nach außen vermittelt werden u. a. m.

Mit dem Begriff „Management" wird die Organisation der Sozialen Arbeit (ein Träger, eine Einrichtung) unter einem bestimmten Blickwinkel betrachtet: Sie wird als ein „Betrieb" angesehen. Mit dem Fokus „Management" wird der „betriebliche Blick" neben andere Betrachtungsweisen gestellt, mit denen man Einrichtungen der Sozialen Arbeit beobachten und analysieren kann: als gesellschaftliche Gebilde mit einer sozialpolitischen Funktion, als Hilfe-Institutionen, als fachliche Handlungszusammenhänge mit einem bestimmten methodischen und professionellen Anspruch, als Begegnungsort unterschiedlicher Menschen u. a. m. Es existieren viele Überschneidungen zwischen solchen Sichtweisen und dem „Management-Blick". Der „Management-Blick" bezieht diese Sichtweisen ein und bewertet sie unter dem Gesichtspunkt, wie diese unterschiedlichen Sichtweisen im Hinblick auf eine praktische Organisationsgestaltung zusammengeführt und wie die zwischen den Sichtweisen sich ergebenden Spannungspotentiale so gehandhabt werden können, dass die Organisation weiterexistieren und produktive Arbeit leisten kann.

Der „Management-Blick" auf Organisationen der Sozialen Arbeit erscheint mittlerweile nicht mehr ungewöhnlich. Die „Normalisierung des Management-Blicks" in der Sozialen Arbeit scheint nicht nur auf der Ebene der Träger, sondern auch bei den Fachkräften mittlerweile vollzogen zu sein. So konstatierte der Präsident des Deutschen Caritas-Verbandes im Jahr 2004: „Die Zeit, in der viele Meinungsträger in den Verbänden einen Widerspruch sahen zwischen einer wertorientierten sozialen Arbeit und unternehmerischem Handeln, scheint weitgehend vorüber zu sein." (Cremer 2004, S. 81) In ähnlicher Weise wurde im gleichen Zeitraum in einer Diskussionsvorlage zur Verbandsentwicklung der Arbeiterwohlfahrt formuliert: „Mit der Ökonomisierung … hat sich auch die betrieblich orientierte Arbeit der Verbände der Freien Wohlfahrtspflege gravierend verändert. Ohne unternehmerisches Handeln im klassischen Sinne lassen sich auf Dauer Betriebe für soziale Dienste nicht aufrechterhalten. Dabei geht es einerseits um die Berücksichtigung betriebswirtschaftlichen Handelns nach innen und andererseits um eine strategische Orientierung nach außen." (AWO 2004, S. 58) Auch bei den Fachkräften wird die Managementperspektive als Bestandteil der Sozialen Arbeit angesehen, wie bereits in einer Studie von Dahme/ Kühnlein/ Wohlfahrt (2005) konstatiert wurde: Managementorientierung ist offensichtlich als eine Selbstverständlichkeit akzeptiert, und Haltungen und Instrumente, die aus dem Management in die Soziale Arbeit eingeführt wurden (z. B. Qualitätsmanagement, Dienstleistungsorientierung, Controlling, Zielvereinbarungen etc.), werden – auch im Sinne einer Professionalisierungsstrategie – als eine „sinnvolle Sache" angesehen (S. 214 f.). Die Fachkräfte der Sozialen Arbeit mussten „ihre" Einrichtungen auch als soziale Systeme betrachten lernen, „in denen wie in anderen Systemen auch Ziele verfolgt, Pläne erstellt sowie Entscheidungen getroffen werden müssen. Menschen müssen geführt und dazu motiviert werden, die Ziele der Organisation zu erreichen." (Horak/ Heimerl 2007, S. 167) Die Betrachtung mündete dann folgerichtig in die Erkenntnis: Soziale Einrichtungen „sind ohne Management nicht denkbar." (ebd.) Dies findet u. a. darin seinen Ausdruck und wird dadurch verstärkt, dass in einem Großteil der Hochschulcurricula Inhalte des Sozialmanagements Berücksichtigung finden und sich mittlerweile eine Vielzahl von diesbezüglichen Master-Studiengängen an Hochschulen etabliert hat (Boeßenecker/ Markert 2011).

Heftige Kontroversen, in denen Sozialmanagement als Ausdruck einer die Soziale Arbeit untergrabenden „BWL-isierung" gebrandmarkt und mit einer feindseligen Skepsis betrachtet wurde (Schmidt-Grunert 1996), gehören offenkundig der Vergangenheit an. Für die meisten Fachkräfte in der Sozialen Arbeit ist die Notwendigkeit eines ökonomischen Umgangs mit Ressourcen zu einem selbstverständlichen Bestandteil ihrer Alltagserfahrungen geworden, ob es von ihnen nun als Normalität des Lebens oder als ärgerlicher

Tatbestand empfunden und hingenommen wird. Das Vokabular der Betriebswirtschaft mag mancher sozialpädagogischen Fachkraft auch heute noch etwas gewöhnungsbedürftig erscheinen, aber im Grundsatz ist die Legitimität solcher Kategorien und eines solchen Denkens in der Sozialen Arbeit akzeptiert. Dass Einrichtungen der Sozialen Arbeit nicht nur Orte sind, an denen man Hilfe leistet und Gutes tut, sondern auch Betriebe, die auch nach einer betrieblichen Logik geführt werden müssen, hat sich im Bewusstsein der sozialpädagogischen Akteure festgemacht.

Damit sind die Konflikte zwischen einer fachlichen Bearbeitungslogik und einer betriebswirtschaftlichen Gestaltungslogik sicherlich nicht beiseite geräumt, und aufgrund der sachlich begründeten Spannungsverhältnisse können sie auch nicht beiseite geräumt werden. Die Fachkräfte in der Sozialen Arbeit werden die Divergenz empfinden, wenn sie mit einem bestimmten Managementvokabular konfrontiert werden, das in wenig sensibler Weise auf Vorgänge in der Sozialen Arbeit transferiert wird. Beispiele dafür finden sich insbesondere im Kontext der als Verwaltungsmodernisierung intendierten „Neuen Steuerung“: So wird aus einem Stadtstaat berichtet, dass „immer noch und unverändert von ‚Produkten‘ und ‚Produktkatalogen‘ gesprochen (wird), über ‚Produktmengen‘ werden ‚Stückkostenzahlen‘ errechnet und diese als Leistungsgewährung in Angebotsstunden umgerechnet. In einrichtungsübergreifenden ‚Benchmarkings‘ werden zu diesen quantifizierbaren ‚Kennziffern‘ jährlich sogenannte ‚Mediane‘ errechnet, die wiederum als Steuerungsgröße für die jeweilig zu erbringenden Angebotsstunden in den Einrichtungen zum Jahresstart neu gesetzt werden.“ (Bestmann 2013, S. 16) Ein solcher Sprachduktus erzeugt notwendigerweise Widerstand bei Fachkräften der Sozialen Arbeit, die sich in ihrer Professionalität und mit den Denkweisen der Profession nicht aufgehoben sehen. Gleichzeitig verdeutlichen diese sprachlichen Divergenzen unterschiedliche Traditionen, Logiken, Denkweisen, in die Ökonomie und Soziale Arbeit eingebunden sind und die die Kommunikation erschweren. Die Spannungen und die daraus erwachsenden Konflikte zwischen der Perspektive sozialpädagogischer Professionalität einerseits und einer auf den Betriebscharakter ausgerichteten Managementperspektive andererseits werden weiterhin bestehen und lassen sich letztlich nicht harmonisieren. Es wird auch weiterhin notwendige Kritik und heftige Kontroversen über die Formen geben, in denen diese Spannungen bearbeitet werden (vgl. dazu u.a. Seithe 2012; Conen 2011). Aber die grundlegende Legitimität eines Managements und damit eines betrieblichen Blicks auf Organisationen der Sozialen Arbeit wird davon nicht in Zweifel gezogen.

Das vorliegende Buch will dazu beitragen, die Differenzen zu reduzieren bzw. zu einer besseren Verständigung, zu einer verbesserten Kompatibilität verschiedener „Denkweisen“ im Hinblick auf Organisationen der Sozialen Arbeit zu gelangen. Dabei sind zu Beginn einige Aspekte zu benennen, die als „Ausgangspunkte" die Darstellungen in den nachfolgenden Kapiteln prägen werden:

- Das Buch folgt der Leitorientierung einer reflektierten Integration von Managementdenken und fachlichen Anforderungen der Sozialen Arbeit. *Management ist als eine Strukturierungsform zu verstehen werden, die dazu beiträgt, fachliches Handeln unter den gegebenen Rahmenbedingungen zu optimieren.* Die Reflexion über Konzeptionen und Methoden des Sozialmanagements muss Bezug zu den Handlungsfeldern der Sozialen Arbeit herzustellen vermögen. Gegenüber einem reinen Managerialismus, der auf einen möglichst bruchlosen Transfer von wirtschaftlichem Managementdenken in den Institutionenkontext Sozialer Arbeit ausgerichtet ist, zielt der hier vertretene Gedanke des Sozialmanagements *auf eine reflektierte Integration von Managementdenken und Sozialer Arbeit.*[1] Fachliche Professionalität in Fragen der Sozialen Arbeit und eine dem Management förderliche Haltung erscheinen in der integrativen Perspektive nicht als Gegensatz, sondern – im Bewusstsein der zwischen ihnen bestehenden Spannungselemente – als unterschiedliche und aufeinander verweisende Bestandteile professionellen Handelns. Management kann nur dann angemessen konzipiert werden, wenn die Inhalte, mit denen sich eine Organisation beschäftigt und auf die sich die Steuerung über Managementhandeln bezieht, einbezogen werden.

1 Mit einer solchen integrativen Perspektive soll einer vermeintlichen Dominanz betriebswirtschaftlichen Denkens gegenüber der Profession, die im Kritikbegriff des „Managerialismus" ihren Ausdruck findet, entgegengearbeitet werden. So kennzeichnet z. B. White mit dem Terminus „Managerialismus" eine Praxis der „Übergriffe des Managements auf professionelle Autonomie und Macht" (2000, S. 18). Dem „Managerialismus" bescheinigt sie den „Triumph", den „Professionalismus" in der Sozialen Arbeit weitgehend ausgeschaltet zu haben, indem es dem Managerialismus gelungen sei, „professionelle Bedeutungen und Begrifflichkeiten zu kolonialisieren und mit denen des Managements in Übereinstimmung zu bringen" (a. a. O., S. 21). Mit dem Hinweis auf „Managerialismus" wird ein Managementdenken kritisiert, das ohne Beachtung des Professionscharakters der Aufgaben und ohne Beachtung des spezifischen Gehalts der Organisation allein in einer betriebswirtschaftlichen Steuerung Problemlösungsmuster sucht und zu finden glaubt und dadurch die Betriebswirtschaft zur Leitwissenschaft der Steuerung macht (vgl. Messmer/Schnur 2013; Otto/Ziegler 2011). Gegen eine solche Ausrichtung grenzt sich die in diesem Buch vertretene und im Hinblick auf verschiedene Managementbereiche konkretisierte Integrationsperspektive ab.

- „Management“ darf nicht reduziert werden auf die betriebswirtschaftliche Logik. Management beschränkt sich nicht auf ökonomische Themen im engeren Sinn, sondern ist in der gesamten Steuerungsbreite zu konzipieren. Es geht neben der betriebswirtschaftlichen Steuerung um fachliche Steuerungsabsichten, um Gestaltung des Organisationsrahmens und der Organisationsabläufe, um den Umgang mit Mitarbeitern, um die Beobachtung und Verarbeitung der Gegebenheiten in der Umwelt und die Gestaltung von Beziehungen zur Umwelt. Jedes Managementthema hat seine eigene Logik, und die unterschiedlichen Logiken müssen im Managementhandeln verarbeitet werden: die Logik der Profession „Soziale Arbeit“, die sozialpolitische Logik einer „gerechten“ Güter-Allokation, die betriebswirtschaftliche Logik, die aus der internen Dynamik entstehenden Organisationslogik – und dies alles mit den jeweiligen Widersprüchlichkeiten, denn die einzelnen Logiken sind nicht eindimensional. Beyes/ Jäger (2005) nennen Einrichtungen Sozialer Arbeit daher „multidiskursive Organisationen“, denn es bedarf der Ausgestaltung von Balancen, wozu fortwährende Diskurse erforderlich sind, deren Ergebnisse nicht feststehen, organisationsspezifisch differieren und sich immer wieder dynamisch verändern. Management gestaltet sich also in einem kontinuierlichen Bemühen um Berücksichtigung und Ausbalancieren verschiedener Steuerungsbereiche mit ihrer je eigenen Logik – einschließlich des betriebswirtschaftlichen Steuerungsbereichs.

- In dem Buch geht es nicht vorwiegend um „Management-Techniken“. Viele Veröffentlichungen zum Management im Profit-Bereich erzeugen das Missverständnis, Management bestehe hauptsächlich aus dem Bemühen, mit Hilfe bestimmter „Techniken“ oder Verfahrensweisen eine Organisation zielgerichtet in eine bestimmte Richtung zu steuern und sie auf eine Erfüllung der Anforderungen aus ihrer Umwelt auszurichten. Dies ist aus zwei Gründen eine einseitige Vorstellung: (a) Zu einer angemessenen „Steuerung“ bedarf es einer Haltung zu der Frage, ob, bis zu welchem Grad und in welcher Weise Organisationen überhaupt „steuerbar“ sind, und damit einer Reflexion des Stellenwerts, der Reichweite und der Anwendbarkeit von „Techniken/ Instrumenten“ in einer konkreten Situation. (b) Es bedarf einer genauen Kenntnis zum Gegenstandsbereich der Steuerungsbemühungen (hier: Soziale Arbeit und deren Handlungsfelder), um die Anwendbarkeit und die notwendigen Differenzierungen bei der Anwendung reflektieren zu können. Ohne einen reflektierten Bezug zum Handlungsfeld und zur jeweiligen Organisation – also zum Inhalt, auf den sich „Steuerung" richtet – wird keine Steuerung mit Aussicht auf Wirksamkeit erfolgen können. Daher sollte man äußerst skeptisch sein gegenüber zyklisch auftretenden Managementmoden mit Verführungswirkung (vgl. Kieser 1996), die sich in einfach erscheinenden betriebswirtschaftlichen „Erfolgsrezepten" nach dem Motto „mit Lean Management lässt sich alles lösen" oder „ohne Balanced Score Card kann kein zukunftsorientiertes Management gestaltet werden" u. a. m. ausdrücken. Angesichts der spezifischen Managementverhältnisse in der Sozialen Arbeit und in einzelnen Organisationen verbietet sich eine solche Vereinnahmung modischer Managementrhetorik eigentlich von selbst.[2]

- Für „Management in Organisationen der Sozialen Arbeit" oder „Sozialmanagement" existieren viele Begriffe: Neben diesen beiden Begriffen spricht man auch von Management in der Sozialwirtschaft, Non-Profit-Management, Management in Nonprofit-Organisationen (vgl. Wöhrle 2013 a). Der Begriff „Management in Organisationen der Sozialen Arbeit" trifft das Anliegen dieses Buches am besten, denn es geht um die Steuerung von Organisationen, und dies in einem speziellen Bereich, der Sozialen Arbeit, die zum Gegenstand des Managementhandelns wird. Auch der Begriff „Sozialmanagement" ist angemessen, weil dieser Begriff aus dem Kontext der Sozialen Arbeit entstanden ist und das Anliegen einer Zusammenführung von Managementlogik und Fachlichkeit in der Sozialen Arbeit verfolgt (a. a. O., S. 51).

Das vorliegende Buch ist eine *Einführung*, die erste Orientierungen zu Managementaufgaben in Organisationen der Sozialen Arbeit ermöglichen soll. Es soll verdeutlichen, in welchen Bereichen sich Managementaufgaben ergeben, wie diese Managementaspekte sich im Hinblick auf die Gegebenheiten

---

2 Entgegen solchen modischen Managementformeln, die vereinfachte Problemlösungen versprechen (aber diese Versprechen selten einhalten können) halten wir es eher mit Dirk Baecker, der gegenüber der Neigung zu vereinfachenden modischen Managementrezepten den Nutzen eines gewissen Ausmaßes an Komplexität hervorhebt: „Wenn man möglichst kompliziert an die Sachen heranzugehen versucht (oder zumindest nicht weniger komplex, als es die Sache bei einigem Nachdenken offenkundig erfordert; J.M.), hat man schließlich immer mehr Lösungen zur Hand als sich Probleme stellen. Das heißt, man kann wählen. Und man verfällt, wenn man Glück hat, auf kleine Lösungen, die manchmal mehr bewegen als die großen und die für andere immer ein Rätsel bleiben." (1994, S. 81)

in der Sozialen Arbeit konkretisieren lassen und in welchen Bezügen die unterschiedlichen Managementaufgaben zueinander stehen. Für eine vertiefende Auseinandersetzung mit einigen Managementthemen werden Hinweise gegeben. Das Buch ist gegliedert in neun Kapitel, die sich zu drei Teilen bündeln lassen:

- In einem ersten Teil werden generelle Erläuterungen zum Managementbegriff und zu den Steuerungsbereichen im Management dargelegt. Der Management-Begriff in seinen verschiedenen Dimensionen und die Erwartung, die an „Management" herangetragen werden, werden erörtert (*Kap. 2*). Die Erwartungen an Management werden herausgearbeitet auf der Grundlage eines bestimmten Bildes, einer Vorstellung des Gebildes „Organisation", auf die sich Management bezieht, sodass ebenfalls unterschiedliche „Bilder von Organisation" in Kap. 2 markiert werden. In *Kapitel 3* werden die verschiedenen Steuerungsbereiche des Managements erörtert, und es wird dargestellt, worin die Besonderheiten des Managements bei sozialen Dienstleistungen, also bei den spezifischen Aufgaben und Leistungen der Sozialen Arbeit liegen.

- Gegenstand des zweiten Teils sind nähere Erläuterungen zu den Managementaufgaben in den einzelnen Steuerungsbereichen: organisationsbezogene Steuerung (*Kap. 4*), betriebswirtschaftliche Steuerung (*Kap. 5*), fachliche Steuerung (*Kap. 6*), mitarbeiterbezogene Steuerung (*Kap. 7*), Gestaltung der Bezüge zur Umwelt der Organisation (*Kap. 8*). In jedem dieser Kapitel werden die jeweiligen Steuerungsaufgaben in ihrer Bedeutung für das Managementfeld „Organisationen Sozialer Arbeit" verdeutlicht, und es werden elementare Verfahrensweisen beleuchtet, mit denen diese Steuerungsaufgaben realisiert werden können.

- Der dritte Teil besteht aus lediglich einem Kapitel: dem *Kapitel 9*, in dem die Personen im Mittelpunkt stehen, denen die Verantwortung für eine angemessene und kontinuierliche Erledigung der zuvor charakterisierten Managementaufgaben zugeordnet wird – die Leitungspersonen. Erörtert werden insbesondere organisationale Bedingungen für Leitungshandeln und Fragen des Rollenverständnisses von Leitung, und es werden Gesichtspunkte für eine „gute Leitung" in Organisationen der Sozialen Arbeit begründet und zur Diskussion gestellt.

Beim Reden über Management in Organisationen der Sozialen Arbeit sind Unterschiede in den Organisationsformen zu berücksichtigen: Es ist etwas anderes, ob es z.B. um die Gestaltung einer großen und komplexen Behinderteneinrichtung mit unterschiedlichen Wohn-, Betreuungs- und ambulanten Hilfearrangements geht oder um die Abläufe in einer lokalen gesundheitsbezogenen Selbsthilfevereinigung, in der neben den Aktivitäten einiger kleinerer Selbsthilfegruppen ein wöchentlich stattfindendes, dreistündiges Beratungsangebot aufrecht erhalten werden soll. Für beide Formen, das hauptamtlich geprägte, komplexe „Sozialunternehmen" und die kleinere, ehrenamtlich geprägte Initiative, sind Managementanforderungen virulent, aber doch in höchst unterschiedlicher Weise und in höchst unterschiedlicher Komplexität. Der Schwerpunkt der Erläuterungen zum Sozialmanagement in diesem Buch liegt bei den „Sozialunternehmen", also bei den auf eine gewisse Dauer angelegten und mit hauptamtlichen Mitarbeitern ausgestatteten Einrichtungen und Diensten. Doch auch bei dieser Schwerpunktsetzung sind große Unterschiede zwischen verschiedenen Organisationen mitzudenken: Die skizzierte komplexe Einrichtung der Behindertenhilfe ist mit anderen Managementanforderungen konfrontiert als der Träger eines Jugendzentrums mit 2,5 Mitarbeiterstellen oder der Träger eines autonomen Frauenhauses oder der Träger eines Kinderschutzzentrums, das neben der Möglichkeit der Inobhutnahme Angebote der Beratung und einen offenen Treff für junge Eltern in einem sozialen Problemgebiet unterhält. Solche Unterschiede sollten bei der Lektüre einzelner Kapitel des Buches immer gedanklich mitgedacht werden, auch wenn die Darstellung notwendigerweise allgemeiner ausgerichtet sein muss und lediglich die generellen Linien bei den Aufgaben des Managements im Blick haben kann.

Übungs- und Reflexionsaufgaben

1. Erkunden Sie in Ihrem kollegialen/ fachlichen Umfeld die Einstellungen zu Management in der Sozialen Arbeit:
   - Welche Bedeutung wird Management in der Sozialen Arbeit zugesprochen?
   - Welche Erwartungen oder Befürchtungen werden mit Managementdenken in der Sozialen Arbeit verbunden? Wie bewerten Sie diese Erwartungen und Befürchtungen – was erscheint Ihnen daran berechtigt oder überzogen und warum erscheint Ihnen das so?

2. Reflektieren Sie Ihre eigene Haltung zu Management:
   - notwendiges Übel oder produktives Gestaltungspotential?
   - für fachliche Arbeit eher begrenzend oder eher förderlich?
   - Wovon hängt es nach Ihrer Meinung ab, ob eher begrenzende oder eher förderliche Faktoren die Oberhand gewinnen?
   - Für Sozialarbeiter überflüssig oder ein wichtiges Kompetenzbündel auch für Sozialarbeiter?

Zum vertiefenden Weiterlesen

Grunwald, K./ Horcher, G./ Malicke, B. (Hrsg.) (2013): Lexikon der Sozialwirtschaft. 2., aktualisierte und vollständig überarbeitete Auflage. Baden-Baden (Nomos-Verlag)

Hensen, G./ Hensen, P. (Hrsg.) (2012): Gesundheits- und Sozialmanagement. Leitbegriffe und Grundlagen modernen Managements. Stuttgart (Kohlhammer-Verlag)

Schreyögg, G./ Koch, J. (2010): Grundlagen des Managements. Basiswissen für Studium und Praxis. 2. Aufl. Wiesbaden (Gabler-Verlag)

Simsa, R./ Meyer, M./ Badelt, Ch. (Hrsg.) (2013): Handbuch der Nonprofit-Organisation. Strukturen und Management. 5. Auflage. Stuttgart (Verlag Schaeffer-Poeschel)

Ferner immer wieder zu empfehlen:

Baecker, D. (1994): Postheroisches Management. Berlin (Merve-Verlag) (Zusammenstellung von für Zeitungen geschriebene Kolumnen, die in „unterhaltsamer“ und anregender Weise organisationssoziologische Fragestellungen zum Management erörtern)

Kapitel 2
„Management“ und „Organisation“: Begriffe mit unterschiedlichen Bedeutungen, Dimensionen und Erwartungen

■ Mit „Management“ ist die Steuerung von finanziellen, sachlichen und personellen Ressourcen einer Organisation oder einer betrieblichen Organisationseinheit gemeint, damit sie diejenigen Leistungen erbringen und diejenigen Ziele erreichen kann, die der Organisation eine weitere Ressourcenzufuhr und damit die weitere Existenz ermöglichen. In personeller Hinsicht wird „Management“ als ein System gestufter Leitungsaufgaben verstanden, die von positional dafür verantwortlichen Managementpersonen realisiert werden müssen. Management erfolgt auf drei Handlungsebenen: als strategische, operative und normative Gestaltung.
Organisationen bestimmen den Alltag von Menschen in dieser Gesellschaft. Soziale Arbeit ist Teil der Organisationsgesellschaft: Sie wird überhaupt erst in und durch Organisationen konstituiert. Das Wesentliche von Organisationen ist nur begrenzt sinnlich erfahrbar; was „Organisation“ ausmacht, muss mit theoretischen Begriffen rekonstruiert werden. Solche Begriffe eröffnen einen analysierenden Blick auf Organisationen der Sozialen Arbeit. Bei der „theoretischen Annäherung“ an Organisationen macht es einen Unterschied, ob man seinen Blick eher strukturbezogen oder eher handlungsbezogen ausrichtet. Die Annäherung an Organisationen erfolgt über (zumeist wenig bewusste) mentale Bilder von „Organisation“, die als „Brille“ den Blick auf Organisationen prägen. Mit diesen Bildern geht eine bestimmte grundlegende Erwartung an Management einher. Es prägt auch das Handeln der Menschen in diesen Organisationen. Es ist nützlich, bei der analysierenden Betrachtung von Organisationen Sozialer Arbeit vier Perspektiven einzubeziehen: Organisationen als Systeme; Organisationen als durch Macht- und Einflussdynamik geprägte Systeme; Organisationen als durch implizite Wertorientierungen („Organisationskultur“) geprägte Systeme; Organisationen als durch die Erwartungen ihrer Umwelt geprägte Systeme.
In Abgrenzung zu einem sozialtechnisch geprägten Begriff von Steuerung (planvolle, intentionale, Wirkungen relativ präzise kalkulierende Steuerung) entspricht ein reflexiver Begriff von Steuerung dem diesem Buch zugrunde gelegten Verständnis von Organisation: Steuerung als Vermittlung von Impulsen, die die Selbststeuerung des Systems anregen, und Kontextsteuerung. Eine elementare Aufgabe des Steuerungshandelns besteht im Finden eines balancierenden Umgangs mit Dilemmata und Paradoxien.

Der Begriff „Management“ hat seine lange vorherrschende Bindung an betriebswirtschaftliche Kontexte verloren und ist in den Alltagssprachgebrauch eingegangen: Mütter und Väter „managen“ die Familie, Mitarbeiter in Firmen werden vermeintlich aufgewertet durch die Titulierung als „Manager für irgendwas“, und während früher mal etwas „geregelt, „vorbereitet“, „abgesprochen“ oder „bereitgestellt“ wurde, wird es heute bisweilen sprachlich mit Bedeutung aufgeladen, indem man es zu „managen“ vorgibt. Die alltagssprachliche Ausweitung hat auch die Soziale Arbeit ergriffen. Das Wortelement „Management“ taucht mittlerweile in Begriffsverbindungen auf, die man vor kurzem noch für kaum möglich gehalten hätte: so etwa, wenn von „Gewissensmanagement in Organisationen“ (Reinbacher 2009) die Rede ist oder wenn in der Pädagogik für biographisch relevante Schnittpunkte in bestimmten Altersphasen (z.B. Übergang Kindergarten – Schule, Schule – Beruf, Ausscheiden aus dem Berufsleben) ein „Übergangsmanagement“ zur Bewältigung der mit Statuspassagen einhergehenden Anforderungen gefordert wird (vgl. u.a. Lex et al. 2007; Bertelsmann-Stiftung 2008). Auch die die Bewältigung der Probleme der Wiedereingliederung, die mit der Entlassung von Personen aus dem Strafvollzug verbunden ist, wird mit dem Begriff „Übergangsmanagement“ belegt (Matt 2007); für Justizvollzugsanstalten wird ein „Vollzugsmanagement“ proklamiert (Maelicke 2013). Die Soziale Arbeit beteiligt sich intensiv an der fortschreitenden Vereinnahmung des Managementbegriffs. In der Methodendiskussion übernimmt man die im angloamerikanischen Bereich zunächst entwickelte Methodik des „case management“, betreibt dadurch die Mutation der Einzelfallhilfe zum „Fallmanagement“ und beschreitet so den Weg „vom Fall zum Management“ (Galuske/Thole 2006). Die Weiterentwicklung gemeinwesenorientierter Handlungsansätze erhält das Etikett des „Stadtteilmanagements“ (Alisch 2001) oder des „Quartiersmanagements“ (Litges et al. 2005; Krummacher 2011), und es wird ergänzt durch die Verkoppelung unterschiedlicher Anbieter und Akteure der sozialen Dienstleistungen im „Netzwerkmanagement“ (Schubert 2008). Die organisatorische Abtrennung der Bearbeitung einer Falleingangsphase und der organisatorischen Zuordnung von Fällen innerhalb des Allgemeinen Sozialen Dienstes (ASD) eines Jugendamtes wird als „Falleingangsmanagement“ proklamiert. „Management“ wird ubiquitär, aber dadurch auch immer unspezifischer und schillernder, was in fachlichen Zusammenhängen auf die Notwendigkeit verweist, genauer zu klären, was mit „Management in Organisationen der Sozialen Arbeit“ gemeint ist.

Der Begriffsklärung in *Kapitel 2.1* folgen Ausführungen zu unterschiedlichen Dimensionen eines Managements im Sinne der Gestaltung von Betrieben oder betrieblichen Einheiten (*Kap. 2.2*). „Management“ ist eng mit einem anderen Begriff verbunden, mit dem die an das Management gerichteten Erwartungen stärker in den Blick geraten: mit dem Begriff „Steuerung". Man erwartet, dass mit Hilfe von Managementhandeln eine Organisation in eine bestimmte Richtung gesteuert wird, damit sie ihre Existenz aufrechterhalten und die dafür notwendigen inhaltlichen Organisationsziele erreichen kann. Ob bzw. in welcher Weise eine solche Erwartung angemessen ist, bedarf einer Auseinandersetzung mit dem dahinter stehenden Verständnis von Steuerung (*Kap. 2.5*). Da aber die Steuerungserwartung nicht unabhängig existiert von der Vorstellung zum Gegenstand der Steuerung – also zu „Organisation" in Form eines Betriebs, einer Einrichtung, eines Trägers –, ist vorher zu erörtern, was mit dem Begriff „Organisation" gemeint ist (*Kap. 2.3*) sowie welche unterschiedlichen Bilder von „Organisation" welche verschiedenartigen Verständnisse von „Steuerung" nahelegen und welches Steuerungsverständnis daher den weiteren Ausführungen in diesem Buch zugrunde gelegt wird (*Kap. 2.4*).

2.1 Zum Begriff „Management"

In diesem Buch geht es um Management als Gestalten von Organisationen, als bewusste und reflektierte Einflussnahme auf Entscheidungen, Strukturen, Abläufe und soziale Bezüge in Organisationen – und zwar in solchen Organisationen, in denen Soziale Arbeit organisiert wird und die in ihren verschiedenen betrieblichen Funktionen strukturiert werden müssen. In einem auf betriebliche Organisationseinheiten bezogenen Kontext ist Management zu verstehen als

- „die Führung von Personen und
- die Optimierung von weiteren relevanten Ressourcen, um
- die Ziele von Organisationen zu erreichen." (Willke 2007, S. 17)

Die Ziele haben einen sachbezogenen und immer auch einen wirtschaftlichen Aspekt, weil die Organisation ihre Ziele nur dann erreichen kann, wenn sie ihre betrieblichen Existenzgrundlagen schafft, diese immer wieder erneuern kann und sie mittelfristig nicht gefährdet. Die Organisation muss zur Erreichung ihrer Ziele ihre Ressourcen zielbezogen und wirtschaftlich einsetzen und ggf. bemüht sein, sie zu erweitern. Sie muss ihre Ressourcen also „optimieren". Die Ressourcen können finanzieller, sachlicher oder personeller Art sein. Da im Zentrum des Organisationshandelns Menschen stehen, die letztlich auch über den optimalen Umgang mit finanziellen und sachlichen Ressourcen entscheiden, wird im Begriff des Managements der Leitung und Führung von Personen ein besonderer Stellenwert zugeschrieben. Management ist also darauf ausgerichtet, „die spezifischen Ressourcen einer bestimmten Organisation in optimaler Weise so zu steuern, dass die spezifischen Ziele der Organisation möglichst weitgehend erreicht werden" (Willke 2007, S. 22). Management zielt also immer auf das Steuerungshandeln von und in Organisationen. Auch wenn Managementhandeln sich auf Einzelpersonen ausrichtet (etwa im Personalmanagement), so steht nicht die Einzelperson an sich im Vordergrund, sondern die Person als Mitglied einer Organisation, zu deren Zielerreichung von dieser Person ein Beitrag erwartet wird; das Managementhandeln richtet sich dann auf die Ermöglichung des individuellen Beitrags zur organisationalen Zielerreichung. Ohne einen solchen Organisationsbezug verliert der (betriebliche) Managementbegriff seinen Sinn.

Auch wenn man den Managementbegriff auf die Steuerung betrieblicher Organisationseinheiten konzentriert und damit eingrenzt, so bleibt auch dann noch ein erhebliches Maß an Bedeutungsbreite. Der auf betriebliche Steuerungsvorgänge ausgerichtete Managementbegriff ist ein außerordentlich schillerndes sprachliches Konstrukt. Es werden mit dem Managementbegriff nicht nur Funktionen und Personenkreise charakterisiert, sondern der Managementbegriff wird auch mit einer Vielzahl von Attributen verbunden, so dass sehr verschiedenartige Dimensionen in einen Begriffskontext einbezogen werden, so z. B.

- der zu organisierende Gegenstandsbereich (z. B. Personalmanagement, Finanzmanagement),
- der Zweck des Management (z. B. Innovationsmanagement, Risikomanagement),
- die Zielrichtung (z. B. Umweltmanagement mit dem Ziel der Umweltverträglichkeit von Produkten und Produktionsweisen),
- die Vorgehensweise (z. B. strategisches Management, Kontraktmanagement),
- die Managementtechnik (z. B. die sog. Management-by-Konzepte wie z. B. management-by-objectives, management-by-exceptions, management-by-walking-around etc.).

Im Managementbegriff wird eine sprachliche Chiffre erkennbar, mit der verschiedene Aktivitäten zur Gestaltung solcher zweckgerichteter organisationaler Systeme gekennzeichnet werden, wie sie sich paradigmatisch in der Figur des „Unternehmens" zeigen.

Bereits die etymologische Herkunft des Begriffs „Management" wird unterschiedlich interpretiert. Während die einen das englische Verb *to manage* auf das lateinische *manu agere* (mit der Hand arbeiten) zurückführen, hält Staehle (1999, S. 71) zwei andere Interpretationen für plausibler: entweder die Rückführung auf *manus agere* (an der Hand führen), was unter dem Aspekt der Kontrollfunktion des Managements nahe liegend sei, oder die Herleitung von *mansionem agere*, womit der Manager als derjenige bezeichnet werde, der „das Haus für einen (Eigentümer) bestelle". In dieser Differenzierung scheinen zwei elementare Bedeutungsvarianten des Managementbegriffs auf:

- „*Management im funktionalen Sinn*, d.h. Beschreibung der Prozesse und Funktionen, die in arbeitsteiligen Organisationen notwendig werden, wie Planung, Organisation, Führung, Kontrolle (managerial functions approach);
- *Management im institutionalen Sinn*, d.h. Beschreibung der Personen(-gruppen), die Managementaufgaben wahrnehmen, ihrer Tätigkeiten und Rollen (managerial roles approach)." (Staehle 1999, S. 71)

Während in funktionaler Hinsicht die als „Management" deklarierten Aufgaben einen Komplex von Anforderungen markieren, die auf unterschiedlichen Hierarchieebenen wirksam werden, wird in personeller Hinsicht mit dem Begriff „Management" häufig diejenige Leitungsebene bezeichnet, die für das Gesamtsteuerung einer Organisation oder zumindest für erhebliche Teile der betrieblichen Steuerungsaufgaben Verantwortung übertragen bekommen hat und die dementsprechend Leitungstätigkeiten wie Strategieformulierung, Personalführung, Außenvertretung der Organisation, Organisationsentwicklung, Controlling wahrnimmt bzw. verantwortlich dafür ist, dass solche Aufgaben wahrgenommen werden und in Entscheidungen einmünden. Je nach Größe einer Organisation und je nach Komplexität der dort zu bewältigenden Steuerungsaufgaben wird häufig hinsichtlich der personellen Zuordnung eine Stufenordnung eingefügt: unteres, mittleres und oberes Management. Nimmt man den Managementbegriff in seiner funktionsbezogenen Bedeutung, so wird man Managementaufgaben auf allen Hierarchie-Ebenen einer Organisation identifizieren: Auch auf einer unteren Ebene müssen Mitarbeiter Ressourcen zweckentsprechend ausrichten, den Einsatz von Zeit planen, Ergebnisse ihres Handelns beobachten, auswerten und daraus Schlüsse ziehen etc. Je höher jedoch die Hierarchie-Ebene angesiedelt ist, desto komplexer werden die an Leitungspersonen gerichteten Strukturierungsaufgaben, desto umfassender ist die Verantwortung für den Bestand der Organisation und desto größer ist auch die Ausstattung der Leitungspersonen mit Macht- und Entscheidungsbefugnissen. Dementsprechend wird in personeller Hinsicht „Management" als ein System gestufter Leitungsaufgaben verstanden, wobei in der Umgangssprache dann, wenn man personenbezogen von „dem Management" einer Organisation spricht, meist die oberen Leitungsrollen mit einer tendenziell umfassenderen Verantwortung im Zentrum stehen (die „Manager").

Die Managementfunktion muss *sowohl in sachbezogener als auch in personenbezogener Hinsicht* ausgefüllt werden. Bei den sachbezogenen Managementfunktionen und daraus abgeleiteten Managementaufgaben handelt es sich um disponierende Funktionen der Planung, der Entscheidung, des Organisierens und der Kontrolle von betrieblichen Zielen und zielbezogenen Strukturen und Handlungsweisen. Die personenbezogenen Funktionen des Managements richten sich auf interaktionelle Vorgänge zwischen Leitungspersonen und Mitarbeitern. Die Realisierung der personenbezogenen Managementfunktionen haben eine Grundlage darin, dass Leitungspersonen mit Entscheidungs-, Anordnungs- und Kontrollbefugnissen ausgestattet sind, da sie ohne solche Befugnisse ihrer Managementverantwortung für die Zielerreichung der Organisation und für die zweckgebundene Gestaltung der betrieblichen Prozesse nicht gerecht werden könnten. Damit ist noch nichts über den Stil ausgesagt, in dem die Managementpersonen ihre personenbezogene Managementfunktion ausüben (eher autoritär oder eher beteiligungsorientiert, eher durch Anweisungen oder eher diskursiv, eher teambezogen oder eher auf Einzelpersonen ausgerichtet etc.). Entscheidend ist die Ausstattung mit Macht als positionales Strukturelement in der Organisation, die letztlich Steuerung als Entscheidung sowie als personenbezogene Weisung und Kontrolle ermöglicht. Die sachbezogene und personenbezogene Realisierung von Managementfunktionen beinhaltet gleichermaßen sowohl strukturelle Maßnahmen, die einen generellen Handlungsrahmen schaffen, als auch spezifisch situationsbezogene Maßnahmen, bei denen einzelne Vorgänge und Verhaltensweisen in eine bestimmte Richtung gelenkt werden sollen.

In der Rede von den sachbezogenen und personenbezogenen Steuerungsfunktionen des Managements sind drei Teilfunktionen enthalten:

- „*Gestaltung* eines institutionellen Rahmens, der es ermöglicht, eine handlungsfähige Ganzheit über ihre Zweckerfüllung überlebensfähig und entwicklungsfähig zu erhalten;
- *Lenkung* durch das Bestimmen von Zielen und das Festlegen, Auslösen und Kontrollieren von zielgerichteten Aktivitäten des Systems und seiner Elemente;
- *Entwicklung* ist teils das Ergebnis von Gestaltungs- und Lenkungsprozessen im Zeitablauf, teils erfolgt sie in sozialen Systemen eigenständig evolutorisch durch intergeneratives Erlernen von Wissen, Können und Einstellungen." (Bleicher 2011, S. 73)

Management in diesem Verständnis hat demnach die Aufgabe, ein als soziales System verstandenes Unternehmen, das sich als Bestandteil seiner spezifischen Umwelt verhalten und bewegen muss, zielgerichtet zu gestalten und weiterzuentwickeln und auf diese Weise für den Erhalt dieses Systems Sorge zu tragen.

Mit dem Begriff „Management" wird also auch für sie Soziale Arbeit zunächst nicht anderes bezeichnet als eine bewusste und verantwortliche Wahrnehmung von Aufgaben der „Betriebsführung". Management ist erforderlich für alle Organisationen; wenn sie nicht „gemanagt" werden, steht ihre Existenz auf dem Spiel. Die Verwendung des Managementbegriffs in der Sozialen Arbeit ist demnach in keiner Weise gleichzusetzen mit einer „Ökonomisierung" in der Sozialen Arbeit (vgl. Buestrich u.a. 2008). Wenn von „Ökonomisierung" die Rede ist, richtet sich die Kritik auf eine bestimmte Form des Managens: auf eine Überhöhung oder Priorisierung der betriebswirtschaftlichen Steuerungsdimension. Kritisiert werden die Missachtung anderer Faktoren, die für eine erfolgreiche Betriebsführung bedeutsam sind, und die Unterordnung dieser Faktoren unter eine einseitig betriebswirtschaftliche Steuerungslogik. Hier ist zum einen genauer zu prüfen, ob im Einzelfall eine solche Kritik tatsächlich zutrifft oder ob das Etikett „Ökonomisierung" möglicherweise als ein emotional aufladbarer Kampfbegriff zur Abwehr betriebswirtschaftlicher Kalküle und ihrer Folgen genutzt wird. Zum anderen ist in Rechnung zu stellen, dass auch in der Betriebswirtschaftslehre längst nicht mehr ausschließlich ökonomische Faktoren in den Blick genommen werden, sondern sowohl konzeptionell (vgl. u.a. Bleicher 2011) als auch in den betriebswirtschaftlichen Steuerungsinstrumenten (z.B. Balanced Scorecard; Kaplan/Norton 1997) der Bedeutung unterschiedlicher Faktoren für den Betriebserfolg und dementsprechend für das Management Rechnung getragen wird.

Mit dem Begriff des „Managerialismus" wird – ähnlich dem Begriff „Ökonomisierung" – eine kritische Richtung in der Auseinandersetzung mit Management in der Sozialen Arbeit markiert: die Kritik an einer zugespitzten technokratischen Managementlehre, die die Bedeutung professionellen Handelns bzw. die Logik der Profession überlagert. Im Begriff „Managerialismus", der es mittlerweile sogar zu „Handbuch-Ehren" gebracht hat (immerhin auf 10 Seiten im „Handbuch Sozialarbeit/ Sozialpädagogik"; Otto/ Ziegler 2011; vgl. auch Messmer/ Schnurr 2013) ist die Gefahr enthalten, dass ein Großteil der Konzepte des Managements in der Sozialen Arbeit diskreditierbar wird, weil sie in der Anwendung immer in Verdacht gestellt werden können, eine Ausformung des „Managerialismus" zu sein, zumal dieser Begriff letztlich in seinen Konturen diffus bleibt. Die Grenzen zwischen dem als notwendig zugestandenen Management in Einrichtungen der Sozialen Arbeit und dem als neoliberalistische Überformung kritisierten „Managerialismus" bleiben höchst undeutlich. Jede Methode kann überzogen, nicht ihrer Intention gemäß und damit „falsch" angewendet werden; wenn ein solches, jeder Methode inhärentes Risiko Wirklichkeit zu werden droht, ist das zu kritisieren, ohne dass das gleichsam als „Managerialismus" gebrandmarkt werden muss. Letztlich kann dann mit dem Hinweis auf „Managerialismus" alles Unangenehme in den mit dem Managementgedanken eingebrachten Herausforderungen (z.B. Controlling, Evaluation, Legitimation über Qualitätsnachweise etc.) diskreditiert werden.[3]

2.2 Dimensionen des Managements

Um die verschiedenen Teilfunktionen des Managements (Gestaltung, Lenkung, Entwicklung – dies in sachbezogener und personenbezogener Hinsicht) realisieren zu können, wird ein Handeln auf *drei Handlungsebenen des Managements* erforderlich (vgl. Bleicher 2011, S. 87ff.; Horak/Matul/Scheuch 2007, S. 191):

- **strategisches Management:** Hier geht es um die Erarbeitung und um die fortlaufende Überprüfung einer „Unternehmensstrategie", mit der die Organisation sich möglichst langfristig erfolgreich am Markt bzw. in dem durch politische Entscheidungen geprägten System sozialer Dienstleistungen zu halten vermag. Im Mittelpunkt steht die Bewältigung des grundlegenden Problems der Steuerung von Organisationen angesichts einer komplexen und unvorhersehbaren Umweltentwicklung – auf den Punkt gebracht in der Frage: „Wie lässt sich angesichts der Intransparenz des Umfeldes und der Unvorhersehbarkeit künftiger Entwicklungen jenes Maß an Sicherheit und Orientierung gewinnen, das jede Organisation für ihre spezifische Leistungsfähigkeit unabdingbar braucht?" (Nagel/ Wimmer 2000, S. 9f.).

- **operatives Management:** Aufgaben auf dieser Handlungsebene des Managements sind die Umsetzung der strategischen Überle-

3 Die Behauptung eines überbordenden Managerialismus in der Sozialen Arbeit ist im Übrigen auch theoretisch unangemessen. Die „Managerialismus"-These offenbart eine implizite mechanistische Vorstellung nach dem Motto: Managerialistische Anforderungen werden an die Einrichtungen herangetragen, und der Außendruck wird dann in den Innenverhältnissen der Organisationen – quasi automatisch, 1:1 – umgesetzt. Eine solche Vorstellung verkennt die Erkenntnisse zur Beharrlichkeit von Systemen bzw. zu den je spezifischen Formen, in denen Organisationen die Zumutungen der von außen an sie herangetragenen Anforderungen wahrnehmen, verarbeiten und in ihre bisherigen Funktionslogiken hineinzunehmen versuchen (und diese Anforderungen dabei zum Teil mit anderen, der Eigenlogik der Organisation entsprechenden Handlungsweisen überformen).

gungen in alltägliches Handeln in der Organisation. Es geht um die unmittelbare Steuerung der Leistungserbringung in der Organisation. Dabei müssen Probleme des Umgangs mit knappen betriebswirtschaftlichen Ressourcen (Finanzmittel, Informationen/ Wissen, personale Arbeitsleistungen, Anlagen und Sachmittel etc.) und der möglichst effektiven und effizienten Ausnutzung der vorhandenen und ggf. zu schaffenden bzw. zu erweiternden Potentiale gelöst werden. Ein wichtiger Teil des operativen Managements liegt auch in der Wahrnehmung, Beobachtung und Bewältigung der Spannungen, die aus den unterschiedlichen Referenzmarkierungen resultieren: z. B. die Spannungen zwischen Fachlichkeit und Ökonomie, zwischen Ethik und Ökonomie, zwischen Umweltanforderungen und Fachlichkeit etc.

- **normatives Management:** Hier geht es zum einen um die Formulierung von ethischen Grundsätzen, mit denen sich die Organisation in ihrer Umwelt platzieren will, und zum anderen um den Umgang mit organisationspolitischen Wert- und Interessenkonflikten. Hierbei können unterschiedliche Auffassungen über die normativen Grundsätze und Zwecke einer Organisation sowie der Umgang mit diesem Dissens zum Gegenstand des Managementhandelns werden. Es gehört zu den Managementaufgaben, gegenüber den wichtigsten Interessenträgern („stakeholdern") und (internen und externen) Bezugsgruppen der Organisation sowie gegenüber den zur Legitimation der Organisation bedeutsamen Teilen der Öffentlichkeit Glaubwürdigkeitspotentiale zu erzeugen und am Leben zu halten, die ausreichend tragfähig sind, um bei manifesten Konflikte auf einen Bestand an normativem Konsens zurückgreifen zu können. Gerade im Bereich der Sozialen Arbeit, der stark von normativen Vorstellungen geprägt ist (Vorstellungen zur gesellschaftlichen Verantwortung für die Teilhabemöglichkeiten von Menschen, zu menschenwürdigem Leben, zu gutem Aufwachsen, zu Notwendigkeit und Grenzen von Hilfe etc.), hat das „normative Profil" von Einrichtungen eine nicht unerhebliche Bedeutung für die Legitimation von Trägern und Einrichtungen.

Das strategische, operative und normative Management hat – mit unterschiedlichen Gewichtungen und mit jeweils spezifischen inhaltlichen Zuspitzungen – *sechs Handlungsfelder* zu berücksichtigen und dort konkrete Steuerungsperspektiven zu entwerfen und umzusetzen (Wimmer/ Schumacher 2009):

- **Strategie-Entwicklung:** Erkunden von Chancen und Risikopotentialen für eine Organisation bzw. ein Unternehmen und daraus Entwicklung von zukunftsorientierten Optionen für die Positionierung der Organisation und ihrer Leistungen;
- **Marketing:** Entwicklung eines Leistungsspektrums, das den Anforderungen der wichtigen Interessenträger (stakeholder) einer Organisation entspricht und Verankerung der Leistungen der Organisation im Geschäftsumfeld;
- **Ressourcen:** Steuerung von finanziellen und sachlichen Ressourcen und des Ressourcenverbrauchs;
- **Organisation:** Verankerung von Strukturen und Regeln, damit verlässliche und (interne und extern) kalkulierbare Aufgabenerfüllung und Leistungsgestaltung zustande kommen sowie Erzeugen bzw. Aufrechterhalten von Organisationsflexibilität, um mit Irritationen und immer wieder neu zu definierenden Anforderungen angemessen umgehen zu können;
- **Personal:** Gewährleisten einer dem Personalbedarf angemessenen Personalausstattung (quantitativ und qualitativ) sowie Aufrechterhaltung und Weiterentwicklung notwendiger Haltungen, Motivationen und Qualifikationen der Mitarbeiter (Personalentwicklung);
- **Controlling:** Aufbau eines Systems der zeitnahen Selbstbeobachtung und Risikoeinschätzung sowie Verankerung von Mechanismen der Verarbeitung von Ergebnissen dieser Beobachtungen und Einschätzungen innerhalb der Organisation.[4]

Eine elementare Herausforderung des Managements in diesen Aufgabenfeldern liegt darin, Entscheidungen herbeizuführen in einem durch Unsicherheiten und Paradoxien geprägten Feld (Wimmer/ Schumacher a. a. O.; vgl. auch Grunwald 2006). Für kaum eine Entscheidung, die für die Entwicklungsperspektive der Organisation eine gewisse Tragweite besitzt, sind letztlich verlässliche Prognosen möglich: Kaum eine Entscheidung erfolgt auf der Basis von Gewissheiten. Die Managementpersonen können versuchen, durch eine gute Datenbasis und durch sorgfältige Beobachtungen Unsicherheiten zu reduzieren; Gewissheiten sind jedoch nicht zu erreichen.

4 Diese „Handlungsfelder“ werden in diesem Buch in leicht veränderter Form übersetzt in fünf „Steuerungsbereiche“ (*Kap. 4 bis 8*). Dem Handlungsfeld „Strategie-Entwicklung“ wird eine übergreifende, die anderen Handlungsfelder überlagernde Bedeutung zugesprochen und dementsprechend aus der Darstellung der einzelnen Steuerungsbereiche herausgelöst und ihnen vorangestellt (*Kap. 3.4*).

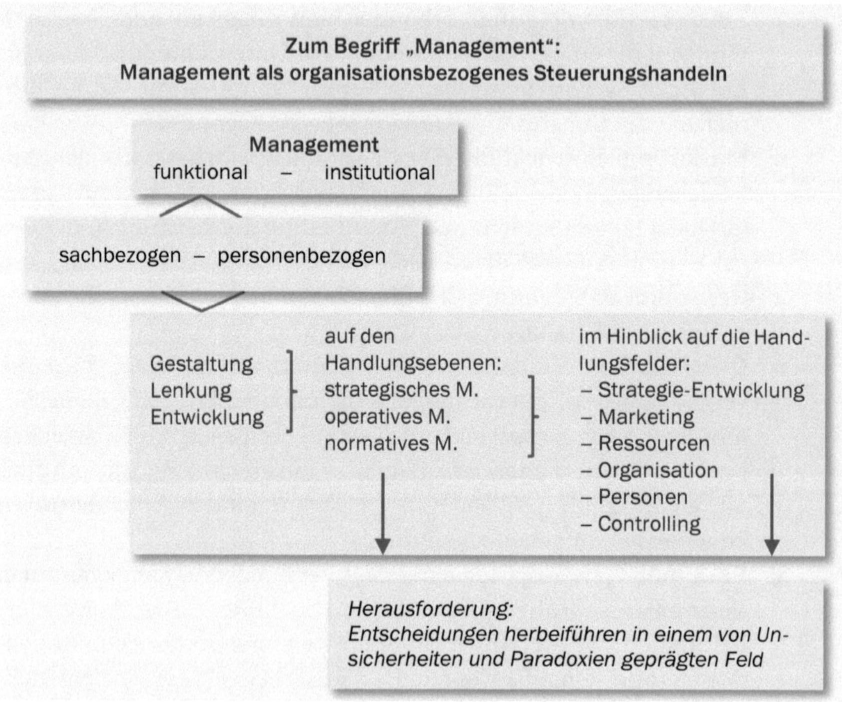

Schaubild 2.1: Aspekte zum betrieblichen „Management“

Ferner existieren in jedem der Handlungsfelder des Managements Paradoxien, also Gegensätze oder Spannungsfelder, aus denen die Akteure nicht herauskommen können bzw. in denen sie dann, wenn sie durch eine deutlich einseitige Ausrichtung ihrer Entscheidungen den Paradoxien zu entkommen versuchten, mit großer Wahrscheinlichkeit eine für die Organisation problematische Entscheidung treffen würden. Paradoxien bestehen beispielsweise im Handlungsfeld „Organisation“ zwischen Stabilität einerseits und Flexibilität und Entwicklungsoffenheit andererseits, im Handlungsfeld „Marketing“ zwischen den spezifischen Leistungsstärken eines Betriebs („Profil“) mit den jeweiligen fachlichen Qualitätsansprüchen der Mitarbeiter einerseits und den möglicherweise andersartigen Qualitätsansprüchen und den Leistungsanforderungen aus der Umwelt andererseits, oder im Handlungsfeld „Personal“ die Spannung zwischen Mitarbeiterinteresse und Betriebsinteresse. Trotz der Unsicherheiten und Paradoxien bedarf es der Entscheidungen durch Managementpersonen sowie der reflektierenden Beobachtung, ob ihre Entscheidungen den Gegebenheiten des Feldes angemessen waren, welche Zustände die Entscheidungen erzeugen (beabsichtigte und unbeabsichtigte Wirkungen und Nebenwirkungen) und wie ggf. durch neue oder ergänzende Entscheidungen die Prozessentwicklung beeinflusst werden kann, wodurch wiederum weitere Beobachtungs- und Bewertungsprozesse ausgelöst werden etc. etc. etc.

Zusammenfassend lassen sich die unterschiedlichen Aspekte, die mit dem Managementbegriff verbunden sind (*Kap. 2.1*), und die darauf bezogenen Dimensionen und Handlungsfelder des Managements (*Kap. 2.2*) wie in Abbildung 2.1 (S. 32) dargestellt einander zuordnen.

2.3 Zum Begriff „Organisation“

Ähnlich wie der Begriff „Management“ ist auch die Rede von „Organisation“ bei weitem nicht so eindeutig, wie sie vielleicht auf den ersten Blick erscheinen mag: Was ist genau gemeint, wenn von „Organisationen in der Sozialen Arbeit“ gesprochen wird: ein Wohlfahrtsverband als Gesamtverband oder auch eine regionale Gliederung eines Wohlfahrtverbandes – der Träger einer großen Einrichtung der stationären Erziehungshilfe oder auch einzelne Wohngruppen – der regionale Wohlfahrtsverband oder auch jede der von ihm getragenen Einrichtungen, z. B. Drogenberatungsstelle, Kindertageseinrichtung, Dienst der ambulanten Erziehungshilfe, Schwangerschaftskonfliktberatungsstelle? Welche Merkmale lassen auf das Vorhandensein einer „Organisation“ schließen? Wie grenzt sich der Typus „Organisation“ von anderen Sozialformen (z. B. Gruppe/ Selbsthilfegruppe) ab? Oder abseits der Sozialen Arbeit: Kann die Mafia (häufig als „organisiertes Verbrechen“ bezeichnet; vgl. Pohlmann/ Markova 2011, S. 221 ff.) oder ein Netzwerkgebilde wie z. B. das „Terrornetzwerk al-Qaida“ soziologisch als eine „Organisation“ bezeichnet werden? Können Abgrenzungen definiert werden – ist z. B. ein Jugendamt eine eigene Organisation oder ist es nur ein Teil der Organisation „Kommunalverwaltung“? Wie ist das sprachlich: Wenn jemand von der Organisation „Wohlfahrtsverband“ spricht und ein anderer die „gute Organisation“ (also den gut strukturierten Ablauf) des großen Sommerfestes einer Einrichtung meint, so sprechen beide offenkundig mit dem Begriff „Organisation“ andere Sachverhalte an. Man muss sich also mit dem Bedeutungsgehalt des Begriffs „Organisation“ auseinandersetzen.

In unserer Gesellschaft sind die Menschen überall mit Organisationen und mit organisiertem, erwartbarem Handeln konfrontiert. Wenn Menschen nach dem morgendlichen Aufstehen sich Brötchen für das Frühstück besorgen, erwarten sie, dass sie zu einer Bäckerei gehen können und dort die gewünschten Brötchen vorfinden. Wenn sie dann mit dem Bus zur Arbeit fahren, erwarten sie, dass entsprechend den im Fahrplan angegebenen Zeiten der Bus kommt und in die angegebene Richtung fährt. An ihrem Arbeitsplatz finden sie einen Arbeitsplan vor, in dem ihnen zeitlich, räumlich und im sozialen Gefüge ein bestimmter Platz zugeordnet wird, an dem sie sich sinnvoll bewegen und zum Arbeitsergebnis der Organisation beitragen können. Einmal im Monat erwarten sie eine pünktliche Gehaltszahlung. Sie setzen darauf, dass Steuern und Sozialversicherungsbeiträge automatisch an die richtigen Stellen überwiesen werden. Bei der Überweisung der Gehaltszahlung rechnen Menschen mit einem kalkulierbaren Service einer Bank. Diese Beispiele lassen sich fast unendlich erweitern: Immer sind die einzelnen Personen selbst Teil von Organisationen, oder sie nutzen Organisationen, und sie erwarten von diesen Organisationen, dass sie kalkulierbar und möglichst unkompliziert funktionieren.

Damit ist bereits einer erster wesentlicher Hinweis markiert: Wenn ein Sozialgebilde aufgrund von relativ geregelten Handlungsabläufen eine Leistung abliefert, die von Personen außerhalb dieses Gebildes genutzt wird, und wenn diese Personen dieses Sozialgebilde als konturiert (also als von deren Umwelt abgehoben) empfinden und bestimmte Erwartungshaltungen gegenüber diesem Sozialgebilde entwickeln, dann hat man es mit einer relativ hohen Wahrscheinlichkeit mit einer „Organisation" zu tun. Solche Sozialgebilde bestimmen den Alltag von Menschen in dieser Gesellschaft: Organisationen „sind Instrumente der menschlichen Überlebenssicherung, Beherrschung von Welt und Natur, Gesellschaftssteuerung und Produktion. Organisationen sind Orte systematisierter sozialer Handlungen, Entscheidungen und Beziehungen, an denen Menschen arbeiten, höchst unterschiedliche Fähigkeiten kombinieren und kooperieren, aber sich auch zerstreuen und dem Konsum nachgehen." (Girschner 1990, S. 10)

Soziale Arbeit ist Teil dieser Organisationswelt. Soziale Arbeit als ein gesellschaftliches Teilsystem wird überhaupt erst durch und in Organisationen konstituiert. Ohne die Einbettung in einen Organisationskontext bleibt Helfen ein reiner Akt zwischenmenschlicher Nähe oder „individuelle Nächstenliebe". Erst durch die Einbindung in einen Organisationskontext, in dem sich ein gesellschaftlicher Auftrag und damit eine über die individuelle Beziehung hinausreichende Bedeutung widerspiegeln, wird das Helfen zu einem Bestandteil Sozialer Arbeit. Die „Organisationstatsache" stellt eine elementare Grundbedingung dafür dar, dass wir überhaupt von „Sozialer Arbeit" sprechen können.

Zwar haben Menschen täglich Kontakt mit Organisationen, jedoch scheint es schwierig zu sein, genauer zu sagen, was eine Organisation eigentlich ausmacht. Organisation ist offensichtlich ein soziales Gebilde, das einer sinnlichen Erfassbarkeit letztlich nur begrenzt zugänglich ist. Man kann verschiedene Vorgänge, Gewohnheiten, mehr oder weniger festgelegte Verhaltensvorschriften, Formen der Kooperation von Menschen in Organisationen beobachten, Meinungen von Akteuren befragen, Informationen nachlesen, Arbeitsergebnisse betrachten u. a.m. Aber man kann „Organisation" an sich letztlich nicht im Ganzen, in ihrer Gesamtheit beobachten, erleben, erfassen.

So erlebt man z.B. beim Aufsuchen eines Jugendamts Menschen, die für das Jugendamt handeln, man betritt ein Gebäude und nimmt eine bestimmte Anordnung und Beschaffenheit von Räumen wahr, man sieht vielleicht eine Broschüre mit Hinweisen auf das „Leitbild" und die Leistungsangebote des Jugendamtes, man erlebt bestimmte Handlungsweisen der Mitarbeiter etc. Diese sinnlichen Wahrnehmungen machen aber noch nicht das Eigentliche, den Sinn, die Zwecke aus, und sie eröffnen noch nicht den Blick auf die Kooperationsmechanismen, auf das in der Organisation herrschende „Klima", auf die Entscheidungsmechanismen etc. Beobachter werden versuchen, von den sinnlichen Wahrnehmungen auf „das Eigentliche" dieser Organisation zu schließen, aber damit diese Möglichkeit eröffnet wird, werden theoretische Konzepte und theoretische Begriffe benötigt, mit denen die Beobachtungen strukturiert und hypothetische, aber begründete Schlussfolgerungen bzw. Vermutungen über den „Kern" der Organisation, ihr „Eigentliches" formuliert werden können.

„Organisation" ist also ein theoretisches Konstrukt. Und wenn über Strukturen, Normen, Steuerungsformen, Rollen etc. in Organisationen gesprochen wird, so sind dies ebenfalls begriffliche Konstrukte, mit denen man sich dem Phänomen „Organisation" annähert, aber sie sind nicht gleichzusetzen mit einer Gesamterfassung der Wirklichkeit in einer Organisation. In der Sprache des Alltags wird der Konstruktcharakter bisweilen in den Hintergrund gedrängt, wenn darüber gesprochen wird, dass „die Einrichtung eine bestimmte sozialpolitische Strategie" verfolgt, dass „die Strukturen einer bestimmten Handlungsweise entgegenstehen" oder wenn von „*der* Organisation Jugendamt" oder „*der* Organisation Heim" gesprochen wird, als ob es dies wirklich gäbe und nicht ein Abstraktum sei. Wenn von „*der* Organisation Jugendamt" die Rede ist, dann sollte man sich bewusst sein, dass dies ein Abstraktum ist und dass jeder, der so spricht, etwas Unterschiedliches damit verbinden kann. Ein solches Bewusstsein vom Konstruktcharakter des Begriffs „Organisation" und von der Unterschiedlichkeit, mit der über eine bestimmte „Organisation" gesprochen wird, kann in Kommunikationssituationen helfen, Missverständnisse zu erkennen und die impliziten Erwartungen, die im Sprechen über eine Organisation transportiert werden, in den Blick zu nehmen.

Angesichts des Konstruktcharakters des Begriffs „Organisation" und der daraus resultierenden Anforderung, sich über theoretische Modelle einen Zugang zum Gegenstand „Organisation" zu verschaffen, kann es auch nicht verwundern, dass die in der Fachliteratur zu findenden Definitionen zum Begriff „Organisation" vielfältig sind. Denn in ihnen werden entsprechend den theoretischen Vorannahmen jeweils unterschiedliche Aspekte betont.

Abstrahiert man von den speziellen Blickweisen verschiedener theoretischer Ansätze, so kann man **Organisationen** am neutralsten **definieren** als

- von Menschen geschaffene und durch deren Handlungen aufrecht erhaltene soziale Gebilde,
- die dauerhaft ein Ziel verfolgen,
- sich dafür eine formale Struktur zur Gewährleistung von Leistungserfüllung, Kooperation und Entscheidung gegeben haben,
- mit deren Hilfe die Aktivitäten von (potentiell wechselnden) Organisationsmitgliedern auf das verfolgte Ziel ausgerichtet werden sollen.

Eine solche Definition eröffnet einen analysierenden Blick auf Organisationen in der Sozialen Arbeit.

In dieser Definition sind Aussagen enthalten, die der Erläuterung bedürfen. Zunächst ist auffällig, dass hier zwei zentrale Begriffe den Charakter von Organisation kennzeichnen: **Handlungen** und **Struktur**. Wenn von „Organisation" die Rede ist, dann ist damit eine doppelte Perspektive verbunden:

- Die Organisation stellt mehr dar als die Addition verschiedener Aktionen, mehr als die Summe des Handels ihrer Mitglieder. Wenn man lediglich die Personen innerhalb der Organisation in ihren Handlungsweisen beobachten und Organisation als eine Ansammlung unterschiedlicher Handlungsweisen von Personen erfahren würde, so hätte man damit nur einen Teil der Organisationsrealität erfasst. Betont man diesen Aspekt (Organisation ist mehr als die Summe von Handlungen), so stellt man die *„Struktur"* als das Wesentliche einer Organisation in den Mittelpunkt.[5] Am Beispiel des Jugendamtes: Man blickt dann – über die einfache Beobachtung der Handlungen hinaus – auf die formalen Regelungen (definierte Arbeitsanforderungen, Dienstanweisungen, Kooperationsregelungen etc.), die Zuständigkeiten von Mitarbeitern oder Abteilungen/ Sachgebieten, auf die Hierarchie mit ihrer formalen Machtverteilung etc. und hält dies für das Wesentliche der Organisation.

5 Beispiel für eine solche Tendenz die Definition von Kieser/ Walgenbach (2010, S. 6): „Wenn wir im Folgenden von Organisationen sprechen, so meinen wir damit soziale Gebilde, die dauerhaft ein Ziel verfolgen und eine formale Struktur aufweisen, mit deren Hilfe die Aktivitäten der Mitglieder auf das verfolgte Ziel ausgerichtet werden sollen."

- In einer anderen Perspektive wird die Organisation betrachtet und verstanden als ein soziales System, das durch Mitglieder (Mitarbeiter auf den unterschiedlichen hierarchischen Ebenen) gestaltet und aufrechterhalten wird. In dieser Betrachtung werden *„Handeln"* und die das Handeln tragenden Personen und Personengruppen in den Mittelpunkt gestellt. Es wird betont, dass Organisationen keine den Menschen entgegentretenden Gebilde sind, die sich zu Strukturen verfestigt haben, sondern immer von Menschen geschaffen und durch deren Handeln aufrechterhalten werden.[6] Am Beispiel des Jugendamtes: Man beobachtet die Organisation, indem man die Handlungsweisen der Mitarbeiter und der Leitungspersonen in den Blick nimmt – ihre fachlichen Meinungen, Schwerpunkte und Kompetenzen, ihre persönlichen Gewohnheiten und ihr Verhalten in Gruppen/ Teams, ihr Verhalten gegenüber Anforderungen, Weisungen und Sanktionen, ihre Interessen und die damit einhergehenden Konflikte etc. Die Organisation entsteht in diesem Blick vor allem aus der Dynamik des Handelns verschiedener Akteure.

Keine dieser beiden Perspektiven kann eine alleinige Geltung beanspruchen: Bei der Betrachtung einer Einrichtung der Sozialen Arbeit sollte der Blick in beide Richtungen gehen.[7] Man wird zum einen Strukturen zu erkennen versuchen, die den Menschen entgegentreten und in denen sie sich bewegen müssen: Regeln, Hierarchien, Teambildungen etc. Zum anderen wirken diese Strukturen aber nicht schon von sich aus, sondern sie müssen geschaffen und immer wieder am Leben gehalten werden: von handelnden Menschen. Jedes

---

6 Beispiel für eine entsprechende Definition: die Schwerpunktsetzung bei Weick (1995), der explizit „Organisieren" als Tätigkeit der Organisationsbildung in den Mittelpunkt stellt – Organisieren als „durch Konsens gültig gemachte Grammatik für die Reduktion von Mehrdeutigkeit mittels bewusst ineinander greifender Handlungen. Organisieren heißt, fortlaufende unabhängige Handlungen zu vernünftigen Folgen zusammenzufügen, so dass vernünftige Ergebnisse erzielt werden." (1995, S. 11)

7 Ein Beispiel für eine Definition, bei der beide Perspektiven aufgenommen sind: „Wir verstehen hier Organisation als ein soziales System, welches sich von seiner Umwelt abgrenzt. Es besteht vor allem aus Entscheidungen, aber auch aus Routinen. Entscheidungen sind ganz bestimmte Kommunikationen, die immer als Auswahl zwischen Alternativen charakterisiert sind. Routinen sind quasi vorprogrammierte, vorentschiedene Entscheidungen. Ein weiteres Spezifikum von Organisationen ist die Bedeutung formal festgelegter Strukturen … Diese Strukturen kanalisieren quasi – wie in allen sozialen Systemen – die Entscheidungen und Routinen in Prozesse. Ein letztes Spezifikum von Organisationen sind die formalen Mitgliedschaftsregeln." (Titscher/ Mayrhofer/ Meyer 2010, S. 19f.)

Strukturelement (Anforderung, Dienstanweisung, festgelegte Zeiten und Abläufe einer Teamsitzung etc.) besteht nicht von sich aus, sondern muss durch das alltägliche Handeln der Organisationsmitglieder bestätigt werden; oder das Strukturelement wird durch nicht strukturkonformes Handeln der Organisationsmitglieder modifiziert oder gar durch widerständiges Handeln praktisch angezweifelt, möglicherweise sogar außer Kraft gesetzt. In diesem Blickwinkel schaffen Menschen ihre Organisationen immer wieder erneut (auch dann, wenn sie „das Alte" in ihrem Handeln bestätigen und nichts „neu" aussieht). Einrichtungen bzw. Organisationen sind somit auch danach zu befragen, wie Menschen mit welchen Intentionen und in welchen sozialen Konstellationen die mehr oder weniger sichtbaren Strukturen geschaffen haben und auf welche Weise sie die Strukturen durch ihr tägliches Handeln bestätigen und aufrechterhalten oder verändern.

Ob man den Schwerpunkt der Betrachtung stärker auf den Aspekt der Struktur oder stärker auf den Aspekt des Handelns legt – man wird ein jeweils anderes Verständnis von Organisation und eine andere Definition der Wesensmerkmale von Organisation entwickeln. Nach der strukturbezogenen Betrachtungsperspektive wird man die Organisation eher als etwas empfinden, das einem als verselbständigte Macht gegenübertritt. Menschen empfinden sich dann häufig einer Organisation ausgeliefert. Sozialarbeiter drücken das bisweilen dadurch aus, dass sie auf die Zwänge verweisen, denen sie ausgesetzt sind: „Ich würde ihnen ja gern helfen, wenn ich nur so könnte, wie ich möchte, aber mir sind ja durch die Regelungen in meinem Amt/ in meiner Einrichtung die Hände gebunden …". Demgegenüber wird bei einer handlungsbezogenen Betrachtungsperspektive der Fokus auf Interessen, Handlungslinien, Handlungsstrategien, Verarbeitungsformen der Organisationsmitglieder gerichtet. Man richtet den Blick auf die in der Organisation tätigen Menschen, fragt nach Motiven und Wirkungen ihres Handelns. Dabei wird man dann auch stärker darauf verweisen, dass Strukturen immer von Menschen in Gang gesetzt und in Gang gehalten werden. Dementsprechend wird man danach fragen, was die Sozialarbeiter in einem Amt oder in einer Einrichtung tun, um die Strukturen durch ihr Handeln entweder zu stabilisieren oder in Frage zu stellen.[8]

8 Die Erkenntnis zum Zusammenspiel von Struktur und Handeln bei der Herausbildung, Veränderung und Stabilisierung von Organisationen hat also sehr praktische Folgen. Zugespitzt formuliert: Jeder Mitarbeiter hat seinen eigenen Anteil an den Organisations- und Arbeitsbedingungen, unter denen er arbeitet. Er erzeugt sie zwar nicht gänzlich, sie treten ihm als (einschränkende oder fördernde) Struktur entgegen. Aber durch die Art, wie er und seine Kollegen sich in diesen Strukturen bewegen, stabilisieren oder modifizieren sie diese, oder sie geben aktive Impulse zu ihrer Veränderung. Diese Erkenntnis ist ein „Gegengift" gegen das Jammern über die schlechten

Festzuhalten sind also zwei wichtige Aspekte:

- Bei der Betrachtung von Organisationen müssen immer die beiden Elemente „Struktur“ und „Handeln“ einbezogen werden.
- Je nachdem wie man die beiden Elemente in ihrem Bezug zueinander gewichtet, kommt man zu unterschiedlichen Haltungen und Einschätzungen: Wer stärker die „strukturbezogene Brille“ aufsetzt, kommt zu anderen Sichtweisen und zu anderen Bewertungen von Organisationsphänomenen als derjenige, der den Schwerpunkt stärker durch die „handlungsbezogene Brille“ betrachtet.

In der o.g. Arbeitsdefinition zum Begriff „Organisation“ sind beide Elemente – Handeln *und* Struktur – enthalten; die Gewichtung der beiden Elemente bleibt hier in der Schwebe und kann zum Gegenstand kontroverser Diskussionen werden.

2.4 Bilder von „Organisation“ – Organisationstheorien als Grundlage für Management

Mit dem Hinweis auf eine „eher strukturbezogene Brille“ oder „eher handlungsbezogene Brille“ für den Blick auf Organisationen ist bereits auf die Bedeutung unterschiedlicher Grundauffassungen zu und Haltungen zu Organisationen aufmerksam gemacht worden. Wie Menschen sich in Organisationen bewegen, ist zu einem wichtigen Teil durch die Haltung bestimmt, die sie gegenüber diesem sozialen Gebilde entwickelt haben. Auch das Verständnis von „Management“ und die Erwartungen, die man an die für das Management verantwortlichen Personen richtet, stehen in Abhängigkeit von den Vorstellungen, die man sich von „Organisation“ macht. Menschen haben ein subjektives Bild vom Charakter der Organisation vor sich, das sie in ihrem konkreten Handeln in einem Jugendamt, einem Jugendzentrum, einer Beratungsstelle, einem Behindertenwohnheim etc. beeinflusst. Es macht einen Unterschied, ob man „Organisation“ z.B. als einen verschlingenden Apparat empfindet, der die Individuen mit seinen bürokratischen Mechanismen an der „eigentlichen“, der zwischenmenschlichen Hilfegewährung

Bedingungen, das bisweilen in Organisationen der Sozialen Arbeit übermächtig wird und die Mitarbeiter in Passivität verharren lässt statt zu fragen, in welcher Weise sie selbst an der Reproduktion dieser Bedingungen beteiligt sind und welche taktisch geschickten, „kreativen“ Möglichkeiten sich finden lassen, die sie störenden Bedingungen zu irritieren und zu modifizieren.

hindert, oder ob man mit „Organisation“ ein schützendes und unterstützendes Dach assoziiert. Mit welcher (meist unreflektierten) Einstellung man dem Sozialgebilde „Organisation“ gegenübertritt, ist bedeutsam für das eigene Handeln in der Organisation.

Nach den „subjektiven Theorien“ oder „mentalen Bildern“ wird das Verhalten in und gegenüber Organisationen maßgeblich geprägt. Allerdings sind die subjektiven Vorstellungen oder „Theorien“ zur Organisation meist nicht deutlich bewusst; denn in der Regel entstehen diese „Theorien“ im Alltag aufgrund von mehr oder weniger reflektierten Erfahrungen und beeinflussen als „Alltagstheorien“ implizit das Verständnis von Organisation und die Erwartungen, mit denen Personen an bestimmte Organisationen herantreten. Gerade weil die Alltagstheorien den meisten Menschen so wenig bewusst sind, können sie große Wirkungen entfalten, indem sie auf eine vorbewusste Art Leitorientierungen bei der Interpretation des Alltags und bei der Herausbildung von situationsentsprechendem Verhalten bieten.

In den vorbewussten Bildern spiegeln sich auch theoretische Annahmen, die organisationssoziologische Forschungen geprägt haben, die wiederum zu bestimmten Sichtweisen auf den Gegenstand „Organisation“ Einfluss genommen haben. Auch organisationssoziologische Theorien erzeugen und eröffnen einen bestimmten Blick, der sich in bildhaften Metaphern zuspitzen lässt. Wenn man sich mit Management als einem Konglomerat von Versuchen der Organisationsgestaltung auseinandersetzt, dient es dem Verstehen der Schwerpunktsetzungen in einzelnen Managementfeldern, wenn vorab der organisationssoziologische Bezugsrahmen transparent gemacht wird.

2.4.1 Mentale Bilder von „Organisation“

Für die Betrachtung von (impliziten und expliziten) Konzepten des Managements und zur Reflexion des eigenen Verhaltens in Organisationen ist es hilfreich, sich zum einen über diese Verkoppelung mit Alltagstheorien klar zu werden und zum anderen sich selbst zu fragen und sich selbst zu beobachten, wie das eigene Bild von „Organisation“ aussieht, welche Ereignisse, Vorstellungen, Wissensbestände das eigene Verständnis und die eigenen Emotionen zu „Organisation“ geprägt haben und weiterhin maßgeblich beeinflussen. Dies in zweifacher Hinsicht:

- zum einen im Hinblick auf die Frage, wie man selbst zu „Organisation“ steht: Organisation als Hindernis oder fördernder Faktor für fachliches Arbeiten, Organisation als Notwendigkeit oder notwendiges Übel, Organisation als lebendige Form des Zusammenwirkens oder als bürokratische Regelung und Einengung ...;

- zum anderen im Hinblick auf bestimmte Bilder, anhand derer man sich „Organisation“ erschließt und die Erwartungen prägen, mit denen man sich konkreten Organisationen nähert.

Gareth Morgan (1997) hat sowohl Alltagsvorstellungen als auch wissenschaftliche Theorien daraufhin untersucht, welche „Bilder der Organisation“ in ihnen erkennbar werden. Indem er Bilder oder Metaphern heranzieht, um Vorstellungen über Organisationen zu charakterisieren, stellt er auf den vorbewussten, impliziten Gehalt von theoretischen (alltagstheoretischen und wissenschaftlichen) Konstrukten ab. Morgan (1997) führt verschiedene Metaphern auf, die auf eine bestimmte „Denkungsart und eine Sichtweise“ (S. 15) schließen lassen, in der Menschen an das soziale Phänomen „Organisation“ herantreten und es sich zu erschließen versuchen:

- **„Die Organisation als Maschine“:** In diesem Bild erscheint die Organisation als ein Gebilde, in dem viele Teile planmäßig ineinander greifen. Um die Organisation gut zu steuern und leistungsfähig zu machen, kommt es hier darauf an, die richtigen Hebel für die Beeinflussung der Maschine zu finden sowie den Hebel zum richtigen Augenblick und in der richtigen Weise zu bedienen, um den erwartbaren Effekt (verändertes Funktionieren der Organisationsabläufe) auf rationale Weise zu erzeugen.

- **„Die Organisation als Organismus“:** Organisation wird hier als ein lebendiges Gebilde verstanden, das sich „organisch“ herausbildet und wächst. Organisationsgestaltung hat nach diesem Verständnis die Aufgabe, die organischen Abläufe zu erkennen und zu verstehen und zu einer möglichst guten „Passung“ zwischen den Entwicklungen bei den Organisationsmitgliedern und den Umwelten einerseits und den organischen Vorgänge innerhalb der Organisation andererseits zu gelangen bzw. die in diesem Verhältnis liegenden Spannungen zu reduzieren (Herstellen einer „Ökologie der Organisation“).

- **„Die Organisation als Gehirn“:** Bei dieser Metapher wird die Verarbeitung von Wissen und Kenntnissen in den Mittelpunkt gestellt. Dementsprechend wird danach gefragt, wie Organisationen so gestaltet werden können, „dass sie ebenso flexibel, beweglich und einfallsreich funktionieren wie ein Gehirn“ (S. 108). Konzepte wie z. B. die „lernfähige Organisation“ richten sich implizit an einem solchen Verständnis aus. Gestaltung von Organisation heißt hier, Formen der Erzeugung und Verarbeitung von Organisationswissen zu erzeugen und zu fördern sowie gezielt Lernsysteme in der Organisation zu installieren.

- **„Die Organisation als Kultur":** In dieser Betrachtungsweise wird Organisation angesehen als ein Kulturphänomen, also als ein System von Werten, Ritualen, Umgangsgewohnheiten, normativen Ausrichtungen, Handlungsprinzipien etc. Steuerung von Organisationen besteht hier vor allem in der Gestaltung und Beeinflussung solcher normativer Elemente, im Aufbau und in der Pflege der gemeinsamen Interpretationsschemata, in der Integration durch Symbole und Rituale gilt.

- **„Die Organisation als politisches System":** Hier werden insbesondere innerorganisatorische Macht, Einfluss, Strategien bei der Betrachtung von Organisationen hervorgehoben. In der Organisationssoziologie werden solche Prozesse und Strategien um Macht, Einfluss und Geltung mit dem Begriff „Mikropolitik" gekennzeichnet. Organisationsgestaltung besteht hier in der Beobachtung solcher Vorgänge sowie in der Herausbildung von Machtpotenzialen, um im mikropolitischen Spiel nicht nur mithalten, sondern auch durch geschicktes Agieren eine prägende Rolle ausüben zu können.[9]

Die vorbewussten mentalen Bilder resultieren aus einer Verbindung von eigenen Erfahrungen in konkreten Organisationen, erzählten Erfahrungen anderer, eigenen Wertmustern und theoretischer Beschäftigung mit dem Gegenstand Organisation. Die Bilder markieren eine Haltung, mit der Personen an Organisationen herantreten, und sie sorgen auch für einen bestimmten Blick: für eine Brille, mit der Organisationen und die Prozesse in ihnen wahrgenommen und interpretiert werden. Die Bilder ermöglichen eine Deutung sowohl des Zustandes der Organisation als auch der Dynamik in Organisationen. Wenn z. B. im Alltag von einer Leitungsperson erwartet wird, dass sie „den Laden im Griff hat", so wird ein Bild von „Organisation als Maschine" erkennbar. Oder wenn Personen immer wieder für eine starke Mitarbeitervertretung plädieren, die einen Gegenpart zur Geschäftsführung bilden müsse, so drückt sich in einer solchen Schwerpunktsetzung ein Verständnis

9 Morgan kennzeichnet noch drei weitere Metaphern („Die Organisation als psychisches Gefängnis", „Organisation als Fluss und Wandel", „Die Organisation als Machtinstrument"), die zum Teil merkliche Überschneidungen mit den vorher genannten Metaphern aufweisen oder Teile dieser Metaphern in besonderer Weise in den Blick rücken; daher wird hier auf deren nähere Charakterisierung verzichtet.

von „Organisation als politisches System“ aus. Und diejenigen, die Fortbildung für den zentralen Aspekt der Personalentwicklung halten und die Herausbildung eines guten Wissensmanagements als den Schlüssel zum Erfolg ansehen, sind geleitet vom Bild von „Organisation als Gehirn“. Es ist hilfreich, sich der eigenen Annahmen und „Alltagstheorien“ bewusst zu werden und sensibel zu sein für diejenigen alltagstheoretischen Annahmen, die in Äußerungen anderer Personen möglicherweise implizit transportiert werden.

2.4.2 Organisationssoziogische Bezugspunkte für die Konzipierung von Management

Die Wahrnehmungen und Interpretationen zum Geschehen in Organisationen stehen in einem Bezug zu dem, wie „Organisation“ theoretisch konzipiert wird. So kann z.B. ein Managementversäumnis wie die mangelhafte Realisierung von Einarbeitung neuer Mitarbeiter verschieden interpretiert werden: als Folge mangelhafter Regeln und Anordnungen, als Demonstration langjährig tätiger Mitarbeiter, die ihre Überlastung dokumentieren wollen und „für neue Aufgaben keine Zeit haben“, als Sabotage gegenüber immer neuen Erwartungen und Anforderungen von außen (Checklisten, Festlegungen von Arbeitsabläufen; Einarbeitungskonzept als Vorgabe der Personalverwaltung), als Ergebnis mangelnder Festlegung von Zuständigkeiten, als Ergebnis der in der Organisation weitgehend vorherrschenden Überzeugung, dass neue Mitarbeiter ihre eigenen Erfahrungen machen und sich in der Praxis „freischwimmen müssen“ und Einarbeitung vor allem als Möglichkeit zur Nachfrage praktiziert werden sollte, als Ergebnis mangelnder Aufmerksamkeit angesichts vielfältiger akuter Konflikte in Teams ... und andere Interpretationen mehr. In jeder dieser Interpretationen offenbart sich ein bestimmter Blick auf die „Organisation“: Es werden Strukturfragen, normative Phänomene, Erwartungen aus der Umwelt, innere Dynamiken in den Mittelpunkt der Erklärung gestellt, je nachdem, was man in einer Organisation für entscheidend hält, und dementsprechend werden aus solchen Interpretationen verschiedenartige Handlungen abgeleitet, die man zur Bewältigung eines als Problem interpretierten Sachverhalts für angemessen oder erforderlich hält. In allen diesen Interpretationen verbergen sich theoretische, organisationssoziologische Implikationen: Organisationssoziologen würden ein bestimmtes Phänomen jeweils anders interpretieren und zu verschiedenartigen Schlussfolgerungen darüber gelangen, wie das Problem wohl am besten über Managementhandeln zu bearbeiten sei.

In diesem Buch wird ein Verständnis von „Organisation“ in vier Perspektiven verfolgt, die wesentliche Blickrichtungen für die Beobachtung und Interpretation von Phänomenen in Organisationen eröffnen und unter denen sich auch Vorgänge und Bedeutung solcher Vorgänge in Organisationen interpretieren lassen:

- Organisationen als Systeme,
- Organisationen als durch Macht- und Einflussdynamik geprägte Systeme,
- Organisationen als durch implizite Wertorientierungen („Organisationskultur") geprägte Systeme,
- Organisationen als durch die Erwartungen ihrer Umwelt geprägte Systeme.

2.4.2.1 Organisationen als Systeme

Im Alltag herrscht häufig ein mechanistisches Organisationsverständnis vor, das sich im Bild von der „Organisation als Maschine" gut kennzeichnen lässt: Die Organisation wird verstanden als ein Gebilde, das sich durch verschiedene Funktionsmechanismen, die in die Maschine eingesetzt wurden, am Leben erhält und das bei angemessener Bedienung der installierten Funktionsmechanismen relativ verlässlich einen bestimmten Erfolg erwarten lässt. Wenn der erwartete Erfolg nicht realisiert wird, sucht man, an welchen Stellen die Funktionsmechanismen nicht in der beabsichtigten Weise gegriffen haben und mit welchen Hebeln man zielgerichtet Korrekturen installieren kann, damit die Maschine wieder verlässlich die erwarteten Ergebnisse erzeugt. Wenn man ein solches Bildmuster ausspricht und auf den Punkt bringt, werden viele Personen sich „äußerlich" davon distanzieren, aber dennoch in ihrem Alltag „vorbewusst" in der Logik der Maschinenmetapher handeln. Dieses Muster, das zumeist eher implizit in den Köpfen der Akteure wirkt und nach dem häufig auch im Leitungshandeln versucht wird, Organisationen zu planen und zu gestalten, ist das einer technischen Rationalität: Es geht darum, die Abläufe in der Organisation genau zu erkennen und die für die Aufgabenbewältigung erforderlichen Ablaufmechanismen „nach den Regeln der Kunst" festzulegen, um ein bestimmtes Ergebnis zu erzeugen. In dieser Perspektive wären die Mitarbeiter ein Teil der „Organisationsmaschine", die Rädchen, die diese Maschine am Laufen halten. Die Metapher „Maschine" zielt ab auf die Berechenbarkeit von Organisationen, die durch Managementhandeln gewährleistet werden soll: Strukturen und Anläufe sollen so organisiert sein und so reguliert werden, dass „ein Rad ins andere greift" und die Ergebnisse entsprechend den vorher definierten Zielen verlässlich erzeugt werden (vgl. Kühl 2011, S. 90).

Schon wenn man sich oberflächlich die eigenen Erlebnisse in Organisationen bewusst macht, wird man schnell zugestehen, dass Organisationen nicht nach solchen mechanistischen Vorstellungen funktionieren, auch wenn in der „Organisationsplanung“ und in vielen darauf ausgerichteten betriebswirtschaftlichen Lehrbüchern solche Bilder enthalten sind und als Leitbilder geprägt werden. Im Alltag werden vielfach solche Bilder transportiert, so etwa in der häufig gehörten Klage darüber, dass eine Leitungsperson „ihren Laden/ ihre Organisation nicht im Griff“ habe. Leitungspersonen, die Veränderungen anstoßen, sind demgegenüber häufig überrascht, welche ungeplanten und nicht kalkulierten Effekte eintreten: Ihre Gestaltungsimpulse lösen bisweilen Widerstände auf Seiten der Fachkräfte aus, Diskussionsprozesse wandeln eine ursprüngliche Konzeptidee ab, in Umsetzungsprozessen wird ein ursprünglicher Impuls fast in sein Gegenteil verkehrt, es treten unbeabsichtigte und unbedachte Nebeneffekte zutage etc. Man kann solche Dynamiken nicht durch den Hinweis erklären, dass die Leitungsperson den „richtigen Hebel“ eben nicht gefunden habe. Selbst für erfahrene Leitungskräfte ist es kaum möglich vorauszusehen, wie sie am besten eigene Impulse geben könnten, um damit die beabsichtigte Wirkung zu erzeugen. Jede Impulsgebung fußt auf einer Hypothese, die subjektiv begründete Wirkungshoffnungen trägt, deren Einlösung aber ungewiss bleibt. Die Organisation (also: das Jugendamt, die Einrichtung der stationären Behindertenhilfe, die Suchtberatungsstelle, das Jugendzentrum etc.) scheint einem Organismus gleich Impulse nach seinen eigenen Gesetzen, nach einer eigenen Logik zu verarbeiten. Organisationen können also treffender verstanden werden, wenn man sie nicht mit dem Bild einer Maschine zu fassen versucht, sondern als lebendige Systeme, in denen sich Dynamiken entwickeln, die sich gegenseitig überlagern, und in denen aufgrund dieser Dynamik das vermeintliche Ideal einer zielgenauen Planbarkeit nicht umgesetzt werden kann, und zwar allein wegen der grundlegenden Eigenschaften des „Systems Organisation“ und nicht vornehmlich deswegen, weil die Leitungspersonen nicht als ausreichend fähig angesehen werden, den „richtigen Hebel“ zu finden (ausführlicher zum Folgenden Simon 2007; Wimmer/Meissner/Wolf 2009).

Das, was an Strukturen, an Gewohnheiten, an mehr oder weniger eingespielten Abläufen in Organisationen vorfindbar ist und womit die Organisation ihre Leistungsfähigkeit herzustellen und aufrechtzuerhalten versucht, ist zu verstehen als ein „kunstvolles Gebilde“ unterschiedlicher Kommunikationen und Entscheidungen, die darauf ausgerichtet sind, den „Sinn“ der Organisation zu definieren und ihn durch eine möglichst effektive und wirtschaftliche Aufgaben- und Leistungserfüllung am Leben zu halten. Die auf Aufgabenerfüllung ausgerichteten Strukturen einer Organisation, durch die eine Organisation für Außenstehende in der Regel und auf den ersten Blick Kenntlichkeit erlangt (wer macht dort was zu welchem Zweck in welcher Arbeitsteilung und in welchen Abläufen?), sind durch Kommunikationen geschaffen worden, die sich zu Entscheidungen verdichtet haben, welche dann die Organisation prägen. Die Strukturen wirken in der Folge nicht an sich, nicht automatisch, sondern sie müssen durch alltägliche Kommunikationsweisen immer wieder neu in Geltung gesetzt, bestätigt, modifiziert, verändert werden, oder sie werden durch andere Modalitäten ersetzt. Die Organisation schafft sich eine eigene Organisationslogik mit eigenen Routinen, mit Interpretationsweisen für innere und äußere Sachverhalte, mit zu Strukturen verdichteten Kommunikationsabläufen, mit formellen Regelungen und informellen Gewohnheiten etc., die dem „Sinn" der Organisation angemessen sind. In den „Sinn" der Organisation sind die jeweiligen Bestandteile (Kommunikationsakte, Entscheidungen, Strukturen etc.) sinnhaft eingeordnet. Wenn hier vom „Sinn" der Organisation die Rede ist, bedeutet das nicht ohne weiteres Einheitlichkeit: Innerhalb einer Organisation können verschiedene Sinninterpretationen Platz finden, und die verschiedenen Organisationsmitglieder interpretieren den „Sinn" der Organisation und die damit verkoppelte „Sinnhaftigkeit" einzelner Aktivitäten, Strukturelemente, Kommunikationen durchaus differenziert und unterschiedlich. Ferner haben Organisationsmitglieder als Personen ihren „Eigensinn" mit eigenen Sichtweisen, eigenen Interessen, eigenen Vorstellungen hinsichtlich der „sinnvollen" Arbeitsweisen in der Organisation. Daraus entsteht die in einer Organisation teils offen sichtbare, teils verdeckte Dynamik, die die Organisation als ein lebendiges System, als ein Organismus erscheinen lässt. Und dieses Bild von „Organisation als Organismus" steht der Maschinenmetapher mit der darin enthaltenen aufgabenbezogenen Rationalitätslogik diametral entgegen.

Die Organisation – in unserem Fall: jede Einrichtung der Sozialen Arbeit oder jedes Jugendamt/ Sozialamt/ Gesundheitsamt – baut eine eigene „Systemlogik" auf, die dem Handeln in der Organisation eine Richtung verleiht und die als Filter wirkt für Informationen/Impulse, die an die Organisation herangetragen werden und die sie dann zulässt, abweist oder für die eine Logik umarbeitet. Die „Systemlogik" drückt sich aus in vorangegangene Entscheidungen, die sich z. B. in herrschenden Routinen, in Dienstanweisungen, in gemeinsamen Überzeugungen über eine ‚gute' Arbeit oder auch in Prozess- und Qualitätsstandards niederschlagen. Sie bietet den Referenzrahmen mit je eigenen Relevanzkriterien für das Zulassen oder Abweisen von Impulsen und Informationen. Nach diesen Kriterien wird in Organisationen „geprüft", welche neuen Erfahrungen und Informationen als für sie „bedeutsam" erachtet werden können, was sie also an sich heranlassen und was sie als „untauglich, irrelevant, nicht umsetzbar, nichts Neues …" etc. von sich weghalten wollen.

Für Organisationen sind diese Mechanismen der (häufig unbewussten) Entscheidungen, was sie an sich ‚vorbeirauschen' lassen, was sie an sich heranlassen und wovon sie sich irritieren lassen wollen, lebenswichtig. Mit Handlungsroutinen, mit zwischen den Organisationsmitgliedern eingespielten Interpretationsmustern, mit geteilten Qualitätsvorstellungen und Verfahrensstandards, mit informellen Gewohnheiten etc. reduzieren sie Komplexität und erhalten sich dadurch handlungsfähig; sie schützen sich vor Überfrachtung durch immer wieder neue Informationen und vor einer allzu großen Verunsicherung. Dies allerdings um den Preis, dass die Gefahr einer Erstarrung in Routinen droht, dass wichtige Informationen nicht adäquat gewürdigt und aufgenommen werden, dass notwendige Veränderungen unterbleiben. Die Selbstreferentialität, also die primäre Bezugnahme auf die bisherigen Sinninterpretationen und Entscheidungen macht Organisationen gleichermaßen handlungsfähig wie anfällig für Betriebsblindheit und für daraus resultierende Erstarrungen.

Damit eine Organisation nicht zuletzt angesichts dynamischer Gegebenheiten und Anforderungen in ihrer Umwelt überleben kann bzw. die elementare Legitimation durch die für sie relevante Umwelt erreichen und aufrechterhalten kann, muss sie sich gegenüber den Informationen aus ihrer Umwelt und gegenüber den im Inneren entstehenden Impulsen gleichermaßen (partiell) schließen wie (partiell) öffnen. Die Organisation darf nicht alles an sich heranlassen, denn dann würde sie sich in einem Maß irritieren, dass sie an Handlungsfähigkeit verlieren würde; durch ein zu hohes Maß an Irritation würde das Ausmaß an Routine, das eine Organisation für ihre Verlässlichkeit und Handlungsfähigkeit benötigt, nicht mehr aufrechterhalten werden können. Sie darf aber auch nicht zu viele Impulse abweisen, denn dann würde sie ihre Aufgaben nicht mehr angemessen interpretieren, Legitimationseinbußen erleiden und an Effektivität einbüßen. Was das „richtige Maß" in der Ausbalancierung zwischen Selbstreferentialität und Überkomplexität, zwischen Offenheit und Verschließung ist, lässt sich für eine Organisation nicht genau, nicht situationsunabhängig, nicht ein für allemal und nicht ohne die Interessen/ Wahrnehmungen/ Handlungsoptionen der jeweils handelnden Personen festlegen. Es wird in jeder Organisation und zu unterschiedlichen Zeiten unterschiedlich gehandhabt werden (müssen). Was in einer und für eine Organisation als „maßvolle", verarbeitbare, an bisherige Sinngehalte anschlussfähige Irritation gilt, wird immer unterschiedlich sein und lässt sich nicht im Vorhinein genau beurteilen. Auch diese elementare Widersprüchlichkeit und die damit einhergehenden Unsicherheiten erzeugen also eine Dynamik in Organisationen, die im Bild eines lebendigen Organismus weitaus besser abgebildet wird als in der Maschinenmetapher.

In den Organisationen wirken Individuen als Organisationsmitglieder (Mitarbeiter mit unterschiedlichen Aufgaben und Ausbildungen, Leitungspersonen auf verschiedenen Hierarchie-Ebenen).[10] Auch die Individuen/Or-

10 Wenn hier von „Organisationsmitgliedern" gesprochen wird, so bedeutet das eigentlich einen Bruch mit der systemtheoretischen Konzipierung von „Organisation". Systemtheoretisch gedacht besteht die Organisation im Kern aus Entscheidungen, und

ganisationsmitglieder sind als „individuelle Systeme“ mit einer je eigenen Logik zu verstehen. Die Individuen haben ihre eigene Geschichte und haben eine eigene Existenzweise aufgebaut, die sich in den Grundzügen als „sinnvoll“ zur Bewältigung ihres Alltags erwiesen hat. Das Individuum hat ein eigenes „Weltbild“ erworben, mit dem es an die Phänomene aus seiner Umwelt herantritt und mit dem neue Eindrücke und Erfahrungen bewertet werden. Das, was nicht in dieses „Weltbild“ passt, hat es schwer, zur Vorstellungswelt des Individuums zugelassen zu werden. Auch für das Individuum gilt die Widersprüchlichkeit zwischen einerseits (partieller) Geschlossenheit, um eigene Stabilität in Wahrnehmungen/Interpretation aufrechtzuerhalten und zu einer eigenen Identität zu gelangen, und andererseits (partieller) Offenheit, um sich nicht gegenüber seiner Umwelt und gegenüber den Anforderungen, die seine Umwelt stellt, zu isolieren. Wenn neue Erfahrungen und Eindrücke zumindest ansatzweise anschlussfähig sind an das bisherige „Weltbild“, ist das Individuum bereit, sich von Neuem nicht abzugrenzen, sondern es an sich heranzulassen und es zu verarbeiten. Der Irritationswert des Neuen darf also nicht zu groß sein, sondern muss sich in einem verarbeitbaren Rahmen bewegen.

In einer Organisation der Sozialen Arbeit treffen viele unterschiedlich geprägte „Systeme“ aufeinander: die „Organisation“ mit der ihr eigenen organisationalen Logik und die unterschiedlichen „individuellen Systeme“ mit ihren jeweiligen personalen Logiken. Dass ein Zusammentreffen solch unterschiedlicher „Systeme“ vielfältige Potentiale für Diskrepanzen und Spannungen enthält, ist unmittelbar plausibel und muss somit als normal angesehen werden. Es bedarf also der Bemühungen, die verschiedenen „Systeme“ stärker aneinander zu koppeln; es müssen Mechanismen erkundet, gefunden und kontinuierlich praktiziert werden, um das Organisationssystem und die unterschiedlichen personalen Systeme miteinander kommunikationsfähig zu machen und zu halten, also Anschlussfähigkeit zwischen den Systemen herzustellen und aufrechtzuerhalten. Dazu stehen der Organisation viele durch Management zu aktivierende Möglichkeiten zur Verfügung: Personalauswahl und Personalentwicklung, Beteiligung der Mitarbeiter, fachliche Reflexionsforen u.a.m.

---

die Individuen gehören zur Umwelt dieses Systems. Diese theoretische Stringenz wird hier deswegen mit dem Begriff der „Organisationsmitglieder“ verlassen, weil in einem Managementkontext immer mit „Personen“ gearbeitet wird und das Verhalten der Personen – verstanden als „Organisationsmitglieder“ – immer einen zentralen Bezugspunkt für Managementhandeln darstellt. Daher würde eine theoretisch stringente Einordnung der in einer Organisation handelnden Personen als „Umwelt der Organisation“ in Erläuterungen zum Managementhandeln befremdlich wirken, sie wäre vermutlich zu wenig „anschlussfähig“ an die individuellen Logiken der Leser/innen.

Die Ausrichtung an einem systemischen Verständnis von „Organisation" und an einem darauf ausgerichteten Grundkonzept von Management müsste eigentlich in einem hohen Maß „kommunikationsfähig" sein mit fachlichen Entwicklungen in der Sozialen Arbeit, bei denen eine „systemische Perspektive" in der Interpretation von Fällen und im methodischen Handeln – zumindest auf der konzeptionellen Ebene – über viele Jahre intensiv gefordert wurde und immer mehr in den an Fachkräfte gerichteten Anforderungen Eingang gefunden hat (als eine gelungene Einführung: Hosemann/ Geiling 2013). Eine Verbreiterung systemischer Handlungsperspektiven in der Sozialen Arbeit kann dann wiederum dazu führen, dass ein mechanistisch-rationales Organisationsbild und ein mangelnder Transfer systemischen Denkens auf Fragen des Managements Diskrepanzen erzeugen müssten zu den sonstigen methodischen Orientierungen, die bei den Fachkräften Einzug halten oder entsprechend den fachlichen Anforderungen der Sozialen Arbeit beachtet werden sollten.

2.4.2.2 Organisationen als durch Macht- und Einflussdynamik geprägte Systeme

Wenn Organisationen als lebendige, dynamische Systeme verstanden werden, in denen Strukturbildung über immer wieder in Gang gesetzte, miteinander verkoppelte Prozesse der Kommunikation und der Entscheidung erfolgt und bestätigt oder verändert wird, so ist damit nicht ausgesagt, dass alle daran Beteiligten und alle von diesen ausgehenden Kommunikationsakte die gleiche Chance hätten, in strukturbildende Entscheidungen einzugehen und darin Geltung zu erlangen. Die Möglichkeiten unterschiedlicher Akteure, ihren Kommunikationen praktische Geltung in der Organisation insofern zu verleihen, als dadurch mehrere andere Kommunikationen auf die Kommunikationsimpulse dieser Akteure ausgerichtet werden und dementsprechend Entscheidungen geprägt werden, ist in Organisationen ungleich verteilt. Die Positionen in der Hierarchie sind ungleich; in ihnen sind ungleiche Möglichkeiten enthalten, sich mit einer Kommunikation praktisch wirksame Geltung zu verschaffen. Aber nicht nur die Positionen, auch informelle Gegebenheiten wie Zuerkennung von besonderer Kompetenz, persönliche Bezüge quer durch die Hierarchie-Ebenen, langjährige Mitgliedschaft in einer Organisation etc. können mit ungleichen Chancen der Einflussnahme auf Kommunikation und Entscheidung verbunden sein. Macht und Einfluss sind nicht allein auf formale Strukturen zurückzuführen. Formale Macht, die einzelnen Personen das Erteilen von Anordnungen sowie Möglichkeiten der Belohnung (Lob, Unterstützung beruflicher Entwicklungen, leistungsorientierte Bezahlung) oder der Sanktionierung (Tadel, Einschränkung von Handlungsmöglichkeiten, Abmahnung, Kündigung) eröffnen, implizieren genau so ungleiche Chancen folgenreicher Kommunikation wie unterschiedliche Formen und Intensitäten der Zuerkennung von Autorität oder der informellen Potenziale zur Einflussnahme.

Allerdings werden sowohl formale Macht als auch informelle Einflussmöglichkeiten gleichermaßen durch Entscheidungen in Geltung gesetzt; sie sind nicht „einfach da", sondern bedürfen der kontinuierlichen kommunikativen Vermittlung. Bei der Zuerkennung von Autorität oder bei der Ausrichtung an informellen Einflussmöglichkeiten ist die Bindung an die Entscheidung anderer Kommunikationsteilnehmer, jemandem Autorität oder Einfluss zuzusprechen, eher einsichtig. Doch auch bei den formellen Machtpositionen bedarf es zweier Entscheidungen: z.B. der Entscheidung des Mächtigeren, eine Anweisung zu erteilen, und einer Entscheidung des Untergebenen, „das zu tun, was jemand, dem er Macht zuschreibt, von ihm erwartet, weil er die Konsequenzen der Enttäuschung dieser Erwartung befürchtet ... Er könnte sich aber ... auch anders verhalten" (Simon 2007, S. 88) und dabei die möglichen Konsequenzen seiner Entscheidung kalkulieren und ggf. zu tragen bereit sein. Auch formale Macht bedarf der Bestätigung in Kommunikationsakten.

Die Bedeutung formell strukturierter und informell gewachsener Macht- und Einflusspotenziale wird insbesondere unter dem Begriff „Mikropolitik in Organisationen" organisationssoziologisch herausgearbeitet (Alt 2001; Küpper/Felsch 2000; Bogumil/Schmidt 2001, dort insbesondere Kap. 2 und Kap. 3.1). In dieser Betrachtungsweise wird das „soziale System Organisation" betrachtet als ein Ort, an dem divergierende Interessen zur Geltung kommen und verarbeitet werden und an dem für diesen Verarbeitungsprozess das Ringen um Macht und Einfluss eine wesentliche Rolle spielt. Eine Organisation erscheint in dieser Perspektive als ein Konglomerat von Strategien um Machtgewinn. Vor dem Hintergrund einer solchen Betrachtung, bei der Strategien zum Machtgewinn und zum Machterhalt als zentrale Elemente der Organisationsdynamik verstanden werden, erklärt sich auch der Begriff „Mikro*politik*": Im Kleinen der Organisation nimmt etwas eine prägende Gestalt an, was auch in der „großen Politik" im Zentrum steht, nämlich das Kämpfen um Macht und Einfluss. Mit der Metapher des „Spiels" wird signalisiert, dass das Handeln der Akteure etwas Strategisches hat („Spielzüge"), das gleichzeitig mit etwas Lustvollem, dem Reiz eines Spiels mit einem möglichen Empfinden des Siegen-Könnens verbunden ist. Gleichzeitig vermittelt die Spielmetapher aber auch, dass die Beteiligung nach Regeln („Spielregeln") erfolgt, die – auch dann, wenn sie informell sind – für die „Spieler" verbindlich sind und bei deren Verletzung ein Spieler sich ins Abseits manövriert (vgl. Kühl 2011, S. 90). In solchen „Spielen" oder im Ringen um Einfluss und Macht können unterschiedliche Elemente eine strategische Bedeutung erlangen (als Beispiel die strategische Bedeutung von Evaluation in Organisationen s. Merchel 2010a, S. 138ff.).

In der Unterschiedlichkeit und in der Überlagerung verschiedener Interessen liegen Konfliktpotenziale, bei denen die einzelnen Beteiligten versuchen, ihren Interessen Geltung zu verschaffen. Dies kann geschehen durch den Versuch der Einflussnahme auf Konzepte und Umsetzungsformen in Teilbereichen des Managements (z.B. bei der Festlegung von Arbeitsabläufen, bei Prozessen der Personalentwicklung, bei der Festlegung von Arbeitsaufgaben, bei der Beobachtung von Entwicklungen zur Arbeitsbelastung, bei der Darstellung der Organisation nach außen etc.). Bei der Konzipierung und Bewertung der Managementpraxis in Organisationen der Sozialen Arbeit schlägt sich die „Lebendigkeit des Organisationssystems" auch in Prozessen der Gewinnung von Macht und Einfluss nieder. Mit dieser Dimension ist immer zu rechnen, und sie sollte daher bei Analysen und perspektivischen Kalkülen nicht außen vor gelassen, sondern in die Betrachtungen zu unterschiedlichen Aufgaben und Dimensionen des Managements einbezogen werden.

2.4.2.3 Organisationen als durch implizite Wertorientierungen („Organisationskultur") geprägte Systeme

In Organisationen als sozialen Systemen, die durch Kommunikation und durch daraus entwickelte Entscheidungen entstehen und aufrechterhalten werden, vollziehen sich Prozesse nicht nur in Interaktionsdynamiken, die auch vor dem Hintergrund des Bemühens um Erlangung von Macht und Einfluss beobachtet werden sollten. Diese Prozesse in Organisationen werden ebenfalls in einer normativen Dimension geprägt, sie stehen in einem Bezug zu Normen und Werten, die sich in einer Organisation herausgebildet haben und die als kulturelle Regeln Wirkung entfalten. Es geht um Regeln, die sich nicht primär unter zweckrationalen Gesichtspunkten beurteilen lassen und die auch nicht zweckrational ins Leben gerufen worden sind. Solche normativen, kulturellen Regeln sind „einfach so" entstanden, haben sich mit der Zeit herausgebildet, haben zum Teil einen Bezug zu den Arbeitsaufgaben einer Organisation und sind zum Teil völlig unabhängig davon. Aber sie definieren (informelle) Verhaltensanforderungen an Organisationsmitglieder, wenn diese „dazu gehören wollen", oder sie enthalten Interpretationsweisen für Phänomene in der Organisation (z.B. ob Stöhnen über hohe Arbeitsbelastung empfunden wird als Hinweis auf großen Fleiß oder als außerordentliches Alarmsignal eines um Hilfe bittenden Kollegen oder als „sich mal Luft machen Müssen" oder als unangemessenes, unsolidarisches Nörgeln gegenüber ebenfalls belasteten Kollegen).

Organisationskultur hat eine normative Bindewirkung der Mitglieder an die Organisation: Sie trägt zur Bindung und Motivation der Mitarbeiter jenseits vertraglicher und formalisierter Pflichten bei (Simon 2007, S. 97). Sie wirkt gleichzeitig als eine Hintergrundannahme bei der Rekrutierung von Organisationsmitgliedern: Die relativ vagen organisationskulturellen Hintergründe liefern auch Kriterien zur Beurteilung der Frage, ob z.B. ein Bewerber „zu uns passt oder nicht in unseren Rahmen passt" oder für die Einarbeitung von neuen Mitarbeitern, die nicht nur fachlich auf die Arbeit vorbereitet und in sachbezogene Arbeitszusammenhänge eingeführt werden, sondern auch darin, „wie das bei uns so läuft, an was man sich halten sollte und wie man sich hier so verhält".

„Organisationskultur" gilt als ein Sammelbegriff für die implizit wirkende Realität in Organisationen: Grundannahmen, Werte, Verhaltensmuster, Normen (vgl. Schein 2003; Franzpötter 1997; Lang/Winkler/Weik 2001; Baitsch/Nagel 2009; bezogen auf das Jugendamt Merchel 2007). Vernachlässigt man diese implizit wirkende Dimension der Realität in Organisationen und bleibt man in den Versuchen der Steuerung in Organisationen nur auf die explizite Ebene (Strukturen, Anweisungen, sachbezogene Koordination etc.) beschränkt, vergibt man die Chance, offenkundige Diskrepanzen in Organisationen wahrzunehmen und zu erklären, z.B. die Diskrepanz zwischen einer formalen Dienstanweisung einerseits und informellen Verhaltensweisen zur flexiblen Handhabung dieser Dienstanweisung andererseits. Organisationskultur kann als die „Mentalität" einer Organisation bezeichnet werden: Es handelt sich um kollektive Orientierungen, die das Wahrnehmen, Denken, Fühlen und Handeln der Organisationsmitglieder beeinflussen. Neben äußerlichen, beobachtbaren Elementen auf der Symbolebene (z.B. Kleidungsgewohnheiten, Rituale und Zeremonien, Büroeinrichtungen, Jargon z.B. im Sprechen über Klienten o.Ä.) und auf der Ebene der erkennbaren Verhaltensregeln geht es vor allem um eine „mentale Tiefenstruktur", um eine Ebene von Grundannahmen, die eine Art „Weltbild" innerhalb der Organisation ausmachen. Dies manifestiert sich in meist unausgesprochenen, häufig kaum bewussten Vorstellungen z.B.

- über die Klienten (eher „Opfer von Benachteiligung, die aus einem ungerechten Wirtschaftssystem resultieren", also eher Opfer der Verhältnisse oder eher „problematische Verfestigungen eines von ihnen zu verantwortenden Lebensstils", also vorwiegend selbstverantwortlich), oder
- über das, was als „wahr" zu gelten hat (z.B. ob bei Divergenzen in der Einschätzung von Klienten oder Lebenssituationen der Kompromiss oder das Urteil der fallzuständigen Fachkraft oder das Urteil des Vorgesetzten letztlich die „Wahrheitsinstanz" darstellt), oder
- in Vorstellungen über „Zeit" (z.B. Auffassungen über „Rechtzeitigkeit" eines Eingreifens bei vermeintlicher Fehlbearbeitung von Fällen) oder

- in Vorstellungen zur Art der zwischenmenschlichen Beziehungen (z.B. im Hinblick auf die „richtige" Ordnung bei Vorgesetztenbeziehungen und den „richtigen Leitungsstil" in der Organisation; oder bezogen auf die Zulässigkeit des Zeigens von Emotionen im Arbeitsprozess; oder im Hinblick auf ein zulässiges Verhältnis von Egoismus und Solidarität in kollegialen Bezügen) u.a.m.

Der Blick auf Organisationskultur, also auf eine normative, „mentale" Dimension des „Systems Organisation" erweist sich als bedeutsam und förderlich für eine Betrachtung und Konzipierung von Managementhandeln in einer Organisation. So ist „Organisationskultur" ein wichtiger Faktor, wenn man die Stellung der Leitungspersonen in der Organisation und die Legitimität für bestimmte Handlungsweisen und Entscheidungen des Managements bzw. der Leitungspersonen beobachten will. Wenn z.B. die Mitarbeiter ein aktives Managementhandeln der Leitung als wichtig ansehen und dies fordern, wird Management andere Formen annehmen als wenn in einer Organisation die implizite Norm vorherrscht, Leitung habe sich auf die Koordination von Arbeitsabläufen zu beschränken und alles andere könnten die Mitarbeiter am besten im Team für sich selbst regeln; hier steht u.a. die Frage der Legitimität personenbezogener Steuerung implizit zur Diskussion. Ein anderes Beispiel: Wenn Leitungspersonen in Gesprächen mit Mitarbeitern offen Kompetenzen und persönliche Berufspläne ansprechen – wird das in der Organisation als hilfreiche Unterstützung durch Leitungspersonen oder als unangemessene Einmischung der Leitung in letztlich private Angelegenheiten gewertet? Auch die praktische Antwort auf die Frage, welche Schwerpunkte im Management gesetzt werden sollen, wird von Faktoren der Organisationskultur beeinflusst: ob ein sachlich stark strukturierendes Leitungsverhalten oder ein eher zurückhaltendes, auf die Entfaltung der Mitarbeiter bauendes Leitungsverhalten geschätzt wird, ob Managementpersonen sich auf Maßnahmen zur Strukturierung eines allgemeinen Rahmens (sachliche und finanzielle Ressourcen sowie allgemeine Arbeitsabläufe) beschränken oder sich auch in differenzierte fachliche Fragen einbringen sollen – und wenn letzteres, dann eher zurückhaltend beratend oder aktiv anleitend und strukturierend.

Die jeweils hintergründigen normativen Prägungen in der Organisation sollten beobachtet und bei der Konzipierung von Managementhandeln berücksichtigt werden, jedoch muss beim Thema „Organisationskultur" einem möglichen Missverständnis vorbeugt werden: Organisationskultur markiert einen bedeutsamen Faktor beim Verständnis des Organisationssystems, in dem sich Management bewegen muss, aber sie entzieht sich der Absicht einer *unmittelbaren* Steuerung! Angesichts ihrer Tiefenstruktur lässt sich Organisationskultur nicht in einem mechanistischen Sinne beliebig und zielgerichtet gestalten oder manipulieren. Organisationskultur hat ihre eigene Entstehungslogik. „Organisatorische Bedeutungswelten führen ein ‚Eigenleben', sie können zwar vom Management beeinflusst, angeregt, stimuliert, irritiert etc. werden, aber sie entziehen sich prinzipiell *direkter* Manipulation." (Franzpötter 1997, S. 61; Hervorhebung J.M.)

2.4.2.4 Organisationen als durch die Erwartungen ihrer Umwelt geprägte Systeme

Das Geschehen in Organisationen wird nicht nur in internen Dynamiken geprägt und gestaltet. Das, was sich in Organisationen vollzieht, steht auch in einem Bezug zu Erwartungen, die in der Umwelt der Organisation formuliert bzw. wie selbstverständlich an die Organisation herangetragen werden. Jede Organisation steht in einem Wechselverhältnis zu ihrer Umwelt: zum einen dadurch, dass in der Umwelt Aufgaben und Aufträge formuliert werden, denen die Organisation genügen muss, wenn sie die für ihren Bestand erforderlichen materiellen und legitimatorischen Ressourcen aus ihrer Umwelt erhalten will – zum anderen aber auch dadurch, dass die Umwelt Einfluss nimmt auf die in einer Organisation praktizierten Verfahrensweisen.

In der sozialen und kulturellen Umwelt einer Organisation sind Vorstellungen über angemessene Handlungsweisen und normative Bezugspunkte institutionalisiert, was u.a. zur Folge hat, dass diese auch zur Leitorientierung in der Praxis und/oder in der Außendarstellung vieler Organisationen in dem jeweiligen Handlungsfeld werden oder bereits geworden sind. Solchen institutionalisierten Erwartungen kann sich eine Organisation kaum entziehen, wenn sie nicht Legitimationseinbußen erleiden will. Beispiel für solche Erwartungen sind z.B.: die (relative diffuse) Erwartung, dass Einrichtungen „sozialräumlich" tätig sind – die Anforderungen, auf irgendeine Weise „Qualitätsmanagement" zu betreiben – die Meinung, dass Einrichtungen möglichst „inklusiv" arbeiten sollen – der Anspruch, methodisch „ganzheitlich, systemisch" vorzugehen – u.a.m. Für jedes Handlungsfeld der Sozialen Arbeit lassen sich solche Erwartungen finden, die in der Umwelt fest verankert („institutionalisiert") sind. Sie sind nicht starr, ein für allemal festgelegt, sondern verändern sich entsprechend sozialpolitischen Schwerpunktsetzungen, fachlichen Entwicklungen, Anforderungen von Adressaten etc.

Da Organisationen auf Unterstützung und Anerkennung aus ihrer Umwelt angewiesen sind, müssen sie sich so positionieren und solche internen Muster ausbilden, dass sie die erforderliche Legitimität in ihrer Umwelt erlangen und behaupten können. Werthaltungen und kulturelle Praktiken aus der Umwelt werden aufgegriffen und in die internen Normen, Regelungen und Handlungsweisen eingebaut. Als „vernünftig" gelten dann solche Struktur- und Handlungsmuster für die Organisation, die mit Bezug auf institutionalisierte Sinngebungen in der Umwelt legitimiert werden können (Walgenbach 2002; Merkens 2011; Drepper 2010). Viele Handlungsmuster und Veränderungen in Organisationen werden herausgebildet vornehmlich vor dem Hintergrund des Motivs, mit externen, „institutionellen“ Erwartungen konform zu gehen. Sie stehen in Verbindung zu Erwartungen im Umfeld einer Organisation, also zu dem, was sich im „common sense“ des jeweiligen Bezugsfeldes (z. B. in der Profession, bei einem Großteil der Jugendämter, bei Fachorganisationen in der Jugendhilfe; vgl. Peter 2010) als allgemein akzeptiert, als vermeintlich vernünftig herausgebildet hat.

Das Hineinnehmen institutioneller Erwartungen ist nicht immer gleichbedeutend mit einer tatsächlichen praktischen Ausrichtung an solchen Erwartungen und einer realen Umsetzung der damit verbundenen Konzepte. Bisweilen bleibt es auch bei dem Versuch, Legitimation durch eine symbolische Integration der Erwartungen auf einer rein sprachlichen Ebene zu erreichen, z. B. indem ein Teamgespräch zur „kollegialen Beratung“ umdefiniert wird oder Supervision zur „Qualitätsentwicklung“ gemacht wird oder Arbeitsgemeinschaften nach § 78 SGB VIII zu „Sozialraumkonferenzen“ werden. Oder es werden entsprechende legitimatorische Vokabeln in Konzepte eingesetzt, auf die man im Zweifelsfall zur Verdeutlichung, dass man sich „Mainstream“ bewegt, verweisen kann, ohne jedoch konsequent die Praxis an diesen Konzepten auszurichten. Kritisch kann man hier von einem Etikettenschwindel sprechen, analytisch ist dies als ein Versuch zu werten, der Organisation Legitimation gegenüber ihrer Umwelt zu verschaffen sowie dabei Umwelterwartungen und interne Dynamiken in irgendeiner Weise verträglich zueinander zu halten, also wiederum Balancen herzustellen. Kühl (2011, S. 90 f.) spricht in diesem Zusammenhang von der „Fassade“, vom „Schaufenster“ der Organisation, die einen Eindruck erzeugen soll, durch den die Organisation in den Augen von Umweltakteuren als „recht ordentlich“ erlebt werden kann und daher auf die zu ihrer Existenz notwendige Ressourcenzufuhr (Legitimation als politische und fachliche Anerkennung sowie in deren Gefolge Zuerkennung sachlicher, personeller und finanzieller Ressourcen) hoffen kann.

Jede Organisation wird im Rahmen ihres Managementhandelns prüfen müssen, welche Sinnerwartungen im Hinblick auf Zweck und Arbeitsweisen der Organisation sich in ihrer Umwelt entwickelt haben und weiterhin herausbilden und welche Position man selbst zu solchen sich entwickelnden Erwartungen einnimmt, um frühzeitig eigene Konzepte zu erarbeiten, mit denen die Legitimierung gegenüber bestimmten Interessenträgern in angemessener Weise gelingen kann.

2.5 „Steuerung“ als eine zentrale Leitkategorie des Managements

Die traditionelle betriebswirtschaftliche Managementlehre ist darauf ausgerichtet, mit wissenschaftlichen Methoden Abläufe und Instrumente zu entwerfen, mit deren Hilfe das betriebliche Geschehen zielbezogen, instrumentell planvoll und möglichst genau gesteuert werden kann (Staehle 1999, S. 22 ff.; Steinmann/ Schreyögg 2005, S. 43 ff.). Dem entspricht ein Bild vom Manager als „Macher, der seinen Laden im Griff hat“ – ein Bild, das häufig auch für die Erwartungen im politischen Bereich prägend ist, z. B. in den an Minister oder an kommunale Beigeordnete/ Dezernenten gerichteten Anforderungen. Der „Manager“ soll den Überblick über das Geschehen haben und wissen, an welchen Stellen mit welchen Interventionen einzugreifen ist, um den Betrieb erfolgreich durch die Wirrnisse zu führen, die mit den Gegebenheiten in der Umwelt und mit der inneren Dynamik im Betrieb einhergehen. Dahinter steht die Erwartung einer fast technischen Machbarkeit, einer Planungsrationalität, die dem Bild von der Organisation als einer Maschine folgt: Man muss nur wissen, wie die einzelnen Maschinenteile zusammenhängen und welche Hebel man bewegen muss, um mit relativ großer Verlässlichkeit und Präzision eine intendierte Wirkung zu erzielen. „Das Management verkörpert die Idee der zielgerichteten Gestaltung der Organisation.“ (Pohlmann/ Markova 2011, S. 111)

Ein solches Verständnis von Management folgt einem Ideal der technischen Machbarkeit. Proklamiert wird die ideale Fähigkeit, betriebliche Abläufe möglichst perfekt in den Griff zu bekommen: das Bild vom Manager als dem ideellen Gesamtingenieur des Betriebs. Die in dieser Vorstellung enthaltenen Reize von Beherrschungsmöglichkeit und Macht sind auch in heutigen Erwartungen und Konzeptionierungen von Management – mehr oder weniger offen ausgesprochen – noch aktuell. Die an Management gehegte Erwartung ist verknüpft mit einem Grundverständnis, das der Maschinen-Metapher (s. *Kap. 2.4.1*) entspringt, es enthält die Konstruktion eines „rationalen Organisationsmodells“ (Preisendörfer 2011, S. 95 ff.): Tendenziell werden Organisation und Technologie (mit der Annahme von steuerbaren Ursache-Wirkungs-Beziehungen) zu einer Einheit verkoppelt, und es wird wie bei einer Maschine danach gefragt, wie ein Ablauf organisiert und kontrolliert werden muss, um mit großer Verlässlichkeit und Präzision eine den Intentionen entsprechende Wirkung zu erzeugen. Damit einher geht ein großes Vertrauen in die intentionale Steuerbarkeit der Organisation und des Verhaltens der Organisationsmitglieder durch Leitung. Die „Wissenschaft vom Management“ hat dann die Aufgabe, kausale Zusammenhänge und gesetzmäßige Abläufe zu erforschen, durch deren Kenntnis sich Managementpersonen in die Lage versetzen können, mit rational begründbaren Handlungen zielgenau zu steuern und in Prozesse zu intervenieren, um vorher kalkulierte Ergebnisse möglichst genau erreichen zu können. Mit wissenschaftlich überprüften, durch exaktes Messen als „gültig" erkannten Methoden sollen eine genaue Planung und wissenschaftlich begründetes Managementhandeln konstituiert werden, durch das die Vorgänge in einem Betrieb beherrschbar gemacht werden sollen.

Selbstverständlich gehört es mittlerweile zum allgemeinen Wissensbestand, dass Organisationen viel komplexer sind und viel mehr unkalkulierbare Prozesse beinhalten, als dass man das mit der technischen Logik von Maschinen gleichsetzen könnte. Aber dennoch: Die implizite Erwartung, dass Leitungspersonen „ihren Laden im Griff haben", kommt immer wieder zum Tragen, und das technokratische Denken, durch exaktes Messen von Sachverhalten und durch genaue Planung auf der Grundlage präziser Informationen betriebliche Vorgänge zielgenau steuern zu können, beherrscht immer noch viele Vorstellungen zu den Idealen des Managements. Beispiele für solche Bemühungen sind u.a. zu finden in einigen Varianten des Qualitätsmanagements: Durch eine weitgehende Standardisierung von Verfahren glaubt man, Qualität „sichern" zu können, und auch die Rede vom „Total Quality Management" lässt bereits sprachlich die Assoziation eines umfassenden, steuerungsoptimistischen Zugriffs auf Prozesse in Organisationen erkennen.

Schon die Alltagserfahrungen lehren, dass Steuerungsimpulse in Organisationen unterschiedliche Auswirkungen haben können. Es ist häufig zu erleben, dass auch erfahrene Leitungskräfte zeitweise „ihren Laden aus dem Griff verlieren", dass verständnisvolle Leitungspersonen mit ihrem Eingehen auf Personen und soziale Prozesse in Organisationen die angestrebte Effektivität von Organisationen verfehlen, dass auch bei sorgfältiger Analyse von Vorgängen in der Organisation die theoretisch „richtige" und gut begründete Intervention bisweilen gegenteilige Wirkungen erzeugt u.a.m. Zu einem bestimmten Zeitpunkt kann die Anweisung einer Leiterin, die Dienstpläne der Mitarbeiter nicht mehr nur im Team abzusprechen, sondern der Einrichtungsleitung zur Genehmigung vorzulegen, als ein neuer bürokratischer Mechanismus belächelt, aber klaglos hingenommen werden; zu einem anderen Zeitpunkt führt genau die gleiche Anweisung zu heftigen Konflikten. In der einen Einrichtung wird eine detaillierte Ablaufregelung zur Hilfeplanung von den Mitarbeitern begrüßt, weil „endlich mal etwas entschieden wird und nicht jeder machen kann, was er will"; in einer anderen Einrichtung führt genau dieselbe Ablaufregelung zu intensiven Protesten, weil die Mitarbeiter sich von der Leitung in ihrem fachlichen Handeln bevormundet fühlen. In der einen Organisation führt die Einführung der Position „Teamleitung" zu einem erheblichen Widerstand, weil die Mitarbeiter ohne Leitung egalitär im

Team arbeiten wollen, während in einer anderen Organisation dies sehr begrüßt wird, weil die Mitarbeiter die endlosen Diskussionen zur Koordination von Tätigkeiten leid sind und nun hoffen, durch die Tätigkeit einer Teamleiterin endlich von diesen mühsamen Debatten und anstrengenden Aushandlungen befreit zu sein.

Man sieht also: Es kommt immer auf Zeiten und Situationen und auf den Zustand einer Organisation an, und man kann nicht generell sagen, wie eine bestimmte Intervention wirkt. Ferner werden mit einer Intervention dynamische Prozesse in Gang gesetzt, die zu dem Zeitpunkt, an dem die Intervention geplant und dann realisiert wird, noch gar nicht einigermaßen sicher kalkuliert werden können. Man kann – auf der Grundlage einer guten Beobachtung – Hypothesen darüber formulieren, wie in der Organisation eine bestimmte Intervention, ein bestimmter Steuerungsimpuls von verschiedenen Organisationsmitgliedern aufgenommen und verarbeitet werden könnte, aber die Wirkungen bleiben letztlich unsicher – erst recht, wenn man bedenkt, dass die verschiedenen Reaktionen auf die Impulse sich wiederum in weiteren Prozessen entweder gegenseitig verstärken, in Spannung zueinander geraten, in neuen Interventionen und/ oder Koalitionen zwischen Personengruppen verarbeitet werden etc. Das Ganze ist also ein von vornherein kaum durchschaubarer Prozess, bei dem jeder Anspruch, die Organisation durch bestimmte Interventionen zielgenau, also intentional steuern zu können, absurd erscheint.

Organisationen sind komplexe Systeme, deren eigene Logik bei der Verarbeitung von Steuerungsimpulsen nur begrenzt durchschaubar und noch schwerer vorhersagbar ist (→ *Kap. 2.4.2.1*). Man kann die Situationen in Organisationen nicht beherrschen. „Komplexe Systeme haben Myriaden von Möglichkeiten, solche Interventionen abzubiegen, umzuleiten, zu ignorieren, zu verzögern etc., sodass es höchst erstaunlich ist, dass überhaupt noch Interventionen so ankommen, wie sie intendiert waren. Management ist also in systemischer Hinsicht ein ewiges Katz- und Maus-Spiel oder Hase-und-Igel-Rennen, in dem Manager Interventionen mit Steuerungsabsichten setzen und dabei auf einen Kontext stoßen, der Steuerung nur in ganz besonderer, reduzierter Form überhaupt zulässt und der Interventionen nahezu beliebig abblocken kann." (Willke 2007, S. 25) Managementhandeln ist also immer geprägt durch Unsicherheit und durch die Dynamik der Interaktionen zwischen den verschiedenen Organisationsteilen, zwischen den Organisationsmitgliedern und mit der Umwelt der Organisation. Verfehlt wäre daher ein Steuerungsbegriff, der die Erwartung einer weitgehend planvollen, intentionalen Steuerung transportierte.

Heißt das nun, dass man vom Begriff einer Steuerung überhaupt Abschied nehmen muss? Was kann dann noch „Management" bedeuten? Wie kann man dann überhaupt noch von „Steuerung" einer Organisation durch

Leitungspersonen sprechen? Selbstverständlich kann man noch von „Steuerung“ sprechen, ansonsten wäre Fatalismus die Folge, und die bisherigen und nachfolgenden Ausführungen zum Management und zur Notwendigkeit von Leitung wären überflüssig, denn es gäbe dann keine Rechtfertigung mehr für Managementhandeln. Denn Management besteht schließlich in dem Versuch, über bestimmte Interventionen das Geschehen in einer Organisation in eine bestimmte Richtung zu beeinflussen. „Steuerung“ als Anspruch kann man also nicht aufgeben, aber man sollte mit dieser Vokabel eine andere Steuerungserwartung verbinden als in einem eher sozialtechnischen Steuerungsverständnis.

Statt einem sozialtechnisch, am impliziten Modell der Maschine ausgerichteten Managementverständnis ist eine Steuerungserwartung zu präferieren, die einem *reflexiven Steuerungsbegriff* entspricht. Management vor dem Hintergrund eines reflexiven Steuerungsbegriffs bedeutet dann:

- Im Bewusstsein von der begrenzten intentionalen Steuerbarkeit von Organisationen und
- auf der Grundlage einer differenzierten Beobachtung und eines sensiblen Verstehens der Dynamik einer Organisation sind
- solche Interventionen zu finden, die zum jeweiligen Zustand einer Organisation passen und die daher von den Organisationsmitgliedern verstanden, aufgenommen und produktiv verarbeitet werden können.
- Dabei müssen die Wirkungen (und Nebenwirkungen) solcher Steuerungsimpulse und ihrer Verarbeitung im System gut beobachtet und ausgewertet werden,
- um daraus wiederum neue, für die Logik und Dynamik des Organisationssystems (hoffentlich) passende weitere Steuerungsimpulse zu gewinnen.
- Die Verarbeitung dieser Steuerungsimpulse wird wiederum sorgfältig beobachtet und ausgewertet, und aus der Reflexion werden wiederum weitere Steuerungsimpulse gewonnen, die die vorherigen korrigieren, verändern, bestätigen …, worauf diese wiederum beobachtet und ausgewertet werden und … etc.

Bei der Steuerung von Organisationssystemen geht es im Grundsatz um zwei „Interventionsmodalitäten“: zum einen um möglichst anschlussfähige Impulse, die die Selbststeuerung des Systems anregen, und zum anderen Formen der „Kontextsteuerung“, bei denen versucht wird, auf Konstellationen einzuwirken, die im Umfeld einer Steuerungsabsicht bedeutsam sind, und auf diese Weise die Organisationsakteure zu veranlassen, sich mit einem bestimmten Thema oder einer bestimmten Steuerungsabsicht auseinanderzusetzen.[11]

Bei reflexiver Steuerung handelt sich also um kontinuierliche Prozesse, bei denen Steuerung erfolgt auf der Grundlage der Beobachtung und Reflexion vorheriger Steuerungsaktivitäten und deren Wirkungen (und Nebenwirkungen). Statt der Intention „die Situation beherrschen wollen" geht es um die mentale Einstellung „mit dem Situationspotential intelligent mitgehen" (Wimmer 2009, S. 30). Ein solcher Managementbegriff ist weit entfernt ist von einem sozialtechnischen Steuerungsoptimismus. Der Steuerungsanspruch wird nicht aufgegeben, jedoch ist man sich der begrenzten Möglichkeiten bewusst, die aber dann aber aktiv genutzt werden müssen: als Steuerungsimpuls, der aus einer guten Beobachtung und Reflexion der Dynamik einer Organisation erwächst. Daher bildet auch die Reflexivität einen wesentlichen Bestandteil von Kompetenz für das Handeln von Leitungspersonen (zu den Bestandteilen von Managementkompetenz s. Merchel 2010b, S. 22ff.; (→ *Kap. 9.2*).

---

11 Zur Verdeutlichung an einem Beispiel, damit „Kontextsteuerung" nicht so abstrakt bleibt: Wenn die ASD-Leitung in einem Jugendamt dem Thema „Rückführung von Kindern aus der Heimerziehung in die Herkunftsfamilie" mehr Bedeutung geben möchte (also die Praxis des ASD stärker in diese Richtung „steuern" möchte), so wird der unmittelbare Steuerungsversuch über Dienstanweisung vermutlich wenig erfolgversprechend sein. „Kontextsteuerung" würde sich hier u.a. darin zeigen, dass dem Thema kontinuierlich und allmählich Bedeutsamkeit in den Reflexionen zugeordnet wird, dass entsprechende Haltungen und Kompetenzen der Mitarbeiter beobachtet und bewertet werden, dass organisationskulturelle Implikationen und Hindernisse im Hinblick auf das Thema beobachtet und reflexiv verarbeitet werden, dass Ressourcen für eine praktische Verarbeitung des Themas zur Verfügung gestellt werden (z.B. Mittel für eine In-House-Fortbildung zur Diskussion des Themas), dass bestehende Handlungsprogramme in ihrer Bedeutung für das Thema überprüft werden, dass die Handhabung von Handlungsprogrammen in dezentralen Organisationseinheiten (ASD-Teams) beobachtet, ausgewertet (evaluiert) und zum Gegenstand von Erörterungen gemacht wird etc. Über Impulse, die auf das Umfeld („Kontext") einer Steuerungsabsicht zielen, soll das System (ASD, ASD-Teams) veranlasst werden, sich von unterschiedlichen Zugängen aus mit dem Steuerungsthema „Rückführung in die Herkunftsfamilie" auseinanderzusetzen, sich dieses Thema anzueignen und Lösungen zu finden, die zu den Kommunikations- und Entscheidungsmodalitäten des Systems passen und daher eine größere Chance zur Umsetzung haben als eine direktive Dienstanweisung, deren Verarbeitung im System vermutlich nicht so vonstatten geht, wie es die Steuerungsakteure beabsichtigen, und bei der die Gefahr besteht, dass implizite Widerstände, Widersprüche und Nebenfolgen das Thema so belasten, dass es möglicherweise für einen längeren Zeitraum für die Organisation „verbrannt" ist, dass also nur wenig produktive Auseinandersetzungen mit diesem Thema erfolgen.

In den Ausführungen zu den Dimensionen des Managements (→ *Kap. 2.2*) ist auf ein wichtiges Element des Managements aufmerksam gemacht worden, das auch in den folgenden Kapiteln dieses Buches immer wieder thematisiert werden wird: der **Umgang mit Dilemmata und Paradoxien im Sinne eines Herstellens von Balancen**. Management in Organisationen der Sozialen Arbeit, bei der nach der Orientierung des „Entweder-Oder" gesteuert wird, mag zwar in umgrenzten Entscheidungsfällen angemessen sein, als generelle Ausrichtung wird sie jedoch mittelfristig scheitern. In allen Organisationen wird man unterschiedliche Interessen, unterschiedliche Handlungslogiken von Professionen, zueinander in Spannung stehende Aufträge und Handlungsprinzipien etc. vorfinden, bei denen sowohl die eine als auch die andere Ausprägung jeweils für sich sinnvoll erscheinen. Kalkulierbarkeit versus Individualität und Flexibilität, Arbeitserleichterung versus komplexe Anforderungen von Klienten, ehrenamtliche laienhafte Hilfe versus professionell strukturierte Hilfe, Strukturierung von Hilfe versus alltagsbezogenes Zusammenleben, Formalität versus informelle Absprachen, Normbefolgung versus partiell als notwendig erachtete Normabweichung …: In solchen Spannungsbereichen bewegt sich das Handeln in Organisationen und kann nicht durch einseitige Managementausrichtungen „glattgebürstet" werden. Gerade im Bereich der Sozialen Arbeit sind die an die Organisationen herangetragenen Anforderungen bisweilen sehr widersprüchlich: „Erfolgsmessung: Messt und dokumentiert Eure Erfolge, aber orientiert euch dabei nicht (allein; J. M.) an messbaren Größen." „Betriebswirtschaftliche Professionalisierung: Werdet wie Wirtschaftsunternehmen, aber bewahrt Eure Besonderheit!" „Trefft klare Entscheidungen, aber bleibt immer dabei harmonisch!" (Simsa/ Patak 2008, S. 33 ff.; vgl. auch Jäger/ Beyes 2008)

Steuerung als Managementhandeln trägt somit die Herausforderung in sich, sich in diesen Widersprüchen zu bewegen, eine verträgliche und produktive Form des Ausbalancierens zu finden. Das Bemühen um Balancen ist nicht gleichzusetzen mit dem permanentem Suchen nach einem harmonischen Ausgleich, sondern es beinhaltet vielfältige Formen der Kompromissbildung, der Kombination unterschiedlicher Elemente, des Ausgleichs und der Kompensation, des zeitlichen Nacheinanders verschiedener Schwerpunktsetzungen etc. – immer zu verstehen als ein Versuch, Gegensätze zu entschärfen, nicht sie aufzulösen. Jeder dieser Steuerungsversuche zum Ausbalancieren von Gegensätzen und Paradoxien enthält die Option des partiellen Scheiterns. Denn die Spannungen bleiben im Grundsatz erhalten, und im weiteren Verlauf wird sich die Tragfähigkeit der Steuerungsversuche erweisen, und es werden Folgen und unbeabsichtigte Nebenfolgen erkennbar, die erneut andere spannungsvolle Wirkungen mit sich bringen. Es entstehen dann neue auszubalancierende Konstellationen. Die Situationen, in denen über Managementhandeln Balancen gesucht werden, sind zeitlich und situativ immer unterschiedlich. Sie dynamisieren sich prozesshaft, sodass auch die Muster des Austarierens immer wieder situativ ausgerichtet und angepasst werden müssen. Man kann also nicht ein bestimmtes Managementmuster immer wieder erfolgversprechend einsetzen. Management des Ausbalancierens von Paradoxien geht somit einher mit Vorläufigkeit, Uneindeutigkeit, Ungewissheit, Wagnis – Elemente, die der Erwartung widersprechen, dass Management-Akteure klar und eindeutig zielbezogen steuern und „ihren Laden im Griff" haben sollten. Vielmehr geht es beim managerialen Steuern darum, „den Umgang mit den Paradoxien und Dilemmata in Organisationen in eine kanalisierte und damit bearbeitbare Form zu bringen" (Grunwald 2012, S. 73). Dies kann gelingen durch vielfältige, gelingende Kommunikationen in Organisationen und mit einem hohen Maß an Beobachtungs- und Reflexionsfähigkeit der Leitungspersonen.

Übungs- und Reflexionsaufgaben

1. Worin unterscheiden sich das funktionale und das institutionale Verständnis zum Begriff „Management" voneinander? Wie sind die beiden Bedeutungsvarianten des Begriffs miteinander verbunden?
2. Konkretisieren Sie Managementaufgaben auf den drei Handlungsebenen (strategisch, operativ, normativ) für eine bestimmte Organisation der Sozialen Arbeit, zu der Sie Einblick und Kenntnisse haben!
3. Was bedeutet die Aussage, dass Organisationen abstrakte Gebilde sind und Organisationen der Sozialen Arbeit nur mit Hilfe theoretischer Begriffe analytisch erschlossen werden können? Welche Konsequenz für die Konzipierung von Management ist damit verbunden?
4. Worin besteht der Unterschied zwischen einem strukturbezogenen und einem handlungsbezogenen Blick auf Organisation? Wie wirken sich diese Unterschiede bei der Betrachtung einer konkreten (von Ihnen zu wählenden) Organisation der Sozialen Arbeit aus? Konkretisieren Sie das an einer Organisation der Sozialen Arbeit!
5. Versuchen Sie, sich mit der Beantwortung der Fragen im nachfolgenden Schema über Ihre eigene Einstellung zu „Organisation" klar zu werden. Erörtern Sie für jedes der in Kap. 2.4.1 benannten Bilder (Morgan 1997) die Fragen:

- Was an dem Bild stimmt mit Ihren eigenen Erfahrungen überein?
- Warum kann es positiv sein, Organisationen der Sozialen Arbeit nach diesem Bild zu betrachten?
- Was sind die Grenzen dieser Metapher, wenn man mit ihr Organisationen der Sozialen Arbeit charakterisieren wollte?
- Fällt Ihnen – neben den Metaphern von Morgan – eine eigene Metapher ein, die Ihren Vorstellungen und Ihren Erfahrungen mit „Organisation" näher kommt?

6. Charakterisieren Sie die vier (organisationssoziologischen) Perspektiven, mit denen in diesem Buch Organisationen der Sozialen Arbeit betrachtet werden, und benennen Sie konkrete Beispiele von Vorgängen aus Organisationen der Sozialen Arbeit, für deren Interpretation sich eine oder mehrere dieser vier Perspektiven als nützlich erweisen.
7. Worin liegen die zentralen Unterschiede zwischen einem eher sozialtechnisch ausgerichteten und einem reflexiven Begriff von Steuerung? Worin bestehen die Nützlichkeit und die Risiken beider Steuerungsverständnisse für das Management in Organisationen der Sozialen Arbeit?
8. Suchen Sie Beispiele für Spannungsfelder und Paradoxien in den Managementanforderungen in Organisationen der Sozialen Arbeit!

Zum vertiefenden Weiterlesen

Kühl, St. (2011): Organisation. Eine sehr kurze Einführung. Wiesbaden (VS-Verlag)

Pohlmann, M./ Markova, H. (2011): Soziologie der Organisation. Eine Einführung. Konstanz/ München (UVK Verlagsgesellschaft)

Preisendörfer, P. (2011): Organisationssoziologie. Grundlagen, Theorie und Problemstellungen. 3. Aufl. Wiesbaden (VS-Verlag)

Simon, F.B. (2007): Einführung in die systemische Organisationstheorie. Heidelberg (Carl Auer Verlag)

Wimmer, R./ Meissner, J.O./ Wolf, P. (Hrsg.) (2009): Praktische Organisationswissenschaft. Lehrbuch für Studium und Beruf. Heidelberg (Carl Auer Verlag)

Kapitel 3
Die Organisation der Sozialen Arbeit als Gegenstand des Managementhandelns

■ Gegenstand des Managements in Organisationen der Sozialen Arbeit ist das Erbringen sozialer Dienstleistungen. Soziale Dienstleistungen haben einen interaktiven Charakter. Sie werden erbracht auf der Grundlage eines öffentlichen Interesses; daher liegen ihnen (sozial-)politische Entscheidungen zugrunde. Dementsprechend wird ihnen auch ein gewisses Maß an Normalisierungs- und Überwachungsfunktionen zugesprochen. Die mit dem Dienstleistungsbegriff bisweilen einhergehende Etikettierung der Adressaten Sozialer Arbeit als „Kunden" ist unter analytischen Gesichtspunkten problematisch, jedoch werden unter strategischen Gesichtspunkten damit Aspekte angesprochen, die für die Profession eine produktive Irritation erzeugen können.

Managementanforderungen in erwerbswirtschaftlichen Unternehmen und in Organisationen Sozialer Arbeit weisen aufgrund ihres gemeinsamen „Betriebscharakters" Ähnlichkeiten auf. Jedoch unterscheiden sie sich in den Managementanforderungen auch auf eine markante Weise. Die Unterschiede resultieren daraus, dass für Organisationen Sozialer Arbeit Sachziele gegenüber wirtschaftlichen Formalzielen sowie nicht-schlüssige Tauschbeziehungen eine größere Bedeutung haben. Daraus resultieren spezifische Managementkonstellationen in der Sozialen Arbeit im Hinblick auf den Umgang mit dem Hauptzweck der Organisation, auf die Frage der Bedarfsdeckung, auf die Steuerung von Organisationsentscheidungen, auf die Kalkulation der zu erzeugenden Güter, auf die Finanzsteuerung, auf das Personalmanagement, auf die Ausrichtung der Organisation an Kriterien der Effektivität und der Effizienz.

Management in Organisation der Sozialen Arbeit muss fünf Bezugspunkte, die für die Existenz der Organisation bedeutsam sind, strategisch und operativ einbeziehen: Fachlichkeit, Ökonomie, Organisation, Personal, Umwelt.

Organisationen der Sozialen Arbeit benötigen Strategisches Management, damit sie einen Orientierungsrahmen gewinnen zur mittelfristigen Verankerung in ihrer Umwelt und für kurz- und mittelfristige Entscheidungen in den unterschiedlichen Steuerungsbereichen. In Absetzung gegenüber einem inadäquaten rationalistischen Konzept von Strategiebildung sollte Strategiebildung in Organisationen verstanden werden als methodisch gestalteter, hypothesengeleiteter Diskurs über zukunftsbezogene Handlungsoptionen der Organisation. Es geht um einen organisational verantwortlichen Umgang mit der Unsicherheit künftiger Entwicklungen.

In einem normativ geprägten Feld wie der Sozialen Arbeit und angesichts vielfältiger normativer/ ethischer Konflikte im Handlungsalltag von Mitarbeitern sollten normative Aspekte nicht aus dem Management herausgehalten werden. Bei den Modalitäten des normativen Managements ist darauf zu achten, dass normative Orientierungen und Proklamationen kontinuierlich mit dem Alltagshandeln und dem Alltagserleben der Organisationsakteure verkoppelt werden und bleiben.

In diesem Kapitel soll der Gegenstand des Managementhandelns, die Organisation der Sozialen Arbeit, genauer betrachtet werden. Denn Managementhandeln kann nicht generalisiert konzipiert werden, sondern bedarf immer des genauen Blicks auf die Spezifika der Anforderungen, der Leistungserbringung und der Rahmenbedingungen, in denen eine Organisation ihre Tätigkeiten konzipiert und Ergebnisse zu erzeugen versucht. Will man die Steuerungsanforderungen im Management genauer in den Blick nehmen, so wird man sich zunächst mit den Besonderheiten der Güter oder Leistungen beschäftigen müssen, die in einer Organisation erzeugt werden und für deren angemessene Erbringung in einer Organisation Sorge zu tragen ist: soziale Dienstleistungen (*Kap. 3.1*). Mit der Betrachtung der Spezifika sozialer Dienstleistungen geht die Frage einher, worin die Besonderheiten des Managements in der Sozialen Arbeit im Vergleich zum Management in Wirtschaftsbetrieben liegen (*Kap. 3.2*). Damit ist der Gegenstand konturiert, auf den sich das Management bezieht: die Organisationen Sozialer Arbeit mit den an sie gerichteten Leistungsanforderungen.

Auf dieser Grundlage sind dann die einzelnen Steuerungsbereiche zu charakterisieren, in denen sich Managementaktivitäten entfalten müssen (*Kap. 3.3*). Die im Überblick vorzustellenden Steuerungsbereiche werden dann in den Kapiteln 4 bis 8 ausführlicher erläutert. Von den voneinander abgrenzbaren Steuerungsbereichen lassen sich jedoch zwei bereits in *Kapitel 2.2* kurz angesprochene Steuerungsdimensionen unterscheiden, die in alle Steuerungsbereiche hineinragen und die daher in einem jeweils eigenen Unterkapitel hinsichtlich ihrer spezifischen Bedeutung in der Sozialen Arbeit etwas genauer erörtert werden sollen: das strategische Management (*Kap. 3.4*) und das normative Management (*Kap. 3.5*).

3.1 Soziale Dienstleistungen als Bezugspunkt für Managementhandeln

Gegenstand des Handelns in Organisationen der Sozialen Arbeit sind insbesondere personenbezogene soziale Dienstleistungen. Management in Organisationen Sozialer Arbeit richtet sich darauf, solche sozialen Dienstleistungen möglichst effektiv (im Sinne des Hilfebedarfs der Adressaten und im Sinne der professionellen Handlungsmaßstäbe) und möglichst wirtschaftlich (im Sinne eines sparsamen, aber zielerreichenden Ressourceneinsatzes) zu strukturieren. Da sowohl in der Diskussion zum Sozialmanagement als auch in der allgemeinen sozialpädagogischen Konzeptdiskussion der Dienstleistungsbegriff einen zunehmenden Stellenwert erhalten hat (vgl. u.a. Olk/ Otto 2003; Cremer/ Goldschmidt/ Höfer 2013; Oechler 2009, S. 47ff.), sollen hier einige Konturen dieses Begriffs, insbesondere die Merkmale von sozialen Dienstleistungen und damit verbundene Schlussfolgerungen für das Management erläutert werden.

In der Ökonomie wird unterschieden zwischen Sachgütern und Dienstleistungen. *Sachgüter* sind materielle Güter mit Warencharakter, die sichtbar, lagerfähig und transportierbar sind. Mechanisierungs- und Rationalisierungsmöglichkeiten können hier voll zum Einsatz kommen. Demgegenüber handelt es sich bei *Dienstleistungen* um solche Wirtschaftsgüter, die nicht materiell und daher nicht transportierbar und nicht lagerfähig sind. Daher sind auch den Mechanisierungs- und Rationalisierungsbestrebungen enge Grenzen gesetzt (Finis-Siegler 2009, S. 31).

Bei den Dienstleistungen unterscheidet man zwischen sachbezogenen und personenbezogenen Dienstleistungen. Während bei den *sachbezogenen Dienstleistungen* Gegenstände im Mittelpunkt der Leistungserstellung stehen (z.B. Reinigung von Textilien, Autoreparatur), richten sich *personenbezogene Dienstleistungen* auf unmittelbare Leistungen am Menschen; zu letzterem gehören so unterschiedliche Leistungen wie z.B. die Leistungen des Friseurs, eines Arztes, eines Rechtsanwaltes oder einer Beratungsstelle. Soziale Arbeit stellt also *personenbezogene* Dienstleistungen zur Verfügung. Weil jedoch der Begriff der personenbezogenen Dienstleistung sehr unterschiedliche Bereiche umfasst, muss für die Dienstleistungserstellung in der Sozialen Arbeit eine Begrenzung vorgenommen werden, die in der Vokabel „personenbezogene soziale Dienstleistung“ zum Ausdruck gebracht wird, wobei das Adjektiv „personenbezogen“ weggelassen wird, weil es bereits im Adjektiv „sozial“ enthalten ist. *Einrichtungen der Sozialen Arbeit erzeugen also „soziale Dienstleistungen“.*

Soziale Dienstleistungen haben immer einen interaktiven Charakter, in dem sich die Leistung ereignet. Reine materielle Transferleistungen aufgrund von Versicherungsansprüchen (u.a. Arbeitslosengeld) oder wegen materieller Bedürftigkeit (Arbeitslosengeld II, Grundsicherung im Alter) werden nicht zu sozialen Dienstleistungen gerechnet. Soziale Dienstleistungen ereignen sich in Vorgängen der Betreuung, der Pflege, der personenbezogenen Förderung und Unterstützung, der Beratung, der Erziehung. Die Organisationen, die eine solche Dienstleistung erbringen, werden als „Soziale Dienste“ bezeichnet (umfassend zu verschiedenen Aspekten sozialer Dienste s. Evers/ Heinze/ Olk 2011).

Soziale Dienstleistungen haben als Entstehungshintergrund eine (sozial-) politische Entscheidung; an ihnen besteht ein öffentliches Interesse. Dieses sozialstaatlich begründete öffentliche Interesse hat zur Folge, dass für das Erlangen einer solchen Leistung der „normale" Marktmechanismus, durch den man an eine Leistung gelangt (nämlich durch Kauf), zu einem beachtlichen Teil außer Kraft gesetzt wird. „In einem durch politische Entscheidungen definierten Umfang haben auch Menschen Zugang zu sozialen Diensten, die aufgrund fehlenden Einkommens oder fehlender privater Vorsorge über Versicherungen ohne Unterstützung den Zugang nicht erhielten." (Cremer/ Goldschmidt/ Höfer 2013, S. 11) Unter anderem dadurch werden Dienstleistungen zu „sozialen". Aufgrund des damit konstituierten öffentlichen Interesses wird der Dienstleistungsarbeit und den sie leistenden Organisationen auch ein gewisses Maß an Normalisierungs- und Überwachungsfunktionen zugewiesen, das sich sowohl in präventiven Tätigkeiten (vorsorgliche Vermeidung des Auftretens von Normverletzungen) als auch in Bemühungen zur Beseitigung manifester Normverletzungen zeigen können (markant z.B. in der Erziehungshilfe oder in der Drogenhilfe).

Die *Charakteristika sozialer Dienstleistungen*, die bereits kurz angedeutet worden sind, lassen sich in vier Punkten bündeln (s. Arnold 2009; Cremer/ Goldschmidt/ Höfer 2013, S. 5ff.):

- **Immaterialität/ Intangibilität:** Die Kernleistung bei Dienstleistungen ist weder sichtbar noch greifbar. Zwar werden auch Sachleistungen als Voraussetzung zur Erbringung von Dienstleistungen einbezogen, jedoch ist das zentrale Element der Dienstleistung nicht gegenständlich. Das hat zur Folge, dass der Nachfrager sich zwar eine Vorstellung macht zur angebotenen Leistung und deren Nutzen, die Leistung jedoch vor ihrer Erstellung nicht genau kennt. Der Nutzer kann sie, anders als bei Sachgütern, nicht im Vorhinein prüfen oder von anderen prüfen lassen. Auch wenn man sich z.B. vor der Kontaktaufnahme zu einer Beratungsstelle von anderen Personen berichten lässt, die diese Beratungsstelle aufgesucht haben, weiß man nicht, ob die Erfahrungen der anderen Personen auch bei der Bearbeitung des eigenen, spezifischen Problems zutreffen werden. Bei sozialen Dienstleistungen handelt es sich um *Vertrauensgüter*: Es bedarf einer gewissen Zuversicht, die jeweilige Leistung in Anspruch nehmen zu wollen. Dies hat u.a. Folgen für das Marketing und für die Qualitätsbewertung, insbesondere dann, wenn die Dienstleistungen Wirkungsverzögerungen aufweisen (was bei pädagogischen Leistungen, wenn auch je nach Leistung bzw. pädagogischer Intervention in unterschiedlichen zeitlichen Distanzen, die Regel ist).

- **Unteilbarkeit und Nicht-Speicherbarkeit:** Bei sozialen Dienstleistungen fallen Produktion und Konsum zusammen. „Der Zeitpunkt der Leistungserstellung und der Leistungsabgabe sind bei Dienstleistungen identisch, Produktion und Konsumtion erfolgen somit synchron." (Cremer u.a. 2013, S. 6) Dies wird als „uno-actu-Prinzip" bezeichnet. Eine Dienstleistungserstellung ist nicht „lagerfähig", die Leistung kann nicht „auf Vorrat" produziert werden – mit Folgen für die Kapazitätsplanung beim Leistungsersteller: Sie ist zeitlich nur begrenzt disponierbar. Für die meisten personenbezogenen Dienstleistungen ist die Präsenz der Kunden unerlässlich. Damit verbunden ist in der Regel die *Standortgebundenheit der Dienstleistung*: Bis auf wenige Ausnahmen, bei denen die Distanz technisch überbrückt wird (insbesondere: Online-Beratung), ist eine Anwesenheit von Leistungserbringer und Leistungsnutzer an einem Ort erforderlich. Soziale Dienstleister müssen daher Maßnahmen ergreifen, um die räumliche Distanz zwischen dem Nachfrager und dem Anbieter zu überwinden.

- **Einbeziehung des Nachfragers/ Nutzers in die Dienstleistungserstellung:** In der Sozialen Arbeit sind die Kunden bzw. Nutzer Mitproduzenten der Dienstleistung; die Erstellung der Dienstleistung erfolgt koproduktiv. Wenn die Nutzer sich nicht zu einem gewissen Maß aktiv beteiligen, kann die Leistungserbringung nicht gelingen; sie läuft ins Leere. Eine reine Anwesenheit des Klienten und sonstiger Passivität in einer Beratung oder Therapie führt weder zu einem Beratungsprozess noch zum einem Erfolg; nur bei aktiver Beteiligung des Leistungsadressaten kommt die Dienstleistung tatsächlich zustande. Da die Bereitschaft und die Fähigkeit des Leistungsadressaten zur Koproduktion nicht ohne weiteres vorausgesetzt werden kann, bedarf es zum einen besonderer Bemühungen zur Herstellung einer Bereitschaft und Aktivierung einer koproduktiven Haltung auf Seiten der „Leistungsempfänger". Zum anderen wird zur Aufrechterhaltung des Dienstleistungsorganisation ein intensiver Kontakt zwischen dem Anbieter sowie den möglichen und realen Nachfragern der Dienstleistung erforderlich; denn die „Leistungsempfänger" werden ihre Koproduktionsbereitschaft auch danach ausrichten, ob sie dem Leistungserbringer einen gewissen „Vertrauensvorschuss" entgegenbringen können. Die dienstleistende Organisation muss sich also nach außen darstellen, und ein zentraler Teil der Außendarstellung vollzieht sich dadurch, dass und wie „Leistungsempfänger" die Leistung erleben und ihr Erleben in die Umwelt der Organisation weitervermitteln. Dadurch wird die Erstellung der Dienstleistung gleichzeitig zu einem Akt des *Marketing*, also zu einer Mitteilung des Leistungscharakters gegenüber der Umwelt (→ *Kap. 8.4*). Ein in die Leistungserstellung integriertes Marketingdenken wird zu einem wichtigen Bestandteil der strategischen Ausrichtung der Dienstleistungsorganisation.

- **Individualität:** Soziale Dienstleistungen sind nur begrenzt standardisierbar. Soziale Dienstleistungen müssen variabel sein für die unterschiedlichen Bedürfnisse der Nachfrager und weisen daher in ihrer Ausführung individuelle Qualitäten auf. Eine „Leistung von der Stange" ist nicht möglich, bzw. wenn eine solche Orientierung in einer Organisation Platz greift, wäre dies mit erheblichen Qualitätsdefiziten verbunden. Damit einher geht eine Unsicherheit der Nachfrager, ob bzw. in welcher Weise die angebotene Dienstleistung ihren Erwartungen entspricht, was wiederum auf den Faktor „Vertrauensgut" verweist. Als Managementaufgaben sind zwei Aspekte festzuhalten, die aus der Individualität sozialer Dienstleistungen resultieren: das Erfordernis, eine flexible Leistungserstellung zu ermöglichen und die weitgehende Dysfunktionalität von Standardprogrammen zu berücksichtigen, sowie die Anforderung, bei der Darstellung der Leistungen nach außen trotz der begrenzten Möglichkeiten zur Herstellung von Transparenz und Verallgemeinerbarkeit der Leistungen den Charakter der Leistungen zu verdeutlichen und Vertrauen in eine kompetente individuelle Leistungserstellung zu erzeugen.

Schaubild 3.1 (S. 70) fasst die Charakteristika sozialer Dienstleistungen als Gegenstand des Managements in Organisationen der Sozialen Arbeit zusammen.

In den neueren Diskussionen zur Sozialen Arbeit hat der Dienstleistungsbegriff einen immer größeren Stellenwert eingenommen. Dies zeigt sich zum einen in den Debatten zur Verwaltungsmodernisierung („Neue Steuerung"), bei denen im Sinne einer „Outputorientierung" das, was beim Adressaten ankommt, zu einer zentralen Leitkategorie für die gesamten Verwaltungsabläufe werden soll. Dies betrifft auch die gesamte Sozialverwaltung und damit die Soziale Arbeit. In diesem Kontext wird die Konzipierung der Verwaltung als Dienstleistungsbehörde zu einem wichtigen Element im strategischen Kalkül: Statt der bisherigen bürokratischen Abläufe, die ihren Sinngehalt nicht primär durch die Ausrichtung am Bürger entfalteten, sollen mit Hilfe eines Verständnisses der Leistungen als Dienstleistungen die Abläufe stärker an den Anforderungen der Bürger ausgerichtet werden (Merchel 2008, S. 50ff.; Dahme/ Wohlfahrt 2013, S. 94ff.). Neben der Debatte um neue Steuerungsmodelle hat sich zum anderen eine professionsbezogene Debatte um die Konzipierung von Sozialer Arbeit als Dienstleistung ergeben (Olk/ Otto 2003). Auch bei der professionsbezogenen Debatte geht es um die praktische Frage der Stellung des „Klienten“, „Nachfragers“, „Konsumenten“, „Kunden“ und um eine stärkere Subjektorientierung in der Hilfegestaltung (Oechler 2009; Oelerich/ Schaarschuch 2005). Aus den Ergebnissen dieser Debatte resultieren entsprechende Anforderungen an das Management sozialer Einrichtungen sowohl im Hinblick auf die Weiterentwicklung der personenbezogenen Hilfegestaltung als auch im Hinblick auf die Gestaltung von Strukturen und Abläufen der Organisation.

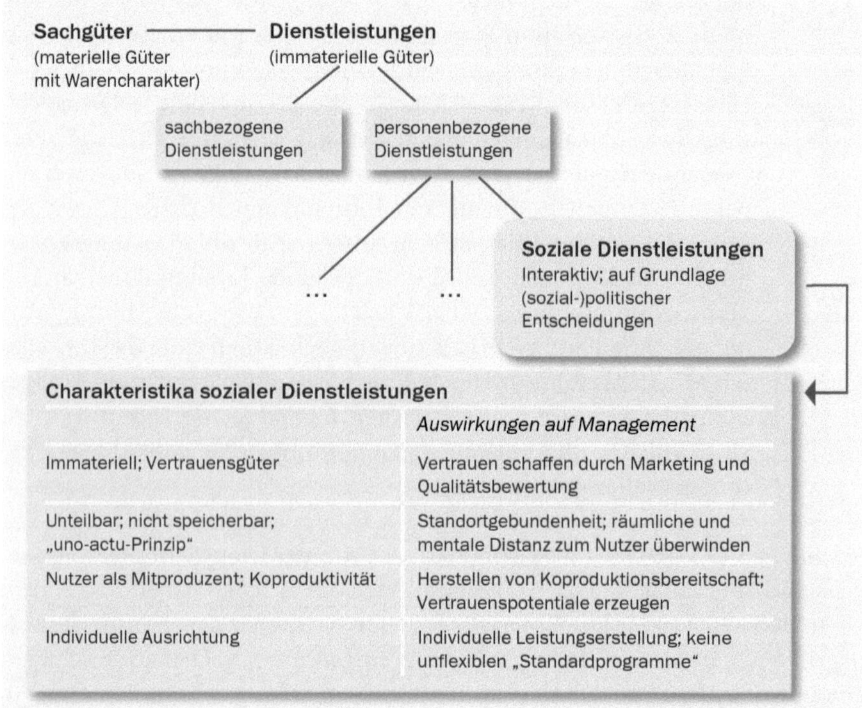

Charakteristika sozialer Dienstleistungen

	Auswirkungen auf Management
Immateriell; Vertrauensgüter	Vertrauen schaffen durch Marketing und Qualitätsbewertung
Unteilbar; nicht speicherbar; „uno-actu-Prinzip“	Standortgebundenheit; räumliche und mentale Distanz zum Nutzer überwinden
Nutzer als Mitproduzent; Koproduktivität	Herstellen von Koproduktionsbereitschaft; Vertrauenspotentiale erzeugen
Individuelle Ausrichtung	Individuelle Leistungserstellung; keine unflexiblen „Standardprogramme“

Schaubild 3.1: Soziale Dienstleistungen als Gegenstand des Managements in Organisationen der Sozialen Arbeit

Die konzeptionelle Ausrichtung der Sozialen Arbeit am Dienstleistungsbegriff und eine darauf ausgerichtete Managementpraxis haben jedoch nicht nur Befürworter gefunden. Insbesondere wurde die mit dem Dienstleistungsvokabular einhergehende semantische Verwandlung des „Klienten“ in einen „Kunden“ kritisiert (zu den mit dem Dienstleistungsbegriff einhergehenden Bezeichnungen für die Adressaten der Leistung und zu den Implikationen verschiedener Begriffe s. Olk 2011). Für die Soziale Arbeit zeigt sich unter analytischem Aspekt die Problematik eines generalisierenden, die jeweiligen Eigenheiten der Arbeitsfelder nicht differenzierenden Verständnisses von sozialer Dienstleistung und einer darin aufgehenden Kunden-Anbieter-Beziehung,

- weil eine Ideologie von Kundensouveränität produziert wird, die aufgrund des Status der Adressaten der Sozialen Arbeit in der Wirklichkeit keine Entsprechung findet – in der Regel auch dann nicht, wenn der Adressat durch ihm vertraute Dritte (insbesondere: Angehörige) unterstützt wird;
- weil die Gefahr des „Konsumerismus" (Naschold 1994, S. 390) erzeugt wird, bei der das komplexe Geschehen der Erzeugung einer Leistung und des notwendigen aktiven Beitrag des Adressaten beim Zustandekommen der Leistung durch die Betonung eines kundenbezogenen Konsumentenstatus unzulässig vereinfacht wird,
- weil die grundlegende Komplexität öffentlicher Handlungssysteme mit ihren "Phänomenen des Zwangs, der Vermittlung, der Rationierung und der Gemeinwohlorientierung" (Naschold, 1994, S. 390) und die darin eingebundene „Pförtnerfunktion" von Sozialarbeitern für den Zugang zu sozialen Leistungen übersehen werden.

Auch die in diesem Zusammenhang bisweilen *strategisch* zu verstehende Forderung, den Adressaten Sozialer Arbeit als einen „Kunden" anzusehen und ihn wie einen solchen zu behandeln, enthält eine Ambivalenz. Der Dienstleistungs- und der *Kundenbegriff* zeigen zunächst eine fachliche Perspektive auf, die unter anderen Vokabeln (z.B. Betroffenenorientierung, Betroffenenpartizipation, Anerkennung der Subjekthaftigkeit von Adressaten, Plädoyer gegen Entmündigung, Entstigmatisierung etc.) schon seit längerer Zeit als eine elementare Anforderung an Soziale Arbeit weitgehend akzeptiert ist. Es geht dabei um die Gestaltung von Beziehungen zwischen Sozialarbeit und ihren Adressaten, die deutlicher von Elementen der Freiwilligkeit der Inanspruchnahme, der Basis von Akzeptanz und anerkannter Mündigkeit, der Anerkennung des Adressaten als Subjekt im Hilfeprozess (und nicht als Objekt sozialarbeiterischen Handelns) geprägt sind. Die ökonomische Vokabel des Kunden scheint also deswegen auf einen relativ fruchtbaren Boden in der Sozialen Arbeit zu fallen, weil sie *strategischen Wert* hat: Sie fördert Entwicklungen, die in der fachlichen Debatte seit einiger Zeit aktuell sind. Gerade weil „Kundenorientierung" im Wirtschaftsbereich auf die Fähigkeit zur Perspektivenübernahme zielt, damit der Dienstleister eine „kundengerechte" Leistung erzeugen kann (Voswinkel 2004, S. 148), können Bezüge zur Handlungslogik in der Sozialen Arbeit durchaus hergestellt werden. Mit der Orientierung an einem Kundenverständnis würde sich Soziale Arbeit absetzen gegenüber einem tradierten Klientenbegriff, bei dem eine Tendenz zur Entmündigung und ein Machtgefälle immer mitschwingen. „Der Terminus ‚Klient' bildet ein paternalistisches Verhältnis ab, das in der deutschen Tradition der Wohlfahrtspflege seine Wurzeln hat." (Bauer 2001, S. 116)

Als *analytischer Begriff* ist der Kundenbegriff für soziale Dienstleistungen jedoch weitgehend als unzureichend anzusehen. So wusste der Präsident der Bundesagentur für Arbeit sehr wohl, dass er nicht den Status der arbeitslosen Menschen traf, als er die Mitarbeiter in allen Gliederungen der Bundesagentur verpflichtete, von den arbeitslosen Menschen nur noch als den „Kunden" zu sprechen. Er hoffte, dass sich durch den Sprachwandel ein Wechsel im Umgang mit den arbeitslosen Menschen allmählich vollziehen würde. Er setzte vor allem auf den Begriff „Kunde" als eine assoziativ wirkende Chiffre mit einer *strategischen* Bedeutung, die Aufmerksamkeit und Irritation bewirken sollte. Wenn bei sozialen Dienstleistungen vom „Kunden" gesprochen wird, so soll die Aufmerksamkeit gelenkt werden auf

- die Notwendigkeit, sich Adressatenwünsche stärker bewusst zu machen,
- die Selbstbezüglichkeit der Organisationen in eine kritische Diskussion einzubeziehen,
- professionelle Denk- und Handlungsmuster zu überprüfen (Warum meinen Fachkräfte im Einzelfall besser zu wissen, was für den Adressaten gut ist und mit welchem Recht wollen sie ihre Perspektive durchsetzen?),
- die beim „Kunden" ankommende Qualität und d.h. die Transparenz der Leistung.

Allerdings hat der Kundenbegriff auch in strategischer Hinsicht seine Ambivalenz: Den fachlichen Optionen, die mit einer Ausrichtung an der „Kunden"-Figur gewonnen werden, steht die Gefahr gegenüber, dass die realen Beziehungen asymmetrischer Macht und Verpflichtungen der Sozialarbeiter gegenüber dem Adressaten „als Verhältnis wechselseitiger Freiwilligkeit fingiert (werden). Dies macht sie im Prinzip aufkündbar." (Voswinkel 2004, S. 149) Die Folge könnte ein geringeres Maß an Fürsorglichkeit sein, mit dem der Sozialarbeiter dem Adressaten gegenübertritt.[12]

---

12 Es ist durchaus bemerkenswert, dass der Kundenbegriff trotz seiner Ambivalenz offenkundig von einem erheblichen Teil der Fachkräfte in der Sozialen Arbeit mittlerweile akzeptiert wird (so das Ergebnis der Untersuchung von Dahme/ Kühnlein/ Wohlfahrt 2005, S. 212 ff.). „Kundenorientierung" erscheint als eine gesellschaftlich breit wirkende Chiffre (Voswinkel 2004), die auch in der Sozialen Arbeit ihre Wirkung nicht verfehlt.

Nicht jede Organisation der Sozialen Arbeit mit ihrem Handlungsauftrag lässt sich analytisch gleichermaßen im emphatischen Sinne mit dem Dienstleistungsbegriff in Verbindung bringen. Dies befreit aber auch solche Organisationen, die stärker mit einem gesellschaftlichen Auftrag von Kontrolle, Rationierung etc. agieren, nicht von der Anforderung, das Dienstleistungskonzept als kritischen Maßstab zur Bewertung und Ausgestaltung ihrer Handlungsformen und Strukturen anzuwenden und nach Entwicklungsmöglichkeiten ihrer Organisation in Richtung dieses Konzepts zu fragen.

3.2 Ähnlichkeiten und Unterschiede im Management von Wirtschaftsbetrieben und Organisationen der Sozialen Arbeit

Wie in Kapitel 1 hervorgehoben wurde, sind Organisationen Sozialer Arbeit nicht nur in ihren fachlichen Aufgaben als Organisationen sozialer Hilfe, Förderung und Erziehung in den Blick zu nehmen, sondern eben auch in ihrer Eigenschaft als Betriebe. Dementsprechend liegt es nahe, dass elementare betriebliche Funktionen gleichermaßen von Organisationen Sozialer Arbeit wie von Wirtschaftsbetrieben ausgefüllt werden müssen und dass daher die Managementaufgaben in beiden Organisationstypen bis zu einem gewissen Maß Ähnlichkeiten aufweisen. Trotz aller Unterschiedlichkeiten zwischen beiden Unternehmenstypen stehen Sozialeinrichtungen und Wirtschaftsunternehmen gleichermaßen vor der Aufgabe, sich sachliche und personelle Ressourcen zu beschaffen und diese so miteinander in Prozesse zu bringen, dass bestimmte Leistungen einigermaßen verlässlich erstellt werden. Beide sind somit „zielgerichtete, produktive und soziale Systeme" (P. Schwarz 1996, S. 16) sowie Systeme, die von ihrer Umwelt abhängig sind (Lichtsteiner u. a. 2013, S. 29). In der Steuerung dieser Systeme liegt die generelle, in beiden Organisationstypen gleichermaßen zu bewältigende Aufgabe des Managements.

Schaubild 3.2 (S. 74) macht die aus der „Betriebstatsache" resultierenden ähnlichen Managementanforderungen in erwerbswirtschaftlichen Unternehmen und in Einrichtungen der Sozialen Arbeit deutlich:

- Beide Organisationsformen müssen zielgerichtet strukturiert werden: Organisationsziele müssen definiert und in Handlungsformen umgesetzt werden; die Organisation definiert ihren Erfolg jeweils durch Zielerreichung.

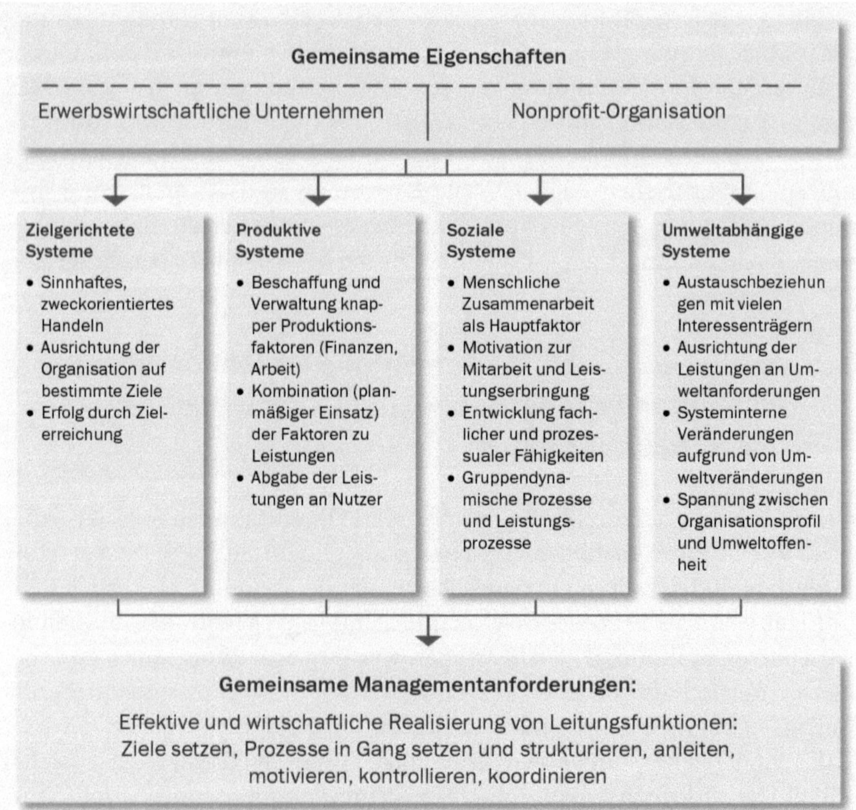

Schaubild 3.2: Gemeinsame Eigenschaften und Anforderungen an Wirtschaftsunternehmen und Einrichtungen der Sozialen Arbeit (in Anlehnung an Lichtsteiner u. a. 2013, S. 30)

- In beiden Organisationsformen werden Leistungen an Nutzer abgegeben, und dementsprechend ist es eine Aufgabe des Managements, die zur Leistungserstellung erforderlichen „Produktionsfaktoren" (Finanzmittel, Arbeitskraft) zu mobilisieren und strukturiert im Hinblick auf die Leistungserstellung zu kombinieren.
- Beide Organisationsformen funktionieren als soziale Systeme mit vielfältigen sozialen Prozessen, mit motivationalen Gegebenheiten und individuellen Fähigkeiten, die beachtet und weiterentwickelt werden müssen.
- Beide Organisationsformen sind gleichermaßen von ihrer Umwelt abhängig, müssen sich für die Leistungserstellung auf Umweltanforderungen ausrichten, müssen Veränderungen in der Umwelt sensibel beobachten und dementsprechend reagieren. Sie müssen

dabei differenzierte Austauschbeziehungen mit unterschiedlichen Interessenträgern im Blick behalten. Und sie müssen die Spannungen bewältigen zwischen der erforderlichen Umweltoffenheit einerseits und der Notwendigkeit, ein eigenes Profil zu gewinnen, um sich gegenüber anderen Organisationen abzusetzen und erkennbar zu werden, andererseits.

Auf einer relativ abstrakten Ebene lassen sich also elementare Gemeinsamkeiten zwischen Wirtschaftsunternehmen und Einrichtungen der Sozialen Arbeit konstatieren. Solche Gemeinsamkeiten zur Kenntnis zu nehmen, ist vor allem deswegen wichtig, weil die Akteure in der Sozialen Arbeit sich damit zum einen bewusst machen, dass es sich bei sozialen Einrichtungen nicht nur um Organisationen handelt, in denen Hilfe geleistet wird, sondern auch um Betriebe, deren betriebliche Funktionen in Gang gehalten werden müssen, damit der Sachzweck der Hilfeleistung erfüllt werden kann. Zum anderen wird damit für die in der Sozialen Arbeit Tätigen deutlich, dass zur Aufrechterhaltung des Sozialbetriebs Managementfunktionen realisiert werden müssen und dass diese Managementfunktionen mit aktiv auszufüllenden Leitungsaufgaben verbunden sind, eine Tatsache, die trotz aller Neigungen vieler Fachkräfte in der Sozialen Arbeit zu teamorientierten Strukturen und Abläufen und trotz einer bisweilen zu vernehmenden Skepsis gegenüber Hierarchie nachdrücklich ins Bewusstsein gehoben werden sollte (s. Merchel 2004 und 2010b).

Neben diesen Ähnlichkeiten sind aber auch markante Unterschiede zwischen den Konstellationen für das Management in Organisationen Sozialer Arbeit und in Wirtschafsbetrieben zu vermerken. Denn bei genauer Betrachtung sind die Gemeinsamkeiten zwischen Organisationen der Sozialen Arbeit und Wirtschaftsunternehmen lediglich auf einer relativ abstrakten Ebene angesiedelt. Eine differenzierte Analyse zeigt neben diesen elementaren Gemeinsamkeiten auch eine Anzahl ebenso elementarer Unterschiede zwischen beiden Organisationstypen.

Zunächst erzeugen zwei spezifische Konstellationen in der Sozialen Arbeit markante Unterschiede in den Voraussetzungen für das Management: die *Dominanz von Sachzielen gegenüber wirtschaftlichen Formalzielen* (Gewinn, Umsatz, Rendite) und die *Bedeutung von nicht-schlüssigen Tauschbeziehungen* in Relation zu den normalerweise im Marktgeschehen dominanten schlüssigen Tauschbeziehungen.

Bei Wirtschaftsunternehmen bilden Formalziele – Gewinn, Umsatz, Rendite – die zentralen Steuerungsgrößen, an denen sich der Erfolg eines Unternehmens ausrichtet. Der Gewinn („For-Profit-Organisationen“) wird als der zentrale Motor angesehen, der dem Managementgeschehen Dynamik verleiht. Mit welchen Erzeugnissen die Formalziele erreicht werden, ist zweitrangig; entscheidend ist, dass die kurz- und mittelfristigen Formalziele – mit welchen Erzeugnissen auch immer – erreicht werden und damit die Existenz des Betriebes gesichert wird. Diese Formalziele haben für das Management von Wirtschaftsunternehmen elementare Leitfunktionen: Damit sind Leitgrößen für das Management des Betriebs gegeben, die messbar und damit intersubjektiv transparent ist. Solche Ziele haben insofern eine grundlegende integrierende Bedeutung, als sie zumindest abstrakt von den Betriebsmitgliedern akzeptiert werden können. Auseinandersetzungen über das generelle Ziel werden reduziert, und der Erfolg des Unternehmens kann an intersubjektiv nachvollziehbaren Größen gemessen werden. Die Formalziele dominieren, die Sachziele (Erzeugen eines guten Produkts, eines gesellschaftlichen Nutzens etc.) sind den Formalzielen untergeordnet.

Demgegenüber ist die Zielstruktur von Organisationen der Sozialen Arbeit durch eine *Dominanz von Sachzielen* geprägt (vgl. Wöhrle 2013b, S. 214ff.; Burla 1989). Organisationen Sozialer Arbeit werden nicht primär daran gemessen, ob und wie viel Gewinn sie erwirtschaften, sondern ihr Auftrag besteht darin, einen gesellschaftlich und sozialpolitisch definierten Bedarf an Sozialer Hilfe, Förderung und Ausgleich von Benachteiligungen zu decken und dadurch zu einem im Sozialstaatsauftrag formulierten sozialen Frieden beizutragen. Die Ziele, Maßstäbe und Bewertungsverfahren für den Erfolg der Organisationen Sozialer Arbeit sind nicht per se durch das Gewinnziel definiert, sondern müssen in eigenen Definitionsvorgängen konstruiert und dabei mit unterschiedlichen Anspruchsgruppen vermittelt werden. Das Hervorheben des Merkmals „Sachzieldominanz“ bedeutet nicht, dass wirtschaftliche, formal zu messende Faktoren für Organisationen Sozialer Arbeit keine oder eine nur geringe Bedeutung hätten: Selbstverständlich muss auch in Organisationen der Sozialen Arbeit die wirtschaftliche Existenz der Einrichtungen gesichert werden, müssen Rücklagen (Überschüssen oder „Gewinne“) für Investitionen oder für die Bewältigung von Finanzierungsrisiken gebildet werden etc. Jedoch stehen diese Faktoren nicht im Zentrum des sozialpolitischen Auftrags, für den die Organisationen finanziert werden, und nicht im Zentrum ihrer Legitimation in der Öffentlichkeit. „Sachziel*dominanz*“ hebt hervor, dass das Erreichen der Sachziele im Mittelpunkt steht und demgegenüber die wirtschaftlichen Formalziele eine sekundäre, „dienende“, wenn auch für die Existenz der Organisation nicht zu vernachlässigende Funktion einnehmen. Legitimation erhält die Einrichtung – neben der Plausibilisierung, dass die Ressourcen zweckentsprechend und wirtschaftlich (nicht „verschwenderisch“ und nicht zur individuellen Bereicherung Einzelner) eingesetzt wurden – über Kriterien der Effektivität, die vornehmlich über sachbezogene inhaltliche Festlegungen erfolgen. Dabei müssen unterschiedliche Vorstellungen (normative und fachliche Präferenzen, persönliche Interessen, politische Vorstellungen) von Anspruchsgruppen (Träger, Mitarbeiter, Finanzgeber, Kooperationspartner u.a.) mit unterschiedlichen Durchsetzungspotentialen berücksichtigt werden.

Neben der Sachzieldominanz bildet *die Interaktion mit den Nutzern der Dienstleistung auf der Grundlage nicht-schlüssiger Tauschbeziehungen bzw. die Überlagerung von schlüssigen und nicht-schlüssigen Anteilen in den Tauschbeziehungen* ein weiteres wichtiges Unterscheidungsmerkmal hinsichtlich der Managementkonstellationen von Organisationen Sozialer Arbeit. Wirtschaftsbetriebe treten in unmittelbare Tauschbeziehungen, indem die Kunden für ein Produkt oder eine Dienstleistung bezahlen. Die Kunden mit ihren Wünschen und Kaufpräferenzen werden zu zentralen Größen, an denen sich Managemententscheidungen ausrichten müssen. Demgegenüber treten bei den sozialen Dienstleistungen zur Beziehung zwischen Einrichtung und Nutzern noch die Finanzierer der Leistungen als dritte „Marktgröße" hinzu, weil in den meisten Fällen die Nutzer die in Anspruch genommene Dienstleistung nicht oder nicht in vollem Umfang bezahlen und damit die Nutzer auch nicht zum alleinigen oder zentralen Bezugspunkt im Management der Einrichtung werden können. Das folgende *Schaubild 3.3* (mit kleinen Veränderungen im Anschluss an Burla 1989, S. 108) verdeutlicht den Charakter nicht-schlüssiger Tauschbeziehungen:

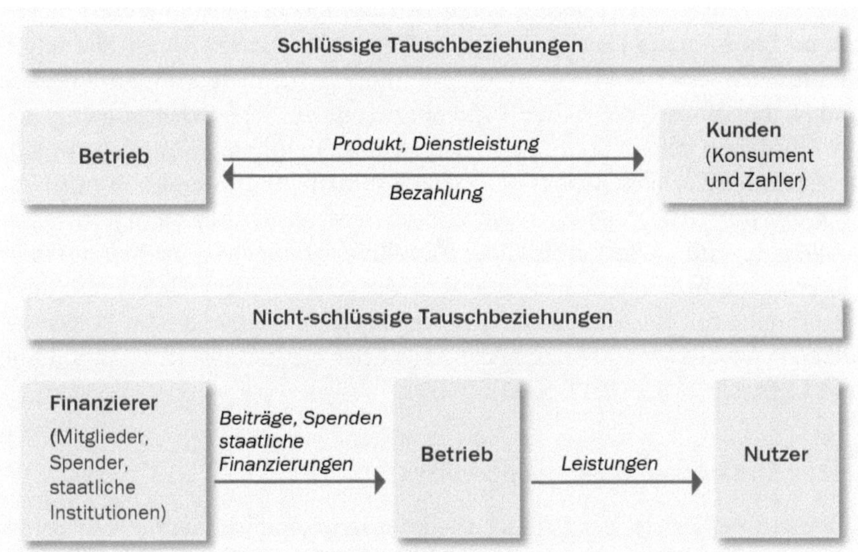

Schaubild 3.3: Schlüssige und nicht-schlüssige Tauschbeziehungen

Mit der Gegenüberstellung der Schlüssigkeit und der Nicht-Schlüssigkeit von Tauschbeziehungen werden „Idealtypen" charakterisiert. Das bedeutet, dass auch in der Wirtschaft sich an der einen oder anderen Stelle nicht-schlüssige

Elemente in den ansonsten vorherrschenden Typus der schlüssigen Tauschbeziehungen finden lassen (z.B. politisch beschlossene Subventionen für Produkte) und dass auch in der Sozialen Arbeit Teilbereiche mit schlüssigen Elementen im Gesamtkontext von Finanzierungen zu finden sind (z.B. Elternbeiträge in Kindertageseinrichtungen). Zwischen diesen beiden Typen existieren also Übergänge und Überlagerungen, wodurch die Tauschbeziehung bei einer konkreten Leistung der Sozialen Arbeit jeweils in ihrer spezifischen Zuordnung und Kombination zwischen diesen beiden Typen zu verorten ist. Bei den pflegerischen Dienstleistungen ist im Hinblick auf die Kostenbeteiligung der Nutzer bei der Zahlung und im Hinblick auf die Ausstattung der Nutzer mit Marktmacht (u.a. Wahl zwischen verschiedenen Leistungsanbietern, z.B. Pflegediensten) die Überlagerung durch tendenziell schlüssige Anteile in den Tauschbeziehungen deutlicher als in der Sozialen Arbeit.

Trotz aller sozialpolitischer Tendenzen zur verstärkten Kostenbeteiligung von Nutzern und trotz der an der einen oder anderen Stelle vorhandenen Bemühungen, die Nutzer mit Marktmacht auszustatten, wird es in der Sozialen Arbeit immer einen bedeutsamen Anteil an Nicht-Schlüssigkeit in den Tauschbeziehungen geben, weil es hier auch um die Vergabe öffentlicher Leistungen geht. Insofern haben die Akteure des Managements bei ihren leistungsbezogenen Kalkülen und Managemententscheidungen (a) verschiedene „Kundengruppen" (Finanzierer mitsamt deren Gestaltungs- und Legitimationsinteressen und Nutzer der Leistungen) samt deren Interessen sowie (b) die unterschiedlichen Überlagerungs- und Mischungsverhältnisse von Schlüssigkeit und Nicht-Schlüssigkeit in den Tauschbeziehungen zu berücksichtigen.

Aus diesen beiden Spezifika in den Managementkonstellationen von Organisationen Sozialer Arbeit – Sachzieldominanz und Interaktion mit Nutzern auf der Grundlage nicht-schlüssiger bzw. in der Kombination nicht-schlüssiger und partiell schlüssiger Tauschbeziehungen – resultieren einige Unterschiede in den Managementanforderungen mit entsprechenden Schlussfolgerungen für das Management in der Sozialen Arbeit, die im Folgenden erläutert werden (unter Nutzung der Kategorien bei P. Schwarz, 1996, S. 33-40 und Lichtsteiner u.a. 2013, S. 22).

Erstes Strukturmerkmal: Hauptzweck

Während der Zweck der Wirtschaftsunternehmen darin liegt, einen Ertrag auf investiertes Kapitel, also Gewinn und Rentabilität zu erreichen (Formalziel-Dominanz), geht es bei Organisationen Sozialer Arbeit um das Erbringen spezifischer, inhaltlich festgelegter Leistungen an Personen, die einen Bedarf an Hilfe, Unterstützung oder Förderung haben (Sachziel-Dominanz). Während in Wirtschaftsunternehmen formale, „geldförmige" Ziele sich als Steuerungsgrößen gegenüber Sachzielen verselbständigen, zeigt sich die monetäre Steuerung in Einrichtungen der Sozialen Arbeit als „ein Mittel zum Zweck, kein Selbstzweck“ (Wex 2004, S. 152). Die Ziele von Organisationen Sozialer Arbeit sind in der Regel komplexer als bei Wirtschaftsunternehmen: zum einen hinsichtlich der Zielvielfalt und der unterschiedlichen Interessen, die bei der Zielformulierung und Zielverfolgung zu berücksichtigen sind, sowie zum anderen im Hinblick auf die Mehrdeutigkeit von Zielen sowohl bei ihrer Festlegung als auch bei den Möglichkeiten und Methoden zur Bewertung von Zielerreichung.

Schlussfolgerungen für das Management in Organisationen Sozialer Arbeit: Wenn die Spezifität von Leistungen im Mittelpunkt der Organisation und ihrer Mitglieder steht (Sachzieldominanz), dann nimmt auch die spezielle Fachkompetenz von Leitungspersonen einen weitaus größeren Stellenwert ein als bei Unternehmen mit Formalzieldominanz. Die Leitungspersonen müssen in der Lage sein, ein Nebeneinander von aufgabenbezogener Fachkompetenz und betriebswirtschaftlicher Formalkompetenz aufzubauen und im Alltag der Organisation glaubwürdig zu verkörpern. Ferner müssen die Managementpersonen darauf achten, bei der Finanzierung der Organisation in umfassender Weise die Sachziele und die darauf ausgerichteten Finanzierungsmodalitäten miteinander zu verkoppeln. Darüber hinaus müssen Managementpersonen in der Lage sein, mit Vielfalt und Mehrdeutigkeiten von Zielen sowie mit der Unterschiedlichkeit von Interessenlagen bei Interessenträgern umzugehen, d. h. einerseits Anstrengungen zu unternehmen, um die Zielkomplexität für die Organisation zu begrenzen, aber andererseits im Bewusstsein zu halten, dass Zielkomplexität ein Merkmal des Charakters sozialer Einrichtungen bleiben wird und dass eine Reduktion von Zielkomplexität daher nur begrenzt möglich sein wird.

Zweites Strukturmerkmal: Bedarfsdeckung, Kunden

Während Wirtschaftsunternehmen einen Fremdbedarf decken, der von Nachfragern an Märkten artikuliert und in Kaufentscheidungen dokumentiert wird, wird bei Einrichtungen der Sozialen Arbeit entweder ein Eigenbedarf von Mitgliedern gedeckt (so bei Organisationen mit einem hohen Selbsthilfe-Anteil), oder es wird ein Fremdbedarf gedeckt, bei dem die Nutzer über eine eingeschränkte Marktmacht verfügen, weil sie von der Zuerkennung eines Leistungsanspruchs durch Dritte abhängig sind, welche die Leistung letztlich bezahlen (komplexere „Markt“- bzw. „Kunden“-Situation) und den Bedarf auch steuern können. Ferner wird in der Sozialen Arbeit auch ein Bedarf gedeckt, bei dem sich individuelle Nutzungsinteressen und gesellschaftlich definierter Bedarf (an Normalisierung einschließlich an Kontrolle) überlagern.

Schlussfolgerungen für das Management in Organisationen Sozialer Arbeit: Es bedarf einer frühzeitigen und genauen Beobachtung der Bedarfsentwicklung, wobei differenziert werden muss zwischen einer adressatenbezogenen Perspektive der Bedarfsentwicklung und einer gesellschaftlichen bzw. sozialpolitischen Perspektive der Bedarfsdefinition. Eine ausschließliche Orientierung an einer realen, durch eine Artikulation potentieller Nutzer ausgelösten Nachfrageentwicklung oder an einer vermeintlichen, z.B. durch sozialwissenschaftliche Analyse konstruierten Bedarfsprognose wäre für das Management sozialer Organisationen problematisch, weil die mindestens gleichermaßen bedeutsamen kurz-, mittel- und langfristigen Steuerungsentscheidungen der Finanzierungsträger die Ausrichtung des Bedarfs und damit die Ausrichtung einer Organisation am „Markt" beeinflussen. Ferner ist zu beachten, wie und in welchen Differenzierungen sich das, was als „Bedarf" erscheint, konstituiert. Im Rahmen des Managements muss differenziert werden zwischen unterschiedlichen Interessenträgern („stakeholder"), die mit unterschiedlichen Machtpotentialen an der Definition von „Bedarf" beteiligt sind (u. a. Nutzer, unterschiedliche Finanzgeber, politische Entscheidungsträger, Akteure aus der staatlichen Administration etc.). In einer solchen differenzierten Sichtweise muss Bedarfsentwicklung eingeschätzt werden.

Drittes Strukturmerkmal: Steuerung der Organisationsentscheidungen

Bei Wirtschaftsunternehmen ist die entscheidende Größe für die Organisationsentscheidungen der Markt: das Kundenverhalten und die Konkurrenzsituation. Demgegenüber ist der „Markt" für Organisationen Sozialer Arbeit zwar auch eine nicht zu vernachlässigende Größe, jedoch treten hier weitere wichtige Entscheidungsgrößen hinzu: bei mitgliedschaftlich orientierten Trägern (Vereinen) die Entscheidungen der Mitglieder und deren Repräsentanten (z.B. Vorstände) im Hinblick auf Handlungsschwerpunkte, Bereitstellung von Finanzen sowie staatliche Normierungen von Leistungen und Entgelten. Die Bindung an soziale Bedürfnisse, an Traditionen, Werte und Weltbilder beeinflussen managementstrategische Kalküle in Einrichtungen der Sozialen Arbeit deutlicher als dies in Wirtschaftsunternehmen der Fall ist (vgl. Gmür 2000, S. 180 f.). Für Einrichtungen der Sozialen Arbeit sind staatliche Institutionen und deren sozialpolitische Steuerungsmodalitäten von besonderer Bedeutung: Staatliche Instanzen greifen aktiv in das Steuerungsgeschehen ein, indem sie z.B. mit Hilfe von Ziel- und Leistungsvereinbarungen oder Vereinbarungen zur Qualitätsentwicklung auf die Bedingungen der Leistungserstellung (Kosten, Preise, Qualität etc.) Einfluss zu nehmen versuchen.

Schlussfolgerungen für das Management in Organisationen Sozialer Arbeit: Weil der „Markt" sozialer Dienstleistungen durch unmittelbare politische Entscheidungen geprägt ist, muss das Management dieser Ebene der Gestaltung des existentiell wichtigen Umfelds der Einrichtung eine große praktische Bedeutung zuordnen. Management von Organisationen Sozialer Arbeit hat als ein wesentliches Aufgabensegment, aktiv Möglichkeiten der Beeinflussung des politisch-sozialen Umfelds zu suchen, um auf diese Weise zum einen frühzeitig politische Entwicklungen mit Auswirkungen auf Entscheidungsoptionen innerhalb der Organisation wahrnehmen zu können, und zum anderen das Umfeld (also den „Markt") in einem für den Erhalt der Einrichtung positiven Sinne mitzugestalten. Management von Organisationen Sozialer Arbeit muss demnach den Versuch politischer Einflussnahme, den Aufbau einer politischen Lobby, die Beteiligung an Sozialplanung und Jugendhilfeplanung etc. als integralen Bestandteil der zum Erhalt der Einrichtung notwendigen und wahrzunehmenden Aufgaben berücksichtigen. Ferner erhält der Umgang mit sozialen Bedürfnissen, Werten und Traditionen auch für die innerbetrieblichen Managementstrategien eine hohe Bedeutung und darf nicht vernachlässigt werden.

Viertes Strukturmerkmal: Produzierte Güter

Wirtschaftsunternehmen existieren primär durch die Produktion und den Absatz privater, marktfähiger Güter, die vorwiegend vom einzelnen Käufer genutzt werden können. Soziale Einrichtungen und Verbände erzeugen sowohl öffentliche Güter als auch private, individuell zu nutzende Güter. Der Sozialstaatsauftrag, dem soziale Einrichtungen und Verbände verpflichtet sind, bezieht sich auf das Erzeugen öffentlicher nicht-materieller Güter (sozialer Frieden, Gefühl sozialer Sicherheit, Gemeinwohl, Beeinflussung bestimmter Zielgruppen etc.), auf Kollektivgüter, die einer ganzen Gruppe zugute kommen (Interessenvertretung von Klientengruppen, infrastrukturelle Versorgungsstruktur), und auf Individualgüter, die als konkrete soziale Dienstleistung im Einzelfall genutzt werden. Im Vergleich zu Wirtschaftsunternehmen ist bei Organisationen und Verbänden Sozialer Arbeit die Erzeugung von Gütern mehrdimensional verankert.

Schlussfolgerungen für das Management in Organisationen Sozialer Arbeit: Die Mehrdimensionalität der zu erzeugenden Güter muss im Blick behalten werden, und zwar sowohl intern (im Bewusstsein der Mitarbeiter) als auch extern (gegenüber unterschiedlichen Leistungsadressaten und Interessenträgern). Die Bemühungen zur Legitimation der Einrichtungen sollten sich nicht nur auf die Darlegung des individuellen Nutzens (Individualgüter) ausrichten, sondern müssen darüber hinaus die durch Kollektivgüter erbrachten Leistungen öffentlich verdeutlichen. Beide Dimensionen sollten in der internen und in der externen Legitimation eingebracht und verankert werden.

Strukturmerkmal	Ausprägung bei Wirtschaftsunternehmen	Einrichtungen Sozialer Arbeit	Managementanforderungen in Einrichtungen Sozialer Arbeit
1. *Hauptzweck*	Anstreben eines Ertrags auf investiertes Kapitel: Gewinn und Rentabilität (Formalziel-Dominanz)	Erbringen spezifischer, inhaltlich festgelegter Leistungen an Personen mit einem Bedarf an Hilfe, Unterstützung oder Förderung (Sachziel-Dominanz)	Kombination von aufgabenbezogener Fachkompetenz und betriebswirtschaftlicher Formalkompetenz; Verkoppelung der Sachziele der Einrichtung und der darauf ausgerichteten Finanzierungsmodalitäten; reflektierter Umgang mit Zielkomplexität
2. *Bedarfsdeckung/ Kunden*	Decken eines von Nachfragern an Märkten artikulierten und in Kaufentscheidungen dokumentierten Fremdbedarfs	Decken eines Fremdbedarfs, bei dem die Nutzer über eine eingeschränkte Marktmacht verfügen; Dritte sind politisch und finanziell an Steuerung des Bedarfs beteiligt; individuelle Nutzungsinteressen und gesellschaftlich definierter Bedarf (an Normalisierung einschließlich an Kontrolle) überlagern sich	frühzeitige und genaue Beobachtung der Bedarfsentwicklung; Differenzierung zwischen einer adressatenbezogenen Perspektive der Bedarfsentwicklung und einer gesellschaftlichen bzw. sozialpolitischen Perspektive der Bedarfsdefinition; Differenzierung zwischen unterschiedlichen, mehr oder weniger mächtigen Interessenträgern, die „Bedarf" definieren (u.a. Nutzer, Finanzgeber, politische und administrative Entscheidungsträger etc.)
3. *Steuerung der Organisationsentscheidungen*	Markt als entscheidende Größe: Kundenverhalten und Konkurrenzsituation	neben „Markt" weitere wichtige Entscheidungsgrößen: Bereitstellung von Finanzen sowie staatliche Normierungen von Leistungen und Entgelten; bei mitgliedschaftlich orientierten Trägern die Entscheidungen der Mitglieder und deren Repräsentanten (z.B. Vorstände); Bindung an Werte und Traditionen	genaue Beobachtung und aktive Beeinflussung des politisch-sozialen Umfelds: Versuch politischer Einflussnahme, Aufbau einer politischen Lobby, Beteiligung an Sozialplanung und Jugendhilfeplanung etc. als integraler Bestandteil des Managements zum Erhalt der Einrichtung; Berücksichtigung von sozialen Bedürfnissen, Werten und Traditionen in den Managementstrategien
4. *Produzierte Güter*	Produktion und Absatz privater, marktfähiger Güter, die vorwiegend vom einzelnen Käufer genutzt werden können	sowohl öffentliche Güter als auch privat zu nutzende Güter: nicht-materielle Güter, Kollektivgüter, Individualgüter	Verankerung der Mehrdimensionalität der zu erzeugenden Güter in der internen wie in der externen Legitimation
5. *Finanzmittel*	hauptsächlich über Kapitaleinlagen und direkten individuellen Güterverkauf (auf der Grundlage erzielbarer Preise)	vielgestaltige Mischfinanzierung: Mitgliedsbeiträge, Zuwendungen und Pauschalentgelte, Preise und/oder administrativ festgelegte Entgelte, Gebühren, Spenden, anderweitige betriebliche Erträge, Fundraising (Sponsoring u.a.)	Umgang mit den unterschiedlichen Finanzierungswegen; Zusammenfügen der unterschiedlichen Finanzierungsmodalitäten zu einer Gesamtfinanzierung; öffentliche Darstellung der Einrichtung zum Zweck der Legitimation und evtl. der Akquise von Spenden; Ansprechen von Mitgliedern als Finanzgebern (Mitgliedsbeiträge, Spenden); Berücksichtigung der unterschiedlichen Interessenträger und der damit einhergehenden Finanzierungsquellen
6. *Faktor Arbeit*	gegen Entgelt beschäftigte Mitarbeiter	hauptamtliche, gegen Entgelt beschäftigten Mitarbeiter; daneben z.T. auch freiwillig, nicht gegen Entgelt tätige Personen („Ehrenamtliche"): sowohl auf der unmittelbaren Handlungsebene Sozialer Arbeit als auch in den Leitungs- und Entscheidungsgremien	Umfassendes und kontinuierliches Personalmanagement; Pflege und Fortbildung der ehrenamtlich Mitwirkenden; Einbinden der Ehrenamtlichen in für sie angemessene Arbeitsbereiche; Förderung der Kooperation von Professionellen und Ehrenamtlichen; angemessener Umgang mit ehrenamtlichen Leitungsorganen im Spannungsfeld zwischen ehrenamtlicher Leitung von Laienpersonen und Anforderungen an professionelles Management
7. *Erfolgskontrolle/ Effizienz*	Ermittlung des Erfolgs über marktbestimmte Größen: Gewinn, Umsatz, Marktanteil	Problem, qualitative Leistungen quantitativ zu bewerten und vergleichbar zu machen; kein formaler Indikator zur Bestimmung von Wirtschaftlichkeit, kaum Maßstäbe für rationale Kosten-Nutzen-Kalküle	Installierung eines Systems des Qualitätsmanagements, das zum einen den speziellen fachlichen Handlungsaufträgen der jeweiligen Einrichtung entspricht und das zum anderen eine differenzierte Bewertung und Darstellung der Kategorie „Erfolg" (Ergebnisqualität) ermöglicht; diskursive Formen der Beurteilung von Wirtschaftlichkeit schaffen

Schaubild 3.4: Strukturelle Unterschiede von Wirtschaftsunternehmen und Einrichtungen der Sozialen Arbeit und damit einhergehende Managementanforderungen in Einrichtungen der Sozialen Arbeit (unter Nutzung und in Weiterführung der Übersicht bei P. Schwarz 1996, S. 39/40; Lichtsteiner u.a. 2013, S. 22)

Fünftes Strukturmerkmal: Finanzmittel

Während sich Wirtschaftsunternehmen hauptsächlich über Kapitaleinlagen und direkten individuellen Güterverkauf (auf der Grundlage erzielbarer Preise) finanzieren, ist für Einrichtungen Sozialer Arbeit eine vielgestaltige Mischfinanzierung kennzeichnend: Mitgliedsbeiträge, Zuwendungen und Pauschalentgelte, Preise und/oder administrativ festgelegte Entgelte, Gebühren (subventionierte Entgelte), Spenden, Erträge aus Zweckbetrieben oder wirtschaftlichen Geschäftsbetrieben, aus anderen Quellen des Fundraising (Sponsoring u. a.) gesammelte Finanzmittel. Auch hier ist die Vielgestaltigkeit der Finanzierungsformen als struktureller Unterschied der Sozialen Arbeit im Vergleich zu Wirtschaftsunternehmen festzuhalten. Die Vielgestaltigkeit der Finanzierungsformen ist wiederum als ein Ausdruck der Abhängigkeit von unterschiedlichen Interessen zu interpretieren.

Schlussfolgerungen für das Management in Organisationen Sozialer Arbeit: Neben betriebswirtschaftlichen Kenntnissen und deren kompetenter Anwendung müssen Managementakteure mit den unterschiedlichen Finanzierungswegen umgehen können, z. B. Mechanismen des „Antragswesens" in der Sozialen Arbeit kennen und anwenden können, potentielle Spender oder Sponsoren ansprechen können, Logiken von Leistungsentgelten und Zuwendungen unterscheiden und handhaben können etc. (→ *Kap. 5*) Die Vielfältigkeit unterschiedlicher Finanzierungsmodalitäten muss zu einer tragfähigen Gesamtfinanzierung zusammengefügt werden. Eine öffentliche Darstellung der Organisation und des durch sie erzeugten Nutzens ist auch unter Finanzierungsgesichtspunkten notwendig (Legitimation, Spenden). Bei mitgliederorientierten Organisationen müssen die Mitglieder als Finanzgeber (Mitgliedsbeiträge, Spenden) im Managementkalkül berücksichtigt und durch Ansprache gehalten werden. Insgesamt ist es eine Aufgabe des Managements, zur Aufrechterhaltung der finanziellen Arrangements die unterschiedlichen Interessenträger zu identifizieren sowie deren Interessen und die daraus resultierenden Finanzierungsquellen strategisch in die Managementkalküle der Einrichtung einzubinden (Einbindung des sog. „stakeholder-Managements" in die Finanzierungsstrategie; s. Gmür 2000, S. 180 f.).

Sechstes Strukturmerkmal: Faktor Arbeit

In Wirtschaftsunternehmen sind, genau so wie bei einem Teil der Organisationen Sozialer Arbeit, ausschließlich gegen Entgelt beschäftigte Mitarbeiter tätig. In einigen Organisationen Sozialer Arbeit sind neben den hauptamtlichen, gegen Entgelt beschäftigten Mitarbeitern auch freiwillig, nicht gegen Entgelt tätige Personen („Ehrenamtliche") tätig, und zwar sowohl auf der unmittelbaren Handlungsebene Sozialer Arbeit als auch bei den Entscheidungen zur Organisationsgestaltung (insbesondere im Vorstand von Vereinen). Ehrenamtliche bilden in der Sozialen Arbeit eine nicht zu unterschätzende Ressource: Auf der Arbeitsebene stellen sie Arbeitskraft zur Verfügung, und darüber hinaus haben sie einen Wert für die Legitimation der Einrichtung, indem sie gesellschaftliche Mitwirkung und sozialen Zusammenhalt, Wertbindung der Einrichtung, Nähe zu sozialen Milieus etc. dokumentieren.

Schlussfolgerungen für das Management in Organisationen Sozialer Arbeit: In einem Teil der Organisationen Sozialer Arbeit ist der erforderliche Umfang mit dem Faktor Arbeit nicht anders als in Wirtschaftsbetrieben: Es geht um die Etablierung adäquater Formen des Personalmanagements (Personalbemessung, Personalauswahl, Personalentwicklung etc.), um die Leistungsbereitschaft und die Leistungsfähigkeit der gegen Entgelt tätigen Mitarbeiter sicherzustellen. Allerdings müssen die spezifischen Konstellationen des Personals in Organisationen der Sozialen Arbeit einbezogen werden (→ *Kap. 7*). In den Organisationen, in denen freiwillig Tätige („Ehrenamtliche") mitwirken, müssen sich Managementakteure zum einen um eine Pflege der ehrenamtlich Mitwirkenden kümmern, damit der Einrichtung diese Ressource nicht verloren geht. Zum anderen müssen Arbeitsbereiche gefunden bzw. aufbereitet werden, die einen produktiven Einsatz von Ehrenamtlichen, also Laienkräften mit entsprechender Fortbildung bzw. „Schulung" ermöglichen, und es müssen Formen der beiderseits akzeptablen Kooperation von Professionellen und Ehrenamtlichen herausgebildet werden. Auf der Steuerungsebene (z. B. in Vorständen) richtet sich die Anforderung an das hauptamtliche Management, Formen des Umgangs mit ehrenamtlichen Leitungsorganen zu entwickeln, mit denen es gelingen kann, das labile und potentiell konfliktbehaftete Spannungsfeld zwischen dem Einbezug von ehrenamtlichen Laienkräften in Entscheidungen zu grundlegenden Aspekten der Trägerpolitik einerseits und den daraus resultierenden professionell zu strukturierenden Managemententscheidungen andererseits zu bewältigen (→ *Kap. 7.3*).

Siebentes Strukturmerkmal: Erfolgskontrolle/ Effizienz

Bei Wirtschaftsunternehmen wird der Erfolg über marktbestimmte Größen ermittelt: Gewinn, Umsatz, Marktanteil. Bei Organisationen der Sozialen Arbeit besteht das Problem, qualitative Leistungen eindeutig zu quantifizieren und damit vergleichbar zu machen. Es existiert – als Resultat der Sachzieldominanz bei Einrichtungen Sozialer Arbeit – kein eindeutiger und durch seine Formalität auf Vergleiche ausgerichteter Erfolgsindikator, was eine Erfolgsbestimmung und erst recht eine eindeutige Darlegung von rationalen Kosten-Nutzen-Kalkülen („Effizienz") weitaus schwieriger gestaltet.

Schlussfolgerungen für das Management in Organisationen Sozialer Arbeit: In Organisationen Sozialer Arbeit bedarf es eines Systems des Qualitätsmanagements, das zum einen den speziellen Handlungsaufträgen und den entsprechenden Inhalten der jeweiligen Einrichtung entspricht und das zum anderen eine differenzierte Bewertung und Darstellung der Kategorie „Erfolg" (Ergebnisqualität) ermöglicht. Es geht somit um das Installieren einer auf soziale Dienstleistungen und damit auf Organisationen Sozialer Arbeit bezogenen Form des Qualitätsmanagements: Festlegung angemessener Qualitätskriterien, Übersetzung dieser Qualitätskriterien in Indikatoren, Entwicklung und Implementierung von arbeitsfeldangemessenen Bewertungsverfahren, Vorgehensweisen zur Weiterentwicklung von Qualität, und dies alles unter Einbezug der Erfolgskategorie (→ *Kap. 6.2*). Ferner sind Formen der Bewertung von Wirtschaftlichkeit zu initiieren, die das Verhältnis von Ressourcenaufwand und Ergebnis zu einem kontinuierlichen Thema der Erörterung macht mit dem Ziel, situationsadäquate Balancen herzustellen.

Die Unterschiede in den Merkmalen des Managementkontextes bei Wirtschaftsunternehmen und Organisationen der Sozialen Arbeit und die daraus resultierenden Managementanforderungen an Organisationen Sozialen Arbeit sind zusammenfassend dargestellt in *Schaubild 3.4* (S. 82)

Als durchgängige, die sieben Strukturmerkmale überlagernde Differenz zwischen Wirtschaftsunternehmen und Organisationen der Sozialen Arbeit können die unterschiedliche Komplexität der Interessenträger („stakeholder") und die Bedeutung dieser Divergenz für die Organisationssteuerung angesehen werden. Wirtschaftsunternehmen orientieren sich an der für sie dominanten Umweltbeziehung zwischen Unternehmen und Kunde/ Markt; daraus können sie ihre Erfolgsparameter gewinnen (Marktanteil, Umsatz, Gewinn). Organisationen der Sozialen Arbeit müssen mit unterschiedlichen Interessenträgern und deren Nutzenerwartungen umgehen; dabei sind sowohl die Überlagerung von individuellen Hilfe-Erwartungen und gesellschaftlichen Normalisierungsaufträgen sowie auch weitere widersprüchliche Nutzenerwartungen einzukalkulieren. Angesichts der Unterschiedlichkeit von Interessenträgern sind Erfolgsmaßstäbe von Organisationen Sozialer Arbeit in weitaus höherem Maße Gegenstand der sozialen und politischen Konstruktion, als dies bei Wirtschaftsunternehmen der Fall ist. Dementsprechend komplex müssen Erfolgsmaßstäbe konstituiert werden. Die möglicherweise spannungsreichen Interessendivergenzen zwischen verschiedenen Interessenträgern sind im Alltag der Organisationen immer präsent und müssen zur Gewährleistung der Ressourcenzufuhr und damit für die Existenz der Organisation wahrgenommen und ausbalanciert werden (vgl. Simsa 2007, S. 132 ff.). Diese Notwendigkeit des Umgangs mit multirelationalen, bisweilen sogar widersprüchlichen Anforderungen und Erfolgserwartungen erfordert eine innere Organisationsgestaltung, die auf eine „entsprechende organisatorische Differenzierung und ausgeprägte Dissens- respektive Dialogfähigkeit" ausgerichtet ist (Jarmai/ Zauner 1997, S. 243).

Führt man sich die Komplexität der Managementanforderungen und die darin eingebundenen Widersprüche vor Augen, so wäre es geradezu blind, würde man die Anforderungen des Managements von Einrichtungen der Sozialen Arbeit im Vergleich zu denen der gewerblichen Wirtschaft als „harmlos" einschätzen und gering achten. Neben der Bewertung der Komplexität von Sozialmanagement bleibt festzuhalten, dass das Management in der Sozialen Arbeit nicht einfach die Strategien der Erwerbswirtschaft transferieren und auf diese Weise den Weg der „erwerbswirtschaftlichen Ökonomisierung" gehen kann. Vielmehr sind bei der Konzipierung von Managementhandeln und bei den Versuchen, „von der Wirtschaft zu lernen", immer die Differenzen zwischen den Organisationstypen wahrzunehmen und reflektierend zu verarbeiten (vgl. Wex 2003).

3.3 Steuerungsbereiche des Managements von Organisationen der Sozialen Arbeit – im Überblick

Im vorangegangenen Abschnitt wurden die grundlegende Managementkonstellation in Organisationen der Sozialen Arbeit, die damit einhergehende Komplexität der Anforderungen und die daraus erwachsenden generellen Managementaufgaben charakterisiert. Diese Managementaufgaben konkretisieren sich in fünf Steuerungsbereichen, in denen die Aufgaben zu bewältigen sind. Die Bündelung der Managementaufgaben in fünf Steuerungsbereichen soll an dieser Stelle nur im Überblick, zur Orientierung vorgestellt werden; ausführlichere Erörterungen enthalten die Kapitel 4 bis 8. Die vielfältigen Aufgaben des Managements in Organisationen der Sozialen Arbeit lassen sich zu folgenden Steuerungsbereichen bündeln (vgl. auch Böttcher/ Merchel 2010; Merchel 2010b, S. 22ff.):

(a) Aufgaben der **fachlichen Steuerung** haben zum Ziel, eine qualitativ gute Leistungserstellung zu ermöglichen, fachliche und wirtschaftliche Kalküle miteinander in Verbindung zu bringen und mögliche Spannungen zwischen den unterschiedlichen Logiken von „Fachlichkeit" und „Ökonomie" hinsichtlich ihrer Konsequenzen zu beurteilen und möglichst auszugleichen. Mit der fachlichen Steuerung einer Einrichtung der Sozialen Arbeit soll für eine möglichst gute Leistungserbringung gesorgt werden. „Möglichst gut" heißt: eine Leistungserbringung,

- die thematisch und methodisch dem aktuellen fachlichen Erkenntnis- und Diskussionsstand entspricht (entsprechend den „Regeln der fachlichen Kunst“);
- die eine kontinuierliche Überprüfung und Bewertung der eigenen Arbeit und der eigenen Arbeitsabläufe beinhaltet;
- die sich frühzeitig auf fachliche Entwicklungsperspektiven einstellen kann;
- die die unterschiedlichen Teilbereiche bei der Leistungserstellung miteinander zu kombinieren vermag;
- die Divergenzen und Spannungen zwischen Fachlichkeit, Wirtschaftlichkeit und Verwaltung so ausbalanciert, dass fachlich tragfähige Leistungen daraus entstehen.

Fachliche Steuerung umfasst u. a. das Anregen und Entwickeln fachlicher Konzeptionen, die fachliche Anleitung von einzelnen Mitarbeitern und Teams, das Erarbeiten von und der Umgang mit fachlichen Verfahrensweisen und Handlungsmustern, das Herbeiführen von Konzept- und Methodenreflexionen.

(b) Bei der **ökonomischen (betriebswirtschaftlichen) Steuerung** geht es um die Gewährleistung einer sachangemessenen und wirtschaftlichen Verwendung von finanziellen Ressourcen. Managementakteure müssen sich also um den Erhalt ausreichender Ressourcen bemühen sowie Ressourceneinsatz und Ressourcenverwendung so planen und gestalten, dass zum einen gute Leistungen entstehen, die von ihrer Umwelt weiterhin nachgefragt werden und zum anderen die Leistungserstellung so erfolgt, dass die wirtschaftliche Existenz der Organisation gewährleistet werden kann. Finanzielle Ressourcen müssen beschafft, verwaltet, zielgerecht eingesetzt, in ihrer Verwendung überprüft, also gesteuert werden. Betriebswirtschaftliche Managementaufgaben beziehen sich auf den innerbetrieblichen Teil der Ökonomie von Einrichtungen der Sozialen Arbeit. Hier werden Aspekte des Finanzmanagements als Bestandteil der komplexen Managementanforderungen angesprochen. Management im betriebswirtschaftlichen Bereich wird in dem Maße bedeutsamer, in dem die Finanzierungsmechanismen in der Sozialen Arbeit verändert werden von einem administrativ geprägten System hin zu einem System der Vertrags- und Preisgestaltung, wie es in anderen Bereichen der Wirtschaft üblich ist. Je mehr Finanzierungen über Leistungsverträge erfolgen, Leistungsentgelte kalkuliert und Preise für Leistungen in der Konkurrenz zu anderen Trägern gestaltet werden müssen, Aufträge für Leistungen über Ausschreibungen vergeben werden etc. – je mehr also Finanzierungsmodalitäten Platz greifen, in denen partiell Elemente aus dem Wirtschaftsbereich übernommen werden, desto deutlicher ist das Finanzmanagement zu einem elementaren Bestandteil des Managements in Organisationen der Sozialen Arbeit geworden.

(c) Aufgaben der **organisationsbezogenen Steuerung** richten sich sowohl auf die Gestaltung der innerorganisatorischen Strukturen und Abläufe als auch auf den reflexiven Umgang mit den vielfältigen informellen Mechanismen in Organisationen. Es muss dafür gesorgt werden, dass Ziele der Organisation explizit benannt und überprüft werden, dass Handlungsprogramme, Strukturen und Handlungsabläufe zur relativ verlässlichen Zielerreichung und Leistungserbringung installiert werden, und es muss der organisationskulturelle Rahmen sorgfältig beobachtet und mit Impulsen versehen werden, damit die Normen, Sinngehalte und informellen „Lebensweisen" in einer Organisation sich möglichst so entwickeln, dass sie die beabsichtigte Leistungserstellung unterstützen. Die Tatsache, dass sich Handeln in der Sozialen Arbeit immer in und unter Prägung von Organisationen ergibt, schlägt sich als ein Bündel von Managementaufgaben darin nieder, dass aus der beobachtenden Analyse der Struktur und der (formellen und informellen) Mechanismen und Abläufe in einer Organisation Ansatzpunkte gefunden werden für eine systematische Gestaltung und Weiterentwicklung der Organisation. Diese Aufgabe lässt sich mit dem Begriff „Organisationsgestaltung" kennzeichnen.

(d) Bei der **mitarbeiterbezogenen Steuerung** steht die Gestaltung der personellen Ressourcen und der interaktiven Bezüge bei der Erbringung sozialer Dienstleistungen im Mittelpunkt. Die Mitarbeiter mit ihren Kompetenzen und mit ihrer Motivation haben eine elementare Bedeutung für die Qualität der Leistungserbringung in Organisationen der Sozialen Arbeit. Die Leistungserstellung erfolgt koproduktiv, ist also ohne ein Minimum an aktiver Mitwirkung der Adressaten nicht erfolgreich zu gestalten; die Herstellung der Mitwirkungsbereitschaft und das Eröffnen von Mitwirkungsmöglichkeiten der Adressaten markiert eine elementare Handlungsanforderung an die Fachkräfte. Ferner müssen soziale Dienstleistungen flexibel auf die individuellen Bedürfnisse und die jeweilige Lebenssituation der Adressaten ausgerichtet sein, was wiederum eine differenzierende Kompetenz der Fachkräfte erfordert. In Organisationen der Sozialen Arbeit erfolgt die eigentliche Leistungserbringung im unmittelbaren Austausch mit Adressaten; daher muss den Mitarbeitern ein nicht unbedeutendes Maß an Eigenständigkeit und Flexibilität zugestanden werden. Die Bedeutung der Mitarbeiter spiegelt sich in der häufig zu hörenden Redeweise von den „Mitarbeitern als dem wichtigsten ‚Kapital' der Einrichtung". Wenn Mitarbeiter eine solch große Bedeutung für die Güte der Leistungserstellung in Einrichtungen der Sozialen Arbeit haben, dann muss dies auch in einer entsprechenden Sorgfalt für Personalmanagement seinen Niederschlag finden.

(e) Die Aufgaben der **Reflexion und Gestaltung der Außenbezüge** zielen darauf, die sozialpolitischen Entwicklungen, die für eine Einrichtung bedeutsam sind, bewusst wahrzunehmen und zu bewerten sowie die Leistungserstellung an den Anforderungen auszurichten, die aus relevanten Teilen der Umwelt (Politik, Adressaten, andere Organisationen mit Kooperationsbezügen etc.) an die Organisation herangetragen werden. So wie alle Organisationen befinden sich auch Organisationen der Sozialen Arbeit in einem Wechselverhältnis zu ihrer Umwelt: Einerseits sind sie abhängig von der Ressourcenzufuhr aus der Umwelt, andererseits haben sie Einflussmöglichkeiten auf ihre Umwelt. Dieses Angewiesen-Sein von Organisationen der Sozialen Arbeit auf Bezüge zu ihrer je spezifischen Umwelt weist insofern eine Besonderheit auf, als ihre Leistungspotenziale in einer unmittelbaren Verbindung stehen zu sozialpolitischen Entscheidungen (s. die Ausführungen in *Kap. 3.2*). Ob sie eine bestimmte Leistung erbringen sollen und finanziert bekommen, hängt zu einem hohen Maß unmittelbar von politischen Entscheidungen ab. Es gehört daher zum integralen Bestandteil des Managements von Organisationen der Sozialen Arbeit, Veränderungen in ihrer gesellschaftlichen, ökonomischen und politischen Umwelt sehr genau wahrzunehmen und zu analysieren, um strategische Entscheidungen zum Überleben ihrer Organisation treffen zu können. Ein Management, das sich ausschließlich auf den Innenbereich der Organisation konzentrierte, würde eine elementare Dimension von Managementaufgaben vernachlässigen, nämlich die zukunftsgerichtete Verortung der Einrichtung in ihrer Umwelt.

Die ausführliche Darstellung zu den Managementaufgaben in den Steuerungsbereichen in den Kapiteln 4 bis 8 wird verdeutlichen, dass es sich dabei nicht um voneinander abgeschlossene Steuerungsfelder handelt. Vielmehr bestehen Übergangszonen zwischen den einzelnen Managementbereichen, und es bestehen bisweilen auch Spannungen zwischen den Prinzipien und Logiken verschiedener Steuerungsbereiche, die verarbeitet und ausbalanciert werden müssen. Es ist sinnvoll, zwischen diesen Steuerungsschwerpunkten zu unterscheiden, weil sich in dieser Aufteilung jeweils unterschiedliche Bezugspunkte für das Management dokumentieren: Fachlichkeit, Ökonomie, Organisation, Personal, Umwelt.

3.4 Strategisches Management in Organisationen der Sozialen Arbeit

Die Aufgaben zum Strategischen Management reichen in alle in Kapitel 3.3 genannten Steuerungsbereiche hinein; sie überlagern diese und bilden gleichsam ein integrierendes Band, indem die übergreifenden generellen Ausrichtungen und Entwicklungsperspektiven einer Organisation markiert werden, an denen sich die Steuerung in den verschiedenen Steuerungsbereichen ausrichten soll. Gleichzeitig müssen im Strategischen Management die Informationen aus den vielfältigen Managementprozessen der einzelnen Steuerungsbereiche aufgenommen, für die weitere strategische Ausrichtung bewertet und verarbeitet werden.

Was ist eine „Strategie" und warum ist es nützlich für eine Organisation der Sozialen Arbeit, dass sich die Organisationsakteure über eine strategische Ausrichtung ihres Handelns verständigen? Das Managementhandeln in Organisationen wird geprägt von aktuell anfallenden Anforderungen und Problemen, die bearbeitet oder gelöst werden müssen, z.B.: die Belegungszahlen sind zu niedrig, das erforderliche qualifizierte Personal ist angesichts mehrerer Kündigungen nicht vorhanden, die finanziellen Entwicklungen lassen ein Bilanzdefizit am Jahresende erwarten, verschiedene Abteilungen/ Teams kooperieren nicht so wie eigentlich erforderlich und verursachen daher eine relativ schlechte Leistung für die Nutzer, Auftraggeber (öffentliche Träger, finanzierende Institutionen, Nutzer) sehen ihre Erwartungen hinsichtlich der Qualität der Leistung nicht erfüllt und üben mehr oder weniger massive Kritik an der Organisation u.a.m. Die Managementakteure sind vollauf damit beschäftigt, den Alltag in der Organisation zu organisieren sowie solche akuten Probleme wahrzunehmen und mit daraus ausgerichteten Maßnahmen aufzugreifen. Bei einer solchen ausschließlichen Ausrichtung auf Alltagsgestaltung und Bewältigung akuter Problem geraten schnell zwei Aspekte aus dem Blick:

- In den akut sichtbar werdenden Problemen werden möglicherweise Mängel in der übergreifenden Ausrichtung der Organisation erkennbar (z.B. sinkende Belegungszahlen oder defizitäre Finanzen aufgrund veralteter, nicht mehr so intensiv benötigter Leistungen oder hohe Personalfluktuation aufgrund von zu geringer Berücksichtigung der relativen Autonomieansprüche von Fachkräften u.a.m.).
- In den auf Kurzfristigkeit angelegten Managementlösungen werden Handlungen präferiert, die, weil sie Ursachen zu wenig in den Blick nehmen, die Entstehung des nächsten ähnlichen Problems bereits in sich tragen; die möglichen Nebenfolgen für die generelle Ausrichtung der Organisation werden nicht mitgedacht.

Organisationen der Sozialen Arbeit benötigen also nicht nur die Fähigkeit, akute Managementprobleme wahrzunehmen und dafür Lösungsoptionen zu erarbeiten und umzusetzen, sondern gleichermaßen die Fähigkeit, einen strategischen Rahmen zu entwerfen, durch den sie sich mittelfristige Perspektiven eröffnen, auf deren Grundlage sie aktuelle Entscheidungen zur Konstituierung ihrer Leistungen, zur Personalplanung, zu finanziellen Investitionen etc. treffen und begründen können.

Strategisches Management bedeutet: Erarbeitung von Perspektiven zur künftigen mittelfristigen Positionierung einer Organisation der Sozialen Arbeit in ihrer Umwelt. Die aktuellen und möglicherweise künftigen Anforderungen der für die Organisation bedeutsamen Interessenträger werden erkundet und reflektiert im Hinblick auf eine Leistungserstellung, die die Existenz der Organisation aufrechtzuerhalten hilft. Im Strategischen Management wird also ein Rahmen erarbeitet für eine umfassende zukunftsgerichtete Steuerung in den einzelnen Steuerungsbereichen. Eine Strategiebildung erfolgt

- als Entscheidungsrahmen zur mittelfristigen Verankerung der Organisation in ihrer Umwelt;
- als Hilfsmittel zur Vermeidung von akuten Krisensituationen;
- als Orientierungsmarke für nachfolgende kurz- und mittelfristige Entscheidungen in den einzelnen Steuerungsbereichen.

Strategisches Management ist umso notwendiger, je dynamischer sich die Umwelt bewegt, die für eine Organisation und ihre Existenz relevant ist. In der gewerblichen Wirtschaft sind die Marktbedingungen der zentrale Faktor, der die Umwelt für die Betriebe ausmacht. Die Notwendigkeit eines Strategischen Managements ist angesichts der hohen Marktdynamik unmittelbar plausibel: Kunden verändern ihre Bedürfnisse und ihr Kaufverhalten, Konkurrenten wechseln und verändern ihre Strategien, und aufgrund dieser hohen Marktdynamik ist eine kontinuierliche Überprüfung eigener Geschäftsfeldstrategien unausweichlich. Zwar ist in der Sozialen Arbeit die Marktdynamik geringer, aber auch hier haben sich die ehemals einigermaßen stabilen Rahmenbedingungen bereits deutlich verändert und werden sich weiterhin in möglicherweise kürzeren Zyklen verändern (vgl. u.a. Schneider/ Minnig/ Freiburghaus 2007, S. 42ff.):

- Der Wettbewerb zwischen Einrichtungen hat sich intensiviert. Ehemals funktionierende Absprachen zwischen Trägern bzw. Wohlfahrtsverbänden lassen sich nicht mehr realisieren; sie haben ihre strukturierende Wirkung verloren. Ehemals korporatistische

Strukturen sind zwar nicht völlig außer Kraft gesetzt, aber sie weichen immer stärker bzw. werden überlagert von marktgeprägten und wettbewerblichen Strukturelementen (vgl. Heinze/ Schneiders 2013; Cremer 2013).[13]

- Sachrationale Kriterien zum Verhältnis von Preis, Qualität und erlebtem Nutzen werden bedeutsamer als tradierte Bindungen an bestimmte Träger. Damit erfolgt eine genauere Überprüfung der Preisunterschiede bei Trägern, was diese zu einer verstärkten Legitimierung über die Kategorie „Wirtschaftlichkeit" zwingt – statt des über lange Zeit wirksamen Verweises auf die normative Kategorie „Subsidiarität" als Legitimationsformel für die Existenz freier gemeinnütziger Träger (u.a. Oechler 2009, S. 27ff.).
- Die zum Teil dramatische Situation der kommunalen Haushalte (vgl. Dahme 2011) zwingt zu einer stärkeren Überprüfung und stärkeren Wirtschaftlichkeitskontrolle bei den Ausgaben für soziale Dienste – trotz oder gerade wegen der sozialpolitischen Tendenzen zu weiterer Kommunalisierung sozialer Dienste (Dahme/ Wohlfahrt 2010).
- Die stärker auf die Ansprüche der Individuen ausgerichteten Anforderungen an die Organisationen, die sowohl von den Leistungsnutzern als auch von den öffentlichen Trägern als den Finanzierern der Leistungen (und z.T. zentralen Akteuren bei der Belegung, z.B. in der stationären Erziehungshilfe) gefordert werden, erfordern eine „Markenprofil"-Strategie der Organisationen, durch die sie ihr spezifisches Leistungsprofil herausbilden und nach außen präsentieren können.
- Wenn verstärkt nach Kooperation zwischen unterschiedlichen Organisationen gerufen wird – erkennbar z.B. an der allenthalben immer wieder vorgetragenen Forderung nach „Vernetzung" oder „Schaffung von Netzwerkstrukturen" (Schubert 2005a und 2008) –,

13 Als Anschauung eine beispielhafte Situationsbeschreibung aus der Kinder- und Jugendhilfe: „Die Entwicklungen der letzten Jahre zeigen, wie sehr Marktprinzipien auch Eingang in der Kinder- und Jugendhilfe erhalten haben. Angefangen bei den Regelungen nach den Paragraphen 78a-g SGB VIII, dem zeitweise zu beobachtenden Anstieg des Anteils privat-gewerblicher Träger, der Prekarisierung von Arbeitsverhältnissen durch Personalgesellschaften und Haustarifverträge, über die Zunahme von Kleinstträgern, die als Ein-Personen-Unternehmen zum Drücken der Entgelte missbraucht werden, bis zur regelmäßigen Ausschreibung von Aufgaben in kurzen zeitlichen Intervallen, die Investitionen in Personal oder mittelfristige Entwicklungen rein betriebswirtschaftlich erschweren." (Seckinger 2012, S. 28).

dann erfordert das ebenfalls von den einzelnen beteiligten Organisationen, dass sie ihr Leistungsprofil schärfen, denn solche Kooperationen können nur auf der Grundlage transparenter Profile der beteiligten Organisationen gute Wirkungen entfalten (→ *Kap. 8.3*).
- Je begrenzter Ressourcen für eine Organisation verfügbar sind, desto genauerer Überlegungen und Strategien bedarf es, um die eng begrenzten Ressourcen nutzbringend und zum Überleben der Organisation einzusetzen. Einfach gesagt: Wenn weniger Geld verfügbar ist, muss man genauer überlegen, wo man das wenige Geld noch investieren kann – eine Fehlinvestition kann den Bestand der Organisation gefährden.

Damit dürfte deutlich sein, dass eine gut reflektierte Strategie erforderlich ist, um einen Rahmen zu skizzieren, der orientierend wirken kann und soll bei Entscheidungen, um die Organisation im Rahmen der Trägerlandschaft, im Rahmen des sozialpolitischen Geschehens und im Rahmen des „Marktgeschehens" in der Sozialen Arbeit angemessen zu positionieren. Denn Entscheidungen mit markanten Auswirkungen auf die Zukunft müssen in der Organisation getroffen werden, so z. B. Entscheidungen

- über die Ausrichtung der eigenen Handlungsfelder: Welche Leistungen werden aktuell und künftig von uns gefordert, welche können wir erbringen, wie müssen wir unsere Leistungen strukturieren und verändern, damit wir künftig noch in ausreichendem Maß gefragt sein werden?
- über das Verhalten zu möglichen Konkurrenten: Wodurch kann man sich von Konkurrenten unterscheiden und ein eigenes Profil bilden? Ist eher Kooperation oder eher Wettbewerb (eher Qualitätswettbewerb oder eher Preiswettbewerb oder welche Kombination aus beiden) als Verhaltensstrategie zu Konkurrenten angemessen? Wie wirkt das Verhalten zu Konkurrenten auf wichtige sozialpolitische Interessenträger?
- über den investiven Einsatz eigener Finanzmittel: An welchen Stellen muss in besonderer Weise investiert werden, um die Leistungen konkurrenzfähig zu halten oder zu machen? Welche Investitionen lassen sich mehr oder weniger gut refinanzieren? Wie hoch ist das Risiko bei bestimmen Investitionen und welche Maßnahmen für Risikobegrenzung lassen sich entwickeln?
- über die erforderliche Kompetenz von Mitarbeitern: Für welche Entwicklungen beim Leistungsprofil der Organisation werden welche Kompetenzen der Mitarbeiter benötigt? In welchem Ausmaß sind solche Kompetenzen vorhanden? Durch welche Maßnahmen

lassen sich die erforderlichen Kompetenzen bei vorhandenen Mitarbeitern entwickeln, in welchem Ausmaß muss man eher auf Mitarbeiterfluktuation rechnen? Wie lassen sich auf dem Personalmarkt die notwendigen Kompetenzen akquirieren?

Die hier zu treffenden Entscheidungen richten sich auf aktuelle und künftige Geschäftsfelder, auf das Verhalten zu Wettbewerbern sowie auf die aktuelle und mittelfristige Kompetenzbasis mit ihren konzeptionellen, personellen und sachlichen Faktoren. Solche Entscheidungen ziehen weitere operationale Entscheidungen und Schwerpunktsetzungen nach sich: Sie reduzieren insofern die Offenheit bei weiteren, nachfolgenden Entscheidungen, wirken also als „Prämissen" für weitere Entscheidungen, aber sie bedeuten auch Anknüpfungspunkte für weitere Entscheidungen, bieten also Orientierung für weitere operative Managemententscheidungen.

Die strategischen Entscheidungen richten sich auf die Zukunft, müssen somit erfolgen trotz begrenzter Kenntnis zu künftigen Entwicklungen in der Umwelt der Organisation und trotz der Unsicherheit im Hinblick auf mögliche Reaktionen der Umwelt und der bedeutsamen Interessenträger auf die in der Organisation getroffenen Entwicklungsentscheidungen. Aber die Organisation kommt aus der Entscheidungsnotwendigkeit nicht heraus: Sie kann nicht „nicht entscheiden", denn auch dann, wenn sie die alltäglichen Vorgänge ohne weitere Strategiereflexion einfach ihrem Lauf überlässt, entscheidet sie implizit – nämlich dass sie alles so lassen will, wie es ist, und Entwicklungen in der Umwelt weitgehend unbeachtet bleiben lassen und das Risiko einer solchen Haltung auf sich nehmen will. Die Organisation benötigt also Orientierungen, die sie schaffen muss trotz einer prinzipiell unsicheren Entscheidungsbasis.

> Damit lässt sich Strategisches Management verstehen als der Versuch einer praktischen Beantwortung der für jede Organisation elementaren Frage: „Wie lässt sich angesichts der Intransparenz des Umfeldes und der Unvorhersehbarkeit künftiger Entwicklungen jenes Maß an Sicherheit und Orientierung gewinnen, das jede Organisation für ihre Leistungsfähigkeit unabdingbar braucht?" (Wimmer/ Nagel 2000, S. 9)

Die im betriebswirtschaftlichen Strategischen Management konzipierten Methoden, um Antworten auf diese Frage zu gewinnen, folgen zum größten Teil einer Vorstellung, die als **„Rationalitätsparadigma"** gekennzeichnet werden kann (Nagel/ Wimmer 2006, S. 12 ff.). Das Rationalitätsparadigma markiert das mentale Modell, in dem sich die Tradition des Strategischen Managements in der Betriebswirtschaftslehre bewegt. In dieser Denkweise dient das Strategische Management dem Ziel, sich Zukunft zum Zweck einer möglichst „rationalen Unternehmensplanung" verfügbar zu machen, ist also Ausfluss des Bemühens, mit verschiedenen Methoden und Berechnungsmodellen Zukunft „in den Griff" zu bekommen (analog zu einem „sozialtechnisch geprägten Steuerungsbegriff"; (→ *Kap. 2.5*). Eine solche Erwartung an Strategisches Management folgt einigen impliziten, unausgesprochenen Annahmen: dass Entwicklungen im Umfeld von Betrieben im Grundsatz berechenbar seien, dass man durch eine genaue Analyse von Umweltkonstellationen rational begründbare Entscheidungsoptionen für einen Betrieb herausarbeiten könne und dass man die für eine rationale Unternehmensplanung erforderlichen Informationen mit Hilfe von differenzierten Analyse-Instrumenten zuverlässig gewinnen könne.

Die mit dem Rationalitätsparadigma verbundenen Erwartungen sind aus mehreren Gründen nicht einlösbar (vgl. Schreyögg 1998, S. 34ff.):

- Die eigentlich banale Erkenntnis „Zukunft ist immer ungewiss" lässt die Erwartung von der relativ genauen, durch Analyse-Instrumente herzustellenden Vorhersehbarkeit von Steuerungsproblemen ins Leere laufen. Angesichts der vielfältigen Umwelt-Unsicherheiten lassen sich Steuerungsprobleme einer Organisation nicht zuverlässig vorhersehen.

- Was Sachverhalte und beobachtete Tendenzen in der Umwelt einer Organisation bedeuten und welchen Stellenwert sie wahrscheinlich für die Organisation erhalten, lässt sich nicht eindeutig vorhersagen. Welche Bedeutung eine gesetzliche Änderung (z. B. die Ermöglichung des Persönlichen Budget in der Behindertenhilfe, das Einfügen der Verpflichtung zur Qualitätsentwicklung in der gesamten Kinder- und Jugendhilfe in § 79 a SGB VIII) oder neue sozialpolitische Schwerpunktsetzungen (z. B. die Einführung und Etablierung des „Offenen Ganztags" an Schulen, die Ausrichtung des Schulbereichs und des Sozialbereichs am Grundsatz der „Inklusion" u. a. m.) oder mittelfristige gesellschaftliche Veränderungen (Tendenzen eines Wertewandels, demografischer Wandel etc.) für eine Organisation und ihre strategische Ausrichtung letztlich „bedeuten", ist nicht eindeutig definierbar und bedarf der Interpretation, bei der unterschiedliche Wahrnehmungen, Meinungen, Einschätzungen ausgetauscht werden müssen.

  Organisationen sind immer nur eingeschränkt beobachtungsfähig. Systeme – sowohl Individuen als auch Organisationen – können nicht alle Impulse ihrer Umwelt an sich heranlassen, wenn sie sich in ihrer Verarbeitungskapazität nicht überfordern wollen. Sie müssen das, was sich in der Umwelt vollzieht, filtern. Sie müssen entscheiden, was sie für bedeutsam erachten, und was nicht – womit sie sich also auseinandersetzen wollen und was sie vorbeirauschen lassen (→ *Kap. 8.1*). Ohne eine solche Filterung wäre ein System, eine Organisation nicht arbeitsfähig. Die Filterung vollzieht auf der Grundlage bisher entwickelter und angewendeter Selektionsmechanismen, die sich als „sinnvoll" erwiesen haben. Aber niemand kann garantieren, dass bei den bisherigen Selektionsmechanismen nicht möglicherweise solche potentiellen Informationen ausgeschieden werden (im nicht wahrgenommenen „Umweltrauschen" verbleiben), die für Entscheidungen über die künftige Entwicklung der Organisation hätten bedeutsam sein können. Häufig erweist sich erst im Nachhinein, welche Informationen, auf die man vorher – mit mehr oder weniger guten Gründen – nicht geachtet hat, hätten stärker beachtet werden müssen.

- Eine weitere Begrenzung für die Beobachtungsfähigkeit von Organisationen liegt in den in *Kapitel 2.4.2.3* benannten Macht- und Einflussdynamik innerhalb von Organisationen. Welche Beobachtungen als relevant für die Strategiebildung bewertet werden oder im weiteren Entscheidungsprozess unbeachtet bleiben, wird beeinflusst von unterschiedlichen Interessen, unterschiedlichen Möglichkeiten zur folgenreichen Artikulation, unterschiedlichen Machtpotentialen einzelner Personen oder Gruppen in einer Organisation.

All diese Faktoren lassen die Erwartung, Strategiebildung in Organisationen könne nach ausschließlich oder zumindest vorwiegend rationalen, objektivierbaren Daten und nach dementsprechend rational begründbaren Entscheidungen erfolgen, als obsolet erscheinen. Damit stellt sich die Frage nach einem anderen mentalen Muster, in dem sich eine realisierbare Erwartung im Hinblick auf Strategisches Management ausdrückt. Denn ein Fatalismus nach dem Motto „Da künftige Perspektiven sowieso ungewiss sind, brauchen wir uns auch nicht darum zu kümmern und beschränken uns auf die Regelung kurzfristig anstehender Aufgaben" wäre für eine Organisation außerordentlich risikoreich. Benötigt werden Verfahren und Instrumente für einen verantwortlichen Umgang mit Unsicherheit und Ungewissheit.

Als Leitorientierung für eine solche, den Fallen des Rationalitätsparadigmas ausweichende Erwartung lässt sich **Strategiebildung konzipieren als „methodisch gestalteter Diskurs über zukunftsbezogene Handlungsoptionen"**, bei dem die Akteure sich des hypothetischen und des selektiven Charakters ihrer Annahmen bewusst sind und dementsprechend ihre Annahmen im Rahmen eines kontinuierlichen Prozesses immer wieder überprüfen und durch neue Beobachtungen anreichern (vgl. dazu Nagel/ Wimmer 2006; Wimmer/ Nagel 2000; Schreyögg 1998).

Das methodische Gestalten von strategischen Diskursen

- erfolgt abgehoben vom operativen Alltag, da in den strategischen Diskursen grundsätzlichere Richtungen für die Ausrichtung der Organisation in ihrer Umwelt erörtert werden sollen;
- verfolgt den Zweck, sich gleichsam „an den Rand der Organisation" zu stellen und die Organisation mit ihren internen und externen Dynamiken beobachtbar zu machen („selbstreflexive Auszeit");
- soll ungewöhnliche Sichtweisen („Irritationen") ermöglichen und herausfordern, die in den ansonsten üblichen, eingeschliffenen Wahrnehmungsroutinen innerhalb der Organisation kaum Platz finden;
- bedeutet eine bewusste, nach diskutierten Relevanzkriterien erzeugte Filterung der aktuellen und prognostizierten Umweltereignisse im Hinblick auf das, was man angesichts des Sinns bzw. Zwecks der Organisation als bedeutsam erachten und was man ignorieren will.

Solche strategischen Diskurse mit der damit beabsichtigten Dynamik entstehen nicht von selbst, sondern müssen methodisch gestaltet und in der Organisationskultur verankert werden. Dies zu schaffen und aufrechtzuerhalten ist eine Aufgabe der Leitung einer Organisation. Die Leitung als die für das Management verantwortliche Instanz in der Organisation muss, z.B. in Form eines jährlich fest in die Abläufe der Organisation eingeplanten Strategie-Workshops, den Raum schaffen für ein gemeinsames „Auf-Distanz-Gehen zum Alltag" und für die Möglichkeit, Unsicherheiten zu äußern und diese damit im Hinblick auf Entscheidungsoptionen bearbeitbar zu machen.

Damit die Strategie-Diskurse produktiv und nicht konturlos werden, bedarf es der methodischen Gestaltung. Dafür können vielfältige Instrumente und Verfahren herangezogen und auf die spezifischen Konstellationen in der Sozialen Arbeit transferiert werden, die im Rahmen des betriebswirtschaftlichen strategischen Managements entwickelt worden sind: so u.a. Kunden- bzw. Stakeholder-Analyse, Stärken-Schwächen-Analyse, SWOT-Analyse, Szenario-Methoden, Portfolioanalyse, Konkurrenzanalyse oder auch die komplexere Verknüpfung der strategischen mit der operativen Steuerungsperspektive mit Hilfe der Balanced Scorecard[14] etc. (ausführlicher s. Nagel/ Wimmer 2006; Kortendieck 2009; Schneider/ Minnig/ Freiburghaus 2007). Entscheidend beim Einsatz dieser Methoden und Instrumente ist die Erwartung, mit der man diesen gegenübertritt: Die Verfahren und Instrumente helfen, den Diskursen eine Struktur, eine Richtung zu geben, Markierungen und Orientierungsalternativen herauszuarbeiten – sie schaffen keine „objektivierbaren Erkenntnisse" für die „richtige Strategie". Die in den Methoden enthaltenen Bezifferungen sind nur ein Hilfsmittel, um die Komplexität auf einige Zahlen zu reduzieren und damit diskutierbar zu machen. Kennziffern und daraus abgeleitete Richtwerte bilden nicht Realität ab, sie sind Setzungen, mit deren Hilfe man Alternativen, Unterschiede in Bewertungen besser sichtbar machen und diskutieren kann. Man muss darauf achten, dass die als Hilfsmittel vorgenommenen Bezifferungen sich nicht unreflektiert und „unter der Hand verobjektivieren", unbewusst als ein objektiv erscheinender Messwert angesehen und nicht mehr als das behandelt werden, was sie eigentlich sind: ein für die Diskussion nützliches Konstrukt.

Die verschiedenen methodischen Instrumente und Verfahren zur Erzeugung von strategischen Diskursen lassen sich entsprechend zweier Leitdifferenzen einordnen:

- entlang der Organisationsgrenzen nach der Leitdifferenz „innen – außen";
- entlang der Zeitachse nach der Leitdifferenz „Vergangenheit – Gegenwart – Zukunft".

---

14 Bei der Balanced Scorecard (vgl. Kaplan/ Norton 1997; Stoll 2013) handelt es sich um ein methodisches Konzept der betriebswirtschaftlichen Steuerung, bei der die tradierte einseitige Ausrichtung auf eine finanzwirtschaftliche Steuerungsperspektive überwunden werden soll, indem strategische Ziele festgelegt und strategische Zielwerte/ Messgrößen und Maßnahmen definiert werden für vier Steuerungsbereiche: Finanzen, Kunden, interne Geschäftsprozesse, Lernen und Entwicklung der Organisation. Diese in Beziehung zu einer „Vision" stehenden strategischen Bereiche stehen in Wechselbeziehung zueinander und sind mit jeweiligen Anteilen am Unternehmenserfolg beteiligt. Über die Definition von Zielen in den vier Steuerungsbereichen anhand von Kennzahlen und über die Benennung von erforderlichen Maßnahmen (mit Angabe von Kennzahlen) zur Erreichung dieser Ziele soll die strategische Ebene an die operative Ebene des Managements angeschlossen und mit dieser verkoppelt werden.

So haben z.B. Verfahren der Umweltanalyse (u.a. Analyse sozialpolitischer Entwicklungen; Analyse von Interessenträgern/"stakeholdern" und deren Interessen an den Leistungen einer Einrichtung) den Differenzpol „außen" im Blick, der sowohl im Hinblick auf Gegenwart als auch im Hinblick auf möglicherweise zu erwartende Entwicklungstendenzen („Zukunft") betrachtet und in beiden Zeitperspektiven hinsichtlich der jeweiligen Chancen und Risiken analysiert werden kann. Demgegenüber konzentriert sich eine Starken-Schwächen-Analyse (z.B. im Hinblick auf fachliche Konzepte, Motivation und Qualifikation des Personals, Finanzsituation, Image, räumliche und organisatorische Bedingungen etc.) auf den Innenbereich einer Organisation und kann sowohl eine Bewertung zur aktuellen Situation als auch zu möglichen künftigen Entwicklungen (Zeitachse Gegenwart – Zukunft) vornehmen. Der nur mit vielen Unsicherheiten behaftete Versuch, eine Analyse der Stärken und Schwächen von realen und potentiellen Konkurrenten in einem Handlungsfeld Sozialer Arbeit vorzunehmen, würde sich im Schnittbereich von innen und außen bewegen und auf der Zeitachse schwerpunktmäßig die Gegenwart in den Blick nehmen.

Strategisches Management versucht also, trotz der Ungewissheit zukunftsbezogener Beobachtungen und Reflexionen und trotz der dabei notwendigerweise zutage tretenden Unsicherheit in den Bewertungen durch das Herbeiführen methodisch gestalteter strategischer Diskurse Entscheidungsoptionen herauszuarbeiten, mit deren Hilfe die Leitungsverantwortlichen verantwortlich mit der elementaren Unsicherheit umgehen können. Auf diese Weise kann die implizite Strategie, die sich in vielen Organisationen eher unbewusst durch viele kleinere und durch aktuelle Handlungsanforderungen bestimmte Einzelentscheidungen herausgebildet hat, transferiert werden in eine explizite Entscheidung in eine Richtung, in die sich die Organisation künftig entwickeln will. Eine solche Entscheidung über die künftige Grundrichtung schafft Anknüpfungspunkte für weitere Entscheidungen zum Handeln im sozialpolitischen Raum, für das Personalmanagement, für den Einsatz von Finanzmitteln, für die fachliche Konzeptbildung etc. Da solche strategischen Entscheidungen immer ihre Basis in – hoffentlich plausiblen und begründbaren, aber letztlich nicht Gewissheit verschaffenden – Hypothesen finden, bedarf es der zyklischen Überprüfung dieser Hypothesen anhand kontinuierlicher Beobachtungen zu den inneren Verhältnissen und zu den Entwicklungen in der Umwelt der Organisation, woraus möglicherweise wiederum Korrekturentscheidungen zur vorher gewählten strategischen Ausrichtung resultieren. Strategiebildung ist also ein kontinuierliches Verfahren zur grundlegenden aktuellen und künftigen Ausrichtung der Leistungsfähigkeit einer Organisation der Sozialen Arbeit, die die in *Kapitel 3.3* aufgeführten Steuerungsbereiche überlagert und als Orientierungsgrundlage in diese hineinwirkt.

3.5 Normatives Management in Organisationen der Sozialen Arbeit

Organisationen der Sozialen Arbeit sind nicht allein dadurch gut zu führen, dass sie auf das Erreichen des Zweck ausgerichtet werden, für Nutzer und Auftraggeber nutzbare, qualitativ akzeptable und wirksame Leistungen zu gestalten (Erzeugen von Effektivität) sowie die Leistungen in einer angemessen Kosten-Nutzen-Relation zu erbringen (Wirtschaftlichkeit). Dadurch, dass sich in der Sozialen Arbeit und in den an die Träger gerichteten Anforderungen auch ein bestimmter gesellschaftlicher Wertekontext widerspiegelt und die Akteure in den Organisationen Sozialer Arbeit mit vielfältigen normativen Fragen und Konflikten konfrontiert werden (vgl. Maaser 2010; Martin 2007), darf im Management von Organisationen der Sozialen Arbeit die normative Dimension nicht völlig vernachlässigt werden. Ein normatives Management ist insbesondere aus drei Gründen bedeutsam:

- Die Aufträge an Organisationen der Sozialen Arbeit und die damit einhergehende Finanzierung erfolgen auf der Grundlage normativer gesellschaftlicher und sozialpolitischer Entscheidungen (Vorstellungen zur gesellschaftlichen Verantwortung für die Teilhabemöglichkeiten von Menschen, zu menschenwürdigem Leben, zu gutem Aufwachsen, zu Notwendigkeit und Grenzen von Hilfe etc.). Organisationen der Sozialen Arbeit müssen sich mit den Werten, die in die an sie gerichteten Aufträge einfließen, auseinandersetzen und sich dazu praktisch positionieren.
  Das Trägerfeld der Sozialen Arbeit ist traditionell stark geprägt durch normativ ausgerichtete Trägerprofile. Die Wohlfahrtsverbände und ihre Mitglieder repräsentieren jeweils Wertprägungen, aufgrund derer sich die sozialpolitischen Prinzipien von Subsidiarität und Pluralität legitimieren lassen (vgl. Merchel 2008 und 2011). Damit die Träger diese für sie wichtige legitimatorische Ressource aufrechterhalten und nicht durch eine ausschließliche Orientierung an sachrationalen Kriterien (Effektivität und Wirtschaftlichkeit) erodieren lassen, ist eine normative Profilierung erforderlich, die sich nicht in reiner Proklamation erschöpfen darf, sondern im Organisationshandeln erlebbar gemacht werden muss.

- Im Alltag der Organisationen Sozialer Arbeit werden die Mitarbeiter mit vielfältigen normativen Fragen und Konflikten konfrontiert, die nicht allein auf der persönlichen Ebene des einzelnen Mitarbeiters verortet werden sollten, sondern vielmehr als Anforderung an die

Organisation verstanden werden sollten, Orientierungen zur Bearbeitung solcher Konflikte zu geben und Orte für die Bearbeitung solcher Konflikte zu organisieren. Beispiele für solche Konflikte können im Spannungsfeld zwischen gesellschaftlichen Anforderungen und Autonomie des Individuums oder in der Zuerkennung von Verantwortlichkeit an hilfebedürftige Personen oder in der Verarbeitung von Konflikten zwischen nachvollziehbaren Interessen unterschiedlicher Beteiligter etc. gefunden werden. Ohne ein Aufgreifen solcher ethischer Anforderungen und Konflikte in der Organisation würden Mitarbeiter in der Bewältigungsaufgabe allein gelassen – mit möglichen problematischen Folgen für das fachliche Handeln (und die fachliche Steuerung in der Organisation) und für die psychische Arbeitsbelastung (und ggf. Überlastung: ein Thema des Personalmanagements; → *Kap. 7.4*).

In welcher Weise können sich Organisationen Sozialer Arbeit den Anforderungen in Richtung eines normativen Managements stellen? Die Bedeutung der normativen Dimension des Managements zeigt sich beispielsweise in den Bemühungen der konfessionellen Wohlfahrtsverbände, das „christliche Profil" nicht nur proklamatorisch neu zu fassen, indem man es entsprechend den Entwicklungen in der Gesellschaft neu formuliert, sondern darüber hinaus auch Orientierungen zu geben für eine erlebbare Umsetzung dieses Profils im Alltag der Organisationen (vgl. Hofmann 2008; Korte/ Drude 2008; Reber 2013). Auch die Bestrebungen einiger Wohlfahrtsverbände, unter dem Titel „Corporate Governance" Grundlagen für eine „gute, an ethischen Maßstäben ausgerichtete Unternehmensführung" in Einrichtungen der Sozialen Arbeit zu etablieren (vgl. u.a. Bachert 2006; Schneider 2010, S. 121 ff.), sind u.a. als Teil einer auf Normativität ausgerichteten Legitimationsstrategie zu verstehen.[15] Weitere Möglichkeiten ergeben sich durch die Definition eines an normativen Maßstäben ausgerichteten Leitungsverhaltens als Verhaltensanforderung an Leitungspersonen („Führungsleitlinien"; vgl. Hildemann 2005) oder durch die Berücksichtigung normativer Haltungen bei der Auswahl von neuen Mitarbeitern. Ferner sind Marketingstrategien Teil der Bemühungen von Trägern, ein normatives Profil nach außen zu vermitteln.

---

15 Die unter dem Stichwort „Corporate Governance" formulierten Managementanforderungen an eine „gute Unternehmensführung" zielen auf das Herstellen von Transparenz und Kontrolle als Teil eines aktiven und sorgsamen Risikomanagements (Moos 2012, S. 142 ff.), jedoch wird hier auch die normative Komponente einbezogen und erhält dadurch einen Stellenwert im Rahmen des Managements.

Zwei Modalitäten des normativen Managements sollen hier besonders hervorgehoben werden: die Versuche, mit Hilfe von „Leitbildern“ der Organisation ein normatives Profil zu verleihen (Vilain 2010), und die unter dem Begriff „Organisationsethik“ entwickelten Überlegungen zur systematischen Verankerung der Reflexion ethischer Fragestellungen in der Organisation (Krobath/ Heller 2010).

„Ein Leitbild lässt sich als eine Art ‚Unternehmensverfassung‘ verstehen, die eine schriftliche Zusammenfassung der normativen Aspekte einer Organisation ist. Gleichzeitig eignet es sich als Ausgangspunkt des betrieblichen Planungssystems. Als Brücke zwischen diesen beiden Bereichen transportiert es sinnvoll zusammengefasste Elemente wie Wertorientierungen, Geschichte der Organisation, Vision und Zweck in das strategische und damit auch ins operative und dispositive Management.“ (Vilain 2010, S. 138) Leitbilder sollen das normative mit dem strategischen Management verbinden, indem die Wertorientierungen in knappen, zugespitzten Formulierungen (mit kurzen Begründungen bzw. Erläuterungen) zusammengefasst werden und damit als Orientierungspunkte für die strategische Ausrichtung der Organisation dienen sollen. Ferner sollen durch das Leitbild Markierungen gegeben werden, die einen Maßstab bilden für das Verhalten der Organisationsmitglieder und für das Ausgestalten von Entscheidungen im operativen Bereich. Mit dem Leitbild wird gleichsam eine normative Hülle um die Organisation gelegt, mit deren Hilfe die Wertorientierungen der Organisation sowohl im Innenbereich als auch nach außen präsent gehalten werden sollen. Sie sollen den „Sinn“ einer Organisation definieren und präsent halten sowie auf diese Weise Mitarbeiter motivieren und ein Profil schaffen helfen, mit dem die Organisation sich nach außen von anderen Organisationen unterscheiden kann.

Ebenso wichtig wie das schriftlich gefasste Leitbild als Ergebnis ist der Prozess zur Erarbeitung des Leitbilds. Der Prozess soll so gestaltet sein, dass möglichst viele Hierarchie-Ebenen einer Organisation beteiligt werden, um dadurch zum einen die normativen Vorstellungen unterschiedlicher Organisationsakteure einzubinden und zum anderen zu einer möglichst großen Akzeptanz des Ergebnisses zu gelangen, denn dies ist eine Voraussetzung dafür, dass das Leitbild in der Folge nicht nur Papier bleibt, sondern im Alltag der Organisation mit Leben gefüllt wird.

Das Erstellen von Leitbildern wird in vielen Veröffentlichungen zum Management in Organisationen der Sozialen Arbeit nicht nur empfohlen, sondern geradezu als unabdingbar für ein funktionierendes Management proklamiert (vgl. u. a. Horak/ Matul/ Scheuch 2007, S. 190 f.; Maelicke, 2009, S. 719 ff.; Schneider 2010, S. 56 f.; Schneider/ Minnig/ Freiburghaus 2007, S. 165 ff.; Beiträge in Strunk 2013). Für die Soziale Arbeit scheinen Leitbilder eine Lücke zu füllen: Angesichts der Erosion der ehemals als selbstverständlich empfundenen Werteorientierung einer (z. B. konfessionellen) Organisation greift man zu Leitbildern, weil statt des Selbstverständlichen nun der Wertekontext eigens proklamiert werden muss. Ein Problem bei der Leitbildproklamation liegt darin, dass Leitbilder notwendigerweise relativ abstrakt formuliert sein müssen, um die geforderte „Konsensfunktion" (Vilain 2010, S. 130) realisieren zu können. Wenn sich der größte Teil der Organisationsmitglieder im Leitbild wiederfinden soll und das Leitbild die Grundrichtung der Organisation, eine Orientierung für eine Vielzahl von (zum Teil nicht vorhersehbaren) Situationen und Entscheidungen geben soll, muss es notwendigerweise allgemein formuliert sein. Wenn das Leitbild „bewusst allgemein und zeitlos gehalten wird" (Kortendieck 2012, S. 65), ist der Grat zur Leerformelhaftigkeit schmal, und es wird fraglich, ob die dem Leitbild zugeschriebene „Lotsenfunktion" (ebd.) überhaupt erreicht werden kann oder ob Leitbilder für die Organisationsmitglieder den Status allgemeiner Bekenntnisse erhalten, denen im Alltag wenig Bedeutung zugesprochen wird, also eine Trennung zwischen Leitbild und dem „richtigen Leben in der Organisation" vollzogen wird (skeptisch auch Klug 2013).

Der Transfer von der Proklamierung allgemeiner Werte in den Entscheidungs- und Handlungsalltag der Organisationsmitglieder stellt eine schwierig zu bewältigende Aufgabe dar. Die Definition eines Leitbilds muss mit einem bewussten Prozess der konkreten Handhabung im Alltag verkoppelt sein. Ansonsten werden die Leitbildformulierungen als mehr oder weniger akzeptable, aber letztlich bedeutungslose Formeln erlebt. Das Leitbild bleibt dann eine Folie für Feiertagsreden und für Anlässe zur Besinnlichkeit, mit wenigen Bezügen zum lebendigen Alltag in der Organisation. Leitbilder, die von den Leitungspersonen nicht kontinuierlich mit Entscheidungen verknüpft und als Bewertungsfolie für Situationen, Prozesse und Entscheidungen reflektiert werden, können ihre Funktion im Rahmen eines normativen Managements nicht erfüllen. In der Praxis werden Schwierigkeiten deutlich, wie man über die Proklamation allgemeiner Werte hinaus das Leitbild im Alltag der Organisation lebendig werden lassen kann.

Das Problem des Transfers in den Alltag markiert eine grundlegende Schwierigkeit der Steuerung in Organisationen. Organisationen sind soziale Gebilde, die über Entscheidungen gesteuert werden. Diese Entscheidungen knüpfen an vorherige Entscheidungen an, indem sie deren Logik verlängern oder sich von diesen mehr oder weniger bewusst absetzen. Ob und in welcher Weise solch übergreifende normative Proklamationen wie Leitbilder als Entscheidungsprämissen gelten können oder als solche gehandhabt werden (→ *Kap. 2.4.2.1*), bleibt unklar. Leitbilder verbleiben zunächst auf einer für Entscheidungen abgehobenen allgemeinen Ebene der Normproklamation. Bei konkreten Entscheidungssituationen wirken vielfältige Faktoren ein (Erwartungen von außen, innerorganisationale Interessen- und Machtkonstellationen, Ressourcenkalküle u. a. m.), die sich deutlicher in die Entscheidungsfindung hineindrängen als allgemeine normative Proklamationen. Leitbilder vermitteln daher in vielen Fällen lediglich „die Illusion, dass sich ‚Entwicklungen durch Bekenntnis- und Willensakte' (Schrittesser) einer Organisation einstellen" (Krobath 2010, S. 555). Die tatsächliche Steuerungsfunktion von Leitbildern ist begrenzt, bzw. kann nur dann zur Wirkung gebracht werden, wenn das Leitbild relativ kontinuierlich als ein Anlass zur Normreflexion und zur Bewertung des Alltagshandelns anhand der im Leitbild definierten Werte genutzt wird, wenn also durch kontinuierliche, beharrliche Impulse immer wieder das Leitbild an das Organisationshandeln angekoppelt wird.

Solche Ankoppelungsbemühungen stehen im Mittelpunkt der Konzepte, die unter dem Etikett „Organisationsethik" entwickelt worden sind (Krobath/ Heller 2010). Im Mittelpunkt dieser Überlegungen steht nicht die Proklamation von Wertekatalogen, aus denen dann Orientierungen und Kriterien für das konkrete Organisationshandeln abgeleitet werden, sondern Verfahrensweisen, mit denen eine „organisierte Reflexion organisationsrelevanter moralischer Fragen" (a.a.O., S. 19) installiert werden kann. Normatives Management erfolgt hier vom Alltag der Organisationsakteure her: Es werden Orte zur Reflexion ethischer Fragestellungen, Konflikte und Unsicherheiten geschaffen, die sich im Alltag der Organisation ergeben oder sich aufdrängen. Das Sich-Bewegen in diesen ethischen Konflikten und Unsicherheiten wird nicht dem Zufall überlassen oder allein dem Individuum als Aufgabe zugeschoben, sondern als Thema der Organisation behandelt. Die Organisation schafft Orte zur Verständigung über solche ethische Fragestellungen und fordert dadurch zu einem Artikulieren solcher Unsicherheiten heraus. Praktisch kann sich das vollziehen in Angeboten der Ethik-Beratung in Konfliktsituationen, in relativ kontinuierlichen gruppenbezogenen organisationsethischen Fallberatungen oder in der Berücksichtigung ethischer Kategorien (z.B. in Form eines „Wertekompass"; vgl. Ammermann 2010) bei der Evaluation von Arbeitsprozessen und Ergebnissen in der Organisation (vgl. dazu Vorschläge in unterschiedlichen Beiträgen bei Krobath/ Heller 2010). Die Konzepte zur „Organisationsethik" sind zunächst für Organisationen der Pflege und des Gesundheitswesens erarbeitet worden, sie lassen sich aber mit entsprechenden Anpassungen gut auf andere Handlungsfelder der Sozialen Arbeit transferieren. Das zentrale Anliegen dieser Konzepte liegt darin, im Alltag erlebte Unsicherheiten und Konflikte bei normativen Fragen zum Gegenstand einer in der Organisation verankerten Ethikreflexion zu machen und dadurch normatives Management mit dem Alltagshandeln stärker zu verkoppeln. Dadurch kann man leichter der Gefahr einer folgenlosen Werteproklamation entgehen, die in vielen Leitbildformulierungen und Leitbildprozessen enthalten ist, bei denen Aufwand und praktischer Nutzen in einem unangemessenen Verhältnis stehen und die Mitarbeiter nicht motivieren, sondern sie entweder gleichgültig werden lassen oder zu zynischen Aussagen veranlassen, bei denen sie mit dem Hinweis auf „Leidbilder" oder „Lightbilder" ihre Distanz ausdrücken.

Übungs- und Reflexionsaufgaben

1. Worin bestehen die Charakteristika sozialer Dienstleistungen? Welche Managementanforderungen resultieren aus diesen Charakteristika? Wie zeigen sich diese Charakteristika und die damit einhergehenden Managementanforderungen konkret
   - für eine spezielle Einrichtung, die ambulante Hilfen anbietet
   - für eine Einrichtung, die teilstationäre Hilfen anbietet,
   - für eine Einrichtung, die stationäre Hilfen anbietet?
2. Gelten die Charakteristika sozialer Dienstleistungen auch für öffentliche Träger (z.B. für ein Jugendamt)? Müssen sie modifiziert oder ergänzt werden? Wie sehen die diesbezüglichen Managementanforderungen für Managementakteure bei öffentlichen Trägern aus?
3. Welche Bedeutung für das Management hat die Tatsache, dass Organisationen der Sozialen Arbeit den Sachzielen im Vergleich zu den wirtschaftlichen Formalzielen eine größere Bedeutung zuerkennen müssen und dass die Interaktionen mit den Nutzern sozialer Dienstleistungen zumindest zu einem gewissen Anteil auf der Grundlage nicht-schlüssiger Tauschbeziehungen erfolgt? Welche Schlussfolgerungen für das Managementhandeln in der Sozialen Arbeit sind aus den beiden genannten Differenzmerkmalen zu ziehen?
4. Benennen Sie die in den sieben Merkmalen gekennzeichneten Unterschiede zwischen Wirtschaftsunternehmen und Organisationen Sozialer Arbeit und konkretisieren Sie die daraus folgenden spezifischen Managementanforderungen, die in Organisationen der Sozialen Arbeit bewältigt werden müssen!
5. Charakterisieren Sie die generelle Ausrichtung und die generellen Aufgabenstellungen für die fünf Steuerungsbereiche, die in Organisationen der Sozialen Arbeit bewältigt werden müssen.
6. Warum benötigt eine Organisation der Sozialen Arbeit ein explizites Strategisches Management? Was ist das Ziel einer Strategiebildung?
7. Wie lässt sich Alternative zum „Rationalitätsparadigma" beim Strategischen Management charakterisieren? In welcher Weise kann beim Strategischen Management das Paradox bearbeitet

werden, eine (relative) Entscheidungssicherheit angesichts der elementaren Unsicherheit künftiger Entwicklungen erzeugen zu müssen?

8. Welche Begründungen für eine Einbeziehung normativer Themen in das Management in Organisationen der Sozialen Arbeit lassen sich anführen? Benennen Sie konkrete Beispiele für normative/ ethische Spannungen und Konflikte im Alltag der Sozialen Arbeit, die nach Ihrer Auffassung in Organisationen thematisiert werden sollten!
9. Mit welchen praktischen Möglichkeiten kann man versuchen, normative Aspekte in einer Organisation zu verankern? Worauf sollten Managementakteure achten, damit nicht im Erleben der Organisationsmitglieder und der Umweltakteure zwei voneinander getrennte Ebenen entstehen: die normative Proklamation einerseits und der von den Normen abgesetzte Organisationsalltag andererseits?

Zum vertiefenden Weiterlesen

Cremer, G./ Goldschmidt, N./ Höfer, S. (2013): Soziale Dienstleistungen. Ökonomie, Recht, Politik. Tübingen (Verlag Mohr Siebeck)

Evers, A./ Heinze, R.G./ Olk, Th. (Hrsg.) (2011): Handbuch Soziale Dienste. Wiesbaden (VS-Verlag)

Krobath, Th./ Heller, A. (Hrsg.) (2010): Ethik organisieren. Handbuch der Organisationsethik. Freiburg im Breisgau (Lambertus-Verlag)

Nagel, R./ Wimmer, R. (2006): Systemische Strategie-Entwicklung. Modelle und Instrumente für Berater und Entscheider. 3. Aufl. Stuttgart (Verlag Klett-Cotta)

Kapitel 4
Organisationsbezogene Steuerung

■ Organisationen müssen Sorge tragen für eine kalkulierbare, kontinuierliche und fachlich legitimierbare Leistungserbringung. Merkmalsbereiche im Innern von Organisationen, die zum Zielpunkt von Steuerungshandeln werden, sind: Organisationsziele/ Organisationszweck, Organisationsmitglieder, Handlungsprogramme, Organisationsstrukturen, Organisationskultur. Neben formalisiert festgelegten Strukturen und Handlungsprogrammen haben auch informelle Vorgänge und Regeln eine große Bedeutung in Organisationen und müssen im Managementhandeln bedacht werden.
Organisationsziele setzen Orientierungen für Entscheidungen sowie für eine Bewertung von Organisationsabläufen und von Verhalten der Organisationsmitglieder. Ferner wird dadurch nach außen eine spezifische Leistungsbereitschaft der Organisation verdeutlicht. Bei der Zieldefinition muss eine Organisation die Leistungsanforderungen von zentralen Interessenträgern aus der Umwelt einbeziehen. Mit Handlungsprogrammen soll eine Zielrealisierung der Organisation kalkulierbarer, verlässlicher werden. Aber Handlungsprogramme verselbständigen sich auch gegenüber Organisationszielen, entwickeln sich z.T. unabhängig von diesen. Handlungsprogramme entstehen nicht nur durch interne Prozesse und Entscheidungen, sondern werden auch z.T. durch Umweltanforderungen geprägt. Organisationsstrukturen dienen zur Arbeitsteilung, zur Koordination und zu geregelter Kooperation sowie zur Kontrolle des Handelns von Organisationsmitgliedern. In formaler Hinsicht sind Aufbau- und Ablauforganisation zu unterscheiden; bedeutsam gerade für Organisationen, die soziale Dienstleistungen erbringen, sind ebenso die informellen Strukturen. Organisationsmitglieder bilden die personale Seite, die eine Organisation zur Umsetzung ihrer Ziele und ihrer Handlungsprogramme sowie zur Praktizierung der Strukturvorgaben benötigt. Die Differenz zwischen Organisationszweck und individuellen Handlungsmotiven der Organisationsmitglieder ist als normal anzusehen. Strategien der Einbindung und der Gestaltung können diese Differenz einigermaßen handhabbar machen.
Alle Bereiche der Organisation werden durchdrungen von der Organisationskultur: einem Bündel impliziter Wertorientierungen und „kulturellen Regeln", die die „Mentalität einer Organisation" ausmachen und als wichtiger Sozialisationsfaktor für die Organisationsmitglieder wirken. Organisationskultur kann durch Managementhandeln lediglich mittelbar beeinflusst werden.
Eine Organisation der Sozialen Arbeit muss ihre Leistungen kontinuierlich prüfen, ob sie den Anforderungen der Umwelt entspricht, ob sich die internen Strukturen und Prozesse Ereignisse oder Abläufe eingeschlichen haben, die eine gute Leistungserbringung beeinträchtigen, und ob sich die Anforderungen der Umwelt oder der Organisationsmitglieder möglicherweise verändern und die Leistungen sowie die darauf

ausgerichteten Strukturen und Prozesse dementsprechend verändert bzw. angepasst werden sollten. Dafür ist Lernfähigkeit als Kompetenz einer Organisation zu entwickeln: als Kompetenz, die mehr ausdrückt als die Addition der individuellen Lernfähigkeiten der Organisationsmitglieder. Dazu bedarf es der Herausbildung eines lernförderlichen Klimas als Teil der Organisationskultur.

Organisationen der Sozialen Arbeit können dadurch existieren, dass sie kontinuierlich die zu ihrer Existenz erforderlichen Ressourcen erhalten. Dafür müssen sie Leistungen erstellen, die von Personen, Gruppen und anderen Organisationen als nützlich erachtet werden. Für die Inanspruchnahme der Leistungen müssen diese Personen, Gruppen und anderen Organisationen bereit sein, die für die Existenz der Leistung erbringenden Organisation erforderlichen (finanziellen, sachlichen, personellen, legitimatorischen) Ressourcen zur Verfügung zu stellen und damit das Überleben der Organisation zu ermöglichen. Die Organisation der Sozialen Arbeit muss ihre Leistungsbereitschaft kontinuierlich gewährleisten und die Leistungen so erbringen, dass sie – trotz des für Dienstleistungen kennzeichnenden Charakters der Immaterialität („Vertrauensgut"; → *Kap. 3.1*) – in einer relativ kalkulierbaren Weise präsentiert werden. Dies stellt sich nicht von selbst in einer inneren Dynamik der Organisation her, sondern muss organisiert werden. Welche Merkmale einer Organisation für eine entsprechende organisationsbezogene Strukturierung und Steuerung zu berücksichtigen sind, wird in *Kapitel 4.1* erörtert – als Grundlage für die Darlegung der darauf bezogenen Steuerungsaufgaben in *Kapitel 4.2*.

Wenn Organisationen ihre Leistungsfähigkeit an den Anforderungen der Umwelt und deren Bereitschaft zur Ressourcengewährung ausrichten müssen, dann stehen sie auch vor der Herausforderung, ihre Leistungen relativ kontinuierlich zu überprüfen und ihre Leistungen zu den erforderlichen Zeitpunkten entsprechend den sich verändernden Anforderungen weiterzuentwickeln oder neu zu konzipieren. Wenn die Leistungen einer Organisation irgendwann als nicht mehr auf einem angemessenen fachlichen Entwicklungsstand beurteilt werden oder nicht mehr in der von der Organisation präsentierten Form benötigt werden, hat dies negative Folgen für die Inanspruchnahme, was sich möglicherweise zu einer Existenzbedrohung für die Organisation auswächst. Da Organisationen ein nicht unerhebliches Beharrungsvermögen aufweisen („Es hat doch lange gut geklappt, warum sollen wir es verändern …"; „Unser Leistungsangebot ist doch gut konzipiert und wir machen es gut, wir sollten nicht immer alles wieder in Frage stellen …"), kann man nicht darauf vertrauen, dass sich eine Veränderungsbereitschaft „schon irgendwie einstellen wird", sondern es ist eine Managementaufgabe, die Organisation für Veränderungsanforderungen zu sensibilisieren, für ein gewisses Maß an Anpassungs- und Lernfähigkeit zu sorgen. Der Typus, der hier günstige Voraussetzungen bietet, wird mit dem Begriff der „lernfähigen Organisation“ charakterisiert. Es ist Teil der organisationsbezogenen Steuerung, Impulse zur Herausbildung von organisationaler Lernfähigkeit in die Organisation zu geben und sie möglichst dort zu verankern (*Kap. 4.3*).

4.1 Merkmalsbereiche von Organisationen als Bezugspunkte für organisationsbezogene Steuerung

Eine Organisation der Sozialen Arbeit muss ihre Aufgaben so erfüllen, dass die Leistungserbringungen (a) in kalkulierbarer Weise erfolgen, (b) kontinuierlich gewährleistet werden und (c) auf der Grundlage des fachlichen Kenntnisstandes, also nach den „Regeln der fachlichen Kunst“ in einer professionell legitimierbaren Form realisiert werden. Die Aufgabenerfüllung darf nicht ausschließlich von personellen Zufälligkeiten abhängen. Die Leistungserbringung darf nicht willkürlich oder zufällig und letztlich auch nicht abhängig erscheinen von den Motivationen, den persönlichen Neigungen und den mehr oder weniger ausgeprägten Fähigkeiten eines Mitarbeiters oder einer Mitarbeitergruppe, an den oder die ein Hilfesuchender oder der Mitarbeiter einer kooperierenden Organisation gerade gerät. Sicherlich sind subjektive Faktoren bei der Leistungserstellung bedeutsam, und sicherlich ist daher jede Aufgabenerfüllung bis zu einem gewissen Grad von den Eigenheiten der Person bestimmt, die für die Organisation tätig wird, jedoch muss die Organisation die Relevanz solcher persönlicher Eigenheiten begrenzen. Die Organisation selbst wird zum Adressat der Ansprüche, nicht in erster Linie einzelne Mitarbeiter. Die Organisation muss für einen akzeptierbaren Stand der Leistungserbringung Sorge tragen. Wenn Adressaten des Organisationshandelns auf die Frage nach Art und Qualität der von der Organisation erbrachten Leistungen antworten „Na ja, es kommt drauf an, an wen man gerade gerät …“, dann gerät die Organisation unter Legitimationsdruck: Es wird dann fraglich, ob und wie die Organisation die an sie gerichtete Anforderung einer verlässlichen, qualitativ angemessenen und kontinuierlichen Leistungserbringung in befriedigender Weise zu erfüllen vermag.

Damit sind zwei Merkmalsbereiche von Organisationen benannt:

- der **Organisationszweck bzw. die aus dem Zweck abgeleiteten Ziele der Organisation:** Dadurch wird die Existenz der Organisation gerechtfertigt. Die Organisation verdeutlicht damit, was sie erreichen möchte bzw. welche Leistungen sie erstellen will. Es wäre sicherlich zu zweckrational gedacht, würde man den Organisationszweck als den einzigen Rechtfertigungsgrund für die Existenz einer Organisation ansehen. Es existieren daneben viele Organisationszwecke, zu denen Organisationen gut sein können. So bemerkt z. B. der amerikanische Organisationspsychologe Karl E. Weick (1995) etwas sarkastisch: „Organisationen halten Leute beschäftigt, unterhalten sie bisweilen, vermitteln ihnen eine Vielfalt von Erfahrungen, halten sie von den Straßen fern, liefern Vorwände für Geschichtenerzählen und ermöglichen Sozialisation. Sonst haben sie nichts anzubieten." (S. 375) Zumindest verfolgen Organisationen neben ihren „offiziellen" Zielen noch einen weiteren Zweck, der die strategische Ausrichtung und das Handeln der Organisationsmitglieder prägt: Sie sind interessiert an ihrer weiteren Existenz. Die Existenz einer Organisation hängt zu einem nicht unerheblichen Anteil von der Ausrichtung auf Ziele und deren Realisierung ab. Die elementaren Ziele einer Organisation (bzw. ihr Zweck) sind auf eine längere Dauer ausgerichtet und prägen damit das generelle Profil einer Organisation.

- die **Mitglieder einer Organisation:** Weil die Organisation eigentlich ein Abstraktum darstellt und nicht „an sich" wirken kann, sondern sich nur über Personen (Organisationsmitglieder) äußern und darstellen kann und weil Organisationen sich nur über das Handeln von Personen (re-)produzieren können, müssen Organisationsmitglieder als Definitionselement für Organisation einbezogen werden (s. dazu Anm. 8 aus Kap. 2). Dabei ist jedoch zu bedenken, dass Menschen mit ihren Eigenheiten in ihrer Funktion als Organisationsmitglieder zwar die Abläufe und das Bild, das eine Organisation nach außen und nach innen abgibt, beeinflussen und bisweilen sogar prägen, dass aber im Mittelpunkt die Funktion der Organisationsmitgliedschaft und nicht primär die persönlichen Eigenheiten der Personen stehen. Organisationsmitglieder sind prinzipiell austauschbar; an die Stelle bestimmter Personen können andere Personen in Leistungsfunktionen treten. Der Wechsel von Organisationsmitgliedern findet tatsächlich mehr oder weniger häufig statt, ohne dass die Organisation sich jeweils bei einem Wechsel neu definieren müsste. Die prinzipielle Austauschbarkeit von Organisationsmitgliedern als ein Merkmal von Organisationen unterscheidet diese z. B. von Familien oder Freundesgruppen, bei denen die persönlich geprägten Beziehungen dominieren und damit die Austauschbarkeit als Merkmal ausscheidet.

Bei der Suche nach Antworten auf die Frage, auf welche Weise eine Organisation die an sie gerichtete Anforderung einer kontinuierlichen und relativ verlässlichen Aufgabenerfüllung umzusetzen versucht, geraten zwei weitere Merkmalsbereiche in den Blick:

- **Strukturen:** In Organisationsstrukturen sollen die Zuständigkeiten und die Kooperationsmechanismen geregelt werden, innerhalb derer die Organisationsmitglieder ihre Arbeit aufteilen und Aufgaben bearbeiten. Damit wird den einzelnen Organisationsmitgliedern eine bestimmte Position innerhalb der Organisation zugewiesen, mit der ihr Aufgabenbereich, ihre hierarchische Stellung und die daraus resultierenden Entscheidungskompetenzen sowie ihre Kooperationsverpflichtungen innerhalb der Organisation und mit außerhalb stehenden Organisationen definiert werden. Selbstverständlich lassen sich Strukturen in Organisationen nicht nur anhand formal festgelegter Strukturelemente identifizieren. Vielmehr wird das Leben in Organisationen auch durch informelle Gewohnheiten und Normen geprägt, die sich für das Erleben und das Verhalten der einzelnen Organisationsmitglieder als genauso wirkungsvoll und verbindlich erweisen können wie formale Regeln. Formale Strukturelemente sind zunächst deswegen in den Blick zu nehmen, weil die Organisation mit diesen Mitteln versucht, Eckpunkte zu setzen, die ihre Funktionsfähigkeit gewährleisten soll, und dies relativ unabhängig von eher zufälligen Motivationen, Schwerpunktsetzungen und Handlungsbereitschaften einzelner Organisationsmitglieder. Durch formale Strukturfestlegungen beabsichtigt die Organisation, dass notwendige Entscheidungen getroffen werden, dass die für die Leistungsfähigkeit der Organisation erforderlichen Kooperationen realisiert werden und dass die dem Zweck der Organisation entsprechenden Leistungen einigermaßen verlässlich – also nicht allzu abhängig von personellen Zufälligkeiten – erstellt werden. Zu den Strukturen gehört auch die Festlegung solcher Positionen innerhalb der Organisation, in denen die Verantwortlichkeiten für die verschiedenen Facetten der Steuerung festgelegt werden einschließlich der Überwachung der Aufgabenerfüllung durch die Mitarbeiter. Die Managementpositionierungen mit ihren differenzierten Verantwortlichkeiten sind also Teil der Organisationsstrukturen.

- **Handlungsprogramme:** In Handlungsprogrammen wird der „methodische" Teil der Leistungserbringung zu regeln versucht. Die Organisation entwickelt und gibt Verfahrensweisen vor, die als besonders geeignet für das Erreichen der Organisationsziele und für eine akzeptierbare Leistungserbringung angesehen werden. Damit sind formelle und informelle Vorgaben gemeint, mit denen die

Organisationsmitglieder die Ziele der Organisation methodisch umsetzen sollen und die somit für die Akteure eine methodische Orientierung geben. Durch Handlungsprogramme erfahren die Organisationsmitglieder, auf welche Weise sie zur Zielerreichung der Organisation beizutragen haben. Es sind definierte Abläufe und (sowohl formelle als auch informelle) Regeln, über die eine Organisation verfügt, um strukturiert und verlässlich die Aufgaben und Probleme der Organisation bearbeiten und die gesetzten Ziele erreichen zu können.

Wenn es um Modalitäten der organisationsbezogenen Steuerung geht, werden häufig solche Vorgänge angesprochen, die über formale Strukturen sowie über organisatorische und fachlich-methodische Handlungsregeln als einigermaßen gut beeinflussbar angesehen werden. Vielfältige Erfahrungen und Alltagswissen zeigen aber: Vieles verläuft in Organisationen über das, was von formellen Regelungen nicht erfasst wird, was gegen formale Strukturen verstößt, was über allmählich verfestigte Gewohnheiten der Organisationsmitglieder" und durch informelle Absprachen „geregelt" wird. Diese Dimension des Informellen, der Gewohnheiten, der persönlichen Eigenheiten und der spontan erscheinenden Absprachen ist für das Verstehen und für die Gestaltung einer Organisation höchst bedeutsam,

- weil sie Bestandteil des realen Organisationslebens ist und die Organisationsmitglieder in ihrem Verhalten markant beeinflusst;
- weil sie – neben möglichen Störelementen – Potentiale bereithält, die eine adäquate Leistungserbringung fördern, indem sie zur Motivation der Organisationsmitglieder beiträgt, weil sie ein differenziertes Vorgehen in von Regeln nicht erfassten und nicht erfassbaren Situationen ermöglicht etc.

Wenn also über Strukturen und Handlungsprogramme gesprochen wird, muss neben den formellen Anteilen immer auch das Informelle beobachtet werden, das sich unter der „offiziellen" Oberfläche herausbildet und das häufig für das soziale Leben in der Organisation und für die Leistungserstellung genauso wichtig ist wie die formellen Regelungen.

Diese Gewohnheiten, Normen, Umgangsformen, also informelle Phänomene in Organisationen sind vielfach nicht unmittelbar zweckrational ausgerichtet sein, und sie müssen auch nicht auf bewussten Entscheidungen beruhen. In Organisationen bildet sich so etwas heraus wie ein organisationsspezifisches „Klima": Man spürt es, aber es ist schwer, es genauer zu fassen. Dieser schwer fassbare weitere Merkmalsbereich, in den formale und informelle Elemente eingebettet sind und der gleichsam einen „klimatischen

Überbau“ bildet, der die gesamte Organisation durchdringt, wird mit dem Begriff **„Organisationskultur“** zu fassen versucht: Es geht dabei um eine Vielfalt von Grundüberzeugungen innerhalb einer Organisation, von Symbolen, von Werten, von Umgangsformen und Verhaltensmustern, die sich in einer Organisation herausbilden, dieser Organisation einen spezifischen „Charakter“ verleihen und für die Einbindung der Organisationsmitglieder einen große Bedeutung haben.

Die inneren Merkmalsbereiche Ziele, Handlungsprogramme, Strukturen und Mitglieder stehen in gegenseitigen Wechselverhältnissen zueinander, während das Merkmal „Organisationskultur“ die anderen Merkmale überlagert: Es wirkt in die anderen Merkmalsbereiche hinein und ist nicht von diesen abgrenzbar. (*Abb. 4.1*)

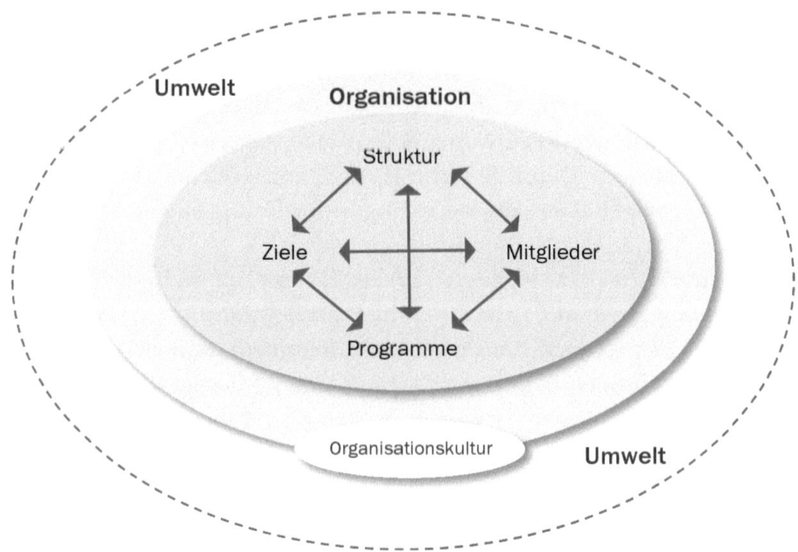

Abb. 4.1: Merkmalsbereiche von Organisationen

Bei den Organisationszielen wurde erwähnt, dass diese mit den Anforderungen der **Umwelt** korrespondieren müssen. Die Leistungsfähigkeit einer Organisation muss darauf ausgerichtet sein, dass die Leistungsanforderungen und die Erwartungen wichtiger Interessenträger in der Umwelt der Organisation erfüllt werden. Ansonsten erhält die Organisation aus ihrer Umwelt weder die für ihre Existenz erforderliche Legitimation noch die damit einhergehenden Ressourcen. Die auf die Umwelt bezogenen Steuerungsaktivitäten sind Gegenstand der Erörterungen in *Kapitel 8* und werden daher im wieteren Verlauf des Kapitels zum Management der inneren Organisationsgegebenheiten und Prozesse nicht weiter aufgegriffen.

Beim Umgang mit dem Organisationsbegriff für die Analyse von Einrichtungen der Sozialen Arbeit ergibt sich häufig die Frage nach den **„Organisationsgrenzen“**. So fragt man sich z. B.,

- ob das Jugendamt als eigene Organisation oder als Bestandteil der umfassenderen Organisation „Kommunalverwaltung“ zu fassen ist,
- wie man das vom örtlichen Caritas-Verband getragene Altenheim einordnen soll – als Teil der Organisation „Caritas-Verband“ oder als eigene Organisation,
- ob das Jugendzentrum in Trägerschaft des Jugendamtes als eigene Organisation anzusehen ist oder
- wie die in ihren Entscheidungsmöglichkeiten relativ eigenständige Einrichtung zu betrachten ist, die sich im Kontext eines Verbundsystems eines Rechtsträgers bewegt.

Die Beantwortung dieser Fragen ist nicht nur theoretischer Natur; vielmehr sind damit praktische Folgen für das Management verbunden: Es geht u. a. um die organisationale Reichweite, den „Einzugsbereich“ für das Managementhandeln, um die Definition von Kompetenzbereichen, um das Kalkulieren von Komplexität in den Steuerungsanforderungen. Genaue generelle Markierungen bei „Organisationsgrenzen“ sind nicht ohne weiteres möglich. Als *allgemeine Formel* kann gelten: *Je mehr Eigenständigkeit im Hinblick auf Zielbestimmung sowie auf Struktur- und Prozessgestaltung (Modalitäten der Arbeitsteilung, der Kooperationsformen, der Regeldefinition etc.) in einem Sozialgebilde vorhanden sind und je deutlicher die Mitglieder „ihr“ Sozialgebilde als ihren primären Handlungsrahmen verstehen und dieses Sozialgebilde von anderen abgrenzen, desto eher kann von einer Organisation mit Abgrenzungen zur Umwelt gesprochen werden.* Entscheidend ist also der mögliche und realisierbare Grad an „Eigendynamik“ in einer Organisation, der über „Organisationsgrenzen“ entscheidet. In diesem Sinne wäre z. B. das Jugendamt als eine eigene Organisation mit eigener Organisationslogik und Organisationsdynamik zu verstehen, und die anderen Bereiche der Kommunalverwaltung könnte man als den „am nächsten stehende“ Umweltbereich mit dem größten Einfluss auf das Organisationsgeschehen einordnen. Bei der Einrichtung innerhalb eines Verbundsystems eines Rechtsträgers müsste man genauer hinsehen, wie umfassend der Grad an Eigendynamik und eigener Organisationslogik ausfällt, der dieser Einrichtung zugestanden wird. Bei der Festlegung von Organisationsgrenzen bleiben somit immer Unschärfen; Organisationsgrenzen wird man immer im Einzelfall erörtern müssen, und sie werden auch dann nicht immer eindeutig zu bestimmen sein.

4.2 Steuerungsanforderungen im Hinblick auf organisationale Merkmalsbereiche

4.2.1 Organisationszweck/ Organisationsziele

Mit der Installierung von Zielen gibt eine Organisation Orientierungen für nachfolgende Entscheidungen, bietet also einen Anknüpfungspunkt für weitere Entscheidungen, und sie ermöglicht Kontrolle für die Überprüfung von Organisationsabläufen (Was hat zur Zielerreichung beigetragen und was eher von einer Zielerreichung weggeführt?) und für das Verhalten der Organisationsmitglieder (Haben diese ihr Verhalten ausreichend am Ziel ausgerichtet und einen Beitrag zur Zielerreichung geleistet?). Puch (1994, S. 74) nennt folgende formale Eigenschaften von Zielen: „(1) Sie formulieren wünschenswerte Zustände oder Ereignisse, die erreicht werden sollen. Diese Zustände oder Ereignisse liegen (2) in der Zukunft. Die Grundlage von Zielen bilden (3) Werte oder Normen. Und die Ziele bieten (4) einen Orientierungs- und Beurteilungsmaßstab für das Handeln von Menschen.“ Bezieht man diese formalen Eigenschaften von Zielen auf Organisationen, so wird deutlich, dass die Orientierungsabsicht und der Kontrollcharakter von Zielen gleichermaßen innengerichtete wie außengerichtete Funktionen haben.

Außengerichtet haben Ziele die Bedeutung, dass die Organisation durch ihre Präsentation ihre spezifische Leistungsbereitschaft verdeutlicht; dass sie also z.B. in der Lage ist, behinderte Menschen zu versorgen und zu betreuen, Kinder im Vorschulalter zu erziehen, benachteiligte Jugendlichen eine Arbeitshaltung zu vermitteln, gemeinsam mit erwachsenen Behinderten Produkte herzustellen etc. Die Organisation signalisiert, in welchem Bereich sie etwas leisten will und was sie leisten zu können glaubt. Über eine solche grundlegende Präsentation von Leistungsbereitschaft wird eine Ressourcenbeschaffung überhaupt erst möglich. Nur dann, wenn eine Organisation der Sozialen Arbeit mit ihren Zielen sich bereit und fähig zeigt, die Anforderungen wichtiger Interessenträger aus ihrer Umwelt (Politiker, Adressaten, Leistungsempfänger, Kooperationspartner) aufzunehmen, wird ihre Leistungsbereitschaft als relevant für eine Ressourcenvergabe bewertet.

Auch *nach innen* haben die Ziele eine Bedeutung, die sich unterschiedlich zeigen kann (vgl. Abraham/ Büschges 2004, S. 110):

- Sie bestimmen die zu erbringenden Organisationsleistungen und bilden damit einen wichtigen Rahmen für die Erarbeitung von Organisationsprogrammen.
- Sie gelten als allgemeine Leitlinien für die gesamte Organisationstätigkeit und wirken sich damit auf die Konzipierung von Organi-

sationsvorschriften sowie auf das Verhalten unterschiedlicher Organisationsmitglieder aus.

- Sie bilden den allgemeinen Maßstab für die Bewertung des Handelns und für die Erfolgskontrolle.
- Sie dienen der Rechtfertigung des Handelns in Organisationen und werden damit zum Legitimationsmittel in internen Diskursen über das richtige Verhalten und über richtige Strategien.

Hinzu kommt eine weitere Funktion von Zielen, die innengerichtete und außengerichtete Funktionen von Organisationszielen aufeinander bezieht: Organisationsziele begrenzen die Beobachtungsnotwendigkeit und die Beobachtungsfähigkeit einer Organisation: In der Umwelt gewinnt nur noch das Relevanz, was in irgendeinem erkennbaren Bezug zum Organisationszweck bzw. zu den Organisationszielen steht (Kühl 2011, S. 55 f.). Eine Einrichtung der Offenen Kinder- und Jugendarbeit muss sich nicht mit Entwicklungen im Rehabilitationsrecht, aber mit Fragen der Entwicklung von Ganztagsschulen auseinandersetzen – eine Werkstatt für Menschen mit Behinderungen kann Fragen des Ganztagsschulwesens weitgehend vernachlässigen, nicht jedoch Entwicklungen im Rehabilitationsrecht.

Organisationsziele haben eine strategische Bedeutung (→ *Kap. 3.4*). Sie verdeutlichen, mit welchen Leistungen sich eine Organisation der Sozialen Arbeit in ihrer sozialpolitischen und organisationalen Umwelt verorten will. Sie entstehen zum einen aus internen Prozessen der Willensbildung in einer Organisation. Sie müssen sich aber zum anderen auch an den Anforderungen der Umwelt ausrichten. Wenn die Leistungsanforderungen von mehr oder weniger mächtigen Interessenträgern aus der Umwelt nicht ausreichend einbezogen werden und im Zweifelsfall regelmäßig den internen Willensbildungsprozessen untergeordnet werden, gerät die Organisation in Gefahr, sich zu isolieren und nicht mehr die erforderlichen Ressourcen aus der Umwelt zu erhalten. Es ist daher eine Managementaufgabe, interne Willensbildungen und eine offene Beobachtung der Leistungsanforderungen und der Entwicklungen in den Anforderungen von Interessenträgern aus der Umwelt miteinander zu verknüpfen sowie die daraus zutage tretenden Spannungen artikulierbar und bearbeitbar zu machen.

Fragt man nach Zielen in einer bestimmten Organisation der Sozialen Arbeit, so wird man bisweilen feststellen, dass es Mühe macht, diese Frage einigermaßen präzise zu beantworten. Häufig wird man eher auf Handlungen hingewiesen statt auf Ziele: „Wir betreuen Menschen mit Behinderungen"; „Wir machen Angebote zur Freizeitgestaltung von Jugendlichen." Mit solchen Verweisen auf Aufträge, die entweder einen gesetzlichen und/ oder einen spezifischen Finanzierungshintergrund haben, wird ein Organisationszweck angesprochen, ohne dass damit explizite weitere und konkretisierende

Zielvorstellungen der Organisation verbunden werden. Ferner hat nicht jede Organisation ihre Ziele offen verkündet oder gar schriftlich gefasst. Bisweilen erhält man bei genauerem Hinsehen den Eindruck, dass die offiziell verkündeten Ziele und die tatsächlich für das Alltagshandeln maßgeblichen Ziele in einer nur lockeren Verbindung stehen oder gar voneinander abweichen. Manchmal werden die Ziele in einer Organisation nur relativ abstrakt gefasst, und der Zielgehalt einer Organisation zeigt sich eigentlich erst dann, wenn man die Programme der Organisation, also das, was im Alltag tatsächlich geschieht, betrachtet. Die Ziele bilden sich implizit im Handeln heraus. Hinzu kommt, dass auch dann, wenn Organisationsziele explizit benannt sind, diese selten exakt definiert und empirisch so operationalisiert sind, dass man sich über den Grad der Zielerreichung intersubjektiv einigermaßen verlässlich verständigen kann. Gerade bei Organisationen, die versuchen, ihr Profil und damit verbundene übergreifende Ziele mit Hilfe eines „Leitbildes" zu beschreiben (→ *Kap. 3.5*), hat die Zielproklamation vielfach nicht so sehr die Funktion, tatsächlich klare Ziele zu benennen, sondern sie soll eher als ein Angebot an die Umwelt zur emotionalen Identifizierung mit der Organisation dienen.

Nach traditionellem Denken wird zunächst vorausgesetzt, dass eine Organisation ein Ziel definiert und dass daraufhin ein auf die Zielerreichung ausgerichtetes Handlungsprogramm entwickelt und abgeleitet wird. Die Handlungsprogramme sind gleichsam die Mittel, derer sich die Organisation bedient, um ihre Ziele zu erreichen. Diese Vorstellung eines relativ konsistenten Ziel-Mittel-Bezugs und damit das Bild einer primär zweckrationalen Organisation trifft aber in der Regel die Realität nicht. Das auf Zweckrationalität ausgerichtete Bild von Organisation verdeckt,

- dass viele offiziell proklamierte Ziele so abstrakt formuliert sind, dass sie nur mühsam in Handlungsprogramme übersetzt werden können;
- dass die Organisationsmitglieder häufig Handlungsweisen entwickeln, die persönlichen Motiven entspringen und die dann mit Bezugnahme auf Organisationsziele erst nachträglich mit einem „Sinn" belegt werden (s. das Konzept des „sense making" bei Weick, zusammengefasst bei Sanders/ Kianty 2006, S. 241 ff.; Kühl 2011, S. 65 f.);
- dass verschiedene Organisationseinheiten (z. B. einzelne Teams oder verschiedene Abteilungen/ Sachgebiete) unterschiedliche Ziele verfolgen können, die zueinander Differenzen aufweisen;
- dass eindeutige Ableitungen in Ziel-Handlungs-Ketten nach dem Motto „weil wir diese Ziele haben, müssen wir jetzt genau so vorgehen …" nicht konstruierbar sind; denn in der Regel sind meh-

rere Handlungen im Hinblick auf ein bestimmtes Ziel legitimierbar („Viele Wege führen nach Rom ...“).

Organisationen der Sozialen Arbeit sind eben nicht primär durch Zweckrationalität geprägt (vgl. auch Grunwald 2009, S. 92 ff.). Was bedeutet das nun für das Management in solchen Organisationen? Kann damit der Zieldiskurs als weitgehend irrelevant für Managementhandeln beiseitegelegt werden? Eine solche Schlussfolgerung wäre unangemessen. Denn damit würde die Orientierungsfunktion, die den Zielen im Hinblick auf Strategien der Organisation, auf Signalsetzung nach außen, auf Legitimation von Handlungen etc. zukommt, negiert und aus dem praktischen Managementhandeln ausgeschieden. Zieldiskurse in Organisationen („Was wollen wir erreichen?“ „Welche Erwartungen aus der Umwelt nehmen wir wahr und wie wollen wir diese Erwartungen in unsere Zielorientierungen aufnehmen?“) sind erforderlich, um die Ziele einer Organisation explizit zu erörtern, um mögliche Zielanpassungen und Zielverschiebungen nicht nur geschehen zu lassen, sondern ausdrücklich zu diskutieren und um auf diese Weise zum einen den Organisationsmitgliedern eine Orientierung für ihr Handeln zu geben (also Anknüpfungspunkte für Entscheidungen zu bieten) und zum anderen Möglichkeiten der Beteiligung von Mitarbeitern und Mitarbeitergruppen an der Diskussion um die generelle Ausrichtung der Organisation zu eröffnen. Managementpersonen sollten jedoch die begrenzte Reichweite solcher Zieldiskussionen im Blick behalten und keinen „Mythos der Zweckrationalität“ erzeugen, bei dem sie möglicherweise der Illusion verfielen, primär über Zieldiskurse die Organisation maßgeblich steuern zu können.

Managementanforderungen in Leitsätzen – organisationsbezogene Steuerung: Organisationsziele

- Organisationsziele haben eine Orientierungsfunktion: nach außen (→ Verdeutlichen einer spezifischen Leistungsbereitschaft) und nach innen (→ Grundlage für weitere Entscheidungen). Der Zweck und die generellen Ziele der Organisation sollten für alle Organisationsmitglieder und für die Interessenträger in der Umwelt erkennbar sein bzw. erkennbar gemacht werden.
- Die Formulierung der Organisationsziele sollte nicht zu abstrakt belassen, sondern mit Orientierungen für die Konzipierung des Alltagshandelns verknüpft werden, damit die Bedeutung der Organisationsziele für das Handeln und Entscheiden in der Organi-

sation nachvollziehbar werden, damit also die Organisationsziele tatsächlich orientierend wirken können.

- Managementpersonen sollten Zieldiskurse organisieren, auf unterschiedliche Zielvorstellungen und auf sich allmählich verschiebende Zielvorstellungen bei Organisationsmitgliedern und bei Teilen der Organisation achten (beobachten), diese Beobachtungen im Hinblick auf die Organisationsdynamik bewerten und die Ergebnisse dieser Beobachtungen ggf. thematisieren. In größeren zeitlichen Abständen initiierte Zieldiskurse (Was machen wir? Sind wir noch auf dem richtigen Weg?) ermöglichen Zielreflexionen, Zielüberprüfungen, Zielanpassungen, Zielveränderungen.
- Bei Zieldiskursen ist darauf zu achten, dass nicht nur die Innenperspektive (Was wollen und was können wir leisten?), sondern gleichermaßen die Anforderungen wichtiger Interessenträger aus der Umwelt (Welche Leistungen und welche Ziele fordert die Umwelt von uns?) zur Sprache kommen, einbezogen und in den möglichen Spannungen verarbeitet werden.
- Vorsicht: Leitungspersonen sollten nicht einem selbst erzeugten „Mythos der Zweckrationalität“ unterliegen – sie sollten die Bedeutung von Organisationszielen beachten, diese aber in ihrem Stellenwert für die organisationsbezogene Steuerung nicht überdimensionieren!

4.2.2 Handlungsprogramme

Mit der Erarbeitung von Handlungsprogrammen schafft sich eine Organisation Instrumente, mit deren Hilfe sie sich in die Lage versetzt, die Umsetzung ihrer Organisationsziele bewusst und mit einem höheren Grad an Verlässlichkeit zu fördern. Handlungsprogramme sind umfassend zu verstehen: als die Vorgaben und Orientierungen, mit denen die Organisation ihre Mitglieder auf das Verfolgen von Organisationszielen einzustellen versucht. Sie treten auf in Form von Konzeptionen, Regeln fachlichen Handelns, mündlichen und/ oder schriftlichen Regelsetzungen, Dienstanweisungen, festgelegten Abfolgen von Methoden und Arbeitsschritten etc. Handlungsprogramme können explizit benannt sein, sie können aber auch informeller Art sein, sich in Gewohnheiten oder selbstverständlichen Verhaltensanforderungen äußern, die eine ähnliche normative Kraft entfalten können wie die expliziten Regelungen. Mit Handlungsprogrammen erhalten individuelle und kollektive Handlungen eine zielbestimmte Richtung und eine größere Verlässlichkeit. Mit Handlungsprogrammen werden das Verhalten und die Leistungserbringung einer Organisation der Sozialen Arbeit berechenbarer, kalkulierbarer – sowohl in der internen Kooperation der Organisationsmitglieder als auch nach außen gegenüber Leistungsadressaten, Auftraggebern und anderen Kooperationspartnern. Es wird erkennbar: „So arbeitet man bei uns und so verhält man sich bei uns normalerweise."

Handlungsprogramme stehen in einer Verbindung zu den Organisationszielen. Es wäre jedoch verkürzt, würde man nur die Handlungsprogramme lediglich als ein Instrument zur Ausführung von Organisationszielen, also in einer einseitigen Abhängigkeit von diesen Zielen verstehen. Handlungsprogramme entwickeln eine partielle Eigendynamik, können gegenüber den Zielen auch eine gewisse Unabhängigkeit aufweisen. Nicht alles, was in Handlungsprogrammen geregelt und geprägt wird, lässt einen engen Bezug zu den Organisationszielen erkennen. Häufig hat die Aushandlung von Handlungsprogrammen eine prägende Rückwirkung auf die Organisationsziele: Weil man bestimmte Dinge so und nicht anders tun will, werden die Organisationsziele dem angepasst. Wegen dieser Bedeutung für den Alltag der Organisationsmitglieder sind Handlungsprogramme häufig Gegenstand weitaus intensiverer Auseinandersetzungen innerhalb einer Organisation als die Festlegung von Organisationszielen, die einige Organisationsmitglieder als weiter entfernt von ihrem Handlungsalltag wähnen und sich daher weniger intensiv in die Debatten einbringen. In den Handlungsprogrammen werden die manchmal abstrakt definierten Organisationsziele für die Akteure in ihren praktischen Implikationen greifbar, und der konkrete Alltag wird zum unmittelbaren Regelungsgegenstand. Die Nähe zum eigenen Handeln wird direkt erfahren, so dass die Organisationsmitglieder einer Auseinandersetzung um die Handlungsprogramme nicht so schnell ausweichen werden wie bei der Diskussion um allgemeine Ziele, die erst noch der Übersetzung für den eigenen Alltag bedürfen und deren spezifische Praxisbedeutung sich erst noch erweisen muss.

In den Handlungsprogrammen werden nicht nur fachliche Aspekte der Zielerreichung bearbeitet. Vielmehr müssen weitere für die Organisation relevante Bezugspunkte aufgenommen werden und erkennbar ihren Niederschlag finden. In den Handlungsprogrammen von Organisationen der Sozialen Arbeit verarbeitet sind daher insbesondere

- **fachliche Bezugspunkte:** nach welchen fachlichen Verfahrensweisen zu handeln ist;
- **administrative Bezugspunkte:** wie Verwaltungsabläufe zu handhaben sind;
- **betriebswirtschaftliche Bezugspunkte:** wie mit den Ressourcen einer Einrichtung (Geld, Personal, Räume u. a.) adäquat umzugehen ist;

- **normative Bezugspunkte:** welche Wertvorstellungen die Arbeit und den Umgang innerhalb der Organisation bestimmen sollen. Deren Stellenwert hängt im Vergleich zu anderen Bezugspunkten u.a. davon ab, ob der Träger der Einrichtung eine besondere normativ ausgerichtete Tradition (z.B. religiöser Art oder fachlich-weltanschaulicher Art wie z.B. Waldorfpädagogik) aufweist und ob der Träger dieser Tradition in seiner Legitimation eine besondere Bedeutung zuweist.

Wenn man darüber nachdenkt, mit welchen Handlungsprogrammen das Vorgehen von Mitarbeitern in Organisationen der Sozialen Arbeit mit Impulsen beeinflusst werden kann und welche Formen von Handlungsprogrammen sich bereits in einer Organisation (bewusst oder mehr oder weniger unbemerkt) etabliert haben, so sollte man sich nicht nur auf schriftliche Konzepte und Regelwerke sowie auf leicht erkennbare informelle Regelungen und interaktive Absprachen beschränken. Man sollte auch solche schwerer fassbaren Muster der Interpretation, der Sinnstiftung und der Wahrnehmungs- und Verhaltenssteuerung in den Blick nehmen, die Klatetzki (1998, S. 63 ff.) mit dem Begriff der „praktischen Ideologie" charakterisiert und die das Handeln von Mitgliedern einer Organisation maßgeblich beeinflussen können. „Eine praktische Ideologie ist ein relativ kohärentes System, bestehend aus emotional besetzten Vorstellungen, Werten und Normen, das Personen gemeinsam ist, sie zusammenbindet und ihnen hilft, ihrer Umwelt Sinn zu verleihen. Ideologien verbinden Vorstellungen über Ursache-Wirkungsrelationen mit Präferenzen für bestimmte Ziele und Resultate und mit Erwartungen im Hinblick auf richtiges Verhalten." (a.a.O., S. 63)

Wenn z.B. in einer Organisation, die Sozialpädagogische Familienhilfe betreibt, alle Teammitglieder eine Ausbildung in systemischer Familientherapie durchlaufen haben, so werden sie in ihrer Sicht auf die Probleme und Hilfe-Anforderungen, mit denen die Organisation konfrontiert wird, stark durch die mit dieser Ausbildung einhergehende „praktischen Ideologie" geprägt. Eine solche Organisation wird vermutlich andere Interpretationsmuster für die Deutung familiärer Probleme und für darauf ausgerichtete Handlungsstrategien erzeugen als eine Organisation, deren Mitglieder sich an verhaltensmodifikatorischen Konzepten (z. B. NLP – Neurolinguistisches Programmieren) ausrichten oder die unterschiedliche methodische Fortbildungen absolviert haben oder bisher kaum an Fortbildungen teilgenommen haben. Mit den „praktischen Ideologien" wird die Realität von den Organisationsmitgliedern geordnet und damit für Organisationshandeln bearbeitbar gemacht: Man hat Interpretationsmuster, nach denen wichtige Phänomene des Alltags interpretiert werden können („... Ideologie") und nach denen beurteilt wird, welche Handlungsweisen sich dementsprechend als angemessen erweisen könnten („praktische ..."). Je mehr die „praktischen Ideologie" von den Organisationsmitgliedern als gemeinsame Sicht auf die Realität geteilt und anerkannt wird, desto stärker kann auf explizite Vorschriften und Regeln verzichtet werden.

Handlungsprogramme entstehen sowohl durch bewusstes Herbeiführen durch die Leitung (Anweisungen, Erarbeiten von Konzeptionen oder Ablaufmustern in Arbeitsgruppen mit Mitarbeitern, Inhouse-Fortbildungen etc.) als auch implizit durch allmähliche Herausbildung von Wahrnehmungs- und Handlungsmustern, die eine für die Organisationsmitglieder prägende und normierende Kraft entfalten; bei Letztgenanntem besteht die Managementanforderung darin, die Herausbildung achtsam zu beobachten, die Angemessenheit solcher Muster zu bewerten, die Muster bewusst zu machen und diese einer Reflexion innerhalb der Organisation zuzuführen.

Handlungsprogramme können aber nicht nur in der Betrachtung interner Prozesse erklärt werden; sie stehen auch in einem Wechselverhältnis zur Umwelt einer Organisation und werden bisweilen unmittelbar durch die Umwelt geprägt. Dies ist insbesondere dann der Fall, wenn die Umwelt ein besonderes politisches Steuerungsinteresse gegenüber der Organisation präsentiert und zur Geltung zu bringen versucht. Die Umwelt vertraut dann nicht mehr einzig darauf, dass die Organisation die formulierten Aufträge autonom und kompetent in eigene Handlungsprogramme umsetzt, sondern Umweltakteure nehmen in mehr oder weniger präziser und machtvoller Form Einfluss auf die Handlungsprogramme. Beispiele dafür sind u.a. die im SGB VIII definierte Anforderung an Jugendämter, in Vereinbarungen mit freien Trägern sicherzustellen, dass diese mit entsprechenden Handlungsanforderungen in den Schutzauftrag bei Kindeswohlgefährdung eingebunden werden (§ 8a Abs. 4 SGB VIII), oder die durch das Bundeskinderschutzgesetz in das SGB VIII eingefügten Regelungen, dass bei Meldungen zu möglichen Kindeswohlgefährdungen in der Regel ein Hausbesuch zu erfolgen hat (§ 8a Abs. 1 SGB VIII) oder dass beim Umzug einer vom Jugendamt betreuten Familie eine persönliche Übergabe des Falles an das neu zuständige Jugendamt erfolgen soll (§ 86c Abs. 2 SGB VIII).

Doch nicht nur solche direkten Vorgaben aus der Umwelt beeinflussen die Handlungsprogramme einer Organisation. Einfluss üben auch solche Sinngebungen in der kulturellen und sozialen Umwelt aus, die als „allgemein anerkannt" institutionalisiert sind und denen sich eine Organisation der Sozialen Arbeit kaum entziehen kann, wenn sie nicht Legitimitätseinbußen erleiden will. In *Kapitel 2.4.2.4* wurde erläutert, dass Organisationen auf Unterstützung und Anerkennung aus ihrer Umwelt angewiesen sind und daher solche internen Muster ausbilden müssen, dass sie die erforderliche Legitimität in ihrer Umwelt erlangen und behaupten können. Teile von Handlungsprogrammen in Organisationen werden vor dem Hintergrund eines

Motivs der Konformität mit externen, „institutionalisierten“ Erwartungen herausgebildet. Um in den Handlungsweisen als „legitim“ zu erscheinen, werden eigene Verfahren und Handlungsweisen dem angepasst, was im jeweiligen fachlichen und (sozial-)politischen Umfeld der Organisation als „vernünftig“ gilt. So ist es in vielen Handlungsfeldern „selbstverständlich“ geworden, dass man irgendeine Form von „Qualitätsmanagement“ betreibt, dass man „sozialraumorientiert“ handelt, dass man in seiner Methodik „ressourcenorientiert“ vorgeht, dass die Methodik „inklusiv“ und „gendersensibel“ ausgerichtet ist u.a.m. Ein offensives Ablehnen solcher Ansprüche wäre mit der Gefahr einer deutlichen Legitimationseinbuße verknüpft. Solche aus der Umwelt herangetragenen Anforderungen an „zeitgemäße“ Handlungsprogramme können von den Managementpersonen nicht einfach ignoriert, sondern müssen organisationsintern verarbeitet werden.

Ob eine Organisation tatsächlich und in allen Organisationsteilen nach den in solchen Konzepten präsentierten Mustern handelt, ist jedoch nicht immer garantiert. Hier kann es durchaus zu einem Auseinanderfallen kommen zwischen äußerlicher Legitimationsfassade und widersprüchlichem realem Organisationshandeln. Vokabular („talk“) und Handeln („action“) sind häufig nicht identisch. Während im Vokabular eine symbolische Integration der Erwartungen der Umwelt vollzogen wird (z.B. im Einbezug von „Sozialraumorientierung“ oder in Verwendung von Begriffen des „Qualitätsmanagements“), kann in einer abgestuften Widersprüchlichkeit des Handelns eine praktische Distanzierung von den institutionalisierten Erwartungen erfolgen z.B. in der Reduktion auf eine äußerliche Anwesenheit eines Mitarbeiters der Organisation bei „Sozialraumkonferenzen“ oder ähnlichen Gremien. Oder es werden Handlungen umetikettiert (wenn z.B. aus der Fallberatung eine „Selbstevaluation“ oder aus dem Teamgespräch ein „Qualitätszirkel“ oder aus einer üblichen Erkundung der Lebensbedingungen eines Klienten das „Erstellen einer Ressourcenkarte“ wird); auf diese Weise wird man der Legitimationsanforderung äußerlich vermeintlich gerecht, ohne dass automatisch die tradierte Praxis nachdrücklich verändert werden müsste (Schaefers 2002, S. 839; Merkens 2011, S. 57ff.).

Für die organisationsbezogene Steuerung in Organisationen in der Sozialen Arbeit ergeben sich drei Problemstellungen hinsichtlich der Handlungsprogramme, in denen sich auch Anforderungen des „Paradoxie-Managements“ (→ *Kap. 2.5*) zeigen:

- Organisationen Sozialer Arbeit müssen über die Vorgabe von Verfahren versuchen, eine bestimmte Qualität der Arbeit zu gewährleisten. Nicht jeder soll machen können, was er/sie will, sondern die Leistung soll nach bestimmten fachlichen und organisatorischen Maßstäben gemacht werden. Dafür werden Routinen installiert, die zwei wesentliche Effekte haben: Routinen machen das Handeln verlässlich, und sie erleichtern für die Organisationsmitglieder insofern die Arbeit, als sie nicht immer wieder ihr Handeln neu konzipieren und über „richtig und falsch“ nachdenken müssen; Routinen wirken entlastend (Kaiser/ Kozika 2013). Routinen sind aber mit einem Nebeneffekt behaftet: Sie tendieren mit der Zeit dazu, sich von dem Sinn, den das eingesetzte Verfahren hatte, abzulösen – also zu einer rein „äußerlichen Routinisierung“ zu werden, ohne dass der Sinn des Verfahrens noch tatsächlich realisiert wird: Man macht z. B. eine routinisierte „Fallbesprechung“, ohne dass eine tatsächliche inhaltliche, mehrperspektivische Auseinandersetzung mit einem Fall herausgefordert wird. Man erstellt ein Genogramm und eine „Netzwerkkarte“ und heftet beides in der Akte ab, ohne dass daraus methodische Schritte entwickelt werden. Man lässt als vermeintliches Zeichen für Beteiligung von den Adressaten einen Hilfeplan unterschreiben und zweifelt dennoch stark, ob die Adressaten sich tatsächlich im Prozess als ernst genommen und beteiligt empfunden haben … und viele weitere Beispiele. Die Umsetzung von Handlungsprogrammen muss also immer daraufhin beobachtet und bewertet werden, ob die angezielte Verbindlichkeit und Regelhaftigkeit in Gefahr gerät, in äußerliche Routinehaftigkeit abzugleiten, ob also der mit dem Handlungsprogramm angestrebte Sinn im Bewusstsein der Akteure vorhanden ist und deren Handeln tatsächlich prägt.

- In der organisationsbezogenen Steuerung ist ein weiteres Paradox zu bewältigen: Organisationen Sozialer Arbeit benötigen zwar regelhafte Handlungsprogramme, aber sie dürfen nicht alle Adressaten gleichermaßen und ohne Prüfung diesen Handlungsprogrammen aussetzen. In die Handlungsprogramme ist einzubauen, dass sie differenziert bewertet und eingesetzt werden je nach Problemlage und Lebenssituation des Adressaten. Man muss trotz der allgemeinen Handlungsprogramme flexibel auf die individuellen Probleme und Anforderungen der Adressaten eingehen können. Die Paradoxie lautet: „Wir handeln zwar verlässlich in dieser und jener Weise, und darauf kann man sich verlassen – aber je nach Situation können und handeln wir auch manchmal anders.“ Beim Versuch des Umgangs mit dieser Spannung zwischen den Handlungsprogrammen der Organisation und den individuellen Hilfeanforderungen besteht bisweilen die Neigung in Organisationen, die Probleme und Hilfeanforderungen der Individuen so zu interpretieren, dass sie in das Muster der Handlungsprogramme der

Organisation passen. Damit wird eher der Adressat an die Organisation angepasst, statt dass sich die Organisation mit ihren Handlungsprogrammen auf die individuellen Anforderungen der Adressaten einstellt. Wenn der Adressat in das Handlungsprogramm eingepasst wird, hat man dadurch die Spannung aufgelöst!? Dies wäre aber verkürzt, weil durch diese einseitige Auflösung der Spannung die Anforderung, Hilfen nach individuellem Bedarf zu gestalten, auf der Strecke bliebe. Zu fragen wäre also, ob und wie Organisationen in der Sozialen Arbeit solche Handlungsprogramme schaffen, die sich flexibel an die Probleme der Adressaten anzupassen vermögen und nicht die vorprogrammierten Wahrnehmungs- und Handlungsmuster der Organisation zum Ausgangspunkt machen – und die dabei dennoch in ihren Handlungsprogrammen nicht willkürlich werden, sondern eine Linie zu halten vermögen. Verbindlichkeit des Vorgehens und individualisierte Bearbeitung müssen in den Handlungsprogrammen miteinander vereinbart werden.

- Ein drittes Paradox geht mit der Anforderung nach Individualisierung bei Handlungsprogrammen einher: die Bewältigung von Unsicherheit. Denn einerseits wird durch Handlungsprogramme ein Vorgehen definiert, mit dem die Organisation signalisiert, dass sie auf diesen Wegen Anforderungen bewältigen und wirkungsvolle Hilfen/ Unterstützungen/ Förderungen für Adressaten Sozialer Arbeit organisieren kann. Andererseits sind die Organisationsmitglieder beim Umgang mit sozialen (und insbesondere sozialpädagogischen) Problemen und Anforderungen mit dem Problem einer strukturellen Unsicherheit konfrontiert: Sie müssen handeln, obwohl sie in der Ausgangssituation die Lebenssituation ihrer Klienten und die Dimensionen der darin enthaltenen Schwierigkeiten höchstens ansatzweise verstanden haben, und sie müssen Methoden einsetzen, deren Erfolgsaussichten nicht klar kalkulierbar sind. Sozialpädagogisches Handeln ist strukturell ein „Handeln in Ungewissheit“ (Hörster/ Müller 1996; Heiner 2007, S. 445 ff.). Die Aufgabe einer organisationsbezogenen Steuerung liegt darin, einerseits durch Handlungsprogramme (Verfahren, Regeln, Orientierungen etc.) die Unsicherheit reduzieren zu helfen und sie bearbeitbar zu machen; aber andererseits dürfen die Managementakteure auch nicht den Eindruck erwecken, durch das Schaffen von Handlungsprogrammen könne man das strukturelle Problem der Unsicherheit „in den Griff bekommen“. Wenn es gut geht, kann das Ungewissheitsproblem entdramatisiert oder entschärft, aber nicht ausgeschaltet oder „gelöst“ werden. Die Managementherausforderung lässt sich mit der Paradoxie-Formel charakterisieren: „Wir haben gute Verfahren, um Probleme und Anforderungen anzupacken – aber ob sie letztlich helfen, wissen wir auch nicht. Unsere Organisation erzeugt mit den Verfahren einen begründeten, aber unsicheren Optimismus.“ Eine solche Paradoxie muss im Innern der Organisation wie nach außen plausibel und vertrauenserweckend gehandhabt und kommuniziert werden.

Managementanforderungen in Leitsätzen – organisationsbezogene Steuerung: Handlungsprogramme

- Dadurch, dass Managementakteure Impulse geben zum Entstehen und zur Entwicklung von Handlungsprogrammen (Verfahren, Regeln, Konzepte, Interpretationen – explizit und implizit/informell), gibt die Organisation den Mitarbeitern Orientierungen für die Herausbildung eines angemessenen, in der Organisation akzeptierbaren Handelns. Mit Handlungsprogrammen versucht die Organisation, ihre Handlungsfähigkeit (u. a. im Sinne eines Erreichens der Organisationsziele) zu gewährleisten; sie überlässt dies nicht allein den Personen (Organisationsmitgliedern) als deren individuelle Aufgaben.
- Durch Handlungsprogramme geben die Managementakteure die Organisation nach außen zu erkennen. Sie verdeutlichen die Kompetenz und die Verlässlichkeit der Organisation: „So arbeitet man bei uns – darauf kann man sich verlassen.“
- Managementakteure müssen auch auf eine angemessene Umsetzung von Handlungsprogrammen achten (und nicht nur diese proklamieren). Sie sollten die alltägliche Handhabung und Umsetzungsmodalitäten der Handlungsprogramme achtsam beobachten sowie für Reflexion und Weiterentwicklung sorgen.
- Bei der Konstituierung, Reflexion und Weiterentwicklung von Handlungsprogrammen ist nicht allein die fachliche Arbeit, sondern die gesamte Breite der Teilaufgaben und Vorgänge in einer Organisation in den Blick zu nehmen: fachliche, administrative, betriebswirtschaftliche, normative Aspekte. Bei Spannungen zwischen den Teilaufgaben und zwischen den darauf ausgerichteten Handlungsprogrammen sollten Managementverantwortliche darauf achten, dass angemessene Orte, Zeiten und Formen

für die Bearbeitung dieser Spannungen installiert und produktiv genutzt werden.

- Bei der Entstehung, Reflexion und Weiterentwicklung von Handlungsprogrammen sind nicht nur organisationsinterne Vorstellungen, Präferenzen und Interessen einzubeziehen, sondern auch Legitimationsanforderungen aus der organisationsrelevanten Umwelt zu berücksichtigen.
- Managementakteure stehen vor der Aufgabe, drei Paradoxien beim Umgang mit Handlungsprogrammen bewältigen zu müssen: die Paradoxie „Verbindlichkeit und Entlastung herstellen über Routinen ↔ Abgleiten in Routinehaftigkeit vermeiden"; die Paradoxie „Verlässlichkeit im Handeln herstellen ↔ individuumbezogene Flexibilität ermöglichen"; die Paradoxie „Vertrauen bilden mit Hilfe guter Verfahren ↔ Unsicherheit bzgl. der jeweiligen Angemessenheit von Handlungsprogrammen zulassen". Die Bewältigung dieser Paradoxien erfordert ein reflektiertes Ausbalancieren, kein einseitiges Prioritätensetzen. Gutes Management bedeutet, die Notwendigkeit des Ausbalancierens von Paradoxien in die Organisation hinein zu kommunizieren.

4.2.3 Organisationsstrukturen

Jede Organisation bildet Strukturen aus, mit deren Hilfe die Handlungsprogramme in einer möglichst kalkulierbaren und verlässlichen Weise umgesetzt werden können. Mit Hilfe der Strukturbildung versucht die Organisation zu gewährleisten,

- dass die zur Erreichung der Organisationsziele erforderlichen Aufgaben definiert und bestimmten Organisationsmitgliedern zur Erledigung zugeordnet werden,
- dass die unterschiedlichen Tätigkeiten miteinander koordiniert werden,
- dass die zur Aufgabenerledigung notwendige Kooperation stattfindet,
- dass verbindliche Entscheidungen getroffen und dass Weisungen legitimiert ausgesprochen werden.

Strukturen dienen somit als Regelung zur Arbeitsteilung und als Instrument der Koordination und geregelten Kooperation sowie als Instrument zur Kontrolle individueller und gruppenbezogener Akteure. Zur Steuerung einer Organisation über Strukturbildung gehört ebenfalls die Zuordnung von Verantwortung: In der Organisationsstruktur wird geregelt, welche Organisationsmitglieder für welche Teilbereiche, in welchem Umfang und in welcher spezifischen Weise Verantwortung zu tragen und entsprechend ihrer Verantwortung ihre Verhaltensweisen zu legitimieren haben.

Eine wesentliche Funktion von Strukturbildung liegt somit in der **Differenzierung und Integration von Aufgaben und Entscheidungsmöglichkeiten**, deren Erledigung für die Erreichung der zielgerichteten Handlungsprogramme erforderlich ist:

- Weil zur Erledigung komplexer Aufgaben nicht alle Organisationsmitglieder entsprechend ihrer begrenzten Kompetenzen in gleicher Weise zur Aufgabenerledigung beitragen können, müssen Handlungsbereiche differenziert werden, die häufig mit unterschiedlichen Kompetenzbereichen einhergehen (in Heimen z. B. Gruppenerziehung/ pädagogischer oder pflegerischer Dienst in Gruppen, Therapie oder besondere Förderung, Verwaltung, Hauswirtschaft). Ferner werden in der Hierarchie Verantwortungsbereiche differenziert (Leitung mit einer entsprechenden Ausdifferenzierung in Leitungsstufen und/ oder spezifischen Leitungsaufgaben).
- Weil die ausdifferenzierten Aufgabenbereiche wiederum ein Eigenleben entfalten, besteht die Notwendigkeit, Mechanismen der Integration zu installieren, also die einzelnen Aufgabenteile zusammenzubinden, um den Zusammenhalt der Organisation zu gewährleisten. In der Struktur der Organisation müssen Regelungen enthalten sein, die gewährleisten, dass die differenzierten Formen der Aufgabenerledigung und die dafür zuständigen Organisationsmitglieder miteinander verkoppelt werden.

Ein markanter Teil der Strukturen ist formalisiert: Es wird festgelegt, wer was in welchen Zusammenhängen zu welchen Zeitpunkten zu tun hat, um auf diese Weise eine bestimmte Form der Leistungserstellung kalkulierbar zu machen. Durch **Formalisierung** soll die Leistungsfähigkeit einer Organisation möglichst weitgehend unabhängig gemacht werden von den individuellen Eigenarten, den Motivationen und den persönlichen Fähigkeiten ihrer Mitglieder. Der Einfluss personenbezogener Zufälligkeiten soll möglichst gering gehalten werden. Für die außen stehenden Kooperationspartner (z. B. Ämter, Schulen, Einrichtungen des Gesundheitswesens etc.) soll deutlich werden, dass man sich auf eine bestimmte Form der Aufgabenerledigung in der Einrichtung verlassen kann, egal wer gerade anwesend ist , und dass diese Art der Aufgabenerledigung auch dann noch funktioniert, wenn der Mitarbeiter X oder die Mitarbeiterin Y den Arbeitsplatz wechseln wird. Die Anfälligkeit der Organisation für individuell verursachte, zufällig auftretende oder durch Personenwechsel bedingte Störungen soll durch Formalisierung reduziert werden. Eine Struktur ist in dem Maße formalisiert, „in dem die Regeln, die das Verhalten der Beteiligten steuern, genau und explizit formuliert sind und in dem Rollen und Rollenbeziehungen unabhängig von den persönlichen Eigenschaften derjenigen, die bestimmte Positionen in der Struktur innehaben, vorgegeben sind." (Scott 1986, S. 95)

Bei der formalen Organisationsstruktur sind zunächst **Aufbauorganisation und Ablauforganisation** voneinander zu unterscheiden:

- In der *Aufbauorganisation* werden die Aufgaben, die eine Organisation zu erfüllen hat, in Teilaufgaben zergliedert, und die Erfüllung dieser Teilaufgaben wird verschiedenen Organisationsmitgliedern oder Organisationseinheiten (Abteilungen, Sachgebieten o.Ä.) formal zugeordnet. Die Aufbauorganisation ist meist in Organigrammen abgebildet, wie sie z.B. auf den Internetseiten fast jeder Kommune, fast jedes Jugendamtes, fast jedes Wohlfahrtsverbandes oder vieler größerer Organisationen der Sozialen Arbeit abgerufen werden können.
- Damit die Erledigungen der Teilaufgaben in einen Bezug zueinander gebracht werden und damit Kooperationen die Zusammenführung der Erledigungen von Teilaufgaben in den übergreifenden Aufgabenkontext kalkulierbar gewährleisten, müssen im Rahmen der formell definierten *Ablauforganisation* Arbeitsabläufe und Kooperationsformen festgelegt werden. Es wird geregelt, wer wie zu handeln hat und wer auf welche Weise mit wem zu kooperieren hat. Dokumente für die Ablauforganisation findet man in Geschäftsordnungen, in Arbeitsanweisungen, in Dienstanweisungen, in Ablaufdiagrammen etc.

Beide Elemente formaler Strukturbildung sind aufeinander verwiesen: Eine Aufbauorganisation bleibt ein hohles Gebilde, wenn die durch sie hervorgerufene Differenzierung der Aufgabenerledigung nicht durch kalkulierbare Abläufe und Kooperationsverpflichtungen ergänzt wird, und eine Ablauforganisation ist ohne eine strukturelle Zuordnung von Aufgaben und Organisationsmitgliedern und ohne eine strukturierte Zuordnung von Organisationsmitgliedern zueinander kaum denkbar.

Innerhalb des jeweils gewählten grundlegenden Musters der Aufbaustruktur und mit der Festlegung von Ablaufstrukturen werden für die Organisation bedeutsame Teilaspekte möglichst verbindlich und für alle Organisationsmitglieder durchschaubar geregelt. Solche in der formalen Organisationsstruktur zu regelnden *Teilaspekte* sind insbesondere:

- die *Rollenstruktur*, mit der festgelegt wird, von wem was in welcher Position erwartet wird, und die damit einhergehende Aufgabenzuweisungen;
- die *Führungsstruktur*, die die Verteilung formaler Macht innerhalb der Organisation regelt, so u. a. die Frage, wer legitimiert ist, auf die Einhaltung der Rollenvorschriften zu achten und Verstöße gegen Rollenvorschriften zu sanktionieren;
- die *Entscheidungsstruktur* (als ein Element innerhalb der Führungsstruktur), die aussagt, wer in welchen Kommunikationszusammenhängen über welche Fragen entscheiden darf;
- die *Kommunikationsstruktur*, bei der die Wege (horizontal, vertikal) und die Formen (mündlich, schriftlich, innerhalb von Akten ...) der Kommunikation innerhalb der Organisation geregelt werden.

Strukturbildung in Organisationen kann Organisationsmitglieder entlasten, weil Orientierungen vorhanden sind, an denen die Personen ihr Verhalten ausrichten können, und weil Zuständigkeiten und Kooperationsanforderungen nicht immer wieder neu ausgehandelt und strategisch ausgerichtet werden müssen. Um eine solche Entlastungswirkung zu erreichen, muss die Organisationsstruktur ein möglichst hohes Maß an *Transparenz* aufweisen. Mit dem Grundsatz der Transparenz ist zum einen die Anforderung gemeint, dass im Prinzip alle Organisationsmitglieder (und wichtige Kooperationspartner außerhalb der Organisation) Kenntnis von den formalen Regelungen und ihrer Bedeutung haben sollten, und zum anderen, dass der sachliche Regelungsgehalt eines Strukturelements möglichst eindeutig sein soll.

Eine zu umfassende Formalisierung stellt jedoch auch ein Problem dar. Denn gerade pädagogische Einrichtungen entfalten ihre Qualität dann, wenn persönliche Beziehungen zu den Adressaten und zu anderen Kooperationspartnern aktiviert werden, also wenn gerade der nicht formalisierte Teil von Pädagogik und sozialen Beziehungen greift. Einrichtungen der Sozialen Arbeit, in deren Mittelpunkt soziale Dienstleistungen stehen, sind darauf angewiesen, einen personenbezogenen (also nicht formalisierten) Anteil nicht nur zuzulassen, sondern geradezu herauszufordern; denn ohne diese personenbezogenen Anteile kommen soziale Beziehungen, die die Grundlage für das Gelingen sozialer Leistungen bilden, nicht zustande. Ferner ist zu berücksichtigen, dass ein nicht unerheblicher Anteil der im Alltag anfallenden Situationen und Herausforderungen nicht durch vorher festgelegte formale Regelungen eingefangen werden kann. Es treten immer wieder Situationen auf, in denen Organisationsmitglieder situationsadäquat Entscheidungen treffen müssen, für die die formalen Strukturierungen nicht passen. Sie müssen sich im formal Ungeregelten bewegen und Lösungen finden, die sie für situationsadäquat halten und bei denen sie den Eindruck haben, dass solche informellen Praktiken in der Organisation anschlussfähig und im Grundsatz akzeptabel sind. Auch hier gilt es somit wiederum, eine Balance herzustellen: eine **Balance zwischen Formalisierung und Informalität**.

Es wäre also verkürzt, wollte man Strukturbildung in Organisationen nur aus den formalen Regeln ableiten. Auch **informelle Strukturen** dürfen bei der Analyse von Organisationen nicht vernachlässigt werden. Nur dann, wenn man auch die wenig expliziten und nicht schriftlich fixierten Regeln für Verhaltensweisen von Organisationsmitgliedern zur Kenntnis nimmt, wird man eine Organisation als ein soziales System verstehen lernen. Wie man sich in einer Organisation verhalten sollte, was man besser lassen sollte, wie man mit wem kommunizieren sollte, welche Tabus in einer Organisation existieren, welche informellen Hierarchien existieren – dies alles ist Bestandteil einer *informellen* Struktur.

Gerade neue Organisationsmitglieder stehen häufig vor dem Problem, dass informelle Regeln und darauf ausgerichtete Strukturen nicht ohne weiteres erfragbar sind. Denn die allgemein geteilten Auffassungen darüber, wie man sich in der Organisation verhalten sollte, sind im Alltag wirksam, ohne dass darüber „Protokoll geführt" würde. Die informellen Regeln und Strukturen werden meist erst dann offenkundig, wenn man gegen sie verstoßen hat und wenn dieser Verstoß mit (informellen) Sanktionen belegt wird: Mitarbeiter wenden sich ab, rümpfen die Nase, geben durch ihr Verhalten zu verstehen, dass jemand eine Regel durchbrochen hat etc. Dem Neuling in einer Organisation wird man über einen bestimmten Zeitraum, den man als Zeitraum der Eingewöhnung akzeptiert, eine größere Toleranz gegenüber Verstößen gegen informelle Normen entgegenbringen. In diesem Zeitraum hat der Neuling die Aufgabe, sich in das informelle Regelsystem der Organisation allmählich verstehend einzufinden. Verstöße gegen das informelle Regelsystem werden dem Neuling mit diskreten Hinweisen auf geltende Regeln zur Kenntnis gegeben, so dass dieser sich allmählich in die informelle Struktur hineinfinden kann.

Das, was sich als informelle Strukturbildung auf den unteren Ebenen herausbildet, bedeutet nicht automatisch eine reduzierte Verbindlichkeit. Auch informelle Regelungen schaffen für die Organisation einen Zusammenhalt, und die Verstöße gegen informelle Regeln und Strukturen können gleichermaßen intensiv sanktioniert werden wie die Verstöße gegen formelle Strukturen – dies dann allerdings eher mit informellen Sanktionsmechanismen (von kollegialer Kritik bis hin zum Abdrängen in die Randständigkeit in einem Team).

Die informellen Strukturen und Regeln dürfen nicht als Störfälle oder als Ersatz für nicht ausreichende formale Strukturbildung interpretiert werden. Informelle Strukturen sind zum einen ein Faktum in jeder Organisation, das man nicht ausschalten kann, das man zum anderen aber auch gar nicht ausschalten sollte (selbst wenn man es könnte). Denn diese sind gerade für solche Organisation wichtig, deren Aufgaben so unterschiedlich zusammengesetzt sind, dass dafür stark formalisierte Regeln und Strukturen, die alles gleich regeln, nur hinderlich wären. Gerade Organisationen Sozialer Arbeit, deren primäre Aufgaben in einer direkten Auseinandersetzung mit Personen und deren wechselnden Problemen liegen, müssen ein hohes Maß an Spielraum für Vorgehen und Entscheidungen bei den Mitarbeitern auf den unteren Ebenen belassen, also dort, „wo die eigentliche Arbeit gemacht wird". Hier bieten informelle Regeln eine Orientierung für die Mitarbeiter, damit nicht alles völlig dem Zufall überlassen bleibt. Informelle Strukturen und Regeln haben auch die Funktion einer Anpassungsleistung der Organisationsmitglieder an situativ gegebene Ungewissheiten.

Festzuhalten ist die Erkenntnis, dass insbesondere „klientennah" arbeitende Organisationen zur effektiven Leistungserfüllung und Bestandssicherung neben einem Ordnung verleihenden organisationalen Grundgerüst zusätzlicher inoffizieller Regelsysteme bedürfen. „Somit besteht an der Basis einer jeden Organisation eine funktionale Paradoxie: Die formale Ordnung kann nur so funktionieren, dass sie vieles von dem, was sie offiziell ausschließt, doch zulässt, ja zulassen muss, jedenfalls bis zu einem gewissen Grade." (Schreyögg 2003, S. 425) Auch hier ergibt sich wiederum die schwierige Aufgabe des Balance-Haltens oder zugespitzt formuliert: des Paradoxie-Managements (→ *Kap. 2.5*; Grunwald 2006).

Eine wichtige Variable bei der Ausgestaltung der Organisationsstruktur ist in der Größe einer Organisation zu sehen. Mit der zunehmenden Größe einer Organisation nehmen die Überschaubarkeit und die Kontrollierbarkeit der Interaktions-, Kommunikations- und Entscheidungsprozesse ab, und es besteht die Tendenz, die fehlende Überschaubarkeit und interaktionelle Kontrollierbarkeit durch formale Strukturierungs- und Kontrollmechanismen zu kompensieren. Je kleiner eine Organisation ist, desto geringer ist die Notwendigkeit, Formalisierung als Mittel zur Herstellung von Transparenz und Verbindlichkeit einzusetzen. Kleine Organisationen können Entscheidungen und Absprachen stärker in interaktiven Zusammenhängen treffen, wodurch formalisierte Regelungen in weitaus geringerem Maße erforderlich werden.

Ferner muss in größeren Organisationen, in denen mehrere dezentrale Organisationseinheiten arbeiten (z. B. ASD-Teams in Jugendämtern, dezentrale Wohngruppen eines Trägers der stationären Erziehungshilfe oder der stationären Behindertenhilfe, in Stadtteilen angesiedelte Teams der ambulanten Hilfe), entschieden und geregelt werden, welchen Grad an Autonomie den dezentralen Organisationseinheiten zugestanden werden soll und wie sie in die Gesamtorganisation eingebunden werden sollen. In der Regel resultiert die Dezentralisierung aus der Erkenntnis, dass die fachlichen Prinzipien (z. B.

Lebensweltnähe, Sozialräumlichkeit), also eine gute Umsetzung von Handlungsprogrammen eine dezentral ausgerichtete Struktur erfordern. Die Leistung der Organisation muss in der unmittelbaren Koproduktion mit dem Leistungsadressaten gestaltet werden, und dies häufig in dessen eigenem Lebensfeld. In solchen Konstellationen müssen die dezentralen Organisationseinheiten (Teams, Außenstellen o. Ä.) in der formalen Struktur ein größeres Maß an eigener Entscheidungskompetenz zugeordnet erhalten; eine genaue zentrale Steuerung über formale Struktur ist dann nur begrenzt möglich. Vielfach wird eine Organisation solcher Strukturen bedürfen, die sich dem Typus der „losen Koppelung" annähern (Weick 1995, 163 ff.) oder zumindest Anteile der „losen Koppelung" mit Steuerungsmechanismen einer engeren Ankoppelung verbinden (Böwer/ Wolff 2011): Die dezentralen Organisationseinheiten sind über ein Regelsystem in die Gesamtorganisation eingebunden, jedoch ermöglichen diese Verknüpfungen einen relativ hohen Anteil an eigenen situations- und problemangemessenen Entscheidungen, die sich rechtfertigen müssen vor dem Hintergrund der übergreifenden Regelsysteme und die über gemeinsame Reflexionsmechanismen mit der Gesamtorganisation zu verkoppeln sind.

Managementanforderungen in Leitsätzen – organisationsbezogene Steuerung: Organisationsstrukturen

- Managementakteure müssen Formen der funktionierenden Arbeitsteilung in Organisationen der Sozialen Arbeit installieren, in denen die Organisationsmitglieder ihren Beitrag zur Leistungserstellung der Organisation erkennen und realisieren können.
- Managementakteure entwickeln und installieren Formen der Koordination und der Kooperation und halten diese am Laufen, die zu einem möglichst reibungslosen Gesamtgefüge bzw. Gesamtprozess der Leistungserstellung führen.
- Managementakteure beobachten kontinuierlich die formale Aufbau- und Ablaufstruktur bezüglich ihrer Funktionalität (Wie gut funktioniert die Leistungserstellung mit den bestehenden formalen Strukturen und Regelungen?) und ihrer Wirtschaftlichkeit (Erfolgen die Arbeitsteilung und die Kooperationen in einem angemessenen Aufwand-Nutzen-Verhältnis?) und geben ggf. Veränderungsimpulse.
- Da mangelnde Transparenz in den Strukturen in der Regel zu Reibungsverlusten, zu Unsicherheiten und zu Konflikten in der Organisation führt, müssen Managementakteure für eine mög-

lichst weitgehende Transparenz in den formalen Strukturen sorgen; dies insbesondere im Hinblick auf Entscheidungen: Es muss deutlich geregelt sein, von wem welche Sachverhalte in welchen Situationen entschieden werden dürfen (und müssen).

- Managementakteure sollten einen Blick dafür entwickeln, welche informellen Regelungen in der Organisation sich herausbilden. Sie sollten beobachten, welcher Nutzen und welche Risiken mit solchen informellen Regen verbunden sein können, und ggf. versuchen, korrigierend und sensibel (mit anschlussfähigen Impulsen) darauf Einfluss zu nehmen.
- Bei dezentralisierten Organisationseinheiten müssen Modalitäten gefunden werden, die gleichermaßen eine Anbindung an die Gesamtorganisation sicherstellen wie eine partielle Handlungsautonomie der einzelnen Organisationseinheiten ermöglichen. Managementakteure sollten für eine Balance zwischen „loser Koppelung" und Anbindung sorgen.

4.2.4 Organisationsmitglieder

Die Ziele und das Handlungsprogramm einer Organisation sind entscheidend für die Frage, nach welchen Gesichtspunkten Personen die Mitgliedschaft in dieser Organisation erwerben können bzw. welche Personen von der Organisation für eine Mitgliedschaft rekrutiert werden. In einer Organisation können diejenigen Personen Mitgliedschaftsrollen übernehmen, die zur Realisierung der Ziele und zur Umsetzung der Handlungsprogramme beitragen können. Die Organisationsstrukturen legen fest, in welchen konkreten Rollen die Mitglieder in die Organisation eingebunden werden.

Für Organisationen der Sozialen Arbeit lassen sich – neben denjenigen, die in der rechtlichen Verantwortung des Trägers agieren (Vorstandsmitglieder, Geschäftsführer, Gesellschafter) – grob drei Rollen innerhalb der Organisationsmitgliedschaft unterscheiden: Betreuer, Betreute und technisches Personal (Hauswirtschaft, Verwaltung etc.). Betreuer und technisches Personal, die in ihren persönlichen und fachlichen Fähigkeiten differenziert einzusetzen sind, sind erforderlich, um über die Umsetzung von Zielen und Handlungsprogrammen gegenüber der Umwelt Leistungsfähigkeit demonstrieren zu können. Unterhalb dieser groben Aufteilung hält die Organisationsstruktur selbstverständlich vielfältige und unterschiedlich ausdifferenzierte Mitgliedschaftsrollen bereit (z.B. Organisationsmitgliedschaften mit eher leitender und mit eher ausführender Rolle).

Allerdings ist bei den Betreuten und deren potentieller Mitgliedschaftsrolle in Organisationen zu differenzieren. Bei vielen Einrichtungen und Diensten, deren Kontakt mit einem einzelnen Adressaten zeitlich und räumlich sehr begrenzt ist, ist es nicht sinnvoll, von einer Organisationsmitgliedschaft der Adressaten zu sprechen. Eine Beratungsstelle, ein offener Treffpunkt für Jugendliche oder für bestimmte Randgruppen (z.B. Suchtkranke) oder ein Projekt der Straßensozialarbeit haben einen Kontakt zu ihren Adressaten, bei dem die Adressaten – ähnlich wie die Nutzer von Restaurants oder Friseurläden – eher der Umwelt der Organisation zuzurechnen sind und bei dem die Adressaten in der Regel keine Organisationsmitgliedschaften erwerben. Der Kontakt der Betreuten zu der Organisation ist zeitlich sehr begrenzt, und diese dringen in ihrem Kontakt kaum zu alltäglichen Abläufen und zu Entscheidungen in der Organisation vor. Demgegenüber sind Einrichtungen, die einen Teil des Alltags mit ihren Adressaten gestalten, darauf angewiesen, dass die Adressaten sich in einer intensiveren Weise auf die Organisation einlassen, so dass in solchen Fällen durchaus von einer spezifischen Mitgliedschaftsrolle innerhalb der Organisation gesprochen werden kann. Letzteres ist insbesondere bei stationären oder teilstationären Einrichtungen (Heime oder Tageseinrichtungen) der Fall. Es existieren auch Möglichkeiten des Übergangs oder des Changierens zwischen beiden Mustern: So kann z.B. ein Jugendlicher, der zunächst ab und zu ein Jugendzentrum besucht und daher als Teil der Umwelt des Jugendzentrums einzuordnen ist, sich allmählich intensiver im Jugendzentrum engagieren (z.B. im Jugendbeirat, beim Thekendienst im offenen Bereich, bei der Organisation von Veranstaltungen) und dadurch (zumindest zeitweise) mehr Einfluss auf die Gestaltung ausüben; er wird dann tendenziell als Organisationsmitglied einzuordnen sein. Als generelle Leitorientierung kann man jedoch festhalten: Je stärker innerhalb einer Einrichtung mit den Betreuten deren „normaler Alltag" gestaltet wird und je stärker die Gestaltung des „normalen Alltags" zum Gegenstand der Betreuung wird, desto eher werden die Betreuten in die Übernahme deutlich konturierter Mitgliedschaftsrollen gedrängt.

Betrachtet man die Organisationsmitgliedschaften von Betreuern, also von hauptamtlichen oder freiwillig tätigen bzw. ehrenamtlichen Mitarbeitern, so zeigt sich hier das zentrale Problem **der Ausgestaltung des Verhältnisses von Organisation und Individuum**. Es ist Teil der Alltagserfahrung, dass Organisationszweck und individuelle Handlungsmotive von Organisationsmitgliedern nicht immer übereinstimmen müssen. In der Regel besteht eine Differenz zwischen Organisationszweck und Handlungsmotiven, und diese Differenz wird tendenziell intensiver, je größer eine Organisation ist, je mehr sie damit vor der Aufgabe steht, unterschiedliche Handlungsmotive einer größeren Zahl von Organisationsmitgliedern einzubinden. Die Motive der Organisationsmitglieder können sehr vielfältig sein, sie sind nicht nur auf den sachlichen Zweck der Organisation begrenzt: Neben der Identifikation mit dem Zweck bzw. den Zielen der Organisation kann die Mitgliedschaftsmotivation durch Geld, durch Attraktivität der auszuführenden Handlungen (z.B. Freude am freizeitorientierten Umgang mit Kindern und Jugendlichen, Erfüllung finden im helfenden Umgang mit hilfebedürftigen Personen) oder durch Kollegialität (Beziehung zu anderen, ähnlich gesinnten Personen; Zugehörigkeit zu einem bestimmten Milieu) bestimmt sein oder durch eine je individuelle Mischung aus verschiedenen Motivlagen (s. Kühl 2011, S. 37ff.). Ferner können große Machtunterschiede innerhalb einer Organisation die genannte Spannung intensivieren. Organisationszweck und individuelle Handlungsmotive stehen in einer kaum vermeidbaren Differenz zueinander, so dass diese Spannung als ein selbstverständliches Element innerhalb von Organisationen angesehen werden kann und zunächst nicht dramatisiert werden muss. Organisationsmitglieder können normalerweise nicht alle ihre Handlungsmotive eine Organisation einbringen, sodass immer ein gewisser „Überschuss" an individuellen Handlungsmotiven existiert, die in der Organisation keinen Platz erhalten können. Handlungsmotive unterschiedlicher Organisationsmitglieder können in Spannung zueinander stehen, sodass es nicht möglich ist, jedem Motiv gleichermaßen gerecht zu werden. Ferner können die individuellen Handlungsmotive im Laufe der Organisationszugehörigkeit wechseln, und es wäre für eine Organisation weder machbar und nützlich, wenn sie sich diesen Wechseln jeweils anpassen wollte. Eine Organisation, die weitgehend ohne Differenz zu den Handlungsmotiven ihrer Mitglieder existiert, kann als ein sehr seltener und fast pathologischer Fall diagnostiziert werden (z.B. Sekten).

Jedoch muss jede Organisation Vorsorge treffen, dass diese Spannung und die daraus resultierenden Konflikte nicht allzu belastend werden. Allzu große Konflikte aufgrund von Differenzen zwischen Organisationszweck und Handlungsmotiven belasten die Effektivität der Organisation. Eine Organisation, deren Mitglieder zwar ihre Handlungsmotive gut verfolgen können, aber den Organisationszweck aus den Augen verlieren – alle fühlen sich wohl, aber es werden kaum Effekte erzeugt –, ist genauso in ihrem Bestand gefährdet wie eine Organisation, bei der die Organisationsziele und die daraus abgeleiteten Handlungsprogramme so sehr in den Mittelpunkt gestellt werden, dass die Mitglieder sich mit ihren Handlungsmotiven kaum einbezogen und in ihrer Arbeit „entfremdet" fühlen. Deswegen müssen in Organisationen Vorkehrungen getroffen werden, die Spannung zwischen Organisationszweck und Handlungsmotiven nicht allzu groß werden zu lassen. Es bedarf des aktiven Bemühens um Integration der Organisationsmitglieder in die Organisation. Dabei sind die Motive nicht nur psychologisch als innerer Handlungsauslöser von Organisationsmitgliedern zu interpretieren. Aus dem Blickwinkel der Organisation müssen zwei Dinge in eine Balance gebracht werden: die individuellen Motive der Organisationsmitglieder einerseits und die aus organisationaler Sicht als „bedeutsam" und daher als „gewünscht" oder „anerkennungsfähig" angebotenen Motivbündel, an die sich Individuen anschließen können, um sich mit Hilfe solcher Anschlüsse einen Platz in der Organisation (Zugehörigkeit, Karriere etc.) zu verschaffen (Pohlmann/ Markova 2011, S. 79 ff.). Wenn eine ausreichende Schnittmenge zwischen individuellen Motiven und von der Organisation angebotenen Motivbündeln erreicht werden kann, kann ein länger andauerndes produktives Handeln von Organisationsmitgliedern im Sinne der Organisationsziele entstehen.

Puch (1994, S. 124 f.) unterscheidet für die Bewältigung der skizzierten Aufgabe der Ankoppelung von Individuen bzw. Organisationsmitgliedern und Organisation zwei elementare strategische Perspektiven:

- die „Einbindung", bei der die Perspektive der Organisation gegenüber dem Individuum im Zentrum steht – die Organisation sorgt dafür, dass die Individuen mit den Perspektiven der Organisation vertraut werden und sie für sich übernehmen, und
- die „Gestaltung", die dem Blickwinkel des Individuums gegenüber der Organisation entspricht – die Organisation lässt sich auf die Vorstellungen der Organisationsmitglieder ein und rückt auf diese Weise stärker an die individuellen Ausrichtungen der Organisationsmitglieder heran und verringert so die Distanz zu ihnen.

Werden bei der „Einbindung" stärker die Prozesse der Sozialisation akzentuiert, bei der das Individuum sich allmählich in die Organisation, in ihre formellen und informellen Normen und Strukturen hineinfindet (z. B. in Modalitäten der Einarbeitung oder der Arbeitsanweisungen oder der Anleitung und Beratung durch Vorgesetzte), beschreibt der Begriff der „Gestaltung" stärker die Mitgestaltung durch die Organisationsmitglieder (Mitarbeitervertretung, Zielvereinbarungen zwischen Leitung und Mitarbeiter etc.), so dass die Organisation den Erwartungen und den Motiven der Individuen besser gerecht werden kann.

Managementanforderungen in Leitsätzen – organisationsbezogene Steuerung: Organisationsmitglieder

Hier werden lediglich einige generelle Orientierungen zusammengefasst. Konkretere Erläuterungen folgen in Kapitel 7, das sich ausführlicher mit Fragen der mitarbeiterbezogenen Steuerung bzw. des Personalmanagements befasst.

- Managementakteuren sollte bewusst sein, dass die Motive von Organisationsmitgliedern vielfältig und sehr unterschiedlich sein können und dass daher die Differenz zwischen individuellen Handlungsmotiven und Organisationszweck/ Organisationszielen als normal anzusehen ist.
- Managementakteure müssen Vorkehrungen treffen, um die skizzierte Differenz nicht zu groß werden zu lassen. Sie sollten sich bemühen, eine ausreichende Schnittmenge zu erzeugen zwischen individuellen Handlungsmotiven der Organisationsmitglieder einerseits und von der Organisation als „anerkennungsfähig" angebotenen Motivbündeln andererseits.
- Bei diesem Bemühen sollten Managementakteure zwei strategische Richtungen einbeziehen: die „Einbindung" der Organisationsmitglieder in die Organisation (die Mitglieder an die Organisation „heranholen") und die „Gestaltung" der Organisation durch Organisationsmitglieder (die Organisation „zu den Organisationsmitgliedern bringen"). Über das Verfolgen *beider* Richtungen kann „Anschlussfähigkeit" zwischen Individuen und Organisation eröffnet werden.

4.2.5 Organisationskultur

In *Kapitel 2.4.2* (Erläuterung der „Organisationssoziologischen Bezugspunkte für die Konzipierung von Management") ist das Thema „Organisationskultur" bereits als ein zentraler Bezugspunkt für Managementhandeln markiert und charakterisiert worden. Organisationskultur ist zu verstehen als die Bündelung im impliziter Wertorientierungen und damit einhergehender „kultureller Regeln", die eine gesamte Organisation durchziehen, sie ist zu verstehen als die „Mentalität einer Organisation" (neben den in Kap. 2.4.2.3 enthaltenen Literaturhinweisen s. auch Schreyögg 2003, S. 448ff.; Schreyögg/ Koch 2010, S. 335ff.; Pohlmann/ Markova 2011, S. 135ff.).

Die Rede von Organisationskultur folgt der These, dass jede Organisation dieses Muster von Grundannahmen, also eine je spezifische Kultur hervorbringt. „Organisationen, so die Idee, entwickeln eigene unverwechselbare Vorstellungs- und Orientierungsmuster, die das Verhalten der Mitglieder nach innen und außen auf nachhaltige Weise prägen." (Schreyögg 2003, S. 450)

Organisationskulturen werden entsprechend den Forschungen und konzeptionellen Arbeiten des amerikanischen Organisationspsychologen Edgar Schein aus **drei Elementen** gebildet:

- aus **Grundannahmen** (→ *Kap. 2.4.2.3*): z.B. wie man die „Natur des Menschen" einschätzt (z.B. als eher faules oder eher fleißiges Wesen, als lernoffenes oder eher entwicklungsresistentes Wesen), oder zur Vorstellung darüber, wie Arbeit sein sollte (z.B. wettbewerbsorientiert oder kooperativ, als Anstrengung oder als Selbstverwirklichung), oder über die Art der zwischenmenschlichen Beziehungen (z.B. egalitär oder hierarchisch, Zulässigkeit von Emotionen im Arbeitsprozess) etc. Solche „Basisannahmen" sind den Organisationsmitgliedern eher unbewusst; sie bilden ein gemeinsames Muster, eine Art „Weltbild", das das Gefüge innerhalb der Organisation prägt.
- aus **Normen und Standards:** Wertvorstellungen und Verhaltensstandards machen deutlich, wie sich die einzelnen Organisationsmitglieder entsprechend den Grundannahmen zu verhalten haben. Es geht um Prinzipien und Verhaltensanforderungen sowie um ungeschriebene Regeln, die den Mitgliedern helfen, für eine Vielzahl von Situationen ‚richtiges' und ‚falsches' Verhalten zu unterscheiden.
- aus einem **Symbolsystem:** Das Symbolsystem manifestiert sich in Geschichten über die Organisation (Gründungsväter und Gründungsmütter, dramatische Ereignisse etc.), Ritualen und Zeremonien (Aufnahme- und Entlassungsriten, Formen der Belobigung, Umgang mit Geburtstagen oder Jubiläen u.a.m.), eigenem Jargon, Logo der Organisation, Kleidung, architektonischer Gestaltung der Räume etc.

Organisationskulturen werden nicht „offiziell proklamiert". Sie entfalten sich gleichsam implizit, in Form von selbstverständlichen Annahmen, die dem täglichen Handeln zugrunde liegen. „Es ist die vertraute Alltagspraxis, über sie wird in der Regel nicht nachgedacht, sie wird gelebt." (Schreyögg 2003, S. 451) Die Organisationskultur wirkt sowohl auf der kognitiven als auch auf der emotionalen Ebene. Sie bildet auch einen Rahmen für den Teil des Gefühlslebens von Organisationsmitgliedern, das in Verbindung mit den

Aufgaben und dem Alltagsleben in der Organisation steht. Organisationskultur wird von den Mitgliedern in der Regel nicht bewusst gelernt, sondern die neuen Mitglieder wachsen hinein in eine Reihe von Handlungsmustern, die ihnen verdeutlichen, wie sie sich entsprechend den organisationskulturellen Vorgaben zu verhalten haben. Sie werden in die Organisationskultur hineinsozialisiert.

Je komplexer Organisationen strukturiert sind, desto größer ist die Wahrscheinlichkeit, dass sich „Teilkulturen" ausdifferenzieren. Eine solche Ausdifferenzierung vollzieht sich in Organisationen mit großer Unterschiedlichkeit von Aufgaben (z.B. eine Organisation mit einem Teilbereich „stationäre Hilfen" und einem Teilbereich „ambulante Hilfen" oder ein Jugendamt mit Abteilungen, die verschiedene Aufgabenbereiche bearbeiten wie Kindertagesbetreuung, Jugendarbeit, Jugendsozialarbeit, Erziehungshilfe) und entsprechendem professionellen Hintergrund sowie dann, wenn sich einzelne Organisationsteile relativ eigenständig innerhalb der Gesamtorganisation bewegen können (z.B. dezentrale Organisationseinheiten wie stadtteilbezogene ASD-Teams in einem Jugendamt oder Wohngruppen als Teil einer Einrichtung). Bei solchen Bedingungen ist damit zu rechnen, dass sich einzelne „Teilkulturen" herausbilden. Solche „multiplen Kulturen" innerhalb einer Organisationskultur entstehen insbesondere dann, wenn die „Gesamt-Organisationskultur" relativ schwach ausgebildet ist und wenig normative Vorgaben enthält bzw. die normativen Vorgaben nicht ausreichend in Geltung zu setzen vermag. Vor allem Organisationen mit dezentralen Strukturen bieten günstige Bedingungen für die Herausbildung solcher „Teilkulturen". Solche Teilkulturen können die Kommunikation und Kooperation zwischen den verschiedenen Organisationssegmenten erschweren; zumindest muss bei der Gestaltung von Kommunikation mit ihnen gerechnet werden, und zwar sowohl mit ihren Potentialen (Perspektivenerweiterung) als auch mit ihren Risiken (Probleme des Verstehens bzw. der Verständigung).

Die Organisationskultur ist häufig ein gar nicht oder zu wenig beachteter Faktor, der nicht nur für die Motivation, das Sich-Wohlfühlen der Mitarbeiter in einer Organisation bedeutsam ist, sondern auch unmittelbare Auswirkungen auf die Qualität der Leistungserbringung, das fachliche Handeln hat. Organisationskultur stellt einen wichtigen Sozialisationsfaktor für alle Organisationsmitglieder dar, sie prägt deren Verhalten, deren Blick auf Aufgaben und Anforderungen, deren Interpretation der formalen Strukturen und Vorgaben sowie deren Umgang mit diesen. Gerade wenn man sich Gedanken macht über eine fachlich angemessene Leistungserbringung in einer Organisation oder wenn man über die Ursachen von Fehlern und Unzulänglichkeiten in Organisationen nachdenkt, darf man diese Dimension des Organisationslebens nicht vernachlässigen (Beispiel Jugendamt: Merchel 2007).

Bei der Erörterung von Anforderungen an das Management ist neben der Anforderung, bei der Beobachtung der Leistungserbringung und bei der Interpretation von organisationsinternen Vorgängen den Aspekt „Organisationskultur" nicht zu vernachlässigen, nach den Möglichkeiten der aktiven Beeinflussung der organisationskulturellen Gegebenheiten und Entwicklungen in einer Organisation der Sozialen Arbeit zu fragen. In *Kapitel 2.4.2.3* wurde bereits darauf hingewiesen, dass sich Organisationskultur der unmittelbaren und intentionalen Steuerung durch Managementhandeln entzieht (vgl. auch Pohlmann/ Markova 2011, S. 146ff.). Man kann Organisationskultur nicht mechanistisch und zielgerichtet manipulieren. Ist damit Organisationskultur dem Managementhandeln völlig entzogen oder lassen sich andere Steuerungsmodalitäten entfalten, mit denen Organisationskultur beeinflusst werden kann bzw. zumindest mit gewissen Wirkungshoffnungen Versuche zur Einflussnahme unternommen werden können?

Organisationskultur hat ihre eigene Entstehungs- und Wirkungslogik, die zunächst zu verstehen sind. Auf der Basis eines solchen Verstehens können Impulse gesetzt und deren Wirkungen reflexiv in einem kontinuierlichen Prozess bearbeitet werden (Klimecki/ Probst 1990). Erforderlich ist eine sensible Beobachtung organisationskultureller Phänomene und Prozesse in einer Organisation – mit dem Bewusstsein und der Akzeptanz der nur begrenzten Steuerbarkeit. Organisationskultur mit ihren mannigfaltigen Erscheinungsweisen und Äußerungsformen bildet sich in längeren Prozessen heraus. Auf der Grundlage von Beobachtungen gesetzte Impulse zur allmählichen Veränderung von Organisationskultur benötigen längere Zeit- und Entwicklungsphasen. Der Versuch, Organisationskultur in den Blick zu nehmen und dabei Steuerungsaktivitäten (im Bewusstsein ihrer Begrenzungen) zu entwickeln, kann als ein Teil des in *Kapitel 3.5* charakterisierten „normativen Managements" verstanden werden. Die Beachtung des Charakters von Organisationskultur dämpft die Illusion einer kurzfristigen technischen Machbarkeit. Dennoch darf dies nicht als ein Argument dafür herangezogen werden, die Kulturebene bei der Beobachtung und Interpretation von Prozessen und bei der Organisationsgestaltung in Organisationen der Sozialen Arbeit außer Acht zu lassen. Organisationskultur wirkt in einer Organisation, und dementsprechend müssen Managementakteure diese „mentale Dimension" bei der Interpretation des Organisationsgeschehens einbeziehen – sowohl in ihren möglichen produktiven Effekten (u.a. Orientierungsgewinn, Motivierung, Teamzusammenführung etc.) als auch in ihren möglichen hinderlichen Wirkungen (u.a. Fixierung auf traditionelle Muster mit Abwehr neuer Orientierungen, Erzeugen von „Gruppenkonformität" mit Einschränkung von Perspektivenvielfalt) (Schreyögg/ Koch 2010, S. 353ff.).

Managementanforderungen in Leitsätzen – organisationsbezogene Steuerung: Organisationskultur

- Managementakteure sollten sich der Bedeutung von Organisationskultur als der „Mentalität" einer Organisation bewusst sein, d. h.: bei der Interpretation von Vorgängen in der Organisation diese Dimension einbeziehen und bedenken, dass Entscheidungen und andere Formen des Managementhandelns mit Auswirkungen auf den organisationskulturellen Rahmen verbunden sind.
- Managementakteure sollten nicht der Fehleinschätzung unterliegen, sie könnten Organisationskultur zielgerichtet und annähernd ergebnisgenau steuern. Steuerungsoptionen als „Steuerungsversuche" ergeben sich über eine Beobachtung organisationskultureller Phänomene in einer Organisation, auf deren Basis Impulse zur Einflussnahme gesetzt werden, die dann in der Organisation in einer nicht genau vorhersehbaren Weise und mit nicht genau vorhersehbaren Effekten verarbeitet werden, was wiederum zu beobachten ist und möglicherweise zu weiteren Impulsgebungen führt.
- Managementakteure sollten sich bewusst machen, dass ihr Verhalten und ihre Entscheidungen in hohem Maße organisationskulturell prägend sein können. Leitungspersonen setzen durch ihr Handeln Signale, an die sich Wertsetzungen und Handlungen von Organisationsmitgliedern anschließen können; ferner können Organisationsmitglieder ihre Handlungen durch Bezugnahme auf diese Signale legitimieren. Managementakteure wirken potentiell prägend für die Organisationskultur, ohne dass sie dies intendieren (Wimmer 2009, S. 30). Sie sollten daher die Bedeutung ihres Handelns für die Dynamik der Organisationskultur reflektieren.

4.3 Förderung organisationaler Lernfähigkeit

Bei der organisationsbezogenen Steuerung geht es nicht nur um die alltagsbezogene Gestaltung von organisationalen Strukturen und Abläufen und um dabei erfolgende leichte Anpassungen und Korrekturen. Um die Leistungsfähigkeit der Organisation auch künftig zu gewährleisten, muss eine „Entwicklungsperspektive" installiert werden: Die Organisation muss sich in die

Lage versetzen, ihre Leistungen kontinuierlich zu prüfen, ob sie den Anforderungen der Umwelt entspricht, ob sich die internen Strukturen und Prozesse Ereignisse oder Abläufe eingeschlichen haben, die eine gute Leistungserbringung beeinträchtigen, und ob sich die Anforderungen der Umwelt oder der Organisationsmitglieder möglicherweise verändern und die Leistungen sowie die darauf ausgerichteten Strukturen und Prozesse dementsprechend verändert bzw. angepasst werden sollten.

Bei einer solche Prüfung kommen die Akteure in Organisationen manchmal zu der Auffassung, dass ihre Organisation etwas grundlegender erneuert werden muss und dass man dafür im Rahmen eines eigenen Projekts Zeit aufwenden und besondere Bemühungen unternehmen muss. Für solche Projekte der umfassenderen Überprüfung der Funktionsfähigkeit von Organisationen und der Erneuerung ihrer Strukturen und Abläufe hat sich der Begriff **„Organisationsentwicklung"** (gebräuchliche Abkürzung: OE) eingebürgert. Für Organisationsentwicklung besteht eine umfassende Konzepttradition mit vielfältigen Methoden, mit denen man Veränderungsprozesse anstoßen und zielgerichtet entwickeln will (ausführlich: Schiersmann/ Thiel 2009).

Eine nachdrückliche Veränderung von Organisationen lässt sich aber nicht so einfach bewerkstelligen. Veränderungsbereitschaft in Organisationen kann nicht als „Normalfall" angesehen und vorausgesetzt werden. Vielmehr gelten Organisationen zunächst einmal als strukturell konservativ; sie zeichnen sich durch ein nicht unerhebliches Maß an Beharrungsvermögen aus (→ *Kap. 2.4.2.1*). Denn die Organisationsmitglieder haben sich im Laufe der Zeit eine Form der Organisation geschaffen, die für sie selbst „Sinn macht" und ihnen eine Orientierung für ihr alltägliches Handeln ermöglicht. Die Strukturen und die Arbeitsweisen entsprechen den Interpretationen der Organisationsmitglieder hinsichtlich der fachlichen Aufgaben und der Anforderungen der Umwelt, sie spiegeln deren Interessen und persönliche Vorlieben wider, sie stellen vorläufig funktionierende „Einigungen" dar zur organisationsinternen Aufteilung von Bedeutung und Macht, sie bilden Kooperationsvorlieben und -gewohnheiten ab etc. Für das Erreichen des Organisationszwecks besteht durch gefestigte Strukturen ein gewisses Maß an Durchschaubarkeit und Verlässlichkeit. Wenn sich Irritationen in den internen Abläufen ergeben, so reagieren die Organisationsmitglieder zunächst in einer Weise, dass sie erst einmal versuchen, die Irritationen mit den bisher erprobten Mitteln und in der bisherigen Struktur zu beseitigen. Dieses Muster der Ausrichtung an den eigenen, bisher funktionalen Sinnsystemen, die bis dahin geholfen haben, die Organisation aufzubauen und aufrecht zu erhalten, beeinflusst auch den Umgang mit Irritationen, die aus der Umwelt der Organisation stammen. Es führt zu der Neigung, Entwicklungen und Informationen aus der Umwelt selektiv wahrzunehmen, also vor allem das zuzulassen, was dem Sinnsystem der Organisation entspricht, bzw. die Entwicklungen aus der Umwelt so verarbeiten, dass sie mit dem eigenen Sinnsystem kompatibel werden („Selbsreferentialität"). Diese Mechanismen der Wahrnehmung von internen Störungen und externen Umweltimpulsen statten Organisationen mit einer grundlegenden Stabilität aus.

Dieser strukturelle Konservativismus kann für die Organisationen jedoch zum Problem werden. Denn Organisationen müssen sich gegenüber den Einflüssen ihrer Umwelt als zugänglich erweisen, weil sie sich sonst isolieren, die Anforderungen aus ihrer Umwelt nicht mehr angemessen wahrnehmen und daher nicht mehr in ihren Leistungen umsetzen; auf diese Weise können sie die Grundlagen ihrer eigenen Existenz gefährden. Auch im internen Gefüge ist es für die Arbeitsfähigkeit und letztlich für den Bestand der Organisation problematisch, wenn innere Diskrepanzen und Konfliktbelastungen nicht frühzeitig wahrgenommen und nicht bearbeitet werden und sich möglicherweise im Laufe der Zeit so zuspitzen, dass eine effektive Leistungserbringung nicht mehr gewährleistet ist. Damit solche Entwicklungen vermieden werden, sollten Leitungspersonen sich bemühen, Mechanismen zu installieren, die den strukturellen Konservativismus aufweichen und die Organisation herausfordern, veränderte Umweltanforderungen wahrzunehmen, sensibel zu werden für interne Divergenzen und diese im Sinne einer organisationalen Weiterentwicklung zu verarbeiten. Organisationen sollten also „Lernfähigkeit" ausbilden.

Das Bestreben, Veränderungsprozesse in Organisationen nicht vornehmlich in vom Alltag abgehobenen, zeitlich begrenzten Projekten der besonderen Organisationsentwicklung stattfinden zu lassen, sondern die Wahrnehmung von Diskrepanzen und die Reflexion von Veränderungen möglichst zum Bestandteil der „normalen Abläufe" in einer Organisation zu machen, wird als **Initiierung und Förderung „organisationaler Lernfähigkeit"** bezeichnet. Die Organisation überlasst es nicht nur dem Zufall, ob Organisationsmitglieder (Mitarbeiter) neue Informationen und Erfahrungen in die Organisation einspeisen, wie Impulse aus der Umwelt in die Organisation gelangen und wie diese Impulse dann in der Organisation verarbeitet werden, sondern sie entwickelt Mechanismen, durch die individuelle Lernvorgänge der Organisationsmitglieder in der Organisation verkoppelt und durch solche Verknüpfungen Lernprozesse in der Organisation herausgefordert werden.

Mit dem Begriff der „organisationalen Lernfähigkeit" werden zwei zentrale Aspekte besonders hervorgehoben (ausführlicher zum Folgenden: Merchel 2005a, S. 143ff.):

- Organisationslernen geschieht selbstverständlich nicht ohne individuelle Lernvorgänge der Organisationsmitglieder. Das Lernen und die Lernergebnisse der Individuen werden in einer systematischen Weise zusammengebracht, und dabei entsteht ein Lernprozess innerhalb der Organisation, der nicht identisch ist mit der Summe der individuellen Lernprozesse und der in der Verkoppelung der individuellen Lernvorgänge deutlich über die Reichweite individueller Lernvorgänge hinausgeht. Individuelle und in Gruppen (Teams) verlaufende Lernprozesse werden auf eine Art herausgefordert und miteinander verknüpft, dass sich auf der Organisationsebene eine bewusst herbeigeführte Lerndynamik ergibt. Die Fähigkeiten zur individuellen Selbstreflexion werden genutzt und transformiert in eine Bereitschaft und Fähigkeit der Organisation zur kollektiven Selbstreflexion. Es geht bei der Lernfähigkeit von Organisationen also um das bewusste Herstellen einer Verbindung zwischen individuellen Lernvorgängen und der organisationalen Lernebene.

- Eine lernfähige Organisation vertraut nicht allein auf die Zufälligkeit von individuellen Lernvorgängen und Wahrnehmungen, sondern schafft „Lernsysteme" und versucht, durch Institutionalisierung solcher Lernsysteme das Lernen zu einem kontinuierlichen Vorgang innerhalb der Organisation zu machen. Organisationale Lernfähigkeit bedeutet, dass individuelle und kollektive Reflexionsanlässe bewusst herbeigeführt, herausgefordert und für die Organisation genutzt werden. Ferner geht es um einen systematischen Aufbau von Wissen und eine systematische Verarbeitung von Wissen innerhalb der Organisation. Erzeugt werden sollen kontinuierlich oder geregelt periodisch funktionierende Systeme der Wissensaufnahme, der Wissensweitergabe und der darauf aufgebauten Reflexion von Strukturen und Handeln.[16]

Auch das Bemühen um Verankerung von Lernbereitschaft in der Organisationskultur eines Amtes oder einer Einrichtung trifft auf Lernhindernisse: Lernimpulse müssen sich gegen Gewohnheiten und Routinen durchsetzen, Machtstrukturen und Informationsbarrieren verhindern Lernoffenheit, Fehler und Beschwerden (verstanden als „Irritationen") werden nur ungern zugelassen. Doch es lassen sich auch Ansatzpunkte identifizieren, um bewusst

---

16 Die mit dem Stichwort „Wissensmanagement" angesprochenen Gestaltungsperspektiven, die im Kontext organisationaler Lernfähigkeit verortet werden können und Bezugspunkte zu weiteren organisationalen Steuerungsbereichen aufweisen (fachliche Steuerung bzw. Qualitätsmanagement, mitarbeiterbezogene Steuerung), können aus Platzgründen in diesem Einführungsbuch nicht intensiver erörtert werden. Für weitere Erläuterungen zum Wissensmanagement sei verwiesen auf Wiater 2007; Willke 2007; Meinsen/ Diekmann 2012; Merchel 2005 a, S. 173 ff.

Impulse für eine Entwicklung und Förderung der organisationalen Lernbereitschaft in einer Organisation zu setzen. Über Managementhandeln können solche Lernanlässe geschaffen und herausgefordert sowie im Organisationsgefüge verankert werden. Praktisch kann eine solche lernorientierte organisationsbezogene Steuerung z. B. in folgenden Handlungsweisen erfolgen (s. Merchel 2005a, S. 182ff.):

- **Schaffen eines gemeinsamen Bild von „gelingender Arbeit" als Grundlage für Konzeptreflexionen:** In einer Organisation existieren immer Vorstellungen darüber, was als „gelingende Praxis" in dem jeweiligen Handlungsfeld angesehen werden kann – allerdings meist eher implizit als explizit und meist eher bei den einzelnen Mitarbeitern und weniger kommuniziert als ein Bild, das *die Organisation* für sich proklamiert. Dies hat den Nachteil, dass gemeinsame, diskutierte Urteile über den Zustand der eigenen Organisation und des eigenen Handelns höchstens annäherungsweise existieren und somit gemeinsame Entwicklungsperspektiven nicht immer so produktiv angegangen werden, wie die Akteure das eigentlich wollen. Wenn in einer Organisation eine gemeinsame Diskussion eröffnet und strukturiert wird über „gelingende Praxis" – mit Differenzierungen zu elementaren, erforderlichen, erstrebenswerten, wünschbaren etc. Aspekten –, so kann ein ziel- und praxisbezogener Reflexionsprozess initiiert werden, der sich unterscheidet von den mühevollen und vielfach wenig praxisbedeutsamen „Leitbild-Debatten", die von vielen Organisationsberatern den Organisationen gebetsmühlenartig empfohlen werden. (→ *Kap. 3.5*)

- **Konzeptreflexion:** Bisweilen handhaben Organisationen ihre Konzepte so, dass sie, wenn sie einmal erstellt sind, „abgelegt" und bei Bedarf zu Selbstdarstellungszwecken an externe Kooperationspartner gegeben werden, aber organisationsintern weithin unbeachtet bleiben. Wenn demgegenüber Konzepte das Handeln bestimmen sollen, dann wird es erforderlich, in regelmäßigen Abständen sowie mit einer strukturierten Vorbereitung und Moderation (als Managementaufgabe!) die Konzeption im Hinblick auf die darin enthaltenen Annahmen und die mit ihr gemachten Erfahrungen zu reflektieren. (vgl. *Kap. 6.1*)

- **systematische Nutzung der neuen beruflichen Kenntnisse, neuen Erfahrungen und neuen Sichtweisen bei neu in die Organisation eintretenden Mitarbeitern:** Der anfänglich distanzierte Blick von neuen Mitarbeitern ermöglicht eine kritische Betrachtung tradierter Routinen, Sichtweisen und normativen Anforderungen in der Organisation. Die andersartigen Interpretationen können bewusst erfragt und als Anstoß für Organisationslernen genutzt werden. (vgl. auch *Kap. 7.4*)

- **bewusster Umgang mit Fehlern:** Fehler, die in Organisationen immer passieren, sollten nicht nur als „bedauerliche Ausnahme" behandelt werden, sondern sie sollten auch daraufhin untersucht werden, ob möglicherweise mit dem System etwas nicht in Ordnung sein könnte. Die systematische Sammlung und Auswertung von Fehlern könnte bestimmte Fehlermuster erkennen lassen, die darüber nachdenken lassen, ob eine Fehlerkorrektur vielleicht besser an den Regelungsmechanismen und nicht primär an den Personen ansetzen sollte. „Achtsam sein gegenüber Fehlern" und „aus Fehlern lernen" (Weick/ Sutcliffe 2003) – wenn Organisationen diese Haltung annehmen und in Verfahren umsetzen, kann dies erheblich zur Erweiterung der organisationalen Lernfähigkeit beitragen.

- **Installierung eines Beschwerdemanagements:** Der geplante und zielgerichtete Umgang mit Beschwerden wird als „Beschwerdemanagement" bezeichnet: Damit wird ausgesagt, dass eine Organisation versucht, durch den Aussagegehalt von Beschwerden etwas über sich zu erfahren, diese Beschwerden zum einen möglichst schnell und umfassend zur Zufriedenheit des Leistungsadressaten zu bearbeiten und sie zum anderen zu sammeln und zu analysieren, um aus ihnen Anhaltspunkte zur Reflexion bisheriger Arbeitsabläufe und Zuständigkeiten zu gewinnen.[17]

- **systematische Umweltbeobachtung:** Verschiedene Akteure aus Einrichtungen der Sozialen Arbeit nehmen Vielfältiges aus der für die Organisation relevanten Umwelt in ihrem Alltagshandeln

17 Beschwerdemanagement ist nicht nur als ein Baustein zur Förderung organisationaler Lernfähigkeit, sondern auch als ein Element zur Beachtung der Rechte von Leistungsadressaten in Einrichtungen zu betrachten. In der Kinder- und Jugendhilfe werden solche Verfahren als Teil des Qualitätsmanagements in § 79 a SGB VIII und als eine Voraussetzung für die Erteilung der Betriebserlaubnis (§ 45 Abs. 2 SGB VIII) gesetzlich gefordert. (zu den Möglichkeiten der praktische Handhabung in der Kinder- und Jugendhilfe s. Urban-Stahl/ Jann 2014)

wahr: in ihrer Arbeit mit Adressaten, in regionalen oder überregionalen Gremien (Ausschüssen, Arbeitskreisen, kollegialen Arbeitsgruppen etc.), bei Kontakten mit anderen Organisationen, bei Tagungen oder Fortbildungen. Lernfähige Organisationen sprechen den Umweltbeobachtungen ihrer Mitglieder Bedeutung zu und versuchen, die individuellen Umweltbeobachtungen und Erfahrungen aus Kontakten mit der Umwelt zusammenzuführen und die Art der Zusammenführung zu systematisieren, um die Kommunikation darüber nicht allein dem Zufall zu überlassen. Dies hat zur Voraussetzung, dass die Organisationsmitglieder sich ihrer Funktion als „Umweltbeobachter für die Organisation“ bewusst werden und sich als mitverantwortlich für die Entwicklung der Organisation begreifen. Die Anforderung an das Management liegt darin, die verschiedenen Umweltbeobachtungen der Organisationsmitglieder strukturiert zusammenzuführen und auszuwerten.

- **Nutzung von Fortbildungen und Fachpublikationen:** Die Teilnahme an Fortbildungen und Tagungen kann in Vorgänge des Organisationslernens eingebunden werden, indem die Organisation ihren Lernbedarf erhebt und definiert und vor diesem Hintergrund geplant wird, welcher Mitarbeiter welche Veranstaltung besucht und in welcher Form die dabei gewonnenen Kenntnisse in die Bearbeitung des organisationalen Lernbedarfs einbezogen werden. Ein Ergebnis solcher Lernbedarfsüberlegungen können auch organisationsinterne Fortbildungsveranstaltungen („in-house-Seminare“) sein, bei denen die Bedeutung der vermittelten und erarbeiteten Inhalte für das organisationale Lernen als ein integrierter Bestandteil des Seminarverlaufs praktiziert wird. Auch eine systematischere Auswertung und Nutzung von Fachpublikationen kann die organisationale Wissensbasis erweitern und Lernimpulse aus den Fachdebatten in die Organisation hineinholen.

- **Qualitätsmanagement:** Eine wesentliche Absicht des in *Kapitel 6.2* ausführlicher zu erläuternden Qualitätsmanagements besteht darin, systematisch Daten zu erheben, die der Organisation einen reflektierenden Blick auf die eigene Handlungsstruktur, auf die eigenen Handlungsprozesse und auf die eigenen Handlungsergebnisse ermöglichen. Dadurch verschaffen sich die Akteure in den Einrichtungen organisationale Lernmöglichkeiten: Die Erhebung, Auswertung und Reflexion von Daten vollziehen sich im Organisationskontext, so dass das organisationale Lernen bereits im methodischen Zugang angelegt ist.

Es liegt zu einem wesentlichen Teil in der Steuerungsverantwortung der Managementakteure (Leitungspersonen), Impulse zu geben zum Aufbau und zur Aufrechterhaltung einer lernförderlichen Organisationskultur. Leitungspersonen müssen zwei Aspekte zur Förderung organisationaler Lernfähigkeit gleichermaßen in den Blick nehmen: das Schaffen von Orten innerhalb der Organisationen, an denen Reflexion stattfinden kann und an denen Reflexion herausgefordert wird, sowie das Erzeugen eines reflexionsfördernden Organisationsklimas, das die Wahrscheinlichkeit erhöht, dass die zur Verfügung gestellten Orte auch für produktives Lernen genutzt werden.

Managementanforderungen in Leitsätzen – organisationsbezogene Steuerung: Förderung der organisationalen Lernfähigkeit

- Managementakteure sollten neben der Gestaltung der organisationalen Bedingungen für eine aktuelle angemessene Leistungserbringung auch für eine Beobachtung der Umwelt und für eine Selbstbeobachtung der Organisation sorgen, damit der Weiterentwicklungsbedarf der Organisation nicht unbeachtet bleibt oder zu spät bemerkt wird, sondern kontinuierlich bewertet werden kann.
- Managementakteure sollten sich der tendenziell konservativen, beharrenden Organisationsdynamik bewusst sein und daher die „Hürden“ für Veränderungsimpulse wahrnehmen, damit sie Vorgehensweisen entwickeln können, bei denen Reflexionsimpulse in der Organisation besser aufgenommen und verarbeitet werden können.
- Die Leitorientierung einer „organisationalen Lernfähigkeit“, bei der eine relativ kontinuierliche Wahrnehmung von Lernimpulsen die Beobachtungs- und Lernfähigkeit der Organisation erweitern soll, bedarf zu ihrer Realisierung verschiedener Aktivitäten, die durch Leitungshandeln initiiert, gestützt und zu einer kontinuierlichen Praxis in der Organisation gebracht werden sollten (von der systematischen Konzeptreflexion über systematisierte Umweltbeobachtung bis hin zum Qualitätsmanagement).
- Managementakteure sollten zum einen Orte in der Organisation schaffen, an denen reflexives Organisationslernen stattfinden kann und herausgefordert wird, und sich zum anderen darum bemühen, ein reflexionsförderliches Klima als Teil der Organisationskultur herbeizuführen.

Übungs- und Reflexionsaufgaben

1. Wie lassen sich die Bezüge zwischen einzelnen Merkmalsbereichen einer Organisation charakterisieren? Welche Bedeutung haben die einzelnen Merkmalsbereiche für die Funktionsfähigkeit einer Organisation der Sozialen Arbeit?
2. Versuchen Sie, in einer Organisation der Sozialen Arbeit Ziele zu erkunden: Sind Ziele der Organisation explizit benannt? Lassen sich aus dem Handeln oder den Entscheidungen der Organisationsmitglieder Organisationsziele implizit erschließen? Werden explizite Organisationsziele überprüfbar gemacht? Existieren in der Organisation unterschiedliche Zieldefinitionen bei verschiedenen Organisationakteuren? Welche Erwartungen oder Leistungsanforderungen von welchen Interessenträgern aus der Umwelt spiegeln sich in den (expliziten und impliziten) Organisationszielen wider?
3. In welchen Formen treten Handlungsprogramme in einer Organisation auf? Stellen Sie sich vor, Sie sollten in einer konkreten Organisation der Sozialen Arbeit (z. B. einem Jugendamt, einer Wohneinrichtung für Menschen mit Behinderung, einer Suchtberatungsstelle, einem Dienst der ambulanten Erziehungshilfe ....) im Rahmen eines vierwöchigen Praktikums die Handlungsprogramme dieser Organisation erkunden: Worauf würden Sie Ihr Augenmerk richten? An welchen Orten oder Vorgängen im Handlungsalltag der Organisation würden Sie mögliche Handlungsprogramme beobachten können?
4. Welche Spannungsfelder bzw. Paradoxien treten bei der Steuerung durch Handlungsprogramme in einer Organisation der Sozialen Arbeit auf? Wie könnte ein angemessener Umgang mit diesen Paradoxien aussehen?
5. Warum haben neben den formalen Organisationsstrukturen gerade für Organisationen, die soziale Dienstleistungen erbringen, informelle Strukturen eine wichtige Bedeutung?
6. Welche Schwierigkeiten und Managementanforderungen entstehen bei der auf Organisationsstrukturen bezogenen Steuerung in komplexen Organisationen mit dezentralen Organisationseinheiten?
7. Warum ist in Organisationen eine Differenz zwischen Organisationszweck und individuellen Handlungsmotiven der Organisationsmitglieder als normal anzusehen? Welche strategi-

schen und praktischen Handlungsoptionen haben Managementakteure, um mit dieser Differenz umzugehen?
8. Welchen Stellenwert hat der Faktor „Organisationskultur" im Rahmen der organisationsbezogenen Steuerung? In welcher Weise lässt sich Organisationskultur durch Managementhandeln beeinflussen?
9. Was sagt der Begriff „organisationale Lernfähigkeit" aus? In welchem Zusammenhang stehen individuelle Lernfähigkeiten der Organisationsmitglieder und organisationale Lernfähigkeit? Worin bestehen die zentralen Managementherausforderungen bei der Herstellung organisationaler Lernfähigkeit?
10. Mit welchen praktischen Ansatzpunkten lässt sich die organisationale Lernbereitschaft in Organisationen der Sozialen Arbeit anregen und fördern? Konkretisieren Sie die Anregungen für einen bestimmten Einrichtungstypus in einem Handlungsfeld der Sozialen Arbeit!

Zum vertiefenden Weiterlesen

Baitsch, Ch./ Nagel, E. (2009): Organisationskultur – Das verborgene Skript der Organisation. In: Wimmer, R. et al. (Hrsg.), Praktische Organisationswissenschaft. Lehrbuch für Studium und Beruf. Heidelberg (Carl Auer Verlag), S. 219-240

Grunwald, K. (2009): Zum Management von Einrichtungen der Sozialen Arbeit aus organisationssoziologischer Perspektive. In: ders. (Hrsg.), Vom Sozialmanagement zum Management des Sozialen? Eine Bestandsaufnahme. Baltmannsweiler (Schneider Verlag Hohengehren), S. 85-138

Merchel, J. (2005): Organisationsgestaltung in der Sozialen Arbeit. Grundlagen und Konzepte zur Reflexion, Gestaltung und Veränderung von Organisationen. Weinheim/ München (Juventa-Verlag)

Merchel, J. (2007): Jugendamt und Organisationskultur: Gegen eine Vernachlässigung des Organisationskulturellen in der öffentlichen Jugendhilfe. In: Das Jugendamt 11/2007, S. 509-515

Schreyögg, G. (2003): Organisation. Grundlagen moderner Organisationsgestaltung. 4. Aufl. Wiesbaden (Verlag Gabler)

Kapitel 5
Betriebswirtschaftliche Steuerung

■ Modalitäten zur betriebswirtschaftlichen Steuerung dienen der Absicherung der wirtschaftlichen Existenz einer Organisation. Der größte Teil der freien Träger in der Sozialen Arbeit ist gemeinnützig und erhält die entsprechenden Steuervorteile und einen privilegierten Status im Vergleich zu den gewerblichen Trägern. Managementakteure müssen dafür Sorge tragen, dass die tatsächliche Geschäftsführung den Regelungen des Gemeinnützigkeitsrechts entspricht und somit keine existenzgefährdenden Steuernachforderungen entstehen.
Mit dem Wechsel von der kameralistischen Rechnungslegung zum „neuen kommunalen Finanzmanagement“ wurde das öffentliche Haushaltswesen im Hinblick auf eine verbesserte Finanzsteuerung reformiert. Die Finanzierungsmodalitäten für freie Träger lassen sich in drei Blöcken zusammenfassen: Zuwendungen, Leistungsentgelte, Eigenmittel. Für die Finanzierung sind zuverlässige Kostenkalkulationen unter Berücksichtigung der unterschiedlichen Kostenarten erforderlich. Eine differenzierte Kosten- und Leistungsrechnung ermöglicht Kostentransparenz für einzelne Leistungsbereiche und stellt somit eine Grundlage dar für die betriebswirtschaftliche Steuerung.
„Budgetierung“ ermöglicht eine betriebswirtschaftliche Steuerung, bei der einzelne Organisationseinheiten dezentral gesteuert und in der Steuerung an die Gesamtorganisation angekoppelt werden können; dies ist in der Sozialen Arbeit jedoch nur schwer zu realisieren. Controlling ist ein betriebswirtschaftlicher Steuerungsmodus, bei dem auf der Grundlage von Kennzahlen Soll-Ist-Abweichungen frühzeitig erkannt werden können, um Steuerungsmaßnahmen einzuleiten und wirtschaftlichen Fehlentwicklungen frühzeitig entgegenwirken zu können.
Mit Hilfe von Fundraising-Aktivitäten versuchen einige Organisationen, sich Eigenmittel zu beschaffen. Die Erfolgswahrscheinlichkeit von Fundraising-Aktivitäten in der Sozialen Arbeit ist begrenzt.

Eine gute Erfüllung der betriebswirtschaftlichen Steuerungsaufgaben soll die finanzielle Basis zur Existenz einer Organisation der Sozialen Arbeit gewährleisten. Finanzielle Mittel müssen beschafft, angemessen verwaltet und so gesteuert werden, dass sowohl aktuell als auch zukunftsbezogen die erforderliche Wirtschaftlichkeit (angemessenes Verhältnis von Aufwand und Ertrag) und die Liquidität (Verfügbarkeit von Finanzmitteln, um zu den jeweils erforderlichen Zeitpunkten den Zahlungsverpflichtungen nachkommen zu können) erreicht werden können. Mit dem verstärkten Einzug von sachrationalen und wirtschaftlichen Kalkülen und angesichts der stärker wettbewerbs- und konkurrenzorientierten Ausrichtung in den sozialpolitischen Rahmenbedingungen sehen sich Organisationen der Sozialen Arbeit mit intensiveren Anforderungen in der betriebswirtschaftlichen Steuerung konfrontiert.

Dies bedeutet zum einen, dass die Managementakteure sich darum bemühen müssen, betriebswirtschaftliche Begrifflichkeiten und Denkweisen in der gesamten Organisation zu verankern. Die Leitung muss dafür Sorge tragen, dass betriebswirtschaftliches Denken als eine legitime Steuerungsform in Einrichtungen der Sozialen Arbeit von den dort tätigen Fachkräften akzeptiert wird und dass die unterschiedlichen, in der Organisation tätigen Akteure die betriebswirtschaftlichen Anforderungen auch in ihrem Handeln umzusetzen vermögen. Zum anderen müssen Managementakteure mit den verschiedenen Steuerungsanforderungen kompetent umgehen und den Sinngehalt dieser Umgangsweisen den anderen Akteuren in der Organisation vermitteln können. Dies beinhaltet insbesondere

- den Umgang mit den Anforderungen des Gemeinnützigkeitsrechts (*Kap. 5.1*), denn der größte Teil der Träger der Sozialen Arbeit ist unter den Vorzeichen der Gemeinnützigkeit tätig und würde das Risiko einer Existenzgefährdung eingehen, wenn aufgrund mangelnder Einhaltung der Anforderungen des Gemeinnützigkeitsrechts Nachforderungen zur Steuerzahlung vom Finanzamt erhoben würden;
- die Kenntnis zu den Modalitäten der Leistungsfinanzierung und die Fähigkeit zum Umgang mit deren jeweiligen Logiken (*Kap. 5.2*);
- die angemessene Aufzeichnung und Wiedergabe von betriebswirtschaftlichen Vorgängen im Rahmen eines aussagefähigen Rechnungswesens zum Herstellen von Transparenz nach außen (Rechenschaftslegung) und nach innen (Rechenschaftslegung und Steuerung) (*Kap. 5.3*);
- die Steuerung von betriebswirtschaftlichen Vorgängen anhand eines betriebswirtschaftlichen Berichtswesens, das ein Steuerungshandeln über Budgetierung und Controlling ermöglicht (*Kap. 5.4*);
- das Erschließen von Finanzquellen zum Erhalt und Einsatz von Eigenmitteln (Fundraising), denn diese werden benötigt, (a) weil bei Zuwendungen in der Regel der Einsatz von Eigenmitteln erforderlich ist, (b) weil nicht alles fachlich Angemessene über Leistungsentgelte ausreichend finanziert werden kann und (c) weil für neue Entwicklungen häufig finanzielle Vorleistungen erforderlich sind, die sich nur zum Teil über Projektförderungen („Modellprojekte") finanzieren lassen und daher die Verfügbarkeit von Eigenmitteln voraussetzen (*Kap. 5.5*).

Die genannten betriebswirtschaftlichen Steuerungsanforderungen können hier nur in Grundzügen skizziert und erläutert werden. Für eine intensivere Beschäftigung mit Fragen der betriebswirtschaftlichen Steuerung ist ein Sich-Einlassen auf das Vokabular angebracht, mit dem man sich in der Betriebswirtschaftslehre über Sachverhalte verständigt. Die Betriebswirtschaftslehre hat – wie andere Wissenschaftszweige auch – eine Sprachform mit Begrifflichkeiten entwickelt, die sich vom Alltagssprachverständnis abheben und sich häufig nur bei einem intensiveren Sich-Einlassen auf die Logik des entsprechenden Denksystems erschließen. Dazu wären hier ausführlichere Erläuterungen notwendig, die aus Platzgründen nicht erfolgen können. In diesem Kapitel werden lediglich einige Grundelemente (in einer allgemeinverständlichen Sprache) erläutert, um die Logik der betriebswirtschaftlichen Steuerung als Managementaufgabe nachvollziehen zu können. Für weitere Informationen zu Aspekten der betriebswirtschaftlichen Steuerung sind mittlerweile Beiträge veröffentlicht worden, die auch Fachkräften der Sozialen Arbeit einen genaueren Einstieg in betriebswirtschaftliche Denkweisen und Sachverhalte eröffnen: verwiesen sei hier insbesondere auf Bachert 2010, Bachert/ Schmidt 2010, Bettig u. a. 2013, Heister 2012, Moos/Peters 2008, Pracht 2013, Schellberg 2012.

5.1 Gemeinnützigkeit von Trägern Sozialer Arbeit

Der größte Teil der freien Träger in der Sozialen Arbeit ist gemeinnützig. Mit Ausnahme der stationären Altenhilfe und der ambulanten Pflege haben sich gewerbliche Träger in der Sozialen Arbeit in nur geringem Ausmaß etablieren können (Merchel 2008, S. 187 ff.). Gemeinnützigkeit markiert einen steuerrechtlichen Tatbestand. Gemeinnützigkeit bedeutet, dass ein Rechtsträger (in der Sozialen Arbeit meist ein eingetragener Verein, e.V., oder eine Gesellschaft mit beschränkter Haftung, GmbH) sich per Satzung oder Gesellschaftervertrag dazu verpflichtet, entsprechend den Bestimmungen der Abgabenordnung (§§ 51 ff. AO) selbstlos, ausschließlich und unmittelbar gemeinnützige, mildtätige oder kirchliche Zwecke zu verfolgen, und dies auch in seiner praktischen Geschäftsführung tatsächlich realisiert. In der Abgabenordnung ist festgelegt, welche Zwecke genau als „gemeinnützig, mildtätig oder kirchlich“ anzuerkennen sind. Die Tätigkeitsbereiche der Sozialen Arbeit gehören zu diesen Zwecken.

Betriebswirtschaftlich betrachtet liegt der Vorteil der Gemeinnützigkeit in der Zuerkennung von Steuerbegünstigungen. Dadurch reduzieren die als gemeinnützig anerkannten Träger ihre Kosten um den Betrag, der ihnen ansonsten durch erforderliche Steuerzahlungen entstehen würde, und schaffen sich dadurch einen wirtschaftlichen Vorteil im Vergleich zu gewerblichen

Trägern. Ferner erhalten gemeinnützige freie Träger einen Zugang zu Förderungen bzw. Zuwendungen, die gewerblichen Trägern verschlossen bleiben; denn Zuwendungen werden gegeben für das Erreichen eines öffentlichen, der Allgemeinheit dienenden sozialen, also gemeinnützigen Zwecks, was Träger vom Erhalt solcher Zuwendungen ausschließt, die sich ausschließlich und unmittelbar an gemeinnützig anerkannte Zwecke binden, sondern einen privat zu verwendenden Gewinn aus dem Betrieb der sozialen Einrichtung zu erzielen beabsichtigen. Darüber hinaus berechtigt die vorläufige Zuerkennung der Gemeinnützigkeit einen Rechtsträger, Spendern eine Spendenbescheinigung auszustellen, die diese bei ihrer Steuerzahlung steuermindernd beim Finanzamt einsetzen können.

Zur Erlangung und Aufrechterhaltung der Gemeinnützigkeit müssen Managementpersonen sorgfältig darauf achten, dass die tatsächliche Geschäftsführung der Organisation den Gemeinnützigkeitsregeln der Abgabenordnung entspricht. Denn die Zuerkennung der Gemeinnützigkeit für einen vorangegangenen Zeitraum durch das Finanzamt erfolgt auf der Grundlage der Darlegung der tatsächlichen Geschäftsführung (Erträge und Verwendung der Erträge) und ggf. der Überprüfung dieser Darlegung anhand der Buchhaltung des Trägers. Bei Gründung eines Trägers erfolgt auf Antrag eine *vorläufige* Zuerkennung der Gemeinnützigkeit durch die Finanzbehörde, wenn die Satzung (bei einem eingetragenen Verein) oder der Gesellschaftervertrag (bei einer GmbH) die erforderlichen Gemeinnützigkeitsbestimmungen (entsprechend den Regelungen der Abgabenordnung) enthalten. Die Zuerkennung der *tatsächlichen* Gemeinnützigkeit erfolgt nach der Prüfung der realen Geschäftstätigkeit, also im Nachhinein. Nach einem bestimmten Zeitraum steht ein Träger in der Pflicht, für die vorangegangenen Jahre gegenüber der Finanzbehörde Rechenschaft abzugeben, welche Erträge in welcher Höhe aus welchen Quellen eingenommen wurden und wie und für welche Zwecke diese Einnahmen verwendet wurden. Ergibt die Prüfung der Finanzbehörde, dass die tatsächliche Geschäftsführung den Gemeinnützigkeitsregeln entsprochen hat, wird *für diesen Zeitraum* die endgültige Gemeinnützigkeit zuerkannt. Erkennt die Finanzbehörde, dass ein Teil der tatsächlichen Geschäftsführung nicht den Gemeinnützigkeitsregeln der Abgabenordnung entsprochen hat, werden die vorläufig angenommenen Steuerbegünstigungen (zumindest zu einem Teil) entzogen, und der Träger wird mit Forderungen nach Steuernachzahlungen konfrontiert. Solche Forderungen überfordern in der Regel die finanzielle Leistungsfähigkeit von Organisationen der Sozialen Arbeit und bringen den Träger in die Nähe einer Insolvenz.

Managementakteure in gemeinnützigen Organisationen der Sozialen Arbeit stehen also hinsichtlich der betriebswirtschaftlichen Steuerung in der Verpflichtung, im Rahmen der tatsächlichen Geschäftsführung genau und kontinuierlich dafür Sorge zu tragen, dass die Regelungen des Gemeinnützigkeitsrechts beachtet werden und dadurch das Risiko einer existenzgefährdenden Steuernachforderung ausgeschlossen wird. Dabei sind insbesondere folgende Aspekte zu beachten:

- Die Mittel der Körperschaft (hier: e.V. oder gGmbH) dürfen ausschließlich für die als gemeinnützig anerkannten, in der Satzung festgelegten Zwecke aufgewendet werden.

- Die Mitglieder oder Gesellschafter dürfen aus ihrem Mitgliedschafts- bzw. Gesellschafterstatus keine Zuwendungen oder Gewinnanteile erhalten. Mitglieder dürfen Mitarbeiter der Organisation sein und aus diesem Mitarbeiterstatus ein Gehalt bekommen. Die Vergütung, die sie in ihrer Eigenschaft als Mitarbeiter (nicht als Mitglieder!) erhalten, muss angemessen, darf also nicht zu hoch sein und somit keine unzulässige, dem gemeinnützigen Zweck widersprechende Begünstigung darstellen. Als zulässig gilt eine Vergütung in einem angesichts der Anforderung und der Verantwortung des Aufgabenbereichs üblichen und akzeptierbaren Rahmen; als angemessen kann das bewertet werden, was für eine vergleichbare Tätigkeit oder Leistung auch von nicht steuerbegünstigten Organisationen gezahlt wird.

- Die finanziellen Mittel müssen – mit Ausnahme des Ausstattungskapitals, z. B. der Gesellschaftereinlagen bei einer gGmbH – zeitnah für den Zweck der Organisation eingesetzt werden. Das Gebot der zeitnahen Verwendung impliziert, dass Rücklagen unter konkreter Angabe des Zwecks (z. B. größere Renovierung oder Ankauf eines Gebäudes, in dem die als gemeinnützig anerkannte Betreuung stattfindet) und mit Angabe eines Zeithorizonts oder zur Sicherstellung der Liquidität für den laufenden Betrieb (i. d. R. im Umfang für die in einem Zeitraum von 3 bis 6 Monaten benötigten Finanzmittel) geschaffen werden dürfen (Bachert/ Schmidt 2010, S. 70 ff.).

- Neben dem ideellen Bereich kann eine gemeinnützige Organisation sowohl einen steuerbegünstigten Zweckbetrieb als auch einen steuerpflichtigen wirtschaftlichen Geschäftsbetrieb unterhalten. Diese beiden steuerrechtlichen Konstellationen sind von den Managementakteuren genau voneinander zu unterscheiden, weil unterschiedliche steuerrechtliche Folgen mit den beiden Konstellationen verbunden sind und eine mangelnde Berücksichtigung der Unterschiede zu Steuernachforderungen führen können, die eine

Organisation in beträchtliche wirtschaftliche Bedrängnis bringen können. Als „Zweckbetrieb“ sind solche Aktivitäten und daraus entstehende Einnahmen einzuordnen, die für das Erreichen der als gemeinnützig anerkannten Zwecke der Organisation *unmittelbar* erforderlich sind; also z.B. Erträge aus der Betreuung hilfebedürftiger Personen, Erträge aus dem Verkauf von Produkten der Arbeit behinderter Menschen in Werkstätten für Menschen mit Behinderungen, Teilnehmerbeiträge von Jugendlichen für eine Ferienfreizeit. Entscheidend ist hier das Gebot der Unmittelbarkeit: Die Tätigkeit und die Erträge aus der Tätigkeit dienen unmittelbar dem gemeinnützigen Zweck. Demgegenüber resultieren Erträge aus einem wirtschaftlichen Geschäftsbetrieb aus wirtschaftlichen Aktivitäten einer Organisation, die inhaltlich nicht in einem unmittelbaren Bezug zum gemeinnützigen Zweck steht. Die Erträge müssen zwar für satzungsgemäße Zwecke verwendet werden und dienen damit *mittelbar* dem gemeinnützigen Zweck, jedoch ist die konkrete Tätigkeit, bei der die Erträge entstehen, nicht logisch eindeutig und unmittelbar aus dem Satzungszweck ableitbar. Dies können z.B. Basare, Straßenfeste, gesellige Veranstaltungen mit Eintrittsgeld, Vermietung von Räumen etc. sein, deren Erlöse wiederum in die Finanzierung des gemeinnützigen Zwecks fließen und dadurch mittelbar den gemeinnützigen Zweck fördern, aber selbst nicht direkt und unmittelbar als zweckrealisierend eingeordnet werden können. Zwar gelten auch für die Besteuerung von Einkünften aus wirtschaftlichen Geschäftsbetrieben Freigrenzen für gemeinnützige Organisationen, jedoch unterliegen die wirtschaftlichen Geschäftsbetriebe der Steuerpflicht in anderer Weise als die Zweckbetriebe, so dass Managementakteure bei gemeinnützigen Organisationen zur Vermeidung nachträglicher, die Organisation bisweilen gefährdender Steuerforderungen im Kontakt mit der jeweiligen Finanzbehörde genau klären sollten, ob ihre Tätigkeit steuerrechtlich als Zweckbetrieb oder als wirtschaftlicher Geschäftsbetrieb eingeordnet wird.

Es bleibt festzuhalten, dass mit der zuerkannten Gemeinnützigkeit für Träger Sozialer Arbeit einige wirtschaftliche Vorteile verbunden sind, dass aber damit betriebswirtschaftliche Steuerungsanforderungen an Managementakteure einhergehen, die diese sorgfältig zu beachten haben, wenn sie die im Gemeinnützigkeitsrecht enthaltenen Risiken ausschalten und die Potentiale für die Existenz der Organisation nutzen wollen.

5.2 Umgang mit Finanzierungsmodalitäten

Hinsichtlich der Finanzierungsmodalitäten ist zu unterscheiden zwischen den Leistungen, Einrichtungen und Diensten in öffentlicher Trägerschaft und denen in freier Trägerschaft. Die Einrichtungen und Dienste in öffentlicher Trägerschaft (z. B. von der Kommune getragene Erziehungsberatungsstellen, Kindertageseinrichtungen, Dienste der ambulanten Erziehungshilfe oder Jugendzentren) werden unmittelbar aus den Haushalten der entsprechenden Ämter finanziert; die Leistungen, Einrichtungen und Dienste der freien gemeinnützigen Träger sowie die Leistungen der gewerblichen Träger bedürfen der Finanzierung oder der Mitfinanzierung in Form von Leistungsentgelten oder Subventionen (Förderungen/ Zuwendungen) aus öffentlichen Haushalten.

Die Finanzierungslogik der öffentlichen Haushalte hat eine Entwicklung durchlaufen, die sich in der Formel zusammenfassen lässt: von der Kameralistik über die Neue Steuerung (New Public Management) zum Neuen Kommunalen Finanzmanagement. Die traditionelle Form der Finanzsteuerung in der Verwaltung war die Kameralistik. Die Grundlage der kameralistischen Finanzsteuerung war der nach dem Jährlichkeitsprinzip zu erstellende Haushaltsplan (differenziert in Verwaltungshaushalt und Vermögenshaushalt), in dem Einnahmen und Ausgaben einander gegenübergestellt wurden; die Gliederung in einzelne Konten entsprach der Titelgliederung des Haushaltsplans. Die kameralistische Buchführung richtete sich vor allem auf den Vollzug des Haushaltsplans und sollte eine Nachprüfbarkeit der Ordnungsmäßigkeit ermöglichen. Sie war finanzwirtschaftlich orientiert, indem sie lediglich Geldzahlungsvorgänge erfasste, nicht aber solche betriebswirtschaftlich relevanten Größen wie z. B. den Wertverzehr bei Sachanlagen oder Gebäuden. Dieses kameralistische System der Finanzverwaltung wurde vielfach kritisiert: Es habe zu lange Verwaltungswege, sei unflexibel, biete keine Anreize zum sparsamen Umgang mit Ressourcen, sei nicht mit Zielen und beabsichtigten Wirkungen verkoppelt.

Im Zuge der Verwaltungsreform seit Beginn der 1990er Jahre („Neue Steuerung“ oder „New Public Management“; s. Merchel 2008, S. 50 ff.; Bogumil u. a. 2008; Dahme/ Wohlfahrt 2013, S. 94 ff.) wurde eine allmähliche Abkehr von der kameralistischen Finanzsteuerung eingeleitet. Bei den Konzepten zur Verwaltungsmodernisierung ging es um das Bestreben, Managementdenken und im Marktgeschehen erprobte Managementmodelle auf die öffentliche Verwaltung zu übertragen und die Kommunalverwaltung auf diese Weise einem Veränderungsprozess in Richtung einer stärker betriebswirtschaftlichen Ausrichtung zu unterziehen. Die Einführung des „neuen kommunalen Finanzmanagements“ (Kürzel: NKF) bildete eine logische Weiterführung der in der Neuen Steuerung eröffneten Steuerungsperspektive

(Beyer/ Kinzel 2005; Faber 2011). Mit dem „neuen kommunalen Finanzmanagement" sollte die ehemalige „Geldverbrauchsrechnung" erweitert werden zu einer Abbildung und Steuerung des „Ressourcenverbrauchs": Es geht nicht nur um die Dokumentation der Geldzahlungsvorgänge, sondern mit Hilfe einer kaufmännischen Buchführung (mitsamt der darauf ausgerichteten Bilanz) auch um eine periodengerechte Abbildung des gesamten Ressourcenbestandes und des Werteverbrauchs (Abschreibungen bei Immobilien, sächlichen Wirtschaftsgütern etc.). Die einzelnen Teile der Kommunalverwaltung (Fachbereiche, Ämter, Eigenbetriebe, bisweilen auch Abteilungen von Ämtern) sollen als quasi-eigenständige Wirtschaftseinheiten mit eigener Sach- und Finanzverantwortung für die Leistungserstellung geführt werden; darin einbezogen ist die kostenmäßige Verrechnung der jeweils von anderen Verwaltungseinheiten (z.B. dem Personalamt) bezogenen Leistungen. Die Modernisierung des öffentlichen Haushaltswesens steht somit insgesamt in der Tendenz, die Steuerungsanforderungen und die Steuerungsverantwortung bei den einzelnen Organisationen bzw. Organisationsteilen zu intensivieren.

Für das Management von Organisationen der Sozialen Arbeit ist diese Entwicklung in der Finanzsteuerung der öffentlichen Haushalte mit Anforderungen verbunden:

- Die Finanzsteuerung muss sich tendenziell intensiver mit den inhaltlichen Zielen der Organisation verbinden sowie ihren Finanzbedarf vor dem Hintergrund ausgehandelter Ziele und ggf. im Hinblick auf beabsichtigte und erreichte Wirkungen legitimieren. In einigen Bereichen der Sozialen Arbeit können möglicherweise künftig stärker wirkungsorientierte Finanzierungsmodalitäten installiert werden, indem vielleicht ein Teil der Finanzierung vom Erreichen von Wirkungszielen beim Adressaten abhängig gemacht werden kann.
- Die eigene Verantwortung der einzelnen Organisation bzw. der Organisationsleitung für Finanzsteuerung wird intensiver. Das, was bei nicht-staatlichen Trägern und Organisationen immer schon der Fall war, gilt nun auch deutlich stärker für solche Einrichtungen, die in öffentlicher Trägerschaft sich befinden. Zur adäquaten Wahrnehmung dieser Steuerungsverantwortung ist der Aufbau einer entsprechenden ökonomischen Kompetenz erforderlich, und zwar auch im Management von Einrichtungen in öffentlicher Trägerschaft. Ferner muss auch bei den Organisationsmitgliedern von Einrichtungen in öffentlicher Trägerschaft ein Bewusstsein für ökonomische Steuerungsanforderungen geschaffen werden.

- Es ist zu berücksichtigen, dass die Modernisierung der Finanzsteuerung in den öffentlichen Haushalten unter dem Druck immer knapper werdender öffentlicher Finanzmittel und angesichts der Notwendigkeit erfolgte, wachsende soziale Probleme und Hilfeanforderungen mit gleich bleibenden oder gar leicht sinkenden öffentlichen Finanzmitteln bewältigen zu müssen. Die Veränderung der Finanzsteuerung öffentlicher Haushalte ist daher verkoppelt mit der Anforderung, die Folgen gekürzter Finanzierungen durch eigenes Management in Richtung Effektivierung und Effizienzsteigerung kompensieren zu müssen.

Eine angemessene betriebswirtschaftliche Steuerung bei freien Trägern setzt – neben einer Beachtung und Verarbeitung der generellen und örtlich jeweils besonderen Modalitäten in der Finanzsteuerung der öffentlichen Haushalte – selbstverständlich voraus, dass die verantwortlichen Managementakteure die im Sozialbereich üblichen Finanzierungsmodalitäten (a) souverän handhaben und (b) auf die Mechanismen der innerbetrieblichen Finanzsteuerung übertragen können. Zunächst sind die im *Schaubild 5.1* zusammengefassten elementaren Finanzierungsmodi in die Finanzierungsverfahren der Organisation einzubauen (ausführlicher s. Merchel 2008, S. 203 ff.; vgl. auch Bettig u. a. 2013, S. 19 ff.). Die in vielen Organisationen Sozialer Arbeit vorzufindende Komplexität der Finanzierungsformen entsteht dadurch, dass Organisationen häufig mit unterschiedlichen Finanzierungsmodalitäten umgehen müssen, dass unterschiedliche Finanzierungsträger ihre jeweiligen Finanzierungen wiederum mit unterschiedlichen Detailregelungen und Richtlinien verbinden und daraus für Einrichtungen ein hoch komplexes System der Finanzierung mit differenzierten, gegeneinander abzugrenzenden und dennoch wiederum aufeinander Bezug nehmenden Formen der Buchführung und der Nachweisführung entstehen kann.[18]

18 Hier kann lediglich auf einige elementare Modalitäten der Finanzierung eingegangen werden. Außer Betracht bleiben hier sozialpolitische Überlegungen, über die Vergabe von Gutscheinen, Berechtigungsscheinen, Pauschalen wie z. B. Pflegegeld u.Ä. die subjektive „Kaufkraft“ von Leistungsadressaten zu stärken. Solche „Subjektfinanzierungen“ sollen einen nutzerorientierten Wettbewerb in der Sozialen Arbeit initiieren bzw. verstärken (s. Bettig u. a. 2013, S. 47 ff.) und dadurch die Organisationen der Sozialen Arbeit „zwingen“, sich stärker auf die Bedürfnisse ihrer Adressaten einzulassen. Der Adressat Sozialer Arbeit soll mit „Marktmacht“ ausgestattet und dadurch zu einer ökonomisch relevanten Wettbewerbsgröße werden, die im Management von Organisationen berücksichtigt werden muss. Allerdings haben sich solche Bemühungen, die sich z. B. in der Installierung des „persönlichen Budget“ in der Behinderten-

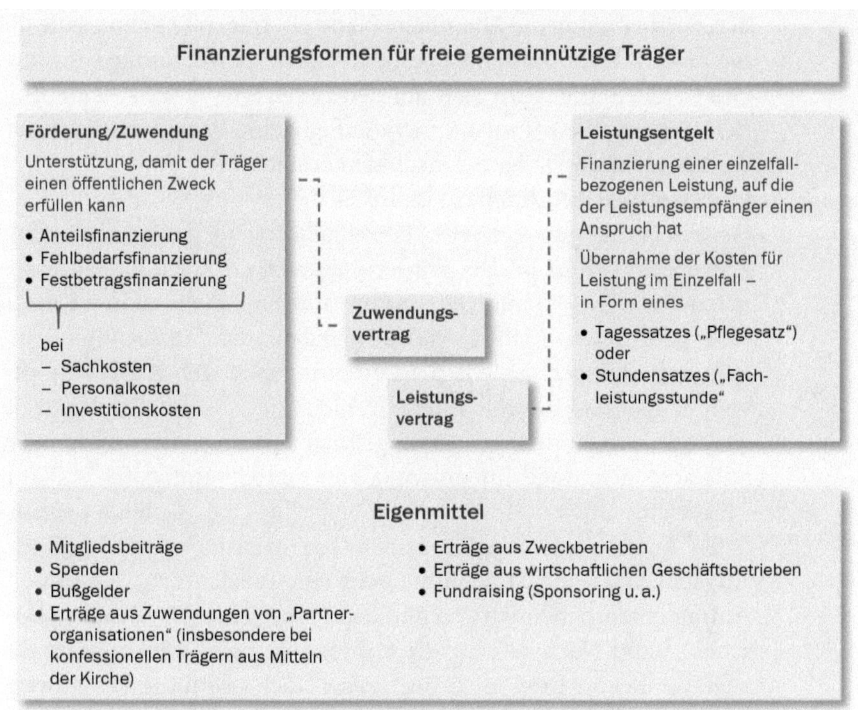

Schaubild 5.1: Finanzierungsformen für freie gemeinnützige Träger

Die Finanzierung von freien Trägern Sozialer Arbeit basiert traditionell auf drei Blöcken: der *Zuwendung* und/ oder dem *Leistungsentgelt* als den Finanzierungsformen der öffentlichen Hand sowie den *Eigenmitteln*:

- Die **Zuwendung** ist inhaltsgleich ist dem rechtlichen Begriff der Subvention. Es geht um eine Vergabe von vermögenswerten Leistungen (finanzielle Förderung, Überlassung von Räumen und Sachmitteln, Sachleistungen, Beratung) von der öffentlichen Verwaltung an einen freien gemeinnützigen Träger, wodurch dieser in die Lage versetzt wird, einen öffentlichen Zweck zu erfüllen. Die leistungserbringende Einrichtung nimmt eigene Aufgaben wahr, an

hilfe konkretisiert haben (Trendel 2008), bisher nur sehr begrenzt durchsetzen können. Neben der nur sehr eingeschränkt vorhandenen Subjektfinanzierung, die deswegen hier nicht ausführlicher behandelt wird, sind noch weitere Aspekte bei der Finanzierungsplanung und bei der realen Finanzierung von Einrichtungen zu bedenken und einzubeziehen, deren differenzierende Erörterung hier jedoch zu weit führen und die Darstellung in einem einführenden Lehrbuch überstrapazieren würde (ausführlicher dazu s. Bachert/ Schmidt 2010; Nicolini 2006; Vilain 2006).

deren Erbringung die öffentliche Hand ein Interesse hat und die die öffentliche Hand dementsprechend durch Zuwendungen fördert. Die Förderung bezieht sich auf den freien Träger bzw. seine Einrichtung oder sein Projekt, nicht auf einzelne Personen, die durch das Handeln des Trägers Leistungen erhalten. Die Förderung richtet sich auf die Erfüllung eines öffentlichen Anliegens, aber nicht als Gegenleistung für spezielle, einzelfallbezogene Leistungen. Eine Zuwendung kann in drei Förderungsarten erfolgen: als Anteilsfinanzierung (Übernahme eines prozentualen Anteils an den Kosten einer geförderten Maßnahme), als Fehlbedarfsfinanzierung (Übernahme desjenigen Anteils der zuwendungsfähigen Ausgaben, der vom Träger nicht durch andere fremde oder eigene Mittel gedeckt werden kann) und als Festbetragsfinanzierung (Zuwendung eines festgelegten Betrages unabhängig von den Gesamtkosten). Damit Träger eine Zuwendung erhalten, bedarf es eines sachlich begründeten Antrags mit einer plausiblen Finanzierungsplanung für ein Angebot bzw. eine Maßnahme oder eine Einrichtung. Wenn dem Antrag entsprochen wird, erhält der Träger einen Zuwendungsbescheid. Zum Nachweis für die ordnungsgemäße Verwendung der zugewendeten Mittel muss der Träger nach Erfüllung des Zuwendungszwecks bzw. nach Ablauf des Bewilligungszeitraums einen Verwendungsnachweis erstellen mit einem Sachbericht und einem zahlenmäßigen Nachweis zur Mittelverwendung, der ggf. vom Mittelgeber durch Einsichtnahme in die Buchhaltung des Trägers geprüft werden kann. Weil der Träger lediglich „unterstützt" wird und keine Kostenübernahme erfolgt, muss der freie Träger in der Regel eine Eigenleistung erbringen, wobei Art und Höhe der vom Träger zu erbringenden Eigenleistung im Einzelfall festgelegt werden können. Dabei sind Spezifika des Trägers (Finanzkraft, anderweitige finanzielle Unterstützungen, evtl. besondere ehrenamtlich erbrachte Leistungen bzw. Aktivitäten etc.) zu berücksichtigen, was in der Folge zu einer unterschiedlichen Behandlung von Trägern in einem Handlungsfeld führen kann.

- Das **Leistungsentgelt** hat als Grundlage einen individuellen Leistungsanspruch des Leistungsempfängers. Die Zahlung eines Leistungsentgelts gründet im „sozialrechtlichen Dreiecksverhältnis": Der leistungsberechtigte Bürger begehrt die Leistung vom öffentlichen Sozialleistungsträger, der sie gewährt und der die Leistungserbringung bei einem Einrichtungsträger finanziert. Der öffentliche Sozialleistungsträger finanziert also die auf den Einzelfall bezogene Leistung.

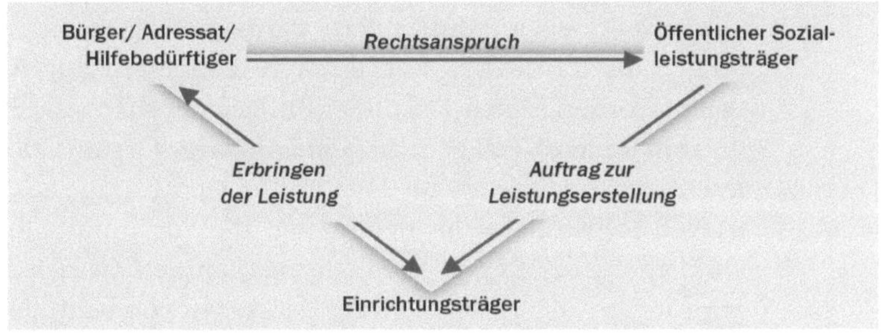

Schaubild 5.2: Sozialrechtliches Dreiecksverhältnis als Grundlage für Leistungsentgelte

Die Höhe der anfallenden, anzuerkennenden und daher zu finanzierenden Kosten sowie die dafür erbrachten Leistungen werden zwischen den Kostenträgern und dem Leistungserbringer vereinbart (Leistungsvereinbarungen, Entgeltvereinbarungen). Im Grundsatz werden dabei die gesamten Kosten in die Vereinbarungen und in die Erstattung einbezogen, wobei bei den Vereinbarungen Maßstäbe der „Leistungsfähigkeit, Wirtschaftlichkeit und Sparsamkeit" (so z.B. in § 78b, Abs. 2 SGB VIII) zugrunde gelegt werden. Ein Eigenanteil des Trägers entsteht aufgrund der Systematik des sozialrechtlichen Dreiecksverhältnisses nicht. Der vereinbarte Kostensatz kann sich – je nach Art der Leistung – auf die im Einzelfall anfallenden Kosten pro Tag oder pro Stunde (in der Jugendhilfe z.B. als „Fachleistungsstunde" bezeichnet) beziehen. Das vereinbarte Leistungsentgelt geht von einer annähernd vollständigen Kapazitätsauslastung der Einrichtung aus. Ist die Einrichtung nur geringer ausgelastet, liegt das Risiko des Defizits beim Träger. Ebenfalls ist der Träger wegen der Systematik der auf künftige Zeiträume ausgerichteten Preiskalkulation angehalten, wirtschaftlich zu verfahren (genaue Kosten- und Leistungsrechnung und Anwendung von systematischen Controllingverfahren etc.), um das Entstehen von Defiziten zu vermeiden.

- Daneben finanzieren die freien Träger ihre Angebote durch den Einsatz von **Eigenmitteln**. Die traditionellen Formen für die Akquisition und für den nachfolgenden Einsatz von Eigenmitteln bei gemeinnützigen Trägern sind Mitgliedsbeiträge, Spenden (freiwillige Geld- oder Sachzuwendungen, ohne dass dafür eine Gegenleistung erfolgt), und bei konfessionellen Trägern der Einsatz von Finanzmitteln, die von den Kirchen als Kirchensteuern vereinnahmt worden sind und in einem gewissen Umfang für Zwecke der Sozialen Arbeit eingesetzt werden. Ferner können gemeinnützige

Organisationen an Bußgeldern partizipieren, deren Zahlung in Straf- oder Ermittlungsverfahren von Richtern zur Auflage gemacht worden ist; ein Teil dieser Bußgelder geht an die Staatskasse, und ein anderer Teil geht an gemeinnützige Organisationen. Weitere mögliche Quellen für Eigenmittel sind Erträge aus Zweckbetrieben (wirtschaftliche Betätigung, die zur unmittelbaren Verwirklichung der als gemeinnützig anerkannten Zwecke des Trägers erforderlich ist; z. B. Erträge aus der Arbeit von behinderten Menschen in Behindertenwerkstätten) und Einkünfte aus wirtschaftlichen Geschäftsbetrieben (Einkünfte aus einer wirtschaftlichen Tätigkeit, die inhaltlich nicht in einem unmittelbaren Bezug zum Satzungszweck liegt; z. B. Flohmärkte, Basare, Straßenfeste, gesellige Veranstaltungen mit Eintrittsgeld etc.; → *Kap. 5.1*). Auch Formen des Fundraising (besondere Marketing-Aktivitäten zum Erlangen von Eigenmitteln; → *Kap. 5.5*) werden zum Einwerben von Eigenmitteln eingesetzt, z. B. Spendenbrief-Aktionen, Benefizveranstaltungen, Sponsoring u. a. m.

Das traditionell dual geprägte Finanzierungssystem (Zuwendungen und Leistungsengelte) ist seit einigen Jahren durch zwei weitere Formen angereichert worden:

- durch den *Zuwendungsvertrag*, bei dem die Zuwendung nicht aufgrund eines Verwaltungsaktes, sondern auf der Grundlage einer vertraglichen Vereinbarung an den Träger gegeben wird, bei der mit der Vergabe von Geld konkrete, zwischen den Vertragspartnern einvernehmlich verabredete Leistungsmerkmale und Leistungsanforderungen verknüpft werden (z. B. im Hinblick auf Öffnungszeiten, Angebote für bestimmte Zielgruppen, Einhalten spezifischer fachlicher Standards etc.);
- durch den *Leistungsvertrag*, bei dem die gewährten Mittel an eine klar definierte und abgegrenzte Gegenleistung gebunden werden und bei dem genau beschriebene Leistungen vom öffentlichen Träger „gekauft“ werden (z. B. genau definierte Leistungen, die ein freier Träger im Rahmen der Jugendgerichtshilfe für den Träger der öffentlichen Jugendhilfe erbringt).

Die Abgrenzung zwischen Zuwendungsvertrag und Leistungsvertrag ist nicht immer trennscharf. Als Grundorientierung kann gelten: Je stärker die Anforderungen an den Empfänger der Finanzvergabe präzisiert werden, desto eher kann vermutet werden, dass es sich um einen Leistungsvertrag handelt.

Für einen Antrag auf Zuwendung, für die Errechnung eines Leistungsentgelts oder für die Aushandlung eines Zuwendungs- oder Leistungsvertrags benötigen die Managementakteure eine realistische und zuverlässige Kalkulation ihrer Kosten; ohne eine solche Kalkulation ist kein realistischer Finanzierungsplan zu erstellen. Dabei sind unterschiedliche Kostenarten (→ *Kap. 5.3*) einzubeziehen und zu kalkulieren, so insbesondere

- Personalkosten: für Leistungserbringung, für Verwaltung, für technisches Personal, Sozialabgaben
- Sachkosten für die Durchführung der Leistungen: Lebensmittel, medizinischer Bedarf, Wasser/ Energie/ Brennstoffe, Bürobedarf, Reisekosten, Kosten für Fortbildung und Supervision; Telefon/ Porto, Betreuungsaufwand, Fachliteratur u. a.
- Mieten und Gebäudekosten
- Abschreibungen
- Steuern, Abgaben, Versicherungen
- Umlage aus den Gemeinkosten (→ *Kap. 5.3*)
- ggf. bei Krediten: Finanzierungskosten

Auf der Basis einer sorgfältigen Finanzierungsplanung, die neben den Aufwendungen in verschiedenen Kostenarten auch Erträge (insbes. Erträge aus Leistungsentgelten, Teilnehmerentgelte, Eigenmittel und deren Herkunft, beantragte und/oder zugesagte Zuwendungen) angemessen kalkuliert, können Anträge auf Zuwendungen gestellt oder Aushandlungen über Leistungsentgelte geführt werden.

5.3 Aussagefähiges und für Steuerungszwecke relevantes Rechnungswesen

Je deutlicher sich eine Organisation der Sozialen Arbeit in einem eigenen Wirtschaftskreislauf bewegt, bei dem Aufwand und Ertrag durch eigene Steuerungsbemühungen beeinflusst werden können (und müssen) und je stärker die Finanzierungsformen leistungsbezogen und marktähnlich konturiert werden, desto stärker ist die Organisation auf ein umfassendes, auf Steuerungsoptionen ausgerichtetes betriebliches Rechnungswesen angewiesen. Die Relevanz betriebswirtschaftlicher Steuerungsmodalitäten lässt sich am Beispiel der Finanzierung bei stationären Hilfen verdeutlichen: Bei der Finanzierung nach Leistungsentgelten wird ein vorher kalkulierter Preis bezahlt, und die Entgelte werden für genauer konturierte Leistungen kalkuliert, wodurch das Verhältnis von Preis und Leistung im Grundsatz transparent gemacht wird. Mit diesem

Finanzierungsmodus geht die Anforderung an die leistungserbringende Einrichtung einher, ihre unterschiedlichen Leistungen differenziert zu kalkulieren. Dies ist ohne ein darauf ausgerichtetes differenzierteres Rechnungswesen nicht möglich. Ferner werden differenzierte Leistungsentgelte je nach Art und Intensität der Hilfe berechnet, was ohne ein entsprechend differenzierendes Rechnungswesen kaum zu realisieren ist.

Die Betriebswirtschaftslehre „versteht unter dem betrieblichen Rechnungswesen Verfahren zur planvollen, systematischen Erfassung und Beurteilung quantifizierbarer Beziehungen, Vorgänge, Mengen und Werte des Unternehmens zu Zwecken der Planung, Kontrolle, Lenkung und Rechenschaftslegung des betrieblichen Geschehens." (Eschenbach/ Horak/ Furtmüller 2007, S. 340) Das Rechnungswesen dient somit zwei elementaren Zwecken:

- der Rechenschaftslegung: als Dokumentation der Abwicklung von Geschäftsvorfällen zur Verantwortung gegenüber Dritten (im Rahmen von Verwendungsnachweisen, gegenüber Wirtschaftsprüfern oder staatlichen Prüforganen, gegenüber vereinsinternen Rechnungsprüfern etc.); dafür wird das „externe Rechnungswesen" aufgebaut (Buchführung, Gewinn- und Verlustrechnung, Bilanz);
- der ziel- und zukunftsorientierten Lenkung der wirtschaftlichen Gegebenheiten in einer Organisation: in Form einer Sammlung, zielgerichteten Verarbeitung und Transformation von wirtschaftlichen Daten der Organisation für Entscheidungsprozesse des Managements; dazu dient das „interne Rechnungswesen", mit dessen Hilfe Kosten und zu erzielende Preise für Dienstleistungen kalkuliert werden und Wirtschaftlichkeitsrechnungen erstellt werden können (Kosten- und Leistungsrechnung).

Externes und internes Rechnungswesen

„Das „externe Rechnungswesen' ist vorwiegend nach Außen orientiert. Wichtige Aufgaben der Finanzbuchhaltung bestehen in der Erfassung aller Geschäftsvorfälle und der Aufstellung insbesondere der Bilanz und der GuV (Gewinn- und Verlust-Rechnung; J.M.) nach den Vorschriften des Rechts. Dies geschieht zur Verdeutlichung der wirtschaftlichen Situation des Unternehmens bzw. der Einrichtung. Das ‚interne Rechnungswesen' ist vorwiegend nach innen orientiert. Wichtige Aufgaben der Kosten- und Leistungsrechnung bestehen in der Wirtschaftlichkeitsrechnung z. B. in Bezug auf einzelne Bereiche und die Kalkulation der Produkte und Dienstleistungen. Das interne

Rechnungswesen ist zukunftsbezogen ... Adressaten sind Kostenverantwortliche, Führungskräfte und die Unternehmensleitung." (Heister 2012, S. 178)

Die *Buchführung* erfasst alle laufenden Geschäftsvorfälle: sachlich richtig, vollständig, zeitnah, übersichtlich, mit ordnungsgemäß nummerierten und geordnet aufbewahrten Belegen. In ihrer einfachsten Form werden Einnahmen und Ausgaben gegenübergestellt: Die Einnahmen eines Geschäftsjahres werden den Ausgaben gegenübergestellt, wobei jedem Geschäftsvorfall die entsprechenden Belege zugeordnet werden, und der Saldo aus Einnahmen und Ausgaben ergibt dann für einen Zeitraum einen Überschuss oder einen Fehlbetrag. Eine solche Form mag ausreichen für sehr kleine Organisationen, in denen ehrenamtlich oder mit wenigen Honorarkräften gearbeitet wird. Für eine betriebswirtschaftliche Transparenz, die die Erstellung aussagefähiger Gewinn- und Verlust-Rechnungen und Bilanzen ermöglicht, ist eine nach Konten (geordnet in einem Kontenplan) differenzierende, doppelte Buchführung (nach Aufwands- und Bestandskonten mit einer jeweils „aktiven" und „passiven" Seite, „Soll" und „Haben") erforderlich. Die „doppelte Buchführung" ermöglicht einen aussagefähigen *Jahresabschluss mit einer Bilanz und einer Gewinn- und Verlustrechnung*, der den betriebswirtschaftlichen Stand einer Organisation kennzeichnet und der aussagefähige Daten liefert für eine betriebswirtschaftliche Bewertung und für die Erörterung betriebswirtschaftlicher Entscheidungen. Die *Gewinn- und Verlust- Rechnung (GuV)* besteht in einer Gegenüberstellung der Aufwendungen und Erträge eines Geschäftsjahres und stellt somit das Ergebnis der Wirtschaftstätigkeit eines Jahres dar (Jahresüberschuss oder Jahresfehlbedarf). Die Bilanz bildet das Vermögen und die Schulden einer Organisation zu einem bestimmten Stichtag (zum Abschluss des Geschäftsjahres) ab. Die *Bilanz* ermöglicht einen Überblick zum Ende eines Geschäftsjahres, welches Anlagevermögen (Grundstücke, Gebäude, technische Anlagen, Finanzanlagen) und welches Umlaufvermögen (Bankguthaben, Vorräte, Forderungen) der Organisation (genauer: dem Rechtsträger) gehört sowie welche Verbindlichkeiten bestehen und von wem die Organisation ihr Geld erhalten hat.[19]

Die *Kosten- und Leistungsrechnung* hat zukunftsorientierte, steuernde Funktionen und ist stärker mit dem operativen Controlling verknüpft (dazu einführend: Bachert 2010, S. 91 ff.; Bettig u. a. 2013, S. 168 ff.; Moos/ Peters

19 Einzelne Grundsätze und Begriffe zum betrieblichen Rechnungswesen können in diesem einführenden Lehrbuch nur sehr allgemein und mit kurzen Hinweisen angedeutet werden. Genauere Informationen finden sich bei Bachert (2010), Bettig u. a. 2013, Eschenbach/Horak/Furtmüller (2007), Heister 2012, Moos/Peters (2008), Pracht (2013).

2008, S. 27 ff.; Schellberg 2012, S. 48 ff.). Mit der Kosten- und Leistungsrechnung erzeugt das Rechnungswesen Informationen über die mit einzelnen Leistungen einhergehenden Kosten. Mit der Kosten- und Leistungsrechnung wird differenziert dargestellt und damit genauer kalkulierbar, was eine bestimmte Leistung, die die Organisation erbringt, an Kosten mit sich bringt. Die Herstellung von Kostentransparenz ist erforderlich für eine differenzierte wirtschaftliche Steuerung einer Organisation. Mit Hilfe einer durch Kosten- und Leistungsrechnung hergestellten Kostentransparenz kann z. B. besser entschieden werden,

- bei welchem Entgelt eine Leistung annähernd kostendeckend angeboten werden kann,
- ob Leistungen bzw. Leistungsteile unter rein finanziellen Gesichtspunkten besser in der eigenen Organisation erstellt oder von außen „eingekauft" werden sollten (z. B. eigene Küche oder Essen-Liefer-Service; Einstellen von Reinigungskräften oder Beauftragung einer Reinigungsfirma) ,
- bei welchen Leistungen und an welchen Stellen der Leistungserstellung Einsparmöglichkeiten erörtert werden können.

Ohne eine differenzierte Kosten- und Leistungsrechnung bleibt die betriebswirtschaftliche Dimension der Steuerung, also des zielgerichteten Managements von Organisationen unterbelichtet. Die reine Finanzbuchhaltung erfasst lediglich die Kosten und Erlöse in bestimmten Positionen, während die Kosten- und Leistungsrechnung die einzelnen Kostenelemente differenziert und auf die unterschiedlichen Leistungen verteilt und auf diese Weise eine auf unterschiedliche Leistungen ausgerichtete Steuerung ermöglicht.

Die Zuordnung von Kosten zu Leistungen erfolgt im „klassischen Modell" der Kostenrechnung in drei Schritten (s. *Schaubild 5.3*).

- **Kostenartenrechnung:** Alle Kosten der Organisation werden erfasst und nach verschiedenen Kostenarten aufgeteilt – Gehälter, Sozialbeiträge, Mieten/ Pachten, Energiekosten, Instandhaltung, Büromaterial und Portokosten, Abschreibungen etc.

- **Kostenstellenrechnung:** Bei dieser zweiten Stufe der Kosten- und Leistungsrechnung gehen alle Kosten ein, die nicht unmittelbar einer Leistung zugeordnet werden, die aber für den Gesamtprozess der Leistungserstellung entstehen. Es wird differenziert in Haupt kostenstellen (die eigentlichen Leistungsbereiche der Organisation; z. B. ambulante Hilfe, stationäre Hilfe oder Wohngruppe A, B, C oder elternbezogene Angebote, kinderbezogene Angebote) und

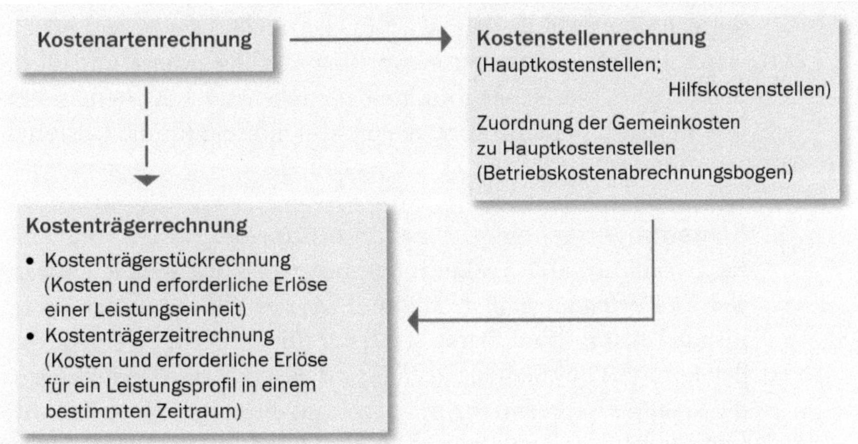

Schaubild 5.3: Kosten- und Leistungsrechnung

Hilfskostenstellen (z.B. Verwaltung, Geschäftsführung – also Bereiche, die Gemeinkosten für Arbeiten beinhalten, die für alle Leistungsbereiche realisiert werden und die i.d.R. keine eigenen Erträge erwirtschaften). Auch in Organisationen der Sozialen Arbeit entstehen Kosten, die nicht nur für eine bestimmte Leistung eingesetzt werden, sondern durch die eine „interne Infrastruktur" für alle oder zumindest für mehrere Leistungen geschaffen wird. Diese „Gemeinkosten" (Personal- und Sachkosten für Geschäftsführung, für Buchhaltung und Controlling, für Personalverwaltung, für Öffentlichkeitsarbeit etc.) stehen in Bezug zu allen Leistungsbereichen einer Organisation und müssen daher den Kosten für die einzelnen Leistungen zugerechnet werden. Die bei den Hilfskostenstellen entstehenden Kosten müssen gedeckt werden, indem sie auf die Hauptkostenstellen „umgelegt" werden. Diese „Umlage der Gemeinkosten", die mit Hilfe eines differenzierten „Betriebsabrechnungsbogens" erfolgt (mit genauerer Berechnung/ Festlegung der Umlageanteile für die Hauptkoststellen, ggf. differenziert nach bestimmten Kostenarten), kann dann in die Kostenberechnung für eine Leistung eingehen. Die Umlage kann nach einzelnen Elementen der Gemeinkosten differenziert auf bestimmte Leistungen erfolgen, und es können – je nach Plausibilität des Aufwands – verschiedene Prozentsätze festgelegt werden, mit denen die einzelnen Leistungen bzw. Kostenstellen kostenmäßig „belastet" werden. Kostenstellen werden insbesondere „nach dem Kriterium der Abgrenzbarkeit der Kostenverantwortung festgelegt" (Schellberg 2012, S. 52). Dadurch wird eine „Organisationslogik in das Kostenrechnungssystem gebracht" (a. a. O.): Die Leistungsbereiche werden betriebswirtschaftlich voneinander abgegrenzt, und die bei den Leistungsbereichen unmittelbar entstehenden Kosten und Erlöse werden mit den „umgelegten", also indirekt für die Leistungserstellung entstehenden Kosen verknüpft.

- **Kostenträgerrechnung:** Diese dritte Stufe der Kosten- und Leistungsrechnung soll Auskunft darüber geben, für welche Leistung welche Kosten angefallen sind und wie das Verhältnis der Kosten für die Leistung zum Ertrag steht, der für die Leistung erzielt werden konnte. Die „Kostenträger"[20] sind die einzelnen Leistungen. In die Kostenträgerrechnung gehen also (a) diejenigen Kosten ein, die unmittelbar der Erstellung einer speziellen Leistung zugerechnet werden können, und (b) derjenige Anteil der Gemeinkosten, der über die Kostenstellenrechnung mittelbar der spezifischen Leistungserstellung zugeordnet worden ist, sodass auf dieser Grundlage die Kosten einer Leistung und damit die für diese Leistung zu erzielende Einnahme kalkuliert werden können. Damit kann deutlich gemacht werden, was eine Leistungseinheit (z. B. Fachleistungsstunde, Pflegetag, Unterrichtsstunde in der Fortbildung) kostet („Kostenträgerstückrechnung") oder was eine Kostenstelle für ein bestimmtes Leistungsprofil in einem bestimmten Zeitraum an Erlösen erzielen muss, um die entstehenden Kosten zu decken („Kostenträgerzeitrechnung"). Damit kann die Wirtschaftlichkeit bei der Erbringung einer Leistung eingeschätzt werden, es können (bei größeren Trägern mit verschiedenen Organisationseinheiten, die gleiche oder ähnliche Leistungen erbringen) trägerinterne Betriebsvergleiche angestellt werden, und es können gezielte Überlegungen und Maßnahmen zum Kostenmanagement erarbeitet werden.

20 Der Begriff „Kostenträger" in der Kosten-Leistungsrechnung hat eine andere Bedeutung als vielfach im Alltagssprachgebrauch in der Sozialen Arbeit: Hier wird mit dem Begriff „Kostenträger" in der Regel diejenige Institution oder Person bezeichnet, die oder der die jeweilige Leistung bezahlt – das Jugendamt als „Kostenträger" für die ambulante oder stationäre Erziehungshilfe, der überörtliche „Kostenträger" für Leistungen der stationären Behindertenhilfe, die Krankenkasse für stationäre Suchthilfe etc. Dieser Sprachgebrauch ist nicht identisch mit der Rede vom „Kostenträger" in der betriebswirtschaftlichen Kostenrechnung. Dieser Differenz sollte man sich bewusst sein, um keine Missverständnisse in Gesprächssituationen zu erzeugen oder um mögliche Missverständnisse frühzeitig erkennen und damit ausräumen zu können.

Auf der Grundlage dieser drei Stufen der Kosten- und Leistungsrechnung werden differenzierte Formen der betriebswirtschaftlichen Steuerung im Hinblick auf Entgeltkalkulation, Effizienzkalküle, Budgetierung, differenzierte Preisgestaltung etc. möglich.

Der Hinweise auf die Umlage der Gemeinkosten auf die einzelnen Kostenstellen lässt bereits erkennen, dass die betriebswirtschaftliche Steuerung nicht außerhalb der Interessenkonstellationen innerhalb einer Organisation angesiedelt ist. Auch wenn hier Zahlen und Berechnungen im Mittelpunkt stehen, resultieren daraus nicht eindeutige Entscheidungen, sondern in den Zahlen spiegeln sich Annahmen wider, für die mehr oder weniger gute Gründe angeführt werden können und die sich im Hinblick auf Entscheidungen unterschiedlich interpretieren und mit anderen (fachlichen oder organisationsbezogenen oder marketingstrategischen) Erwägungen abwägen lassen. Die Umlage von Gemeinkosten kann ein beträchtliches Konfliktpotential innerhalb der Organisation mit sich bringen, denn die Zuordnung spezifischer Bestandteile von Gemeinkosten und die Höhe der veranschlagten „umgelegten" Gemeinkosten haben Auswirkungen auf die Kostenhöhe für eine Leistung und damit möglicherweise auf die „Marktfähigkeit" der Leistung und damit Folgen für die an dieser Leistung tätigen Mitarbeiter. Entscheidungen, ob bestimmte Leistungsanteile „eingekauft" bzw. ausgelagert oder weiterhin selbst übernommen werden, können konkurrierende ökonomische und fachliche Argumente hervorrufen: So mag eine Essenslieferung preisgünstiger sein als ein eigener Küchenbetrieb, aber ein eigener Küchenbetrieb ermöglicht vielleicht mehr Mitwirkung, mehr Gruppenerlebnisse und mehr Lernerfahrungen für die Leistungsadressaten. Oder der Vergleich zwischen ähnlichen Kostenstellen bzw. damit verbundenen Betriebsteilen kann möglich, aber angesichts der Konfliktlagen in der Organisation wenig angebracht sein. Die betriebswirtschaftliche Steuerung anhand einer Kosten- und Leistungsrechnung muss also mit Steuerungserwägungen, die anderen Logiken folgen, verkoppelt werden.

5.4 Steuerung über Budgetierung und Controlling

Ein aussagefähiges externes und internes Rechnungswesen bildet die Grundlage für das betriebswirtschaftliche Steuerungshandeln. Dabei stehen zwei Steuerungsmodalitäten im Mittelpunkt:

Budgetierung als betriebswirtschaftliche Steuerungsform, bei der in der Verkoppelung von Ressourcenzuteilung und Zielen die zentrale Steuerung verbunden wird mit der differenzierteren Steuerung in einzelnen Organisationseinheiten;

Controlling, bei dem mit Hilfe von Kennzahlen eine differenzierte und zeitnahe Überprüfung des wirtschaftlichen Handelns und seiner Ergebnisse sowohl für die Gesamtorganisation als auch für einzelne Organisationsteile erfolgen kann.

5.4.1 Budgetierung

Ein betriebswirtschaftliches Steuerungsverfahren, das auf der Basis einer Kosten- und Leistungsrechnung in einer Organisation zur Geltung gebracht werden kann, ist die Budgetierung. Der Prozess der Budgetierung umfasst Aufstellung, Verabschiedung und Kontrolle eines Teilhaushalts für eine Organisationseinheit. Für eine bestimmte Periode erhält die Organisationseinheit eine monetäre Ausstattung, für die Organisationseinheit bestimmte vereinbarte Zielgrößen erbringen muss. Die Verantwortung für das verabschiedete Budget wird an eine (operative) Organisationseinheit delegiert; in der Organisationseinheit wird entschieden, wie und für welche Maßnahmen die einzelnen Budgetanteile eingesetzt werden. Die vereinbarten Zielgrößen – zum Beispiel Marktanteile, Umsatzzahlen, Leistungseinheiten – basieren auf Prognosen: Budgets sind daher planungsorientiert, die Beteiligten sind sich darüber einig, dass es möglich ist, mit einer bestimmten monetären Ausstattung (Budget) das vereinbarte betriebswirtschaftliche Ziel zu erreichen.

Je größer und komplexer Organisationen werden, desto naheliegender wird eine betriebswirtschaftliche Steuerung mit Hilfe von Budgets für einzelne Organisationseinheiten. Für die Konstituierung eines Budgets werden folgende Anforderungen geltend gemacht:

- „Budgets müssen sich auf klar umrissene Verantwortungsbereiche beziehen (dies gilt analog für Kostenstellen);
- Budgetvorgaben müssen messbar sein;

- Budgetvorgaben müssen seitens der Verantwortlichen beeinflussbar sein;
- Budgetvorgaben müssen herausfordernd, jedoch auch erreichbar sein;
- Budgetvorgaben müssen einen Handlungsspielraum (‚budgetary slack') enthalten;
- Budgetverantwortliche sind am Budgetierungsprozess zu beteiligen." (Horvath, zit. nach Bachert/ Pracht 2004, S. 47)

Budgets dienen der Orientierung der Organisationseinheiten und ihrer Mitarbeiter sowie der Geschäftsleitung hinsichtlich der Gesamtziele und der daraus abgeleiteten Zielgrößen der Gesamtorganisation. Umgekehrt können sie eingesetzt werden zur Koordination der einzelnen Organisationseinheiten mit Blick auf die Zielsetzung der Gesamtorganisation. Schließlich dienen Budgets der Motivation der Entscheidungseinheiten, da diese im Rahmen der Budgetvereinbarungen in ihrer Maßnahmeplanung weitgehend frei sind (vgl. Pfaff 2002, S. 231ff.). Als Zielgrößen dominieren in der ökonomischen Praxis Wertgrößen (z. B. Kosten oder Gewinne). Aber auch Budgets mit Mengen- (z.B. Absatzmengen) bzw. Leistungsgrößen (z.B. „Erweiterung der Öffnungszeiten um 20%.") sind möglich.

Allerdings sind gerade für Organisationen der Sozialen Arbeit Grenzen einer Steuerung über Budgetierung zu beachten. Um Budgets konstituieren und vereinbaren zu können, ist eine Flexibilität hinsichtlich der Kostenarten und der in den Kostenarten jeweils möglichen Kostenhöhe notwendig. Ansonsten haben die Budgetverantwortlichen keine Entscheidungsmöglichkeit zum Ressourceneinsatz, und die Budgets wären entweder sinnlos, oder es wären mangels Entscheidungsoptionen eigentlich keine „Budgets" im Sinne der o.g. Definition. Häufig müssen bei Anträgen auf Zuwendungen für bestimmte Kostenarten bereits Kostenhöhen genannt werden, an die man sich dann aufgrund des entsprechenden Zuwendungsbescheides halten muss, oder bei Leistungsentgelten sind bestimmte Kostenpositionen mit Höchstsätzen festgelegt, die ebenfalls den Entscheidungsspielraum der Kostenstellenverantwortlichen sehr einengen und eine „Budgetierung" höchstens rudimentär erlauben.

Wenn eine Budgetierung möglich ist und ein Budget ausgehandelt werden kann, so sollte dem ein iteratives Vorgehen zugrunde liegen, bei dem sowohl die Kenntnisse der oberen Managementebene als auch der einzelnen Organisationseinheiten in die Zielgrößenformulierung einfließen (Gegenstromverfahren). Dadurch wird zum einen einer Demotivierung der Organisationseinheiten entgegengewirkt, wie sie bei einer einseitigen Top-Down-Planung durch die obere Managementebene auftreten könnte. Zum anderen wird das Wissen der Organisationseinheiten in die Planung einbezogen. Weiterhin bleibt die Koordinationsfunktion der Budgetierung erhalten, was bei einer ausschließlichen Zieldefinition von unten (Bottom-Up-Planung) nicht der Fall wäre. Das Gegenstromverfahren soll außerdem das Problem der asymmetrischen Informationsverteilung zwischen zentralen und dezentralen Organisationseinheiten sowie Interessendivergenzen und opportunistisches Verhalten und die daraus resultierende Gefahr einer verzerrten Berichterstattung im Budgetierungsprozess entschärfen (vgl. Ossadnik/Barklage, 2002, S. 247). Wichtig ist die Bindung der Budgetfestlegung an Zielaushandlungen zwischen Leitung und der jeweiligen Organisationseinheit. Eine reine Fortschreibung von Budgets von einer aktuellen auf eine künftige Rechnungsperiode ohne Zielaushandlungen könnte auch eine „Fortschreibung von Missständen innerhalb eines Verantwortungsbereichs" (Bachert/ Pracht 2004, S. 47) bedeuten. Auch hier wird wiederum erkennbar, dass das Verfahren der Budgetierung über die reine betriebswirtschaftliche Steuerung hinausgeht und mit bestimmten Formen der organisationsbezogenen Steuerung verbunden ist: Budgetierung ist gebunden an eine Organisationsform, bei der die einzelnen Organisationssegmente eine (partielle) eigene Entscheidungsfähigkeit haben und die auf Zielaushandlungen zwischen Leitung und Organisationsteilen beruht.

5.4.2 Controlling

Mit Hilfe des Controlling soll eine zeitnahe Überprüfung und Steuerung des wirtschaftlichen Handelns einer Organisation ermöglicht werden. Der Begriff „Controlling" ist nicht mit einem Wort ins Deutsche zu übertragen: Es bedeutet mehr als „Kontrolle", es handelt sich um die Kennzeichnung einer umfassenderen Funktion des Regelns, des betriebswirtschaftlichen Steuerns, des Lenkens von betriebswirtschaftlichen Prozessen. „Kontrolle" bildet eine bedeutsame Teilfunktion der betriebswirtschaftlichen Steuerung, jedoch geht Controlling nicht in dieser Teilfunktion der „Kontrolle" auf, es handelt es sich bei „Controlling" um den umfassenderen Prozess der wirtschaftlichen Steuerung einer Organisation.[21] Der Begriff „Controlling" ist im betriebswirtschaftlichen Kontext entstanden und mittlerweile auf andere Bereiche ausgedehnt worden: So wird insbesondere von „fachlichem Controlling" gesprochen (z.B. Bettig u.a. 2013, S. 259 ff.). Hier sollte man jedoch aus Gründen der Klarheit den Begriff „Controlling" in seinem betriebswirtschaftlichen

---

21 Der Begriff „Controlling" sollte dementsprechend auch nicht als „sprachlicher Weichspüler" eingesetzt werden, um einen vermeintlich negativ besetzten Begriff „Kontrolle" umgehen zu wollen und Kontrolle dadurch sozialverträglicher zu machen. Wer „Kontrolle" meint, sollte auch „Kontrolle" sagen und nicht auf einen diffusen Sprachgebrauch des „Controlling" ausweichen.

Kontext belassen: das vermeintliche „fachliche Controlling" ist „Qualitätsmanagement" (→ *Kap. 6.2*), und so sollte man es auch benennen!

Die betriebswirtschaftliche Steuerungsfunktion des Controlling lässt sich in **vier Teilfunktionen** gliedern (Knorr/Offer 1999, S. 234ff.; s. *Schaubild 5.4*):

- **Teilfunktion „Planung":** Die betriebswirtschaftlichen Ziele der Organisation werden in Teilziele übersetzt, es werden Wege zur Zielerreichung markiert, und auf diese Weise werden die Teilziele der einzelnen Organisationseinheiten mit dem betriebswirtschaftlichen Gesamtziel der Organisation verbunden.

- **Teilfunktion „Information":** Hier liegt die eigentliche Kernfunktion des Controlling. Über das Controlling werden diejenigen Daten definiert, die die Managementakteure zur Bewertung der wirtschaftlichen Prozesse und zur Bewertung des Standes der Zielerreichung benötigen, die entsprechenden Daten werden beschafft und aufbereitet und im Rahmen eines kontinuierlichen Berichtswesens an die Managementakteure zur Entscheidungsfindung übermittelt. Die Informationen werden zu „Kennzahlen" verdichtet, um dadurch verbesserte, „eindeutig" erscheinende aussagekräftige Entscheidungsgrundlagen zu erhalten. Als „Kennzahlen" gelten „quantitative Daten, die als bewusste Verdichtung einer komplexen Realität über betriebswirtschaftliche Sachverhalte informieren" (Bettig u.a. 2013, S. 255). Kennzahlen können sich auf Leistungen beziehen (z. B. durchschnittliche Betreuungsdauer, durchschnittlicher Betreuungsumfang, Belegungsquote, Nutzungsgrad unterschiedlicher Betreuungsintensitäten), auf Finanzen (z. B. Kostendeckungsgrad, Ressourcenaufwand pro Leistungseinheit, Gehaltskostenentwicklung, Verhältnis von Personal- und Sachkosten zueinander), auf Personal (z. B. durchschnittliche Betriebszugehörigkeit, Fluktuationsquote, Krankheitsquote, Anzahl Fortbildungstage), auf Nutzer (z.B. Anzahl Beschwerden) (Moos/ Peters 2008, S. 53). Das zu erstellende Kennzahlensystem richtet sich nach den Inhalten der in der Planung enthaltenen Ziele und Teilziele. Allerdings müssen auch Konstellationen des sozialpolitischen Umfelds im Rechnungswesen verarbeitet werden und nehmen daher möglicherweise Einfluss auf die Kennzahlensystematik im Controlling (am Beispiel des Persönlichen Budget in der Behindertenhilfe s. Vaudt/ Rasche 2011). Mit der kontinuierlichen Erhebung und Aufbereitung von Kennzahlen sind Abweichungen von den Zielgrößen *frühzeitig* erkennbar – und nicht erst zum Ende eines Haushaltsjahres oder zu einem späten Zeitpunkt eines Planungszeitraums, wenn keine oder kaum Korrekturen mehr möglich sind. Dadurch werden zeitnahe Korrektur- bzw. Steuerungsmaßnahmen ermöglicht.

- **Teilfunktion „Analyse":** In der Analyse werden die in den Kennzahlen ausgedrückten Soll-Ist-Verhältnisse im Hinblick auf Abweichungen analysiert und bewertet: wodurch die Abweichungen bedingt sind, welche möglichen Korrekturmaßnahmen sich mit welchem Aufwand und welchen Erfolgswahrscheinlichkeiten realisieren lassen, welche Alternativ-Maßnahmen sich für eine zeitnahe Korrektur realisieren und in ihren Folgen (Aufwand, Nebenfolgen) vergleichen lassen. Mit der Analyse und mit dem Entwerfen verschiedener Steuerungsoptionen zur Korrektur der Abweichungen wird eine Grundlage für Entscheidungen geliefert (Entscheidungsvorbereitung).

- **Teilfunktion „Steuerungsentscheidung":** In den Entscheidungen zur besseren Zielrealisierung vollendet sich der „Regelkreis des Controlling". Mit dem Controlling werden Entscheidungen der Managementakteure herbeigeführt, die (kurzfristig umsetzbare) Steuerungsmaßnahmen beinhalten, mit denen die festgestellten und in Kennzahlen ausgedrückten Abweichungen korrigiert und kompensiert werden sollen.

Durch das Controlling soll es möglich werden, auf der Grundlage einer systematischen Beobachtung und des Transparent-Machens der wirtschaftlichen Situation die betriebswirtschaftliche Steuerungsfähigkeit insofern zu verbessern, als zeitnah Fehlentwicklungen erkennbar und einem korrigierenden Handeln zugänglich werden. Das „Berichtswesen" bildet den Kern des Controlling; mit Hilfe von aufbereiteten Kennzahlen können Prozesse der Analyse von Soll-Ist-Abweichungen und Überlegungen zu Korrekturmaßnahmen als Entscheidungsvorbereitung für Steuerungsentscheidungen ausgelöst werden. Damit kann „Überraschungen" am Ende eines Haushaltsjahres, wenn nichts mehr zu korrigieren ist, vorgebeugt werden: Der Haushalt einer Organisation kann kontinuierlich gesteuert, und es können eigene Sparpotentiale in der Organisation erkundet werden.

Controlling hat eine die Managementakteure unterstützende, helfende Funktion: Die das Controlling realisierende Person bleibt „eine Unterstützungsinstanz, welche die Entscheider berät, Innovationen anregt und für den formalen Rahmen, das Planungs- und Kontrollsystem, zuständig ist, ohne selbst Planungs- und Kontrollentscheidungen zu fällen" (Lichtsteiner u. a. 2013, S. 123). Controlling-Personen haben eine auf Informationsbeschaffung und Informationsaufbereitung und dementsprechend auf Entscheidungsvorbereitung ausgerichtete „Assistenzfunktion“ (Schubert 2005b, S. 211).

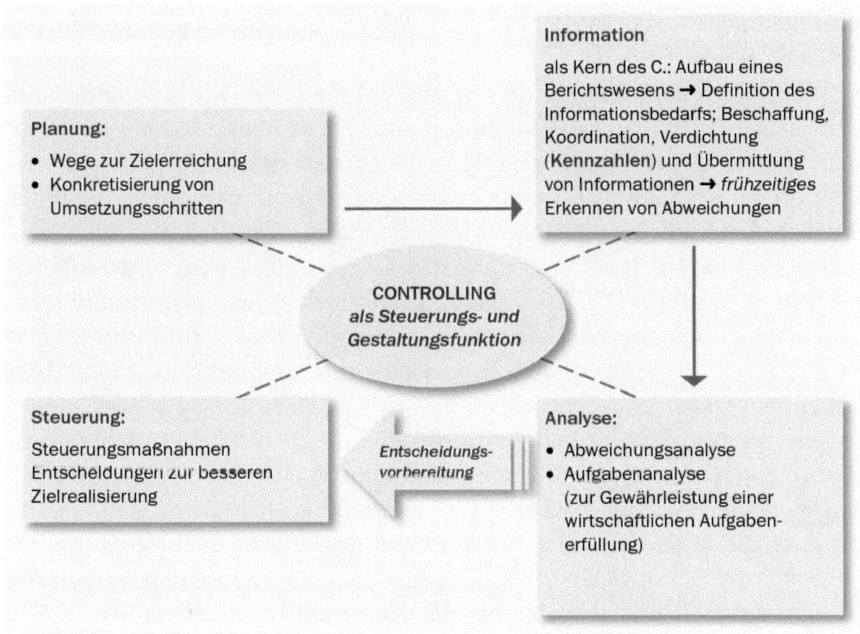

Schaubild 5.4: Controlling als betriebswirtschaftliche Steuerungs- und Gestaltungsfunktion

Controlling an sich (mitsamt der aus dem Controlling folgenden Debatten und Entscheidungen) ist eine Leitungsaufgabe, zu deren sachgerechter Erfüllung Leitungspersonen sich der Hilfe durch „Controller“ vergewissern. Die praktische Bedeutung dieser Differenz zwischen Leitung und Controllingpersonen wird dann sichtbar, wenn aus einer finanzwirtschaftlichen Controlling-Perspektive Entscheidungsoptionen eingebracht werden, die möglicherweise unter fachlichen Gesichtspunkten als problematisch (und mittelfristig als mit negativen betriebswirtschaftlichen Folgen) beurteilt werden. Beispiel: Die Orientierung an einem möglichst hohen Anteil an variablen Kosten kann aus kurzfristiger betriebswirtschaftlicher Sicht angestrebt sein (Moos/ Peters 2008, S. 29), aus fachlicher Sicht wäre durch einen an jeweils aktuellen Auslastungszahlen orientierten Personaleinsatz die kontinuierliche Zusammenarbeit mit fachlich eingespielten Mitarbeitern gefährdet.[22] Wichtig ist also,

22 Angesprochen ist hier das Verhältnis von variablen zu fixen Kosten: Fixe Kosten sind

dass mit der Vorlage von Entscheidungsalternativen unter betriebswirtschaftlichen Prämissen nicht implizit die Entscheidung vorgeprägt wird, sondern zwischen der Aufbereitung von Daten und Entwicklung von Entscheidungsmöglichkeiten (als Entscheidungs*vorbereitung*) einerseits und dem Entscheidungsprozess und der tatsächlichen Entscheidung andererseits differenziert wird.

Wenn Leitungspersonen diese Differenz nicht im Blick behalten und nicht selbst aktiv ihre Entscheidungs- und Steuerungsaufgaben wahrnehmen, können Controller unbemerkt in die entstehende Lücke gedrängt werden und damit in eine faktische Entscheidungsposition kommen, die ihnen von ihrer Funktion her eigentlich nicht zukommt. Allerdings darf auch nicht übersehen werden, dass durch die Art des Zusammenfügens und Aufbereitens von Kennzahlen Diskussionen und Entscheidungen in bestimmte Richtungen beeinflusst werden können und daher Controller im internen Einflussgefüge von Organisationen immer eine mikropolitisch markante Rolle einnehmen können.

Organisational lassen sich die Controlling-Aufgaben bei größeren Organisationen am ehesten als Stabsfunktion nahe an den verantwortlichen Leitungspersonen zuordnen, während bei kleineren oder mittelgroßen Organisationen die Wahrnehmung der Controlling-Aufgaben entweder unmittelbar bei der Leitungsperson selbst oder beim Rechnungswesen (Leiter/in Rechnungswesen bzw. bei der für das Rechnungswesen verantwortlichen Person) angesiedelt sein wird.

Die bisherige Erläuterung zum Controlling fokussiert implizit auf das **operative Controlling**. Vom operativen Controlling zu unterscheiden ist das **strategische Controlling** (vgl. u.a. Kortendieck 2012).

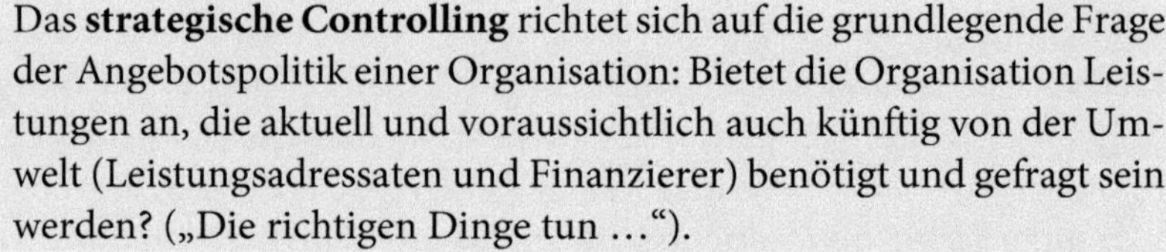
Das **strategische Controlling** richtet sich auf die grundlegende Frage der Angebotspolitik einer Organisation: Bietet die Organisation Leistungen an, die aktuell und voraussichtlich auch künftig von der Umwelt (Leistungsadressaten und Finanzierer) benötigt und gefragt sein werden? („Die richtigen Dinge tun …").

---

strukturbedingte Kosten, die unabhängig von der Inanspruchnahme der Leistung entstehen; variable Kosten verändern sich unmittelbar mit Auslastung bzw. Inanspruchnahme einer Leistung. Eine Erhöhung der Variabilität der Kosten ist z.B. durch den Einsatz von flexiblen Honorarkräften oder durch Überstundenvergütung statt fester Mitarbeiter zu erreichen. Betriebswirtschaftlich wird häufig die Perspektive einer „Variabilisierung von Kosten durch eine auslastungsorientierte Personaleinsatzplanung" vertreten (Moos/ Peters 2008, S. 29).

Das **operative Controlling** fragt nach der Art und wirtschaftlichen Angemessenheit der Leistungserstellung: Ist die Leistungserstellung wirtschaftlich so organisiert, dass sie in einem angemessenen Verhältnis von Aufwand und Nutzen erfolgt und die Existenz der Organisation zeitnah wirtschaftlich gesichert werden kann? („Die Dinge auf die richtige Art tun …")

Das strategische Controlling ist als ein Element des Strategischen Managements zu verstehen (→ *Kap. 3.4*); in Konzept und methodischer Ausrichtung bestehen hier markante Kongruenzen. Das strategische Controlling besteht aus einer umfassenden Konzepterstellung/ Konzeptüberprüfung einer Organisation auf der Grundlage von *„Marktbeobachtungen"*: Zielgruppenbedürfnisse, Lebenslage von Zielgruppen, demografische Veränderungen, interkommunale Vergleiche, aktuelle und möglicherweise zu erwartende sozialpolitische und sozialrechtliche Veränderungen, Vergleiche zu anderen Anbietern etc. Als Teil des strategischen Managements geht es zum einen um eine Umweltanalyse (Chancen und Risiken aufgrund erkennbarer Entwicklungen in der Umwelt der Organisation) und zum anderen um eine Analyse interner Verhältnisse (Stärken und Schwächen der Organisation in finanzieller und personeller Hinsicht und Im Hinblick auf die Außenbezüge). Die aus der Umweltanalyse abgeleiteten Erkenntnisse und Annahmen werden konfrontiert mit der auf die Innenverhältnis bezogenen "strategischen Bilanz", und daraus erfolgt die Entwicklung strategischer Ziele und ggf. bestimmter strategischer Projekte, mit denen die strategischen Ziele erreicht werden sollen und für die wiederum Zielkennziffern für bestimmte Projektstadien als Grundlage für ein Umsetzungscontrolling festgelegt werden. Instrumente wie die Balanced Scorecard (→ *Kap. 3.4, Fußnote 14*) bieten Möglichkeiten, die strategische mit der operativen Ebene des Controlling zu verkoppeln.

Das operative Controlling richtet sich im Wesentlichen auf drei Bereiche:

- Finanzcontrolling: Entwicklung von Kosten und Erlösen (Budgets); Liquiditätsplanung; Investitionen;
- Personalcontrolling: quantitativer und qualitativer Bedarf und Einsatz von Personal;
- Materialcontrolling: kostengünstige und zeitangemessene Beschaffung und Verwendung von Material.

Da bei Organisationen der Sozialen Arbeit das Erbringen personenbezogener Leistungen im Vordergrund steht, hat das Materialcontrolling mit Ausnahme weniger Bereiche (Werkstätten für Menschen mit Behinderungen;

Organisationen der Jugendberufshilfe oder der arbeitsbezogenen Unterstützung von arbeitslosen Personen u. Ä.) eine nur geringe Bedeutung. Der Schwerpunkt liegt beim Finanz- und beim Personalcontrolling.

5.5 Fundraising

Zur Finanzierung eines Teils ihrer Aktivitäten benötigen Organisationen der Sozialen Arbeit Eigenmittel. Eigenmittel sind erforderlich, wenn der Träger Zuwendungen erhält, die in der Regel den Einsatz von Eigenmitteln voraussetzen, wenn Aktivitäten finanziert werden sollen, die nicht oder noch nicht über öffentliche Mittel finanziert werden, und wenn Kostenpositionen im Finanzierungsplan enthalten sind, die auf fachlich notwendige oder wünschenswerte Aktivitäten verweisen, deren Kosten aber in den Kalkulationen von Leistungsentgelten oder bei Zuwendungsanträgen von den öffentlichen Trägern nicht anerkannt werden. Die für die Finanzierung erforderlichen Eigenmittel müssen durch Aktivitäten eingeworben werden, die mit dem Sammelbegriff „Fundraising" erfasst werden: *fund* – Geld, Kapital; *to raise* – etwas aufbringen, beschaffen.

> Der Begriff „Fundraising" ist eine Sammelkategorie, mit der verschiedene Aktivitäten gemeinnütziger Organisationen zusammengefasst werden, außerhalb der staatlichen Regelfinanzierung (Leistungsentgelte, Zuwendungen) Ressourcen für ihre Arbeit zu beschaffen. „Fundraising wird verstanden als die umfassende Mittelbeschaffung einer nicht kommerziellen Organisation. Dies umfasst Finanz- und Sachmittel, Rechte und Informationen, Arbeits- und Dienstleistungen, wobei der Schwerpunkt auf der Einwerbung finanzieller Mittel liegt. Beim Fundraising geht es um die Erstellung einer Kommunikationsstrategie für die Beschaffung von Finanzmitteln, und zwar vor allen Dingen für Mittel, die nicht nach klaren Förderkriterien vergeben werden und nicht regelmäßig fließen." (Haibach 2012, S. 16)

In dieser Definition sind drei wesentliche Elemente des Fundraising-Begriffs hervorgehoben:

- Es geht um die Einwerbung von Ressourcen außerhalb der Regelfinanzierungen.

- Der Rekurs auf „Ressourcen“ bezieht sich vorwiegend auf finanzielle Mittel, ist aber nicht auf diese beschränkt. Die „Mittelbeschaffung“ kann sich auf sachliche Mittel oder auf Dienstleistungen beziehen; dies verdeutlicht Urselmann (2009, S. 525 f.) am Beispiel der gemeinnützigen „Tafel“, bei der Lebensmittel für Bedürftige organisiert werden und dabei auf Sachspenden (Lebensmittel), auf „Zeitspenden“ (ehrenamtliche Arbeit), auf das Zur-Verfügung-Stellen von Fahrzeugen und Räumen zurückgegriffen wird.
- Fundraising fußt auf einer Kommunikationsstrategie, erfolgt also nicht zufällig, sondern geplant. Damit ist Fundraising verkoppelt mit Marketing-Aktivitäten (Christa 2010, S. 275 ff.), bei denen eine Organisation ihre Leistungen unter systematischer Beachtung der Anforderungen der für sie relevanten Umwelt entwirft und ihre Kommunikation mit der Umwelt (einschließlich der Darstellung ihres Profils und ihrer Leistungen) bewusst und strategisch gestaltet (→ Kap. *8.4*).

Die **Formen des Fundraising** lassen sich hier nur kurz benennen (ausführlich zu diesen und weiteren Formen s. Haibach 2012; Urselmann 2014):

- **Spenden:** freiwillige Abgabe einer Geldleistung (oder einer Sachleistung als Sachspende) einer Privatperson oder eines Unternehmens an eine Organisation der Sozialen Arbeit, ohne dass dafür eine direkte Gegenleistung erfolgt. Die Akquise solcher Spenden kann über eine aktive Ansprache an Personen oder Unternehmen oder durch Briefwerbung oder Online-Werbung systematisiert werden. Für Spenden ist die Seriosität der jeweiligen Organisation entscheidend: Seriosität in der Wahrnehmung der potentiellen Spender, was wiederum auf die Kommunikationsanforderungen im Rahmen eines Spendenmarketing verweist.[23]

- **Geldauflagen/ Bußgelder:** Ein Teil der von Gerichten verordneten Bußgeld-Zahlungen kann an gemeinnützige Organisationen der Sozialen Arbeit geleistet werden. Dazu können sich die Träger in entsprechende Listen bei den Gerichten eintragen. Damit Rich-

23 Organisationen, die stark auf Spendensammlungen ausgerichtet sind, versuchen, ihre Seriosität und Glaubwürdigkeit bei der zweckentsprechenden Verwendung von Spenden dadurch zu dokumentieren, dass sie sich der Prüfung durch das Deutsche Zentralinstitut für soziale Fragen (DZI) unterziehen und dadurch das „DZI-Spendensiegel“ erhalten. (wwww.dzi.de/spenderberatung/das-spenden-siegel/)

ter eine Organisation für eine bestimmte Bußgeldzahlung auswählen, sollte ihnen die Organisation mit den maßgeblichen Personen und mit ihrer Arbeitsweise bekannt sein. Das macht entsprechende Kommunikationsaktivitäten der Managementakteure erforderlich. Diejenigen Organisationen, die in ihrer Arbeit einen Bezug zu Delikten aufweisen, für die Bußgelder zu zahlen sind, haben eine größere Chance, an Bußgeldzahlungen zu partizipieren.

- **Lotterien/ Tombola:** Verlosung von Geld- oder Sachpreisen, deren Erlös an eine Einrichtung der Sozialen Arbeit geht.

- **Benefizveranstaltungen:** Erlöse werden erzielt über den Verkauf von Eintrittskarten und über die Gestaltung eines „spendenförderlichen" Rahmens zum Einwerben von Spendenzusagen. Problematisch kann das Verhältnis von (sachlichem, personellem und finanziellem) Aufwand zu den erzielbaren Erlösen sein.

- **Sponsoring:** Im Mittelpunkt steht der Leistungsaustausch zwischen einer Organisation der Sozialen Arbeit und einem Unternehmen. Das Unternehmen sponsert mit einem bestimmten Betrag die Organisation der Sozialen Arbeit, die dafür eine bestimmte Leistung für die öffentliche Darstellung des Unternehmens erbringt.

Beim Fundraising wird vielfach davon ausgegangen, dass Ressourcen eingeworben werden, ohne dass „marktadäquate Gegenleistungen" für den Ressourcengeber erfolgen (so u. a. Helmig, zit. in Buber 2013, S. 234). Dies mag bei Spenden zutreffen, auch wenn zu beachten ist, dass Spenden nicht völlig altruistischen Motiven entspringen, sondern immaterielle Gegenleistungen erfolgen (Erlangen psychologischer Vorteile durch Reduktion von Schuldgefühl, persönliches Wohlgefühl durch Nutzenstiftung oder Beitrag zum sozialen Ausgleich, Verbesserung sozialen Ansehens etc.; vgl. Neumayr/ Schober/ Schneider 2013, S. 474f.; Christa 2010, S. 278ff.). Diese Gegenleistungen mögen noch als „nicht marktadäquat" zu werten sein. Deutlich anders ist die Situation jedoch beim Sponsoring: „Da der Sponsor wirtschaftliche Vorteile aus dem Sponsoring anstrebt, ist seine Beziehung zum Sponsoring-Nehmer (in erster Linie) geschäftlicher Art (nicht mäzenatischer)." (Urselmann 2009, S. 528)

Beim Sponsoring einer Sozialeinrichtung bzw. des Projektes einer Einrichtung durch ein Unternehmen handelt es sich um „ein öffentlichkeitswirksames Geschäft auf Gegenseitigkeit, das auf dem Prinzip von Leistung und Gegenleistung beruht und Bestandteil der Unternehmenskommunikation ist. (…) Alle mit einem Sponsoringprojekt zusammenhängenden Aktivitäten – die bereitgestellten Leistungen des Sponsors und die zu erbringenden Gegenleistungen des Gesponserten – werden zwischen den Parteien detailliert vertraglich geregelt." (Lang/ Haunert 1995, S. 23) Die „offizielle", steuerrechtlich relevante Definition des Begriffs „Sponsoring" liest sich in einem Erlass des Bundesfinanzministeriums aus dem Jahr 1998 folgendermaßen: „(…) Gewährung von Geld oder geldwerten Vorteilen durch Unternehmen zur Förderung von Personen, Gruppen und/ oder Organisationen in sportlichen, kulturellen, kirchlichen, wissenschaftlichen, sozialen ökologischen oder ähnlich bedeutsamen gesellschaftspolitischen Bereichen (…), mit der regelmäßig auch eigene unternehmensbezogene Ziele der Werbung oder Öffentlichkeitsarbeit verfolgt werden. Leistungen eines Sponsors beruhen häufig auf einer vertraglichen Vereinbarung zwischen dem Sponsor und dem Empfänger der Leistungen (Sponsoring-Vertrag), in dem Art und Umfang der Leistungen des Sponsors und des Empfängers geregelt sind." (zit. nach Vilain 2006, S. 246)[24] Sponsoring verweist also auf die Perspektive und den Nutzen des Unternehmens. Die Gegenseitigkeit von Leistungen unterscheidet das Sponsoring von Spenden. Vom Gesponserten erwartete Gegenleistungen sind in der Regel Werbeaktivitäten unterschiedlicher Art und Intensität, durch die der Sponsor seine gesellschaftliche Verantwortung öffentlichkeitswirksam dokumentieren kann und von denen er einen relevanten Imagetransfer erwarten kann.

Der Sponsor mit seinen Marketing-Überlegungen und die gesponserte Einrichtung müssen also zueinander passen, und der Gesponserte muss sich mit den Maßnahmen und auch mit dem Imagetransfer vom Unternehmen auf die Einrichtung identifizieren können. Aus Sicht des Sponsors kommen als Kooperationspartner vorwiegend solche Organisationen der Sozialen Arbeit in Betracht, deren Arbeit in der Öffentlichkeit steht und mit einem positiven Image behaftet ist, die ein erkennbares und positiv bewertetes Profil haben und die somit kommunikativ wirksam zu präsentieren sind. Im Mittelpunkt des Sponsoring steht das Aushandeln eines Interessenausgleichs

24 Sponsoring ist wegen des Austauschverhältnisses von Leistung und Gegenleistung mit steuerrechtlichen Folgen verbunden und im Grundsatz steuerrechtlich als „wirtschaftlicher Geschäftsbetrieb" anzusehen. Die Tatsache, dass das Bundesfinanzministerium diesen Sachverhalt in einem eigenen Erlass steuerrechtlich bearbeitet hat, verweist auf die hohe steuerrechtliche Bedeutung. Die Komplexität der steuerrechtlichen Fragestellung beim Sponsoring und die möglichen Folgen eines Sponsoring-Projekts für die Gemeinnützigkeit lassen es als dringend angebracht erscheinen, dass Managementakteure sich bei der Planung eines Sponsoring-Projekts eine fachkundige Unterstützung aus dem Bereich der steuerberatenden Berufe einholen und ggf. die Angelegenheit mit der zuständigen Steuerbehörde beraten.

zwischen Unternehmen und Einrichtung, die sich beim Thema Sponsoring jeweils die Frage stellen, ob sie sich mit den Unternehmensinteressen des Sponsoringpartners identifizieren können. Dies bedeutet, dass sich auch die gesponserte Organisation mit der Frage auseinandersetzen muss, ob Art und spezifisches Interesse des Unternehmens mit den Zielstellungen der sozialen Einrichtung in einem akzeptablen Verhältnis stehen oder in ein solches gebracht werden können. Ferner ist organisationsintern zu gewährleisten, dass die Organisationsmitglieder im Grundsatz das Sponsoring mit einem bestimmten Unternehmen akzeptieren und sich nicht öffentlich davon distanzieren; Voraussetzung sind also auch organisationsinterne Kommunikations- und Willensbildungsprozesse. Darüber hinaus muss gewährleistet werden, dass (finanzieller und auf das Image bezogener) Nutzen der gesponserten sozialen Organisation in einem angemessenen Verhältnis zu den vom Unternehmen erwarteten Gegenleistungen steht und dass diese Gegenleistungen von den Mitgliedern der gesponserten sozialen Organisation auch tatsächlich erbracht werden können. Organisationsmitglieder sollten sich bewusst sein, dass Sponsoring nicht „neben" einer Organisation verläuft, sondern die Organisationsmitglieder sowohl in ihren Haltungen als auch in den an sie gerichteten Aktivitätsanforderungen trifft.

Hinsichtlich der Erwartungen an Finanzierung durch Sponsoring oder andere Formen des Fundraising muss zur Kenntnis genommen werden, dass Sponsoring im Bildungsbereich und im Sozialbereich mit dem für Sponsoren weitaus attraktiveren Sponsoring in den Bereichen Sport und Kultur in Konkurrenz steht (Vilain 2006, S. 245). Die skizzierten Bedingungen für Sponsoring (Merkmale des Projekts, Folgen für den Träger, Aufwand beim Träger) lassen erkennen, dass lediglich ein begrenzter Bereich der Sozialen Arbeit für ein umfassendes Sponsoring überhaupt zugänglich ist.

Nicht nur das Sponsoring, sondern das gesamte Fundraising ist nicht auf den Bereich der Sozialen Arbeit beschränkt. Organisationen der Sozialen Arbeit stehen bei Fundraising-Bemühungen in Konkurrenz zum Kulturbereich, zum Bereich des Sports, zu Menschenrechtsorganisationen (z.B. amnesty international), zu Entwicklungshilfe-Organisationen, Organisationen der Katastrophenhilfe u.a.m. Ferner erwächst den Organisationen weitere Konkurrenz durch umfassende Kampagnen zur Akquisition von Spenden bei herausgehobenen, medial stark präsenten Ereignissen wie z.B. Naturkatastrophen oder (Bürger-)Kriegen mit ihren Folgewirkungen für die Bevölkerung. Vor diesem Hintergrund sollten die Potentiale des Fundraising in der Sozialen Arbeit nicht zu hoch eingeschätzt werden. Auf jeden Fall wäre es als sehr risikoreich einzustufen, wenn eine Organisation der Sozialen Arbeit einen Teil ihres regelhaften Angebots, also einen Teil ihres „normalen Betriebs" über Fundraising-Erlöse finanzieren wollte. Fundraising-Aktivitäten sollten immer nur auf einen kleinen, eher „ergänzenden" Teil der Finanzierung einer Organisation oder auf die Finanzierung von zusätzlichen oder zeitlich begrenzten innovativen Aktivitäten ausgerichtet sein.

Fundraising kann unterschiedlich intensiv betrieben werden: als relativ eng begrenzter Teil des Finanzierungsmanagements, der von Managementakteuren im Rahmen ihrer „normalen Geschäftsführung“ betrieben wird, oder bei einem größeren Umfang oder einer größeren Intensität durch den Einsatz eigens dafür eingerichteter Personalkapazität. „Fundraising stellt immer eine Investition dar, die sich später (hoffentlich) auszahlt“ (Urselmann 2009, S. 533) – entweder eine „Investition“ aufgrund von Zeit- und Energie-Einsatz bei Managementakteuren oder eine Investition beim Einstellen von Personal, das für Fundraising-Aktivitäten eigens eingestellt wird und von dem man sich erhofft, dass nach einer bestimmten Zeit so viel an Finanzmitteln über Fundraising akquiriert werden kann, dass die Fundraising-Kosten nicht nur gedeckt werden, sondern die eingenommenen Mittel die Kosten deutlich überschreiten. Die wenigsten Organisationen der Sozialen Arbeit werden das Risiko eingehen, ihr Fundraising so zu professionalisieren, dass sie das Risiko eingehen, die entstehenden Kosten (Sach- und Personalkosten) nicht angemessen über Fundraising-Erlöse finanzieren zu können – zumal sie auch damit rechnen müssen, dass mögliche Mittelgeber vielleicht von einem Engagement abgehalten werden, wenn sie befürchten, dass die von ihnen gegebenen Mittel nicht ausschließlich dem sozialen Zweck, sondern zu einem (als nicht unerheblich empfundenen) Teil zur Finanzierung der Fundraising-Aktivitäten selbst aufgewendet werden.

Übungs- und Reflexionsaufgaben

1. Was bedeutet „Gemeinnützigkeit“ im Steuerrecht? Mit welchen Anforderungen in der betriebswirtschaftlichen Steuerung sind das Erlangen und die Aufrechterhaltung des Gemeinnützigkeitsstatus eines Trägers verbunden?
2. Welche finanzbezogenen Managementanforderungen haben sich mit dem Wechsel von der kameralistischen Rechnungslegung zum „neuen kommunalen Finanzmanagement“ bei öffentlichen Trägern ergeben?
3. Wie unterscheidet sich die Logik der Zuwendungsfinanzierung von derjenigen der Finanzierung über Leistungsentgelte? Nennen Sie Bereiche der Sozialen Arbeit, in denen der eine oder der andere Finanzierungsmodus maßgeblich ist!

4. Welche Elemente sind zu realisieren, damit ein aussagefähiges, für finanzwirtschaftliche Steuerungszwecke verwendbares Rechnungswesen entsteht?
5. Worin unterscheiden sich die drei Stufen der Kosten- und Leistungsrechnung? Welche Konfliktpotentiale für Prozesse in einer Organisation sind in einer Kosten- und Leistungsrechnung enthalten?
6. Was macht eine Steuerung über Budgetierung in Organisationen Sozialer Arbeit so schwierig?
7. Was ist der Zweck von Controlling, und in welcher Ablauflogik (in der Realisierung welcher Teilfunktionen) soll dieser Zweck erreicht werden?
8. Wie lässt sich der Begriff „Fundraising" definieren? Welche unterschiedlichen Formen des Fundraising sind in der Sozialen Arbeit realisierbar? Wie sind Chancen und Risiken des Fundraising in unterschiedlichen Handlungsfeldern der Sozialen Arbeit einzuschätzen?

Zum vertiefenden Weiterlesen

Bachert, R. (2010): Controlling in der Nonprofit-Organisation. Freiburg im Breisgau (Lambertus-Verlag)

Bachert, R./ Schmidt, A. (2010): Finanzierung von Sozialunternehmen. Freiburg im Breisgau (Lambertus-Verlag)

Bettig, U. u.a. (2013): Betriebswirtschaftliche Grundlagen in der Sozialwirtschaft. Baden-Baden (Nomos-Verlag)

Haibach, M. (2012): Handbuch Fundraising. Spenden, Sponsoring, Stiftungen in der Praxis. 4. Aufl. Frankfurt/ New York (Campus-Verlag)

Moos, G./ Peters, A. (2008): BWL für soziale Berufe. Eine Einführung. München/ Basel (Ernst Reinhardt-Verlag)

Pracht, A. (2013): Betriebswirtschaftslehre für das Sozialwesen. Eine Einführung in betriebswirtschaftliches Denken im Sozial- und Gesundheitsbereich. 3. Aufl. Weinheim (Verlag Beltz Juventa)

Kapitel 6
Fachliche Steuerung

■ Über Maßnahmen und Impulse der fachlichen Steuerung soll gewährleistet werden, dass die Leistungen entsprechend dem fachlichen Kenntnis- und Diskussionsstand der Profession und in einer kontinuierlichen fachbezogenen Reflexion erbracht werden. So kann die Organisation die für ihre Existenz notwendige Legitimation in fachlichen Fragen aus ihrer Umwelt erhalten. Grundlage für fachliche Steuerung sind fachliche Konzeptionen, die der Leistungserstellung zugrunde gelegt werden und die fachliche Orientierung für das Handeln der Organisationsmitglieder bieten. Konzeptionsarbeit ist nur dann wirkungsvoll, wenn sie als Teil eines lebendigen, kontinuierlichen und breit in der Organisation verankerten Steuerungsprozesses gestaltet wird. Eine lebendige Konzeptionsarbeit bietet eine Grundlage für fachliche Anleitung und Beratung von Leitungspersonen gegenüber Mitarbeitern.
Mit Qualitätsmanagement sollen eine gezielte und methodisch strukturierte Bewertung sowie eine gezielte und reflektorisch begleitete Weiterentwicklung der „Güte" der Leistungen einer Organisation erreicht werden. Grundlage für ein angemessenes Qualitätsmanagement ist die Beachtung des Konstruktcharakters des Begriffs „Qualität". Die vielfältigen Methoden des Qualitätsmanagements lassen sich bündeln zu zwei Verfahrensmustern: Verfahrensstandardisierung („Qualitätssicherung") und an Qualitätskriterien ausgerichtete Evaluation („Qualitätsentwicklung"). Je stärker der sozialpädagogische Kern des Handelns und der individuelle Charakter der Leistungen angesprochen werden, desto eher sind Methoden des Qualitätsmanagements zu orientieren am Muster der an Qualitätskriterien ausgerichteten Evaluation.
Evaluation ist ein Modus der systematisierten methodischen Bewertung des Handelns in Organisationen und bietet Entscheidungshilfen zur Weiterentwicklung der fachlichen Vorgehensweisen. Da sowohl die Planung einer Evaluation als auch der Prozess der Durchführung als auch die Ergebnisse die Interessen/ Erwartungen/ Befürchtungen der Organisationsmitglieder ansprechen, ist Evaluation immer als eine „soziale Intervention" in eine Organisation zu verstehen; sie hat eine „mikropolitische Bedeutung", die von Leitungspersonen zu beachten ist.

Die Steuerungsverantwortung im Management umfasst auch die fachliche Dimension, also die Gestaltung der Leistungen, die die Organisation an Nutzer abgibt bzw. in Koproduktion mit ihnen erzeugt und für deren sachgerechte und möglichst effektive Erbringung die Organisation aus ihrer Umwelt Ressourcen erhält. Management soll auch in fachlicher Hinsicht für eine verlässliche und kompetente Leistungserbringung Sorge tragen. Bei der fachlichen Steuerung geht es zum einen um die Installierung und kontinuierliche Reflexion und Fortschreibung fachlicher Konzepte und Konzeptionen, die den Organisationsmitgliedern Orientierung für ihr Handeln vermitteln, sowie um eine darauf ausgerichtete fachliche Anleitung und Beratung der Organisationsmitglieder (*Kap. 6.1*). Zum anderen bedarf es der kontinuierlichen Überprüfung und Bewertung der eigenen Arbeit und ihrer Wirkungen, also der prozesshaften Qualitätsentwicklung (*Kap. 6.2*) und der Evaluation (*Kap. 6.3*). Orientierung vermitteln sowie Reflexionen anregen und methodisch gestalten: Darin liegen die beiden elementaren Aufgaben des Managements im Rahmen der fachlichen Steuerung.

Bei der Ausgestaltung dieser beiden Aufgabenbündel kommt es darauf an, die fachlichen Steuerungsinhalte anzukoppeln an den in dem jeweiligen Handlungsfeld aktuellen fachlichen Erkenntnis- und Diskussionsstand. Nur wenn die „Regeln der fachlichen Kunst“ zum Maßstab von fachlicher Orientierung und Reflexion der eigenen Arbeit gemacht werden, wird die Organisation die für ihre Existenz notwendige Legitimität aus ihrer Umwelt zugesprochen bekommen. Und da die „Regeln der fachlichen Kunst“ nicht ein für allemal festgeschrieben sind, sondern der Dynamik der wissenschaftlichen und fachpraktischen Diskussion unterliegen, handelt es sich um eine kontinuierliche Steuerungsanforderung, durch die Managementakteure dafür Sorge tragen, dass die Organisationsmitglieder sich frühzeitig auf fachliche Entwicklungsperspektiven einstellen können, die sowohl von außen an die Organisation herangetragen werden als auch durch das Verhalten der Leistungsadressaten und durch Erfahrungen mit bestimmten Methoden aktualisiert werden.

Ferner werden immer wieder Divergenzen und Spannungen zwischen Fachlichkeit, Wirtschaftlichkeit und Verwaltung so auszubalancieren sein, dass fachlich tragfähige Leistungen daraus entstehen. Gerade weil für Organisationen der Sozialen Arbeit das Erlangen von Legitimität eine solche existentielle Bedeutung hat (Sachzieldominanz; hohe Abhängigkeit von politischen Entscheidungen; s. *Kap. 3.2*), liegt in der Fähigkeit von Managementakteuren, die Spannungen zwischen Fachlichkeit, Wirtschaftlichkeit und Administration in den Blick zu nehmen und auszubalancieren, eine elementare Voraussetzung für eine effektive Steuerung der Organisation Sozialer Arbeit. Dies ist einer der Gründe dafür, dass in der oberen Leitung von Organisationen Sozialer Arbeit Personen eingesetzt werden sollten, die – neben ökonomischen und administrativen Kompetenzen – Fachkompetenzen besitzen und denen dadurch Autorität von den Organisationsmitgliedern zuerkannt wird.

6.1 Orientierung vermitteln durch Konzeptionsentwicklung, fachliche Anleitung und Beratung

Fachliche Steuerung in Organisationen der Sozialen Arbeit beinhaltet das Erarbeiten und Vermitteln von elementaren fachlichen Sichtweisen und Handlungsprinzipien der Organisation an die Organisationsmitglieder und an wichtige Interessenträger in der Umwelt der Organisation. Dazu bedarf es eines konzeptionellen Rahmens, auf den sich die Organisationsmitglieder verständigt haben und der eine Orientierungsgrundlage bietet für nachfolgende Debatten zu konkreten Vorgehensweisen und zur Legitimität von Handlungen. Gefordert sind also fachliche Konzepte oder Konzeptionen.[25]

> Eine Konzeption kann dadurch ein fachliches Steuerungspotential entfalten, dass darin generelle handlungsorientierte Sichtweisen zum Auftrag einer Organisation, zu ihren Adressaten, zu ihren Zielen, zu ihren Angeboten und zu grundlegenden methodischen Arbeitsweisen, mit deren Hilfe die Ziele erreicht bzw. die Aufgaben bewältigt werden sollen, vereinbart und schriftlich niedergelegt werden.

In der Konzeption wird ein „mittlerer Konkretisierungsgrad" formuliert, der sich einerseits von einem „Leitbild" mit seinem primär normativen Charakter (→ *Kap. 3.5*) unterscheidet und sich andererseits abgrenzt von konkreten

25 Die Begriffe „Konzept" und Konzeption" werden in der Fachliteratur unterschiedlich verwendet: manchmal fast synonym, manchmal in feinsinnigen Unterscheidungen wie bei von Spiegel (2013, S. 67, S. 188f. und S. 251), die „Konzeptionen" stärker auf Organisationen bezieht, die in einer Konzeption ein gedankliches Grundgerüst für ihr Wirken mit Aussagen über Zielgruppen, sozialpolitisches Umfeld, organisationale Strukturen, Angebotsformen, Ziele und fachliche Arbeitsprinzipien formulieren, während sie den „Konzepten" eine methodische Ausrichtung im Kontext der Anwendung von „Veränderungswissen" zuweist (hypothetische „Handlungspläne" im Hinblick auf das Erreichen von Zielen, den Umgang mit Zielgruppen etc.). Da die Unterschiede bzw. Grenzen zwischen „Konzept" und „Konzeption" in Veröffentlichungen immer wieder anders gesetzt werden (vgl. auch Grunwald/ Steinbacher 2007, S. 129ff.; diffus in mehreren Beiträgen bei Sturzenhecker/ Deinet 2007), bleibt die Differenz zwischen beiden Begriffen hier unbeachtet. Hier geht es um „fachliche Konzeptionen", die eine Orientierungsfunktion haben sollen im Rahmen der fachlichen Steuerung einer Organisation; wenn jemand dies mit dem Begriff „Konzept" gleichsetzen würde, wäre das auch in Ordnung. Im Alltagssprachgebrauch werden beide Begriffe diffus verwendet, woran sich wegen ihrer phonetischen Nähe auch dann nichts ändern wird, wenn in der Fachliteratur markanter Differenzierungen eingefordert würden.

Handlungsplänen, die sich auf die methodische und verfahrensmäßige Bewältigung eng umgrenzter Aufgaben und situativer Anforderungen beziehen. Eine Konzeption formuliert generelle Maßstäbe, an denen sich die Gesamtorganisation und die Organisationsmitglieder ausrichten und bewerten (lassen) wollen. Diese Maßstäbe können als Orientierungsgrundlage herangezogen werden für die Konzipierung, Bewertung und Legitimierung konkreter Handlungsprogramme, Verfahren und Handlungsweisen. Sie haben damit eine generalisierte organisationsbezogene fachliche Anleitungsfunktion.

Diese nach innen gerichtete Orientierungs- und Anleitungsfunktion steht im Mittelpunkt von Konzeptionen. Bisweilen wird den Konzeptionen zusätzlich eine nach außen gerichtete Kommunikationsfunktion zugeschrieben: Mit einer Konzeption soll ein bestimmter Charakter, ein fachliches Profil der Organisation nach außen, also gegenüber bedeutsamen Interessenträgern in der Umwelt der Organisation vermittelt werden (so z. B. Michel-Schwartze 2007, S. 302 f.). Wenn jedoch die nach außen gerichtete Kommunikationsfunktion zu sehr in den Blick genommen wird, können erhebliche Einschränkungen im innengerichteten Orientierungspotential einer Konzeption die Folge sein. Es besteht die Gefahr, dass die Wirkung der Aussagen in der Umwelt der Organisation, also die Marketinglogik (→ *Kap. 8.4*) so sehr die Denkweise und das Darstellungskalkül prägt, dass die für die innengerichtete fachliche Orientierungsfunktion erforderliche Transparenz und die damit einhergehenden Darstellungsinhalte zurückgedrängt werden. Innen- und außengerichtete Kalküle bei der Erstellung von Konzeptionen weisen also Spannungspotentiale auf. Für die fachlichen Steuerungsaufgaben im Management sollten daher die innengerichteten Orientierungsfunktionen von Konzeptionen im Mittelpunkt stehen; ihnen sollte Priorität zugestanden werden. Sicherlich sollten Konzeptionen als eine Grundlage für die Außendarstellung genutzt und verarbeitet werden, denn Marketingaktivitäten werden nur dann glaubwürdig wirken, wenn das nach außen vermittelte Bild einer Organisation auch im Innern der Organisation gelebt und für Interaktionspartner aus der Umwelt erlebbar wird. Aber das Darstellungsmaterial, mit dem die Organisation ihr Profil nach außen vermittelt, wird in der Regel nicht völlig identisch sein mit der Konzeption einer Organisation der Sozialen Arbeit, die primär eine innengerichtete fachliche Orientierung beabsichtigt. Für die nach außen gerichtete Kommunikation wird in der Regel ein eigener Verarbeitungsprozess erforderlich sein, bei dem auf der Grundlage der Konzeption schriftliche Materialien und Kommunikationsvorgänge in einer Marketinglogik gestaltet werden.

Welche Bestandteile sollte eine Konzeption haben, die eine fachliche Orientierungsfunktion nach innen erfüllen soll und darüber hinaus auch als Grundlage für eine nach außen gerichtete Darstellung des Profils der Organisation dienen kann? Eine solche Konzeption sollte in der Organisation erörterte und abgestimmte Aussagen zu mindestens fünf Aspekten enthalten (vgl. auch von Spiegel 2013, S. 187 ff.; Grunwald/ Steinbacher 2007, S. 132):

- Skizzierung der Zielgruppe, für die die Organisation Leistungen erbringen will;
- Beschreibung der Leistungen – unter Berücksichtigung und Benennung der Erwartungen, die (aus Sicht und nach Beobachtung der Organisationsakteure) relevante Interessenträger (Leistungsadressaten, finanzierende Institutionen etc.) im Hinblick auf die Leistungen haben, zur Vermeidung der Gefahr einer ausschließlichen Innensicht bei der Konzipierung von Leistungen und damit eines mangelnden Marketingdenkens;
- Skizzierung der Ziele, die die Organisation in fachlicher Hinsicht verfolgt, sowie Ansatzpunkte für eine Konkretisierung/ Operationalisierung der Ziele[26];
- Beschreibung der für eine angemessene Leistungserbringung erforderlichen materiellen und personellen (einschließlich der qualifikatorischen) Ressourcen;
- Erläuterung genereller methodischer Vorgehensweisen und organisationaler Regelungen, mit deren Hilfe die Leistungen für die Zielgruppe erbracht und die Ziele der Organisation realisiert werden sollen.[27]

Eine so formulierte Konzeption kann insofern einen fachlich orientierenden Charakter für Organisationsmitglieder haben, als diese zum einen für die fachliche Ausrichtung ihres Handelns (einzeln und in Teams) einen Verankerungspunkt finden sowie zum anderen dies als Grundlage für weitere

---

26 In der Konzeption geht es zunächst um eine Vermeidung allzu abstrakter, floskelhafter Zielformulierungen. Daher sollten hier bereits Ansatzpunkte für eine Konkretisierung angegeben werden, die im Rahmen einer weiteren Operationalisierung konkretisiert werden können. Da aber eine Konzeption zunächst die Funktion einer Orientierungshilfe hat, werden in den meisten Fällen an dieser Stelle noch keine genauen Operationalisierungen erarbeitet und dokumentiert. Dies wird dann im Rahmen von Evaluationen und im Kontext der Qualitätsentwicklung erfolgen. (andere Auffassung: von Spiegel 2013, S. 200 ff.)

27 Auch in diesem Punkt wird die Differenz zwischen „Leitbild" und „Konzeption" deutlich: Während in einem „Leitbild" vor allem normative Orientierungen im Mittelpunkt stehen, werden bei einer „Konzeption" vor allem die Leistungen thematisiert, die in Verbindung gebracht werden zu den erforderlichen Mitteln (methodische Ausrichtung sowie erforderliche materielle und qualifikatorische Ressourcen).

Aktivitäten der Qualitätsentwicklung und der Evaluation ihrer Arbeit nutzen können. Eine wesentliche Aufgabe der fachlichen Steuerung anhand von Konzeptionsarbeit liegt darin, die Konzeption und die Arbeit an der Konzeption lebendig zu halten und dies als Teil des Organisationsgeschehens zu profilieren. Eine Konzeption als Teil der fachlichen Steuerung wird dann ihre orientierende Wirkung entfalten und prozesshaft aufrechterhalten können,

- wenn sie in einem partizipativen, gut moderierten Entwicklungsprozess entsteht, wenn sie die Organisationsmitglieder einbindet und dementsprechend deren Identifizierung mit dem Ergebnis des Konzeptionierungsprozesses ermöglicht und fördert, und
- wenn die Konzeption nicht nur als Teil der Aktensammlung einer Organisation verwaltet wird, sondern zyklisch im Hinblick auf Realisierungsstand und im Hinblick auf Hindernisse und deutlich gewordene Reibungen und Konflikte (im Innenverhältnis und in den Bezügen nach außen) überprüft und weiterentwickelt wird –
- wenn also Konzeptionsarbeit als Teil eines lebendigen Steuerungsprozesses in einer Organisation praktiziert wird und von den Organisationsmitgliedern als ein solcher erlebt werden kann.

Während die Konzeptionsentwicklung sich in ihrer fachlichen Steuerungsoption auf die Organisation und die Organisationsmitglieder insgesamt ausrichtet, bedarf es eines anderen Modus der fachlichen Steuerung, der die einzelnen Organisationsmitglieder auch in ihrem individuellen fachlichen Handeln in den Blick nimmt und individuelle Orientierungen ermöglicht: **fachliche Anleitung und Beratung**. Fachliche Anleitung ist nicht nur in der Phase der Einarbeitung von neu in eine Organisation kommenden Mitarbeitern als fachliches Steuerungselement bedeutsam (→ *Kap. 7.4*), sondern ist als ein kontinuierliches Element der fachlichen Unterstützung bei der Bewältigung von in beruflichen Situationen entstehenden Unsicherheiten und Ambivalenzen zu verstehen. Gerade in einem Feld wie der Sozialen Arbeit, in dem die Unterschiedlichkeit von situativen Konstellationen, die Verschiedenheit der individuellen Leistungsansprüche sowie die Widersprüchlichkeiten der Aufgaben und Interessenträger die Mitarbeiter mit vielfältigen Modi der Ungewissheit konfrontieren, muss eine Organisation über angemessene Formen der fachlichen Anleitung und Beratung Orientierungshilfen eröffnen. Diese sollen zum einen den Organisationsakteuren zu fachlich begründeten Entscheidungen in beruflich schwierigen Situationen verhelfen und zum anderen eine Handlungslinie der Organisation entstehen lassen und stabilisieren, durch die die Organisation ihrer fachlichen Steuerungsverantwortung gerecht wird und gleichermaßen ein organisationales fachliches Profil erwerben und behaupten kann.

Eine solche fachliche Beratung gerade in beruflichen Konfliktsituationen bietet zum einen das tradierte Instrumentenset der Supervision, die aber in eigenen Settings und (in der Regel) durch externe Supervisoren, also in vom Alltag abgehobenen Beratungskonstellationen realisiert wird (ausführlich: A. Schreyögg 2010a). Darüber hinaus bedarf es jedoch alltagsnaher Beratungsmöglichkeiten, die situative Orientierungen ermöglichen und in denen auch der fachliche Steuerungsanspruch der Organisation zum Ausdruck kommen kann. Dies erfolgt über fachliche Anleitung und Beratung. Für fachbezogene Beratungen und Reflexionshilfen in beruflichen Kontexten hat sich der Begriff „Coaching" herausgebildet, verbunden mit der bisweilen vernehmbaren Anforderungen an Leitungspersonen, sie sollten für ihre Mitarbeiter nicht nur als „Vorgesetzte" sichtbar werden, sondern auch als „Coach" zur Beratung bei Unsicherheiten in beruflichen Zusammenhängen zu fungieren. In solchen Formulierungen sind zwei unterschiedliche Appelle enthalten: der Appell, als Anleitungs- und Beratungsperson in fachlichen Kontexten zur Verfügung zu stehen, und der Appell, die Beratung in einem bestimmten Interaktionsstil zu führen, nämlich weniger als „Vorgesetzter", sondern als kollegialer Ratgeber, der zur Eigenreflexion anregt und diese ermöglicht. „Coaching" soll eine bestimmte Haltung der Leitungspersonen zu ihren Mitarbeitern markieren: die „methodische Haltung" des Reflexionen ermöglichenden und herausfordernden Nachfragers, der fördert und bei (beruflichen) Krisen berät, und nicht desjenigen, der in schwierigen beruflichen Situationen „fachliche Rezepte" oder gar „fachliche Anweisungen" kommuniziert. Im Vergleich zur Supervision wird Coaching weniger als Sondersituation, sondern stärker in den fachlichen Alltag eingebunden verstanden sowie als „eher handlungs-, entscheidungs- und zukunftsbezogen" konzipiert (Belardi 2010, S. 103).

Der Begriff „Coaching" ist mittlerweile zu einem etwas diffusen Sammelbegriff für Beratungen in beruflichen Kontexten geworden, dessen Übergänge zur Supervision fließend sind. Ursprünglich als ein auf Verbesserung der Handlungs- und Entscheidungsfähigkeit ausgerichtetes methodisches Beratungsset für Personen in Managementverantwortung konzipiert (vgl. u.a. A. Schreyögg 2010b, S. 19ff.), wird der Begriff mittlerweile auch bisweilen auf die rollenbezogene (und manchmal auch persönlichkeitsbezogene) Beratung von Mitarbeitern ausgedehnt. In einigen Veröffentlichungen wird sogar diskutiert, ob und wie der Begriff und die damit einhergehenden methodischen Konzepte auch für die Soziale Arbeit mit Leistungsadressaten verwendet oder nutzbar gemacht werden können (Birgmeier 2010 und 2014). Man kann Zweifel haben, ob eine solche Ausweitung des Begriffs einen konzeptionellen Gewinn darstellt: Mit der Ausweitung erweitert sich die Diffusität der Begriffsverwendung, und es entstehen Verständigungsprobleme in der fachlichen Diskussion; ferner ist fraglich, ob in einem erweiterten, auf die

Alltagspraxis der Sozialen Arbeit ausgedehnten Coaching-Begriff tatsächlich mehr fachliche Perspektiven eröffnet werden, als sie in der fachlichen Beratungsdiskussion ohnehin schon enthalten sind.

6.2 Qualitätsmanagement/ Qualitätsentwicklung

Ein Managementfeld, das sich insbesondere der fachlichen Steuerung widmet, ist das Qualitätsmanagement (ausführlicher zum Folgenden: Merchel 2013 a). Seit einiger Zeit ist die Aufforderung zum Qualitätsmanagement zu einem Thema geworden, mit dem sich Einrichtungen und Dienste der Soziale Arbeit auseinandersetzen müssen. Dadurch, dass das Thema „Qualitätsmanagement" in den Sozialgesetzbüchern verankert worden ist (mit unterschiedlichen Begriffen: Qualitätsentwicklung, Qualitätssicherung, Qualitätsüberprüfung), kann kaum ein Träger der Sozialen Arbeit dieser Anforderung ausweichen; zumindest muss eine Organisation einigermaßen nachvollziehbar darlegen, dass und in welcher Weise sie dem Anspruch genügt, Qualität der Arbeit zu einem Gegenstand systematischer Gestaltungsaktivitäten zu machen und es nicht dem Zufall zu überlassen, mit welchem qualitativem Gehalt die Leistungen erzeugt werden.[28]

Beim **Qualitätsmanagement** geht es um die in einer Organisation verankerte Reflexion und Bewertung der eigenen Arbeit unter bestimmten Qualitätskriterien bzw. Qualitätszielen mit dem nachfolgenden systematisierten Bemühen, Schritte auf dem Weg des Verbesserns der eigenen Arbeit zu definieren und umzusetzen sowie diese Schritte wiederum systematisch auszuwerten. Qualitätsmanagement vollzieht sich in einer organisierten und gemeinsam zwischen Organisationsmitgliedern stattfindenden Suche nach der Antwort auf die Fragen „Wann ist unsere Arbeit gut?" und „Was können

28 Bei den Anforderungen zum Qualitätsmanagement erhält die Anforderung, die Wirkung der von der Organisation erbrachten nachzuweisen und die Handlungsweisen über einen Wirkungsnachweis zu legitimieren, eine immer größere Intensität. Das Thema „Wirkung" als Teil der Ergebnisqualität soll stärker einbezogen werden in die qualitätsorientierten Steuerungsaktivitäten der Organisationen Sozialer Arbeit. Das Thema „Wirkungsorientierung" als Teil der fachlichen Steuerung kann in seiner zunehmenden Bedeutung an dieser Stelle nur kurz benannt werden, ohne in der thematisch notwendigen Differenzierung darauf eingehen zu können (vgl. dazu Merchel 2013 a, S. 57 ff.; Otto 2007; am Beispiel Erziehungshilfe Macsenaere/ Esser 2012; in der erweiterten Debatte um Evidenzbasierung in der Sozialen Arbeit s. Ziegler 2006; Otto/ Polutta/ Ziegler 2010).

wir tun, um die Wahrscheinlichkeit einer guten Leistungserbringung zu gewährleisten und kontinuierlich weiterzuentwickeln?". Qualitätsmanagement ist der Sammelbegriff für diejenigen strukturierten Vorgehensweisen in Einrichtungen und Diensten der Sozialen Arbeit, bei denen es um die gezielte und methodisch strukturierte Bewertung sowie um eine gezielte und reflektorisch begleitete Weiterentwicklung der „Güte" sozialarbeiterischer oder sozialpädagogischer Handlungsweisen geht. Mit dem Begriffsteil „Management" ist ausgesagt, dass diese Prozesse organisiert werden müssen und im Grundsatz zu einem fortlaufenden Reflexionsmodus innerhalb der Organisation ausgestaltet werden sollen. Dadurch wird „Qualität" zu einem Thema für alle Hierarchie-Ebenen einer Organisation, jedoch für die Leitungsebene besteht eine besondere Verantwortung im Hinblick auf die fachliche Anleitung und auf die Herstellung von Bedingungen für das Gelingen von Qualitätsdiskursen.

Schon bei der Definition von „Qualität" wird deutlich, dass es keine „objektive Qualität" geben kann. Ob z.B. der Mensch, der eine Wohneinrichtung für Menschen mit Behinderung bewohnt, die Einrichtung als „gut" empfindet, hängt von sehr persönlichen Wertmaßstäben ab. Diese Wertmaßstäbe können bei dessen Eltern, bei seinen Mitbewohnern, bei einzelnen Mitarbeitern der Einrichtung, bei den Mitarbeitern des finanzierenden Sozialhilfeträgers oder bei Menschen aus der Nachbarschaft dieser Einrichtung jeweils anders definiert und empfunden werden. Nimmt man noch die Gütekriterien aus der Fachdiskussion hinzu, so erhält man ein potentiell buntes Erwartungsbündel, aus dem sich unterschiedliche Qualitätsmaßstäbe ableiten lassen. Die Qualitätskriterien fußen somit auf verschiedenartigen Wertmaßstäben, auf unterschiedlichen Anforderungen von Interessenträgern, und zusätzlich verändern sie sich noch in der Zeitdimension: Sie sind „historische Größen", denn das, was zu einem bestimmten Zeitpunkt als Qualitätskriterien für die einzelnen Handlungsfelder der Sozialen Arbeit als geltend erachtet wird, repräsentiert einen spezifischen aktuellen Erkenntnis- und Bewertungsstand, der sich in einem vorangegangenen Zeitraum noch anders darstellte und von dem anzunehmen ist, dass er in künftigen Zeiträumen sich ebenfalls mehr oder weniger stark verändern wird. Weil somit „Qualität" nicht objektiv sein kann, sondern von seiner logischen Struktur her immer ein normativ geprägtes Konstrukt ist, sollten Bewertungsmaßstäbe für Qualität nicht primär von außen oder von der Organisationsspitze „verordnet", sondern sie müssen ausgehandelt werden. Qualitätsmanagement muss einen Ort dafür schaffen, dass solche Aushandlungen möglich werden. Weil Qualität eine auf Diskurs ausgerichtete Kategorie ist, richtet sich die Anforderung zur Aushandlung nicht nur auf die Konstruktion von Bewertungsmaßstäben für Qualität, sondern gleichermaßen auf die Verfahren, in denen sich die Qualitätsbewertung vollziehen soll. Und da die Maßstäbe für Qualität sich u. a. aufgrund von neuen fachlichen Erkenntnissen, aufgrund von sich entwickelnden Adressatenwünschen oder aufgrund anderer Anforderungen der Finanzgeber verändern, ist Qualitätsmanagement prozesshaft auszurichten: kontinuierlich, reflexiv und die Entwicklungen in den Rahmenbedingungen (Anforderungen der Adressaten und der Interessenträger, Stand und Entwicklungen in der Fachdiskussion etc.) aufnehmend.

Für das Qualitätsmanagement in der Sozialen Arbeit ist mittlerweile eine Vielzahl von Methoden erarbeitet und in der Praxis erprobt worden.[29] Dabei wurden zum Teil Methoden transferiert, die in der Industrie entwickelt worden waren, und zum Teil wurden methodische Arrangements erarbeitet, die an den Spezifika der Arbeitsfelder Sozialer Arbeit ihren Ausgangspunkt gefunden und sich in den Verfahren an diesen ausgerichtet haben. Die vielfältigen Verfahren und Instrumente der Qualitätsentwicklung in der Sozialen Arbeit lassen sich auf mehreren Dimensionen voneinander unterschieden und miteinander vergleichen, so insbesondere im Hinblick darauf,

- ob sie stärker auf Selbstbewertung (Selbstevaluation; Selbsteinschätzung) oder deutlicher auf Fremdbewertung (externe Audits, Zertifizierung/ Zuerkennung von „Gütesiegeln“ etc.) ausgerichtet sind;
- ob sie stärker quantitativ (z. B. Kennzahlenvergleiche) oder stärker qualitativ (z. B. strukturierte Qualitätsdiskurse zu Wahrnehmungen in der Einrichtung oder zu Beschwerden) profiliert sind;
- ob sie sich auf die einzelne Organisation begrenzen (internes Qualitätsmanagement) oder ob sie ihre Dynamik aus dem Vergleich

29 Allein für das Handlungsfeld „Kindertageseinrichtungen“ haben Esch u. a. (2006) 16 Verfahren beschrieben und kommentiert, ohne dass damit ein Anspruch auf Vollständigkeit als eingelöst betrachtet werden kann. Denn darin sind noch keine weiteren Differenzierungen und Umarbeitungen einzelner Verfahren sowie Kombinationen zwischen verschiedenen Verfahrenselementen und weitere mittlerweile konzipierte (und z. T. wenig oder nur im Internet publizierte Verfahren (z. B. das „pragma-Indikatoren-Modell“; www.pragma-pim.de) einbezogen (zu Verfahren in anderen Handlungsfeldern s. die kurze Charakterisierung in Merchel 2013 a, S. 136 ff.). Ob, in welcher Weise und in welchem Umfang die Träger und Einrichtungen in einem Handlungsfeld mit diesen Verfahren praktisch umgehen, ist damit noch nicht gesagt; dazu und zu den Erfahrungen und zu den Wirkungen und Nebenwirkungen des Einsatzes von Qualitätsmanagement in diesem Handlungsfeld und in Organisationen der Sozialen Arbeit insgesamt existieren kaum aussagefähige Forschungserkenntnisse.

von mehreren Einrichtungen ziehen (Benchmarking – ein Verfahren, bei dem verschiedene Organisationen eines Arbeitsfeldes sich nach vorher verabredeten Kriterien miteinander vergleichen, in der Hoffnung, im Rahmen einer strukturieren Auswertung von der jeweils „besten Praxis" lernen zu können);

- ob sie sich auf die engeren fachlichen Aspekte der Qualität begrenzen oder ob sie das Qualitätsmanagement in die Gesamtsteuerung der Organisation zu integrieren beabsichtigen (z.B. im Rahmen der Balanced Scorecard – einem Instrument des Strategischen Managements, bei dem finanzbezogene, kundenbezogene, auf interne Abläufe bezogene und mitarbeiterbezogene Steuerungsbereiche anhand von Kennzahlen in einem bestimmten Verfahrensablauf aufeinander bezogen und miteinander verkoppelt werden; → *Kap. 3.4*);
- ob sie sich auf ausgewählte einzelne Aspekte von Qualität (ausgewählte Schlüsselprozesse oder Schlüsselkriterien) beschränken oder ob sie im Grundsatz die gesamten Qualitätsabläufe der Organisation einbeziehen wollen (wie es in dem umfassenden, aber kaum zu realisierenden Anspruch eines „Total Quality Management" zum Ausdruck gebracht wird).

Vergleicht man die Grundintentionen und methodischen Grundannahmen der vielen und unterschiedlichen Qualitätsmanagementverfahren, so lassen sich – sicherlich etwas grob und idealtypisch kategorisiert – **zwei Muster oder „Denkweisen" des Qualitätsmanagements** einander gegenüberstellen:

(1) **Qualitätsmanagement nach dem Muster der „Verfahrensstandardisierung"**: Man versucht, Qualität zu gewährleisten („Qualitätssicherung"), indem
   - ein Muster/ eine Vorstellung für einen „guten Prozessablauf" entworfen wird,
   - die mit diesem Prozessablauf einhergehenden Verhaltensanforderungen („Standards") an die unterschiedlichen Mitarbeiter in Form von Handlungsanweisungen, Musterformularen, Checklisten etc. definiert, in als Regelwerk konzipierten „Qualitätshandbüchern" dokumentiert und für die jeweiligen Organisationsmitglieder als verbindlich erklärt werden,
   - überprüft wird, ob, in welchem Ausmaß und wie die jeweiligen Organisationsmitglieder die dokumentierten Verhaltensanforderungen einhalten/ umsetzen,
   - die Überprüfungsergebnisse daraufhin ausgewertet werden, in welcher Intensität die Handlungsanforderungen eingehalten worden sind und wie man künftig eine bessere Einhaltung der

Anforderungen erreichen kann (u. a. durch stärkere Kontrolle des Verhaltens der Mitarbeiter, durch Veränderung der Rahmenbedingungen, durch Anpassung/ Veränderung der Verhaltensanforderungen).

Auf diese Weise sollen die Arbeitsabläufe und die Zuständigkeiten transparent und für alle Organisationsmitglieder verbindlich gestaltet werden. Die Verfahrensnormen vermitteln den Mitarbeitern, was sie zu tun haben und mit welchen Kategorien sie selbst und andere ihre Arbeit bewerten können. Die Organisation definiert, wie „qualitätvolles Handeln" aussieht, und durch Anweisung an und Überprüfung der Mitarbeiter versucht die Organisation, bewusst ein solches Handeln als „Organisationsleistung" kalkulierbar zu machen. Jeder Mitarbeiter oder jedes Team bearbeitet die Aufgaben nicht nach jeweils eigenen Vorgehensweisen, sondern die Organisation gibt ein verlässliches Muster vor. Dadurch wird die Organisation als „Erzeuger" und „Sicherer" von Qualität erkennbar, und die Mitarbeiter erhalten eine Orientierung, was von ihnen erwartet wird. Die Wahrscheinlichkeit von Fehlern soll auf diese Weise reduziert werden. Die qualitätsorientierte Steuerungswirkung solcher Verfahren soll also von der Festlegung bestimmter Verhaltensweisen und Verfahrensschritte ausgehen, die von den Mitarbeitern einzuhalten sind und durch die „Qualität" relativ verlässlich „erzeugt" werden soll.

(2) **Qualitätsmanagement nach dem Muster einer „an Qualitätskriterien ausgerichteten Evaluation":** Anliegen dieser Form des Qualitätsmanagements ist es, über eine methodisch strukturierte Überprüfung (Evaluation) der Arbeit Ansatzpunkte zur zielgerichteten Reflexion und für die Verbesserung der eigenen Arbeit zu gewinnen („Qualitätsentwicklung"). Zu diesem Zweck werden

- fachlich bedeutsame Maßstäbe (Qualitätskriterien: „Die Arbeit in der Organisation XY ist dann gut, wenn …") definiert[30],

30 Dies sollte jeweils erfolgen unter Einbezug der Ebenen von Struktur-, Prozess- und Ergebnisqualität. Die *Strukturqualität* bezieht sich auf die organisationsbezogenen Rahmenbedingungen und auf die Ausstattung, über die eine Einrichtung bei der Erbringung ihrer Leistungen verfügt. Mit *Prozessqualität* meint man das Vorhandensein und die Beschaffenheit solcher Aktivitäten, die geeignet und notwendig sind, ein bestimmtes Ziel der Leistung zu erreichen. Fragen der *Ergebnisqualität* werden angesprochen, wenn der erzielte Zustand, also ein sichtbarer Erfolg oder Misserfolg betrachtet wird. Die Aufteilung in diese drei Dimensionen oder Ebenen von Qualität hat eine pragmatische Funktion: Qualität kann betrachtet werden im Hinblick auf die Rahmenbedingungen, im

- Indikatoren (beobachtbare und/ oder messbare Hinweise/ Ereignisse) gesucht, mit deren Hilfe man sich über den Grad des Erreichens der Qualitätsmaßstäbe verständigen kann;
- auf die Indikatoren ausgerichtete empirische Instrumente (Fragebögen/ Einschätzungsbögen, Beobachtungsbögen, Auswertungsbögen für Dokumente etc.) konstruiert, in denen Daten zur Qualitätsbewertung erhoben werden;
- die empirischen Instrumente angewendet und die entsprechenden Erhebungsergebnisse für einen Bewertungsdiskurs und für Schlussfolgerungen zur Veränderung von Strukturen und Prozessen genutzt. (zur Evaluation → *Kap. 6.3* und Merchel 2010a)

Die qualitätsorientierte Wirkung von Verfahren, die diesem Muster folgen, verspricht man sich davon, dass Leitung und Mitarbeiter strukturiert über Kriterien für „gute Arbeit" nachdenken, ihre Arbeit anhand dieser Kriterien methodisch strukturiert überprüfen und über solche methodisch angeleiteten kontinuierlichen Reflexionsprozesse sich selbst in die Lage versetzen, ihre Arbeit sukzessive und prozesshaft zu verbessern.

Die in der Sozialen Arbeit entwickelten und praktizierten Verfahren des Qualitätsmanagements lassen sich dementsprechend auch danach unterscheiden, ob sie sich stärker von den beiden idealtypischen Denkansätzen der „Qualitätssicherung" oder der „Qualitätsentwicklung" leiten lassen. Bisweilen werden in Organisationen auch beide Muster im Qualitätsmanagement differenziert angewendet und kombiniert: z. B. indem für die eher administrativen Abläufe über das Muster der Verfahrensstandardisierung Verlässlichkeit im Handeln gewährleistet werden soll und für die eher pädagogischen Vorgänge, die nur schwer über formale Verfahrensstandards zu steuern sind, Methoden der an Qualitätskriterien ausgerichteten Evaluation entwickelt werden. Als Grundregel kann man formulieren: Administrative Prozesse und den allgemeinen Rahmen für pädagogisches Handeln kann man mit den Mitteln einer Verfahrensstandardisierung zu regeln versuchen – je stärker man an den pädagogischen Kern kommt und je individueller die Leis-

---

Hinblick auf die bei sozialen Dienstleistungen besonders bedeutsamen Handlungsvorgänge sowie im Hinblick auf die Resultate des Zusammenspiels von Rahmenbedingungen und Handlungsvorgängen. Es bestehen Übergänge zwischen den drei Ebenen, die Ebenen sind also nicht trennscharf. Ferner müssen weitere Differenzierungen betrachtet werden, z. B. die unterschiedlichen Blickwinkel und Interessen, aus denen die Qualitätskriterien definiert werden (Adressatenperspektive, Perspektive verschiedener Interessenträger, Professionsperspektive etc.). (vgl. dazu Merchel 2013a, S. 46ff.)

tungen und das pädagogische Handeln ausgestaltet sein müssen, desto ungeeigneter werden Muster der Verfahrensstandardisierung zur Herausbildung und Weiterentwicklung von Qualität (so auch die Ausführungen zu „Handlungsprogrammen“ in *Kapitel 4.2.2*).

Ferner ist darauf hinzuweisen, dass auch Verfahrensstandards einer systematisierten Bewertung, also einer Form der Evaluation bedürfen. Denn in eine Formulierung von Verfahrensstandards sind unterschiedliche Annahmen eingegangen: dass die einzelnen Verfahrenselemente im Alltag der Organisation anwendbar sind, dass das Einhalten der Verfahrensstandards die erhofften positiven Wirkungen entfaltet, dass die Verfahrensstandards unter den gegebenen Handlungsbedingungen in der Organisation für die Handelnden zweckmäßig sind, dass mit der Realisierung der formulierten Verfahrensstandards die Gesamtqualität der Leistung verbessert wird. Ob sich solche Annahmen bzw. solche als plausibel erachtete Hypothesen tatsächlich als zutreffend erweisen, ist zu prüfen und legt die Notwendigkeit einer reflektierenden Evaluation nahe.

In der Sozialen Arbeit wird mit der Forderung, Qualitätsmanagement zu betreiben, ambivalent umgegangen. Einerseits wissen alle Akteure (von den Trägervertretern über die Leitungspersonen bis hin zu den Fachkräften an der „Basis“), dass man sich vor dem Hintergrund der gesetzlichen und politischen Anforderungen dem Qualitätsmanagement nicht entziehen kann. Auch sind Chancen des Gewinns an Professionalität nicht zu verkennen: Professionelle Maßstäbe werden transparenter, man vergewissert sich deutlicher über die Ziele, Vorgehensweisen und Ergebnisse des Handelns, und auf diese Weise kann die Profession sich besser legitimieren im Hinblick auf den von ihr erzeugten individuellen und gesellschaftlichen Nutzen. Andererseits sind deutliche Schwierigkeiten bei der Umsetzung von Qualitätsmanagement in Einrichtungen der Sozialen Arbeit zu registrieren. So erschweren methodische Unsicherheiten einen produktiven Umgang mit dem Qualitätsthema ebenso wie ein Misstrauen wegen der Risiken für einzelne Personen oder Teams, die mit einer erweiterten Transparenz infolge der Qualitätsbewertungen eröffnet werden. In dem bisweilen von Mitarbeitern mit einer Abwehr-Intention eingebrachten Hinweis, dass man schließlich auch bisher und schon lange gute Arbeit geleistet habe, verbirgt sich eine Abneigung gegen die Zumutung des Sich-Legitimieren-Müssens.

Gerade im Bereich des Qualitätsmanagements ist eine in *Kapitel 2.4.2.4* aufgezeigte Tendenz häufig zu beobachten: die Pflege der Fassade, des „Schaufensters“ der Organisation, das Auseinanderfallen von „talk“ und „action“. Dann werden bisweilen die Begriffe des Qualitätsmanagements übernommen und umgedeutet (die Teambesprechung wird zum „Qualitätszirkel“ u.a.m.), oder es werden es werden anderweitige Aktivitäten (Supervision, Fortbildung, Einarbeitung von neuen Mitarbeitern etc.) zum Bestandteil des Qualitätsmanagements erklärt, was auf den ersten Blick plausibel klingt, zumal es kaum eine Aktivität in Organisation gibt, die nicht irgendeinen Bezug zu „Qualität" oder zu einem weiten Verständnis von „Qualität" hat. Auf diese Weise werden jedoch die eigentlichen Herausforderungen des Qualitätsmanagements umgangen, und dennoch legitimieren sich Organisationen gegenüber den Anforderungen aus der Umwelt, indem sie auf verschiedene, als „Qualitätsmanagement" etikettierte Aktivitäten verweisen kann.

Gerade beim Qualitätsmanagement wird häufig die (explizit benannte oder implizit vermittelte) Erwartung aktualisiert, auch das schwierigen Feld der Fachlichkeit einer zielgenaueren Steuerung zugänglich machen zu können – oder kürzer: Qualität „in den Griff zu bekommen" (→ *Kap. 2.5*). Führt man sich die Eigenheiten von Qualität in der Sozialen Arbeit vor Augen, so wird schnell erkennbar, dass Qualitätsentwicklung ein außerordentlich komplexes Steuerungsfeld darstellt, das die Vorstellung von einer zielgenauen und für die einzelnen Organisationseinheiten einheitlichen Steuerung als überzogen und unrealistisch erscheinen lässt. Wenn man sich dem vermeintlichen Ideal einer zielgenauen Steuerung annähern will, so kann dies bei einem Sachverhalt oder Gegenstand annähernd gelingen, dem klare und eindeutige Qualitätskriterien zugeordnet werden können, die über einen gewissen Zeitraum relativ stabil sind und die gut gemessen werden können; ferner sollten relativ klar konturierte Ursache-Wirkungs-Beziehungen zwischen einzelnen Qualitätsfaktoren identifizierbar sein, um durch gezielte Eingriffe Qualitätsverbesserungen erzielen zu können. Ein nur oberflächlicher Blick macht schnell deutlich, dass in der Sozialen Arbeit diese Bedingungen nicht annähernd gegeben sind:

- Was als „Qualität" gilt, ist stark von subjektiven Wertungen geprägt und bedarf daher des Diskurses. Dies gilt insbesondere dann, wenn, wie in der Sozialen Arbeit, eine Vielzahl von weltanschaulich und fachlich eigenständigen Trägern tätig ist.
- Die Kriterien für Qualität verändern sich durch die Fachdiskussion, durch die Dynamik der Erwartung unterschiedlicher Beteiligter, durch veränderte Rahmenbedingungen im Umfeld einer Organisation bzw. eines Leistungserbringers.
- Qualität in sozialpädagogischen Bezügen lässt sich nur sehr begrenzt durch routinehaftes Handeln festlegen und erzeugen; zu einem erheblichen Teil muss Qualität in individualisierten Interaktionen immer wieder (und immer wieder anders) hervorgerufen werden.
- Ein nicht unerheblicher Teil von Qualität entsteht weniger durch Handlungsanweisungen, sondern eher im Rahmen von organisationskulturell geprägten Überzeugungen, Gewohnheiten, Haltun-

gen, Schwerpunkten im methodischen Vorgehen etc. Solche organisationskulturellen Phänomene lassen sich nicht zielgenau steuern, sondern nur durch immer wieder neue, auf sensiblen Beobachtungen gründende Impulse anregen (→ *Kap. 4.2.5*).

Notwendig ist also eine realistische Steuerungserwartung, mit der die Beteiligten an die Prozesse des Qualitätsmanagements herangehen. Sie sollten sich nicht von einem unreflektierten und überhöhten Steuerungsoptimismus leiten lassen, wie er sogar in machen gesetzlichen Regelungen zum Ausdruck kommt.[31] Vielmehr geht es beim Qualitätsmanagement in sozialpädagogischen Handlungsfeldern und in dort tätigen Organisationen um das systematische Erzeugen von Impulsen, die systematische Qualitätsreflexionen und dadurch fachliche Weiterentwicklungen in der Organisation herausfordern. Eine solche Erzeugung und Vermittlung von Qualitätsimpulsen hat sicherlich fachbezogen steuernde Wirkungen – aber Steuerung nicht im Sinne von zielgenauer Einflussnahme und „Qualität in den Griff bekommen", sondern Steuerung als Anregung von dynamischen und diskursiven Prozessen der Qualitätsentwicklung, die in unterschiedlichen Organisationen und zu verschiedenen Zeiten und bei verschiedenen fachlichen Themen immer wieder anders verlaufen können und die ihrer Dynamik letztlich nicht einheitlich kalkulierbar sind.

31 So ist z. B. die Genese des Bundeskinderschutzgesetzes ist durch die Intention geprägt, durch Normen zu Steuerungsaktivitäten „das Problem Kinderschutz in den Griff zu bekommen". In diesem politischen Erwartungshorizont ist auch die Regelung zur Qualitätsentwicklung (§§ 79, 79a SGB VIII) platziert: Mit der „*lückenlosen Anwendung* der Vorschriften über das Qualitätsmanagement auf alle Träger der freien Jugendhilfe – unabhängig vom Arbeitsfeld und unabhängig von der Art und Weise der Finanzierung" (BT-Drs. 17/6256 vom 22.06.2011, S. 27; Hervorhebung J.M.) sollte ein Rahmen geschaffen werden, der eine trägerübergreifende – kooperative – Qualitätssteuerung für alle Handlungsfelder der Jugendhilfe ermöglicht. Anders als in der vorangegangenen Gesetzgebungspraxis zum SGB VIII hat der Gesetzgeber durch die Vorgaben von genauen Handlungsanweisungen (faktische Verpflichtung zum Hausbesuch § 8a Abs. 2 SGB VIII; Fallübergabe im Rahmen eines Gesprächs § 86c Abs. 2 SGB VIII) und durch die Verpflichtung zum Einbezug inhaltlich festgelegter Qualitätskriterien (§ 79a SGB VIII) einen gesetzlichen Eingriff in professionelles methodisches Handeln vollzogen, um dadurch einen neuen Präzisionsgrad in der Steuerung von Qualität zu erreichen (s. ausführlicher Merchel 2013b).

Es ist die (Management-)Aufgabe der Leitung, im Rahmen der fachlichen Steuerung

- methodische Anleitung zu geben und Mitarbeiter beim Umgang mit methodischen Unsicherheiten der Qualitätsentwicklung zu beraten,
- die Prozesse der Auseinandersetzung mit dem Qualitätsthema zu strukturieren und zu moderieren,
- die Konflikte, emotionalen Unsicherheiten und möglichen Spannungen, die mit einer Qualitätsbewertung einhergehen, sensibel wahrzunehmen sowie eine Organisationskultur anzuregen und mitzugestalten, auf deren Grundlage ein Klima der Lernbereitschaft entstehen kann, das für ein produktives Qualitätsmanagement notwendig ist.

Fachliche Steuerung in Form von Qualitätsmanagement/ Qualitätsentwicklung ergibt sich nicht von selbst, sondern bedarf der Impulsgebung, der strukturierenden Moderation, der methodischen Anleitung sowie der Beobachtung und Auswertung der Qualitätsentwicklungsprozesse, damit die in diesem fachbezogenen Steuerungsmodus enthaltenen Entwicklungspotentiale zur Entfaltung gebracht werden können und Qualitätsmanagement nicht nur zur äußerlichen Routine degeneriert (z. B. im Verweis auf ein – mangelnd praktiziertes – Qualitätshandbuch) und nicht nur eine Schaufensterfunktion zur Legitimation der Organisation gegenüber ihrer Umwelt erhält.

6.3 Evaluation als methodisch strukturierter Reflexionsimpuls

Fachliche Steuerung in Organisationen der Sozialen Arbeit vollzieht sich neben der Strukturierung der fachlichen Arbeit durch das Initiieren von Handlungsprogrammen (Konzeptionen und Umsetzungsstrategien), durch fachliche Anleitung und Beratung und beim Qualitätsmanagement auch durch das Vermitteln von Reflexionsimpulsen. Die Organisationsakteure sollen veranlasst werden, ihr fachliches Handeln überprüfen und bewerten und dadurch möglicherweise zu Veränderungen, zur Weiterentwicklung ihres fachlichen Handelns zu kommen. Wenn diese Reflexionsimpulse aus Bewertungen resultieren, die mit Hilfe einer systematisierten Erhebung und Aufbereitung von Daten erfolgt, dann erfolgen sie in einer methodischen Nähe zu Verfahren der Evaluation.

> Evaluation ist zu charakterisieren als ein – in der Regel organisational verankertes – systematisiertes und transparentes Vorgehen der Datensammlung zu einem bestimmten Gegenstandsbereich/ Sachverhalt mittels intersubjektiver und gültiger Erhebungsverfahren, das auf der Basis vorher formulierter Kriterien eine genauere Bewertung des Gegenstands/ Sachverhalts ermöglichen und in der Praxis verwertbare Diskussions- und Entscheidungshilfen zur Verbesserung bzw. Weiterentwicklung des untersuchten Gegenstands/ Sachverhalts liefern soll. (s. dazu und zum Folgenden Merchel 2010a)

In dieser Definition sind die wesentlichen Elemente enthalten, die Evaluation als ein methodisches Vorgehen zur praxisorientierten Überprüfung und Reflexion der Arbeit charakterisieren. In der Definition sind fünf Charakteristika enthalten, mit denen Evaluation auch für eine fachliche Steuerung in Organisationen der Sozialen praktisch nutzbar wird:

(1) Evaluation ist eine Form des Bewertens, und dies setzt voraus, dass innerhalb der Organisation dafür Kriterien oder Maßstäbe herausgearbeitet werden; dies können Ziele der Organisation, Erwartungen von Interessenträgern (Adressaten, Finanzgeber u. a.), in der Profession definierte Qualitätsmaßstäbe, Mindestansprüche oder Maximalanforderungen im Sinne einer „bestmöglichen Praxis“ sein.

(2) Die Bewertung erfolgt auf der Basis einer systematisierten Informationsgewinnung. Es werden Informationen ausgewählt und in Form von Daten systematisch erhoben, also in transparenten Verfahren, intersubjektiv nachvollziehbar und im Hinblick auf den Gegenstand aussagefähig.

(3) Die systematisierte Informationsgewinnung dient einem spezifischen praktischen Erkenntnis- und Verwertungsinteresse. Es gilt das „Primat der Praxis vor der Wissenschaft“ (Kromrey 2000, S. 22; zum Forschungscharakter von Evaluation s. Lüders 2006; zur Ausrichtung und zu Methoden der Evaluationsforschung s. Stockmann 2006) – anders als bei Evaluationen im Rahmen von wissenschaftlichen Untersuchungen, bei denen man an möglichst verallgemeinerbaren Ergebnissen interessiert ist.

(4) Evaluation ist in der Regel eingebettet in einen organisationalen Zusammenhang; sie erfolgt in einer Organisation oder in Verbindung zu mehreren Organisationen. Evaluationen sind immer eine Intervention in das Organisationsgeschehen. Sie stoßen mit ihren Bewertungen auf Interessen in einer Organisation, sie können Abwehr ver-

ursachen oder von den Organisationsakteuren als Lernimpuls aufgenommen werden, sie können Handlungsspielräume für Individuen oder Gruppen in Organisationen erweitern oder einschränken u.a.m.: Evaluation haben somit immer eine „mikropolitische Bedeutung" (→ *Kap. 2.4.2.2*). Managementakteure müssen dies bei der Nutzung von Evaluationsverfahren berücksichtigen, damit sie ihre fachlichen Steuerungsbemühungen so ausrichten, dass die mit der Evaluation beabsichtigten Reflexionsimpulse auch in der Organisation aufgenommen und verarbeitet werden können.

(5) Evaluation ist mit Qualitätsentwicklung verbunden, denn Evaluation zielt auf das Erzeugen von Wissen, um professionelles Handeln und daraus folgende Ergebnisse zu verbessern. Evaluative Verfahren sind insofern mit Qualitätsentwicklung verknüpft, als zwar nicht bei jeder Evaluation das Thema „Qualität" explizit angesprochen wird, jedoch allein durch die mit Evaluation einhergehenden Bewertungen stets qualitative Maßstäbe zur Grundlage von Evaluationsverfahren und von dadurch ausgelösten Reflexionen des fachlichen Handelns gemacht werden. Nicht jede Qualitätsentwicklung ist notwendigerweise mit Evaluation verbunden – auch wenn Evaluationen immer eine gute Basis für Qualitätsdiskurse liefern –, aber jede gute Evaluation bringt Impulse in die Qualitätsentwicklung.

Evaluation kann in verschiedenen Arrangements stattfinden (*Schaubild 6.1*, S. 206). Sie kann als *externe Evaluation* stattfinden, bei der Evaluatoren von außen in die Organisation geholt und mit einem Evaluationsauftrag versehen werden, und sie kann als *interne Evaluation* organisiert sein, bei der die Evaluatoren innerhalb der Organisation angesiedelt sind.

Als eine Sonderform der externen Evaluation kann die *kollegiale Fremdevaluation* angesehen werden: Diese Evaluationen werden „einerseits primär von Fachkräften aus demselben Handlungsfeld durchgeführt … (Aspekt der Kollegialität), die andererseits für den jeweiligen Gegenstand der Bewertung nicht unmittelbar verantwortlich, also bspw. in anderen Einrichtungen tätig sind (Aspekt der Fremdheit)" (Projekt eXe 2008, 7). Der Vorteil, dass die Evaluatoren die Gegebenheiten des Handlungsfeldes kennen, wird hier verknüpft mit dem Bestreben, einen fremden evaluatorischen Blick von außen auf die Vorgänge in einer Einrichtung zu nutzen, um dadurch anschluss-fähige Bewertungsimpulse zu erzeugen. Die interne Evaluation kann in methodischer Hinsicht selbstperspektivisch ausgerichtet sein: Diejenigen Personen, die in der Organisation handeln, sind auch diejenigen, die die Arbeit evaluieren; Praxisakteure und Evaluationsakteure sind identisch – ein Arrangement der *Selbstevaluation*. Bei der Selbstevaluation schaffen sich die Praxisakteure die Datengrundlage für eine Bewertung ihres Handelns und damit eine Wissensbasis für ihre fachlichen Reflexionen. Interne Evaluation kann aber auch fremdperspektivisch organisiert sein: Hier wirken Organisationsmitglieder (also Personen innerhalb der Organisation), die nicht unmittelbar in die zu evaluierenden Gegenstände/ Sachverhalte/ Prozesse involviert sind, als Evaluationsakteure. Bei der *internen Fremdevaluation* wirken Praxisakteure und Evaluationsakteure voneinander getrennt, obwohl beide als Mitglieder in der Organisation tätig sind; die Evaluationsakteure haben zwar Kenntnis von dem Handlungsbereich, in dem evaluiert wird, aber sie gehören nicht zu diesem Handlungsbereich, sondern zu einem anderen Organisationsteil.[32]

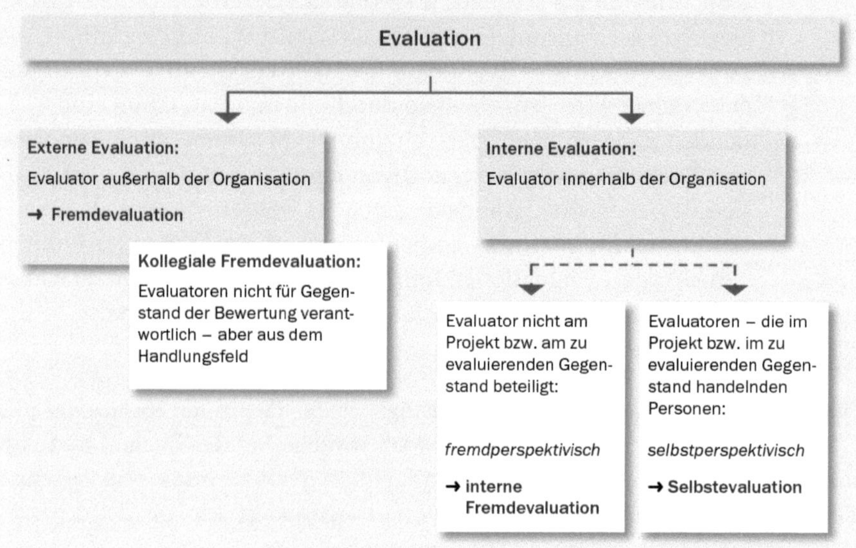

Schaubild 6.1: Arten der Evaluation (Quelle: Merchel 2010a, S. 44)

Solche Arrangements enthalten verschiedene Vorteile und Chancen, aber auch jeweils Nachteile und Risiken. So ermöglichen Fremdevaluationen einen kritischen, distanzierten Blick von außen auf den zu evaluierenden Ge-

32 Beispiele für solche Arrangements der internen Fremdevaluation: Eine Jugendhilfeplanungsfachkraft führt eine Evaluation im Allgemeinen Sozialen Dienst (ASD) des Jugendamtes durch; ein Qualitätsbeauftragter (Stabsstelle) evaluiert bestimmte Prozesse in Wohngruppen einer größeren stationären Einrichtung; in einer Einrichtung mit mehreren Teams einigt man sich darauf, dass der Teamleiter des Teams A bestimmte Prozesse der Arbeit in Team B evaluiert, die Teamleiterin in Team C ähnliche Prozesse in Team D und die Bereichsleitung einer anderen Organisationseinheit die Prozesse in den Teams A und C.

genstand, können aber bei den Praxisakteuren auf Akzeptanzhürden stoßen. Selbstevaluationen erhöhen die reflexiven Fähigkeiten der Praxisakteure und zielen auf unmittelbaren Nutzen für die Praxis, gehen jedoch einher mit dem Risiko eines mangelnd kritischen Blicks auf das eigene Handeln; denn wenn kaum Distanz existiert zwischen der Evaluatorenrolle und der Rolle der Praxisverantwortlichen, besteht die Gefahr, dass die Evaluation vorwiegend so ausgerichtet wird, dass die Praxis und die in dieser Praxis Handelnden nicht allzu sehr der Kritik und dem Zweifel ausgesetzt werden (ausführlicher dazu Merchel 2010a, S. 43ff.). Je nach den spezifischen Konstellationen in einer Organisation (u.a. Konfliktbelastung, Intensität angesprochener Interessen, „Klima" bzw. „Kultur" in der Organisation etc.), je nach Komplexität der Evaluationsaufgabe und je nach Verfügbarkeit von Evaluationskompetenz in einer Organisation muss entschieden werden, welches Evaluationsarrangement mit einer größeren Wahrscheinlichkeit dazu führt, dass die Ergebnisse einer Evaluation anschlussfähig für die Verarbeitung in einer Organisation aufgearbeitet und genutzt werden können und wie gut der mit der Evaluation beabsichtigte Reflexionsimpuls für die fachliche Arbeit realisiert werden kann.

Die Gestaltung von Evaluation im Rahmen der fachlichen Steuerung hat methodische Aspekte, aber sie enthält auch spezifische Anforderungen an die Managementakteure, also an die Leitungspersonen (ausführlicher s. Merchel 2010a, S. 152ff.):

- Ein für Evaluationen förderliches Klima in der Organisation, eine „evaluationsförderliche Organisationskultur" entsteht nicht von selbst, sondern muss angeregt, in ihrem Nutzen immer wieder verdeutlicht sowie auch bei Schwierigkeiten in der methodischen Umsetzung und bei organisationsinternen Spannungen immer wieder in die organisationsinternen Kommunikationen eingebracht werden. Eine datenbasierte Reflexion, wie sie durch Evaluationen ermöglicht wird, als Teil eines professionellen Handelns muss in der Organisationskultur verankert werden. Hier bedarf es entsprechender Impulse durch die Leitungspersonen.

- Es ist eine Managementaufgabe, für die methodischen Qualifikationen in der Organisation zu sorgen, die für die Planung, Durchführung und organisationale Verankerung von Evaluationen erforderlich sind. So kann es sich z.B. als sinnvoll erweisen, in einer Organisation einen „Fachberater Evaluation" zu schaffen, der methodische Hilfen leisten und Mitarbeiter oder Teams bei Fragen der Evaluation beraten kann. Eine solche Person, die besondere

Kompetenzen in Evaluationsfragen entwickelt, hätte eine Fachberatungsfunktion innerhalb der Organisation, ohne dass damit eine ausschließliche Zuordnung aller Evaluationsfragen bei dieser Person verbunden sein soll. Basiskompetenzen, die für ein Verstehen des Sinns von Evaluation und des Sinns von Verfahrenselementen dringend benötigt werden, sind in der gesamten Organisation zu gewährleisten; denn ansonsten kann eine evaluationsförderliche Organisationskultur nicht entstehen. Die Fachberatungsperson hat die Aufgabe, das Thema „Evaluation“ präsent zu halten und durch ihre methodische Kompetenz Organisationsakteure bei evaluativen Aktivitäten wirkungsvoll zu unterstützen.

- Managementakteure sollten die Tatsache im Blick behalten, dass Evaluation immer eine „soziale Intervention“ in eine Organisation bedeutet, dass Evaluation angesichts der Bewertung der Arbeit eine „Zumutung/ Herausforderung“ für die Organisationsmitglieder darstellt und dass Evaluation als ein Instrument eingesetzt werden kann zur Markierung von Einfluss und Interessen. Leitungspersonen, die Evaluationsprozesse als Teil der fachlichen Steuerung nutzen, sollten sorgfältig analysieren und in ihre Verfahrensentscheidungen einbeziehen: Wer (Personen und/ oder Gruppen) innerhalb der Organisation könnte in welcher Weise und unter welchen Gesichtspunkten die Evaluation in besonderer Weise als eine „Zumutung“ empfinden? Welche Personen und/ oder Gruppen innerhalb der Organisation könnten durch die Evaluation eher gewinnen und wer könnte von Verlusten bedroht sein? Solche mikropolitisch ausgerichteten Analysen und Erwägungen sind notwendig, um Methoden und Verfahren der Evaluation so ausrichten zu können, dass der Evaluationsprozess nicht allzu stark behindert wird und stattdessen das produktive Lernpotential und das fachliche Steuerungspotential von Evaluation zur Geltung gebracht werden können.

Übungs- und Reflexionsaufgaben

1. Welche Anforderungen sind an eine Konzeptionserstellung und an eine Arbeit mit Konzeptionen zu richten, damit Konzeptionsarbeit und Konzeptionsentwicklung die ihr zugedachten fachlichen Orientierungs- und Reflexionsfunktionen erfüllen können?
2. Warum ist „Qualität" als ein Konstrukt zu verstehen, das auf Diskursivität ausgerichtet ist? Welche Anforderungen an die Gestaltung des Qualitätsmanagements resultieren daraus?
3. Worin besteht der Sinn von Qualitätsmanagement in Organisationen der Sozialen Arbeit? In welchen beiden Denkmustern bewegen sich Verfahren des Qualitätsmanagements? Worin bestehen die markanten Unterschiede zwischen den beiden Denk- und Verfahrensmustern?
4. Warum sperrt sich gerade das Qualitätsmanagement gegenüber einer sozialtechnischen Steuerungsintention (durch Qualitätsmanagement „Qualität in den Griff bekommen")?
5. Welche Definitionselemente machen den Begriff „Evaluation" aus? Welchen Stellenwert hat Evaluation für die fachliche Steuerung in Organisationen der Sozialen Arbeit?
6. Welche Formen/ Arrangements der Evaluation sind zu unterscheiden? Worauf ist bei der Realisierung einzelner Formen aus einer Managementperspektive zu achten? Was sollten Leitungspersonen tun, damit die Ergebnisse von Evaluationen in einer Organisation aufgenommen und produktiv verarbeitet werden?
7. Welche Bezüge lassen sich herstellen zwischen Qualitätsmanagement und Evaluation auf der einen Seite und den Konzeptvorstellungen zur lernfähigen Organisation (→ *Kap. 4.3*) auf der anderen Seite?

Zum vertiefenden Weiterlesen

Merchel, J. (2010): Evaluation in der Sozialen Arbeit. München/ Basel (Ernst Reinhardt Verlag)

Merchel, J. (2013a): Qualitätsmanagement in der Sozialen Arbeit. Eine Einführung. 4. Aufl. Weinheim/ Basel (Verlag Beltz Juventa)

Michel-Schwartze, B. (2007): Konzeptionsentwicklung als Steuerungsmethode. In: dies. (Hrsg.), Methodenbuch Soziale Arbeit. Basiswissen für die Praxis. Wiesbaden (VS-Verlag), S. 293-316

Sturzenhecker, B./ Deinet, U. (Hrsg.) (2007): Konzeptentwicklung in der Kinder- und Jugendarbeit. Reflexionen und Arbeitshilfen für die Praxis. Weinheim/ München 2007 (Juventa-Verlag)

Kapitel 7
Mitarbeiterbezogene Steuerung/ Personalmanagement

■ In Organisationen, die soziale Dienstleistungen erbringen, kommt dem Faktor „Personal“ eine hervorgehobene Bedeutung zu, die in einem sorgfältigen und differenzierten Personalmanagement ihren Niederschlag finden muss: hoher Stellenwert der an „vorderster Front“ tätigen Mitarbeiter in „front-line-organizations“, Mitarbeiter als Schaltstellen in der Interaktion einer Organisation mit ihrer Umwelt, Abhängigkeit organisationaler Lernfähigkeit von individuellen Lernbereitschaften und Lernfähigkeiten. Ferner bedarf es des Personalmanagements wegen der Situation auf dem Arbeitsmarkt (drohender Fachkräftemangel), wegen der schädlichen Auswirkungen einer zu großen Personalfluktuation und wegen des von den Mitarbeitern zu bewältigenden Effektivitäts- und Wirtschaftlichkeitsdrucks.
Beim Personalmanagement müssen sowohl die Perspektive der Organisation (Versorgung mit Qualifikationen und Motivationen) als auch die Perspektiven der Mitarbeiter (Entwicklungsbedürfnisse, Gestaltungsvorstellungen) einbezogen und in eine Balance gebracht werden. Konzepte des betriebswirtschaftlichen Personalmanagements bedürfen der genauen Anpassung an die spezifischen Konstellationen in Organisationen der Sozialen Arbeit.
Ehrenamtlich bzw. freiwillig Tätige sollten angesichts ihres Stellenwerts für die Legitimation freier Träger beim Personalmanagement nicht übergangen werden. Ein einfacher Transfer der Personalmanagement-Aktivitäten, die für hauptberufliche Mitarbeiter entfaltet werden, auf die Ehrenamtlichen ist angesichts der unterschiedlichen Handlungsmotivationen und Motivlagen verfehlt. Das Personalmanagement für „ehrenamtliche Tätigkeit“ sollte in drei Bereichen Akzente setzen: Rekrutierung und Bindung ehrenamtlicher Mitarbeiter, Qualifizierung und Begleitung, Koordination und Klärung von Konflikten mit hauptberuflich Tätigen.
Die Anforderungen des Personalmanagements lassen sich differenzieren in „Management des Personalbedarfs“ (Personalbemessung, Personalbeschaffung, Personaleinsatz) und „Personalentwicklung“ (Personalauswahl, Einarbeitung neuer Mitarbeiter, Steuerung von Fort- und Weiterbildung, Beobachtung der Entwicklung von Arbeitsbelastung). In beide Säulen einbezogen ist die Personalbeurteilung. Die Grundlage eines jeden Personalmanagements bilden genaue, in der Organisation kommunizierte Vorstellungen zu den benötigten Kompetenzen der Mitarbeiter (Kompetenzprofile), differenziert nach Aufgabenbereichen und nach Funktionen (Mitarbeiterfunktion, Leitungsfunktion).

In Organisationen der Sozialen Arbeit, in deren Mittelpunkt das Erbringen sozialer Dienstleistungen steht, haben die Mitarbeiter eine hervorgehobene Bedeutung. Denn von ihren Fähigkeiten und von ihrer Motivation hängen die Qualität der Interaktionen mit den Adressaten und die Wirkungs- und Erfolgspotentiale der Organisation maßgeblich ab. Daher sind Organisationen der Sozialen Arbeit gezwungen, der mitarbeiterbezogenen Steuerung, also dem Personalmanagement eine hohe Aufmerksamkeit zu geben. Personal ist nicht nur „einfach da und wird irgendwie tätig“, sondern muss rekrutiert, unterstützt, an die Organisation gebunden werden. Es reicht auch nicht aus, in Feiertagesreden die Bedeutung der Mitarbeiter proklamatorisch zu würdigen („Die Mitarbeiter sind unser wichtigstes Kapitel …“), sondern zu einem verantwortlichen Management gehört es, den Faktor „Personal“ systematisch in das Managementhandeln einzubeziehen und diesen Steuerungsbereich nicht nur „nebenbei mitlaufen“ zu lassen.

In Organisationen der Sozialen Arbeit droht das Personalmanagement bisweilen an den Rand zu geraten bzw. vernachlässigt zu werden. Zum einen wird insbesondere dann, wenn Organisationen mit markanten Spar-Anforderungen konfrontiert sind, Personalmanagement als ein Kostenfaktor angesehen, dessen Nützlichkeit in einer kurzfristig ausgerichteten betriebswirtschaftlichen Bilanz nicht unmittelbar erkennbar wird. Zum anderen ist hier die ambivalente Auswirkung der oftmals geringen Größe von Organisationen in der Sozialen Arbeit in Rechnung zu stellen. Dies kann den Vorteil mit sich bringen, dass das Personalmanagement nicht in eigene Organisationseinheiten („Personalabteilung“) ausgegliedert und damit von der Leitung entfernt wird; das Personalmanagement bleibt sichtbar eine Leitungsaufgabe, integriert in die sonstigen Managementaufgaben. Der Nachteil dieser Konstellation liegt jedoch darin, dass das Personalmanagement leicht in der Komplexität der anderen Managementaufgaben untergehen kann, dadurch nicht mit einem eigenen Stellenwert versehen wird und somit angesichts der ansonsten zu erledigenden vielfältigen Aufgaben keine angemessene und kontinuierliche Beachtung findet.

Damit die mitarbeiterbezogene Steuerung in einer Organisation der Sozialen Arbeit einen angemessenen Stellenwert zugesprochen bekommt und dieser Stellenwert kontinuierlich aufrechterhalten wird, muss man sich vergegenwärtigen, warum der Faktor „Personal“ eine solch große Bedeutung bei sozialen Dienstleistungen einnimmt und warum viele andere Steuerungsaufgaben (z. B. Qualitätsmanagement, Darstellung der Organisation gegenüber der Umwelt, organisationale Lernprozesse) in einem Abhängigkeitsverhältnis zur Motivation und zur Qualifikation der Mitarbeiter stehen (*Kap. 7.1*). Dementsprechend sind die zentralen Herausforderungen für das Personalmanagement zu charakterisieren (*Kap. 7.2*). Wenn von mitarbeiterbezogener Steuerung im Rahmen des Managements die Rede ist, so wird dabei in der

Regel als selbstverständlich vorausgesetzt, dass es sich um hauptamtliche Mitarbeiter in Vollzeit- oder Teilzeittätigkeit handelt. In einer nicht unerheblichen Anzahl von Einrichtungen sind jedoch neben den hauptamtlichen auch ehrenamtlich bzw. freiwillig tätige Mitarbeiter eingebunden. Dieser Teil der Mitarbeiter sollte nicht aus dem Blick geraten und zumindest in einem kurzen Kapitel als eine Zielgruppe in ihren Besonderheiten für das Personalmanagement charakterisiert werden (*Kap. 7.3*). Sodann sind die verschiedenen Handlungsfelder des Personalmanagements zu markieren (*Kap. 7.4*).

7.1 Zur Bedeutung des Faktors „Personal" bei sozialen Dienstleistungen

Ein explizites Personalmanagement wird sich nur dann herausbilden, wenn Managementakteure den Stellenwert des Faktors „Personal" deutlich vor Augen haben und vor diesem Hintergrund die Notwendigkeit und die Sinnhaftigkeit entsprechender Aktivitäten bewerten können. Dass der Faktor „Personal" eine besonders hervorgehobene Bedeutung des Faktors für Organisationen der Sozialen Arbeit hat und sich daher in entsprechenden Managementaktivitäten niederschlagen muss, lässt sich an sechs Punkten festmachen:

(1) **Organisationen des Sozialbereichs entsprechen dem Typus der „front-line-organizations", bei denen sich die Qualität der Leistung letztlich im unmittelbaren Kontakt mit den Leistungsadressaten herausbildet (Smith; zit. nach Klatetzki 2010, S. 17). Die Qualität solcher Organisationen hängt entscheidend ab von der Qualifikation, der Kompetenz und der Leistungsbereitschaft der in „vorderster Reihe tätigen" Mitarbeiter.**
Interaktionen bilden die „Kernoperationen bei sozialen Dienstleistungsorganisationen" (Klatetzki 2010, S. 16f.). Je stärker die Aufgaben und die damit einhergehenden Handlungen auf Veränderungen im Verhalten und in den Einstellungen von Personen zielen und je stärker dementsprechend die Interaktionen die Persönlichkeit der Adressaten in den Fokus nehmen, desto anspruchsvoller werden die Anforderungen an die von den Mitarbeitern zu gestaltende Kommunikation. Die kontinuierliche Bereitschaft und Fähigkeit der Mitarbeiter zur Kommunikation wird in besonderer Weise herausgefordert bei sozialen Dienstleistungsorganisationen, bei denen die Qualität der Leistung in hohem Maß von der Bereitschaft der Leistungsadressaten abhängt, koproduktiv an der Leis-

tungserstellung mitzuwirken, und bei denen daher die Fähigkeit der Mitarbeiter, die Adressaten zur Koproduktion zu motivieren, maßgeblich die Leistungsqualität bestimmt. Entscheidend sind also die Kompetenz und die Leistungsbereitschaft der „an vorderster Front" tätigen Mitarbeiter.

Für viele Organisationen Sozialer Arbeit ist charakteristisch, dass die Ausgangssituationen, die zum Anlass für Handeln werden, und die darauf ausgerichteten Handlungsprogramme mit einer relativ großen Unsicherheit belastet sind (→ *Kap. 4.2.2*). Was jeweils das Problem ist und mit welchen Handlungen auf ein Problem erfolgversprechend reagiert werden kann, ist unbestimmt und muss in vielfältigen Kommunikationsschleifen erkundet werden. Die Organisation kann in solchen Organisationen zwar einen förderlichen Rahmen für Handeln der Mitarbeiter setzen, diese in ihrem Verhalten aber nicht zielgerichtet und verlässlich über Programme steuern. Denn Programme können „überall dort sinnvoll eingesetzt werden, wo die Organisation weiß, was sie zu erwarten hat ... In Bereichen, in denen die Organisation überwiegend mit Nichtwissen konfrontiert ist, ist der effektivste Weg, Personen ein hohes Maß an Verantwortung zu geben." (Simon 2007, S. 74) Personen werden also zur entscheidenden Nahtstelle, an der die Organisation sich als mehr oder weniger fähig erweist, mit Unsicherheit und Nichtwissen produktiv umzugehen und damit Qualität ihrer Leistungen zu erzeugen. Die Steuerung der Leistungsqualität muss also insbesondere über Impulse zur Motivierung und Qualifizierung derjenigen Personen erfolgen, die die Leistung „an vorderster Front" erstellen. Programme wie z. B. „fachliche Weisungen", Checklisten, festgelegte Handlungsabfolgen bei bestimmten Problemsituationen, Ablaufschemata in Qualitätshandbüchern etc. können zwar einen Teil der Unsicherheit absorbieren, aber es bleibt immer ein markanter „Rest" an Unsicherheit, der so groß ist, dass die Organisation auf die Verantwortungsbereitschaft und die Kompetenz zur Verantwortungsübernahme bei Mitarbeitern setzen muss, um eine angemessene Entscheidungspraxis erzeugen zu können. „Ein hohes Maß an Verantwortung geben" heißt nicht, naiv auf eine unterstellte Motivation und eine vermutete Kompetenz der Personen zu vertrauen, sondern vielmehr diese sorgfältig zu beobachten, sie im Hinblick auf die Anforderungen zu bewerten und mit entsprechenden Impulsen (Maßnahmen, Angeboten) zur Weiterentwicklung anzuregen.

(2) **Organisationen Sozialer Arbeit sind auf eine funktionierende Kooperation mit ihrer Umwelt und auf eine angemessene Darstellung ihrer Leistungen gegenüber der Umwelt angewiesen. Die Interaktion *mit* der Umwelt und die Präsentation gegenüber der Umwelt verläuft zu einem erheblichen Teil über die Organisationsmitglieder: nicht nur über Leitungspersonen, sondern auch über Mitarbeiter, die in unterschiedlichen Situationen durch ihr Auftreten das Bild der Organisation beeinflussen oder gar prägen.** Wirkungsvolle soziale Dienstleistungen sind häufig nicht allein durch das Handeln einer einzigen Organisation herzustellen, sondern Einrichtungen der Sozialen Arbeit müssen vielfach (a) bei der Leistungserstellung mit anderen Organisationen kooperieren und dabei die eigenen Leistungen mit den Leistungsanteilen der anderen Organisation(en) abstimmen oder (b) über kooperative Strategien Einfluss nehmen auf andere Organisationen, damit diese ihr Organisationshandeln im Einzelfall oder einzelfallübergreifend in einer bestimmten Weise ausgestalten oder modifizieren. Um im Sinne einer guten Leistungsgestaltung Einfluss nehmen zu können auf andere Organisationen, bilden die Organisationsmitglieder eine entscheidende Stelle der Verkoppelung: Sie müssen zum einen das Selbstverständnis der eigenen Organisation präsent und dieses bei der Kooperation im Blick haben, und zum anderen müssen sie die Logik der anderen Organisation verstehen als Voraussetzung dafür, dass ihre Kommunikationen anschlussfähig sind und es zu kooperativen Kommunikationen zwischen verschiedenen Organisationen mit ihren je eigenen Organisationskulturen und Kommunikationsmustern kommen kann (Simsa 2001; → *Kap. 8.3*). Solche Mitarbeiterfähigkeiten, auf die Organisationen Sozialer Arbeit bei ihrer Leistungserstellung angewiesen sind, sind nicht ohne weiteres vorauszusetzen, sondern müssen beobachtet und dynamisch weiterentwickelt werden.

Die Präsentation einer Organisation gegenüber ihrer Umwelt als Teil des Marketing (→ *Kap. 8.2*) erfolgt zu einem wesentlichen Teil in Alltagskontakten. Die Organisation wird vor allem erlebbar in den Interaktionen der Organisationsmitglieder mit Akteuren aus der Umwelt – nicht allein und nicht vor allem durch als Präsentation beabsichtigte Interaktionen von Leitungspersonen, sondern vornehmlich in den alltäglichen Interaktionen, in denen Mitarbeiter als implizit wahrgenommene Repräsentanten das Bild der Organisation nach außen prägen. Ob eine Organisation als umweltoffen, als kompetent, als freundlich gegenüber Adressaten, als flexibel etc. wahrgenommen wird, hängt zu einem wesentlichen

Teil ab von den Erfahrungen, die Außenstehende in ihren Interaktionen mit den Repräsentanten der Organisation machen, und die Mitarbeiter sind dabei in ihren vielfältigen Alltagsbezügen die „Hauptrepräsentanten" der Organisation. Sie prägen das Bild der Organisation. Ein Management, das diese Wirkung des Faktors „Personal" unberücksichtigt lässt, erzeugt Mängel sowohl hinsichtlich der fachlichen Steuerung (Defizite in der Kooperation mit anderen Umweltakteuren) als auch hinsichtlich des Marketing (Mängel in der Außendarstellung der Organisation).

(3) **Organisationales Lernen ist zwar mehr als die Addition individueller Lernprozesse, aber ohne die Lernbereitschaft, die Offenheit, die Beobachtungsfähigkeit der Organisationsmitglieder – auch der Mitarbeiter – sind *Lernbereitschaft* und Lernfähigkeit einer Organisation nicht herzustellen und aufrechtzuerhalten.**
Organisationale Lernfähigkeit erlangen Organisationen dann, wenn sie in der Lage sind, Lernimpulse aufzunehmen und systematisch zu erzeugen sowie dabei individuelle Lernvorgänge von Organisationsmitgliedern so miteinander zu verknüpfen, dass daraus kontinuierliche Reflexionsvorgänge in der Organisation verankert werden können (→ *Kap. 4.3*). Die Lernfähigkeit und die Lernbereitschaft, die Beobachtungsfähigkeit, die Offenheit, die Reflexionsfähigkeit der Organisationsmitglieder sind eine Grundlage für die Lernfähigkeit der Organisation: keine hinreichende, aber eine notwendige Bedingung dafür, dass sich organisationale Lernfähigkeit entwickeln kann. Zur Herausbildung organisationaler Lernfähigkeit bedarf es somit eines Personalmanagements, bei dem Reflexionspotentiale geschätzt und herausgefordert werden und bei dem Mitarbeiter zur Aktivierung dieser Potentiale im Rahmen organisationaler Prozesse motiviert werden.

(4) **Auf dem Arbeitsmarkt zeichnet sich ab, dass Personal in der von den Organisationen der Sozialen Arbeit für notwendig erachteten Qualifikation nicht mehr ohne weiteres und in ausreichendem Maß zur Verfügung steht. Ein zu erwartender Mangel an Fachkräften erzeugt eine zunehmende Konkurrenz der Organisationen auf dem Arbeitsmarkt und konfrontiert das Management mit der Notwendigkeit, verstärkt Aktivitäten zur Personalrekrutierung und zur Bindung vorhandener Mitarbeiter zu entwickeln.**
In vielen Bereichen der Sozialen Arbeit ist erkennbar, dass die Leitungen von Organisationen künftig vermehrt mit der Anforderung konfrontiert werden, Personal zu rekrutieren, und dass sie sich dabei

auf dem Arbeitsmarkt gegenüber anderen Anstellungsträgern in Konkurrenz befinden (als Beispiel Jugendämter/ ASD: s. Merchel/ Pamme/ Khalaf 2012, S. 192 f.). Dies trifft Einrichtungen und Dienste in ländlichen Regionen sicherlich etwas härter als solche in städtischen Gebieten, aber auch in städtischen Bereichen bleiben Organisationen Sozialer Arbeit nicht von den Problemen eines mehr oder weniger stark eingegrenzten Arbeitsmarkts verschont. In solchen Situationen werden zunächst die materiellen Arbeitsbedingungen beachtet werden müssen, die potenziellen Bewerbern geboten werden können: Bezahlung, Dauer des angebotenen Arbeitsvertrags (Zeiträume der Befristung – ohne Befristung), Umfang der angebotenen Stelle (Teilzeit/Vollzeit).[33] Neben diesen materiellen Angebotsgrundlagen wirken sich aber auch weitere Aspekte auf die Bewertung der Attraktivität eines Arbeitsplatzes durch (potenzielle) Bewerber aus: eine gute Einarbeitung in die als komplex und herausfordernd empfundenen Tätigkeiten, die Möglichkeiten zur Fortbildung, die in Beobachtungsmodalitäten zur Arbeitsbelastung sich ausdrückende Fürsorglichkeit eines Arbeitsgebers gegenüber seinen Mitarbeitern, die Möglichkeiten zur Mitgestaltung am Arbeitsplatz. Solche eher immateriellen Aspekte können ein nicht unwichtiger Faktor sein bei der Entscheidung von Bewerbern zwischen verschiedenen Stellenangeboten. Nicht zu unterschätzen ist das Image, das ein Arbeitgeber aufgrund solcher Elemente der Personalentwicklung in der regionalen „Szene“ der Fachkräfte hat; denn Fachkräfte sprechen auch untereinander darüber, wo man gut arbeiten kann

33 Hier ist kritisch darauf hinzuweisen, dass die sozialpolitischen Bedingungen, in denen Organisationen der Sozialen Arbeit agieren, erhebliche negative Auswirkungen auf das Personalmanagement nach sich ziehen. Entsprechend den im Vergleich zu früheren Zeiten unsicheren Rahmenbedingungen (mehr Konkurrenz und Wettbewerb, Verengung von Zeiträumen zugesagter Finanzierungen, höhere Legitimationsanforderungen bei Preisdifferenzen etc.) besteht die Tendenz zu mehr Teilzeit-Arbeitsverträgen, zu einem höheren Anteil an „geringfügig Beschäftigten“, zur Befristung von Arbeitsverhältnissen. Dahme/ Kühnlein/ Wohlfahrt (2005) sprechen im Hinblick auf die Wohlfahrtsverbände von einem „zunehmenden ‚Wildwuchs‘ bei den Arbeits- und Beschäftigungsbedingungen“ (S. 162) sowie von einer „Deregulierung, Pluralisierung und Fragmentierung der Arbeits- und Beschäftigungsverhältnisse“ (S. 182). Damit wird die Notwendigkeit deutlich, dass sich Managementakteure – neben Bemühungen um ein aktives Personalmanagement in ihren Organisationen – auch um eine Beeinflussung der sozialpolitischen Rahmenbedingungen bemühen müssen, die Auswirkungen auf das Management innerhalb der Organisation haben. Der Verweis auf die schwierigen Rahmenbedingungen darf andererseits nicht dazu führen, die Verantwortung für die Gestaltung angemessener Arbeitsbedingungen weitgehend nach außen zu verlagern.

und welche Stellen man eher meiden sollte. Ein gutes Personalmanagement eröffnet bessere Möglichkeiten bei der Personalrekrutierung. Neben den Anforderungen zur Personalrekrutierung erfordert ein drohender Fachkräftemangel verstärkte Aktivitäten zur Bindung vorhandener Mitarbeiter an die Organisation und zur Eingrenzung von Personalfluktuation. Denn bei Konkurrenz von Arbeitgebern auf dem Arbeitsmarkt ist die Personalsituation darauf auszurichten, vorhandene eingearbeitete, qualifizierte und motivierte Mitarbeiter in der Organisation zu halten und dadurch die personelle Basis für eine qualifizierte Leistungserstellung zu gewährleisten.

(5) **Eine zu große Personalfluktuation erzeugt Schwierigkeiten in der Leistungserbringung, erhöht den Aufwand zur Erzeugung von Kontinuität und kann zu Brüchen in den außengerichteten Kooperationsbezügen führen. Zur Eingrenzung der Personalfluktuation sind *Managementaktivitäten* erforderlich, die eine Bindung von Mitarbeitern an die Organisation ermöglichen und den Mitarbeitern Entwicklungsmöglichkeiten geben, die ihnen über einen gewissen Zeitraum ein Verbleiben in der Organisation attraktiv erscheinen lassen.**
Ein gewisses Maß an Personalfluktuation in einer Organisation ist nicht nur als „normal" zu bewerten, sondern es ist auch nützlich und anstrebenswert: Durch neue Mitarbeiter können neue Sichtweisen und neue Impulse erzeugt und in den Berufsalltag einbezogen werden, langjährig praktizierte Routinen können ihre Selbstverständlichkeit verlieren und in neue Reflexionsprozesse eingewoben werden, neue Arbeitsabsprachen können eine größere Flexibilität bei vormals erstarrten Strukturen und Gewohnheiten hervorrufen. Eine maßvolle Personalfluktuation bringt also auch Entwicklungsoptionen in eine Organisation. Überschreitet die Personalfluktuation jedoch ein gewisses Maß, so können damit erhebliche schädliche Auswirkungen verbunden sein: die Gefahr, dass zu viel neu organisiert und abgesprochen werden muss und die Organisation/das Team dafür soviel Zeit und Energie aufwenden muss, dass sie/es sich mehr mit sich selbst beschäftigt als mit der guten Bewältigung der Aufgaben, oder das Problem, dass mit dem Weggang von Mitarbeitern individuelle Wissensbestände der Organisation verloren gehen, ein Verlust, der auch mit einem gut organisierten „Wissensmanagement" nur begrenzt kompensierbar ist. Ferner besteht die Gefahr, dass die Leistungsadressaten und die Kooperationspartner sich zu häufig mit neuen Personen konfrontiert fühlen und eingespielte Abläufe oder gar entstandene Vertrauenspotenziale, die für eine effek-

tive Aufgabenbewältigung förderlich oder gar notwendig sind, erodieren und damit die Effektivität der Organisation insgesamt beeinträchtigt wird. Zur Vermeidung einer allzu starken, die Effektivität der Organisation bedrohenden Personalfluktuation sollte die Organisation Vorkehrungen treffen und dabei die Möglichkeiten des Personalmanagements offensiv nutzen.

(6) **Der intensivierte Effektivitäts- und Wirtschaftlichkeitsdruck, dem sich Organisationen – voraussichtlich auch weiterhin – ausgesetzt sehen, muss von den Mitarbeitern bewältigt werden. Dies wird nur dann möglich sein, wenn dieser Druck nicht einfach von der Leitung als Druck auf die Mitarbeiter weitergeleitet wird, sondern zu dessen Verarbeitung bedarf es angemessener „Bewältigungshilfen", von denen ein Teil über Maßnahmen des Personalmanagements realisiert werden kann.**
Die wachsenden Legitimationsanforderungen an Organisationen Sozialer Arbeit, ein zunehmender Druck in Richtung Wirtschaftlichkeit sowie die Veränderungen in den Lebenskonstellationen und den daraus entstehenden Leistungsanforderungen der Adressaten erzeugen eine Situation, die Mitarbeiter gleichermaßen als (quantitative) Anforderungsverdichtung wie als (qualitative) Anforderungsintensivierung empfinden, woraus erhebliche Probleme in der Mitarbeitermotivation resultieren können. Die ausgeweiteten Legitimationsanforderungen werden von Einrichtungen aufzufangen versucht vor allem in Formen des Qualitätsmanagements und des Wirkungsnachweises. In welcher Weise man auch immer Qualitätsmanagement betreibt: Es bleiben immer zum einen die Anforderung an die Mitarbeiter, in der Arbeitszeit etwas als „zusätzlich" Empfundenes unterbringen zu müssen, das zu der „eigentlichen Arbeit" hinzukommt, und zum anderen ein vages Empfinden der impliziten Botschaft, man habe vielleicht vorher „nicht gut genug gearbeitet" (Thema: „Anforderungsintensivierung" und die darin enthaltenen sachlichen und emotionalen Implikationen). Hinzu kommt ein Misstrauen wegen der Risiken, die mit einer erweiterten Transparenz infolge der Qualitätsbewertungen eröffnet werden (→ *Kap. 6.2*). Mit der Wirkungskategorie als geforderter Legitimationsperspektive, vor allem wenn sich dies mit Finanzierungsmodalitäten verbindet, kann sich das Empfinden von Druck und Zumutung auf Seiten der Mitarbeiter noch intensivieren. Erweiterter Wirtschaftlichkeitsdruck bei Mitarbeitern resultiert ferner aus der Notwendigkeit, entsprechend den enger werdenden Finanzkalkulationen Aufgaben mit einem möglichst geringen Per-

sonaleinsatz bewältigen zu müssen. Damit werden Personalressourcen, die der Organisation (und den dort wirkenden Organisationsmitgliedern) einen bestimmten Freiraum ermöglichten, immer stärker reduziert. Sie spielen bei Personalbedarfskalkulationen keine Rolle mehr.[34] Hinzu kommen veränderte Aufgabenanforderungen aufgrund von Entwicklungen in den Lebenssituationen der Hilfe-Adressaten und aufgrund von Ansprüchen aus der politischen und organisationalen Umwelt, die das Belastungsempfinden der Mitarbeiter intensivieren (am Beispiel Jugendamt/ ASD s. Merchel 2012b). Wenn Mitarbeiter mit solchen Situation des intensivierten Drucks und des verstärkten Belastungsempfindens allein gelassen werden, besteht die Gefahr, dass sie individuelle Bewältigungsstrategen entwickeln (Rückzug, „Arbeit nach Vorschrift", „innere Kündigung", Suche nach nicht kontrollierbaren Arbeitsnischen etc.), die für eine qualitative Leistungserbringung der Organisation kontraproduktiv wirken. Um dies zu vermeiden, sind offensive Managementaktivitäten erforderlich, zu denen nicht zuletzt Handlungsweisen des Personalmanagements gehören.

Zusammengefasst: Es bedarf im Rahmen der mitarbeiterbezogenen Steuerung eines aktiven Personalmanagements,

- weil für die Leistungserstellung in Organisationen der Sozialen Arbeit die Mitarbeiter den zentralen Qualitätsfaktor darstellen und somit eine wirkungsvolle Qualitätsentwicklung immer eine Grundlage finden muss in einer guten Personalentwicklung;
- weil Organisationen für eine gelingende Kooperation mit ihrer Umwelt und für eine angemessene Außendarstellung auf die Kompetenz, die Motivation und die Präsentation ihrer Mitarbeiter angewiesen sind;
- weil ohne die individuelle Lernfähigkeit und Lernbereitschaft der Mitarbeiter keine organisationalen Lernprozesse gestaltet werden können;

---

34 In der verhaltenswissenschaftlichen Entscheidungstheorie innerhalb der Organisationssoziologie wurde dieser Teil der Personalressourcen, der als „organizational slack" bezeichnet wird, jedoch als produktiv hervorgehoben, weil ein gewisses Maß an „organizational slack" konfliktentlastend wirkt (weniger Kämpfe um knappe Ressourcen, eher mögliche Koexistenz konkurrierender Ziele) und weil damit ein Potential zur Entwicklung innovativer Impulse für die organisationale Weiterentwicklung gegeben ist (s. Berger/ Bernhard-Mehlich 2002, S. 147). Eine merkliche Reduktion des „organizational slack" mündet in einen verstärkten Wirtschaftlichkeitsdruck an die Mitarbeiter.

- weil in der Konkurrenz auf dem Arbeitsmarkt verbesserte Chancen zur Personalrekrutierung und zur Bindung von vorhandenem Personal an die Organisation eröffnet werden müssen;
- weil über Maßnahmen des Personalmanagements die schädlichen Auswirkungen einer zu großen Personalfluktuation sowohl im Innengefüge der Organisation als auch in den aufgabenbezogenen Außenkontakten und Kooperationen reduziert bzw. vermieden werden können;
- weil der intensivierte Effektivitäts- und Wirtschaftlichkeitsdruck, dem sich Organisationen ausgesetzt sehen, sowie die veränderten Anforderungen von Leistungsadressaten nicht individualisiert werden sollten, sondern im Sinne einer Aufrechterhaltung organisationaler Leistungsfähigkeit mit Bewältigungsstrategien der Organisation beantwortet werden sollten.[35]

7.2 Zielsetzungen/ Herausforderungen für das Personalmanagement

Fragt man nach den elementaren Zielen für das Personalmanagement, so findet man in der Fachliteratur vielfach Formulierungen, in denen dem Personalmanagement eine „Zuliefer-Funktion" für die Organisation zum Zweck

35 Es ist bemerkenswert, dass trotz der offensichtlichen großen Bedeutung des Personals bei sozialen Dienstleistungen in vielen Veröffentlichungen, die – aus betriebswirtschaftlicher Sicht – das Management in Non-Profit-Organisationen „anleiten" wollen, das Personalmanagement gar nicht oder nur randständig vorkommt. Wenn Schneider u.a. (2007) die „Strategische Führung von NPO" anregen, bleibt Personalmanagement unerwähnt. Stäger/ Salcher (2006) reduzieren in dem Buch „NPO's erfolgreich führen" das Personalmanagement auf Checklisten zu drei Themen: „Einstellungsrisiko, Vorstellungs- und Einstellungsgespräch", „Arbeitsverhältnis und Dienstzettel", „Konfliktgespräch, Auflösung und Dienstzeugnis". Ein bemerkenswert einfältiges Verständnis von „Personalführung"! Von den 14 bei Helmig/ Purtschert (2006) hervorgehobenen Beispielen für gutes Management in Non-Profit-Organisationen ist Personalmanagement nur bei einem Beispiel als eigens berücksichtigter Bereich hervorgehoben; in der abschließenden Darstellung der Herausgeber zu den „Erfolgsfaktoren im NPO-Management" kommt der Faktor „Personal" nicht vor, er wird nicht einmal erwähnt! Auch bei der Veröffentlichung von Hensen/ Hensen (2012), die beansprucht, für das Gesundheits- und Sozialmanagement „Leitbegriffe und Grundlagen modernen Managements" zu erörtern, sucht man vergeblich einen Beitrag zum Personalmanagement. Die Vernachlässigung des Personalmanagements in Organisationen der Sozialen Arbeit kann man auch als einen Reflex der mangelnden Aufmerksamkeit in der „veröffentlichten Wissenschaft" deuten.

einer adäquaten Zielerreichung der Organisation zugesprochen wird, z. B.: „Das Ziel des Personalmanagements ist es, eine optimale Zusammensetzung des Personals zu erreichen, die auf die Erfüllung gegenwärtiger und zukünftiger Aufgaben und Ziele der Organisation ausgerichtet ist. Dies kann grundsätzlich auf zwei (sich auch ergänzenden) Wegen geschehen: Zum einen durch die Bereitstellung von Menschen mit geeigneten Kompetenzen. ... Zum anderen können Kompetenzen durch die Entwicklung der vorhandenen Fähigkeiten und Qualifikationen von Einzelnen und Teams durch Maßnahme der Personalentwicklung aufgebaut werden." (Friedrich 2010, S. 14f.; ähnlich Bode 2012, S. 92 und S. 105) Damit ist ein traditionelles Grundverständnis von Personalmanagement verbunden: Personalmanagement diene vornehmlich dazu, die Organisation mit qualifizierten „Humanressourcen" zu versorgen – die Rede ist dann vom „Human Resources Management (HRM)"; vgl. u. a. Lichtsteiner u. a. 2013, S. 245ff. –, damit diese ihre Aufgaben bewältigen und ihre Ziele erreichen könne. Es dominiert die Perspektive „Organisation": Sie wird zum primären oder gar alleinigen Orientierungspunkt für die mitarbeiterbezogene Steuerung.

Legt man demgegenüber das in *Kapitel 2.4.2.1* skizzierte Verständnis von „Organisation als System" zugrunde, so erweist sich diese Dominanz der Organisationsperspektive als einseitig und verkürzend. In dem genannten Kapitel ist dargelegt worden, dass in einer Einrichtung oder einem Dienst der Sozialen Arbeit viele unterschiedlich geprägte „Systeme" aufeinandertreffen: die „Organisation" mit der ihr eigenen organisationalen Logik und die unterschiedlichen „individuellen Systeme" mit ihren jeweiligen personalen Logiken. Die mit einem solchen Aufeinandertreffen einhergehenden Potentiale für Diskrepanzen und Spannungen bedürfen zu ihrer Bewältigung der Bemühungen, das Organisationssystem und die unterschiedlichen personalen Systeme miteinander kommunikationsfähig zu machen und zu halten, also Anschlussfähigkeit zwischen den Systemen herzustellen und aufrechtzuerhalten. In diesem Kontext hat Personalmanagement seine spezifische Funktion: Personalmanagement kann interpretiert werden als ein Modus innerhalb der Organisation, mit dessen Hilfe

- zum einen die organisationale Logik an individuelle Systeme herangetragen, Individuen gefunden werden, die als „anschlussfähig" für das Organisationssystem angesehen werden, und diese in der organisationalen Logik beeinflusst werden sollen;
- zum anderen die individuellen Logiken kenntlich gemacht werden und die Möglichkeiten ausgelotet werden sollen, diese in der Organisationslogik zum Tragen zu bringen;

- zum dritten durch das Gelingen von Anschlussfähigkeit im Sinne einer Erzeugung verarbeitbarer Irritationen ggf. Impulse zur Organisationsveränderung auszulösen.

In der erstgenannten Intention wird Personalmanagement in der Perspektive der Organisation und deren Logik wahrgenommen; in der zweitgenannten Intention steht die Perspektive der Individuen/der Personen stärker im Blick. Die drittgenannte Intention markiert die optionale Folge einer gelingenden Realisierung und Verkoppelung der beiden vorgenannten Intentionen; denn personale Systeme transportieren auch Irritationen in Organisationssysteme, die für diese als „Lernmaterial/ Lernimpuls" bedeutsam sein können und von diesen entsprechend genutzt werden können (zu „organisationalem Lernen" →*Kap. 4.3*).

Gegenüber einem einseitig organisationsdominanten Verständnis ist dem Personalmanagement das Ziel zuzuordnen, die Organisation und die Individuen/ Mitarbeiter (als „individuelle Systeme") mit ihren jeweiligen Logiken kommunikationsfähig zu machen, Anschlussfähigkeit zueinander herzustellen und aufrechtzuerhalten. Mit Hilfe des Personalmanagements

- soll die Organisation mit den für die Aufgabenerfüllung notwendigen Qualifikationen und Motivationen versorgt werden,
- sollen für die Mitarbeiter Möglichkeiten eröffnet werden, ihre Intentionen, ihre Entwicklungsbedürfnisse, ihre persönlichen Gestaltungsvorstellungen in der Organisation zur Geltung zu bringen,
- soll ein erforderliches Maß der Identifikation der Mitarbeiter mit den Zielen und Werten einer Organisation hervorgerufen und gehalten werden.

In einem solchen Verständnis von mitarbeiterbezogener Steuerung ist wiederum das Halten von Balancen, auf das in den *Kapiteln 2.2 und 2.5* als eine zentrale Anforderung des Managements aufmerksam gemacht wurde, eine wichtige Aufgabe: das Balance-Halten zwischen den Ansprüchen der Organisation und den Logiken der Individuen sowie das permanente Bemühen, zu einem erträglichen Ausgleich dieser als normal anzusehenden Diskrepanzen zu gelangen.

Beim Personalmanagement und insbesondere bei Überlegungen zur Personalentwicklung müssen die Perspektive der Organisation und die Perspektiven der Mitarbeiter differenziert werden und gleichermaßen Beachtung finden.[36] Weil sich dieses Spannungspotenzial immer wieder in den Erscheinungsformen verändert und sich in der Entwicklung dynamisiert, bedarf es der kontinuierlichen Bereitschaft zur Organisationsbeobachtung und zur (partiellen) Veränderung in der Organisation, um Spannungen auszubalancieren. Ohne eine solche Bereitschaft in der Organisation wird Personalentwicklung nur begrenzt erfolgreich sein können.

Damit wird auch deutlich, dass und warum die anfangs skizzierte Konzipierung von Personalmanagement als „Zulieferbetrieb", der förderliche Qualifikation und Motivationen für eine effektive Aufgabenbearbeitung der Organisation zur Verfügung stellt, einem systemisch ausgerichteten Verständnis von Organisation nicht gerecht wird. Es wäre eine konzeptionelle Verkürzung, weil es die Seite der Organisationslogik einseitig für die Entscheidende erklären würde und dadurch die Dynamik in Organisation, die ein Bemühen zur Herstellung von Anschlussfähigkeit und das Ermöglichen von Kommunikation zwischen Systemen nach sich ziehen muss, nicht ausreichend beachtet. Demgegenüber muss gelingendes Personalmanagement gedacht werden als ein Modus der Verknüpfung, der erfolgreichen Suche nach gegenseitig anschlussfähigen Punkten zwischen Organisation und den als „individuellen Systemen" gedachten personalen Akteuren in der Organisation. Die Herausforderung für das Personalmanagement liegt zum einen in der Suche nach und in der kontinuierlichen Bewertung von Ansatzpunkten für eine Verkoppelung sowie zum anderen im Halten von Balancen zwischen der Organisationsperspektive und der Mitarbeiterperspektive, also in einer möglichst für beide Seiten produktiven Spannungsbewältigung.

Die Konzipierung von Personalmanagement in der Sozialen Arbeit folgt häufig dem Bestreben, Vorgehensweisen und Instrumente, die in der Betriebswirtschaftslehre entwickelt worden sind, für die Soziale Arbeit nutzbar zu machen (so u. a. Hölzle 2006; Kolhoff/ Kortendieck 2006). Ein solcher Transfer ist dann nützlich, wenn dabei die spezifischen Bedingungen in Organisationen der Sozialen Arbeit einbezogen werden. Eine einfache Übertragung und Anwendung, ohne dass die Divergenzen zwischen Traditionen und Strukturen der Sozialen Arbeit einerseits und den im Wirtschaftssektor vorhandenen Gegebenheiten anderseits berücksichtigt werden, führt häufig zu dem Empfinden, dass die betriebswirtschaftlichen Instrumente „irgendwie

36 Beide Perspektiven finden sich auch in den Darlegungen zum Umgang mit Organisationsmitgliedern als Aufgabe der organisationsbezogenen Steuerung (*Kap. 4.2.4*): Die dort voneinander unterschiedenen beiden Grundstrategien der Einbindung und der Gestaltung bilden die Perspektiven der Organisation („Einbindung") und der Mitarbeiter („Gestaltung") ab. Der Blick auf die Organisationsgestaltung spiegelt sich also in der Konzipierung von Personalmanagement wider.

nicht passen“, verbunden mit der nachfolgenden Neigung, sich in Ermangelung von Alternativen von Teilen des Personalmanagements abzuwenden.

Friedrichs (2011) verdeutlicht solche Divergenzen am Beispiel der „leistungsorientierten Bezahlung“, einem Instrument, das auch in den für die Soziale Arbeit geltenden Tarifverträgen benannt wird (vgl. dazu Kühl 2007; Wehrling 2013; am Beispiel Jugendamt/ ASD: Merchel/ Pamme/ Khalaf 2012, S. 244ff.). Friedrichs (2011, S. 79ff.) benennt vier Punkte, an denen sich Divergenzen zwischen einem leistungsorientierten Entgeltsystem und spezifischen Gegebenheiten in der Sozialen Arbeit zeigen: (a) in der Divergenz zwischen der qualitativen Beschreibung von Erfolgen in der Sozialen Arbeit einerseits und der primär quantitativen Erfassung von Leistungen über Punktsysteme andererseits; (b) in der Spannung zwischen einer Orientierung an Teamarbeit in der Sozialen Arbeit einerseits und einer Konzentration auf einzelne Mitarbeiter (mit möglichen Konkurrenzeffekten) bei einer leistungsorientierten Bezahlung andererseits; (c) in der Ausrichtung an „flachen Hierarchien“ in der Sozialen Arbeit einerseits und einer differenzierten und folgenreichen Leistungsbewertung durch Leitungspersonen andererseits; (d) in einer hohen Bedeutung intrinsischer Motivation bei Mitarbeitern in der Sozialen Arbeit einerseits und einer symbolhaften Stärkung extrinsischer Motivationsfaktoren bei der leistungsorientierten Bezahlung andererseits. In vielen Organisationen Sozialer Arbeit passt leistungsorientierte Bezahlung nicht in die Organisationskultur: Sie wird als typisches Merkmal von Wirtschaftsbetrieben wahrgenommen (Bonuszahlungen, Prämien etc.), gegen die man das eigene Selbstverständnis abgrenzen will (Brandl u.a. 2006, S. 371). Daher werden Elemente der leistungsorientierten Bezahlung in ihrer Bedeutung marginalisiert, oder in der Praxis wird „Leistung“ eher gemessen am Aufwand („… hat zusätzliche Arbeiten übernommen …“) als an Kriterien der Güte der Leistung oder gar des Erfolgs. An diesem Beispiel zeigt sich die Notwendigkeit, die organisationskulturelle Dimension und die möglichen (unbeabsichtigten) Nebenfolgen einer Übertragung von in der Betriebswirtschaftslehre entwickelten Konzepten und Instrumenten des Personalmanagements auf Organisationen der Sozialen Arbeit in den Blick zu nehmen und diese Konzepte in die jeweilige Organisationslogik differenzierend einzupassen.

7.3 Ehrenamtlich bzw. freiwillig Tätige als besondere Zielgruppe des Personalmanagements

Für einen Teil der Organisationen Sozialer Arbeit haben Ehrenamtliche bzw. freiwillig Tätige[37] eine Bedeutung als Personal- und als Legitimationsressource, aufgrund derer diese „Mitarbeiter"-Gruppe nicht unerwähnt bleiben sollte, wenn es um Anforderungen im Rahmen der mitarbeiterbezogenen Steuerung geht. Insbesondere für Wohlfahrtsverbände, aber auch für Jugendverbände oder für Initiativ- und Selbsthilfegruppen hat das ehrenamtliche Engagement einen Stellenwert

- **als ökonomische Größe:** Es können Leistungen angeboten werden, die unter Einsatz von beruflich tätigen Mitarbeitern nicht finanziert werden könnten. Der Einsatz von Ehrenamtlichen kann bei Umrechnung in Geldbeträge als ein Argument zur Kostengünstigkeit von freien Trägern in der Sozialen Arbeit herangezogen werden.
- **als gesellschaftspolitische Größe:** Über bürgerschaftliches Engagement im Sozialbereich soll ein Beitrag geleistet werden für eine solidarische Gesellschaft; Freiwilligentätigkeit ist ein Indikator für gesellschaftlichen Zusammenhalt – über eine von Expertendominanz geprägte Dienstleistungsgesellschaft hinaus.

Dementsprechend weisen die Wohlfahrtsverbände seit vielen Jahren darauf hin, dass sie in der Lage seien, zwischen 2,5 und 3 Millionen ehrenamtlich und freiwillig Tätige zu aktivieren und dass sie damit einen Beitrag leisten zum gesellschaftlichen Zusammenhalt (BAGFW 2009, S. 10).

---

37 Der traditionelle Begriff des „Ehrenamts" ist dadurch in Kritik geraten, dass seine Traditionen (das „Amt", das nicht erwerblich, sondern unentgeltlich und nur zur „Ehre" ausgeübt wird) brüchig geworden sind und dass die Vielfalt unterschiedlicher Tätigkeiten, Kontexte und Motive sich in diesem Begriff nicht abbildet. Um das freiwillige Engagement im Dienste der Allgemeinheit und des Gemeinwohls zu kennzeichnen, ist neben dem Ehrenamtsbegriff der Begriff der „Freiwilligentätigkeit" oder des „bürgerschaftlichen Engagements" eingeführt worden (More-Hollerweger/ Rameder 2013, S. 382f.). Insbesondere in wohlfahrtsverbandlichen Zusammenhängen wird der Begriff des Ehrenamts weiterhin gepflegt und ist im allgemeinen Sprachgebrauch nicht durch andere Begriffe verdrängt worden. Daher wird er auch in diesem Kapitel neben dem Begriff der „Freiwilligentätigkeit" verwendet, zumal der Begriff der „Freiwilligentätigkeit" als Abgrenzung zu beruflich tätigen Mitarbeitern in den Organisationen nur begrenzt tauglich ist, denn er suggeriert in unangemessener Weise eine Teilung der Mitarbeiter in eine Sphäre der „Freiwilligkeit" („Ehrenamtliche") und des „Zwangs" („Hauptberufliche").

Wenn ehrenamtlich Tätige eine solche Bedeutung für eine Organisation der Sozialen Arbeit zugesprochen bekommen, so muss sich dies auch in entsprechenden Steuerungsaktivitäten des Personalmanagements widerspiegeln. Dabei können die für beruflich tätige Mitarbeiter konzipierten Aktivitäten des Personalmanagements nicht einfach auf die Zielgruppe der Ehrenamtlichen transferiert werden. Vielmehr müssen die spezifischen Motivationslagen der Ehrenamtlichen erkundet und zum Ausgangspunkt für ein auf diese Zielgruppe ausgerichtetes Personalmanagement gemacht werden (vgl. von Eckardstein/ Mayerhofer 2003; Mayerhofer 2003). Ferner ist zu unterscheiden, ob die Ehrenamtlichen in formalen Leitungspositionen der Organisationen (Vereinsvorstände, Aufsichtsorgane etc.) tätig sind (s. Beher u.a. 2008) oder im Alltag der Organisation mit spezifischen adressatenbezogenen Leistungen mitwirken. Für beide Gruppen von Ehrenamtlichen können verschiedene Motivlagen ausschlaggebend für ihre Tätigkeiten sein, und bei beiden Gruppen bedarf es entsprechend den unterschiedlichen Aufgabentypen und entsprechend den damit verbundenen Anforderungen differenzierter Angebote in der Ansprache der Ehrenamtlichen und in der Personalentwicklung.

Die Motivlagen ehrenamtlich bzw. freiwillig Tätiger enthalten sowohl altruistische Aspekte (Hilfe leisten, etwas für das Gemeinwohl tun etc.) als auch selbstbezogene Aspekte (soziale Kontakte pflegen, Anerkennung finden, eigene Kenntnisse und Erfahrungen erweitern, sozialen Status erlangen); zu den eigenen Vorteilserwartungen können auch nichtmonetäre Gegenleistungen gezählt werden, die in anderen Bereichen Vorteile z.B. im Hinblick auf berufliche Qualifizierung oder größeren Einfluss bringen können. In der Regel überlagern sich altruistische und selbstbezogene Motivlagen. Dies bedeutet für den Umgang mit dem „Personalfaktor Ehrenamtliche", dass Motivlagen im Einzelfall erkundet werden sollten, damit Handlungsfelder für den Einsatz gefunden werden können, die zum einen den Motivlagen und den Fähigkeiten der ehrenamtlich tätigen Person entsprechen und die zum anderen für die Handlungslogiken in dem jeweiligen Feld tragfähig sind. Nicht jedes Motiv zum Engagement ist für jedes Handlungsfeld und für jede soziale Konstellation in der Sozialen Arbeit förderlich. Hier bedarf es einer guten Abstimmung zwischen Motivlagen der freiwillig Tätigen und den jeweiligen Gegebenheiten im Arbeitsfeld. Insofern ist auch im Hinblick auf den Einsatz von freiwillig Tätigen Sorgfalt in der „Personalauswahl" und in der „Personaleinsatzplanung" erforderlich.

Es sind vor allem drei Bereiche, in denen eine mitarbeiterbezogene Steuerung bei ehrenamtlich oder freiwillig Tätigen in Organisationen der Sozialen Arbeit Akzente setzen sollte (im Einzelnen und mit vielen konkreten Vorschlägen s. Reifenhäuser/ Reifenhäuser 2013; vgl. auch Grunwald/ Steinbacher 2009, S. 624ff.):

- **Rekrutierung und Bindung von ehrenamtlichen Mitarbeitern:** Zur Rekrutierung von ehrenamtlichen Mitarbeitern bedarf es genauerer Vorstellungen, in welchen Bereichen der Organisation Ehrenamtliche in welcher Weise produktiv mitwirken können und wie sie dabei einen angemessenen und akzeptierten Status innerhalb der Organisation erhalten können. Die Bindung von freiwillig Tätigen Mitarbeitern erfordert zum einen Formen der Anerkennung, durch die die freiwillig Tätigen ihr Engagement als von der Organisation positiv bewertet empfinden, und zum anderen das Eröffnen von Handlungsfeldern, in denen sie ihre persönliche Motivlage aufgehoben sehen.

- **Qualifizierung und Begleitung:** Ehrenamtliche müssen entsprechend ihren Fähigkeiten eingesetzt werden. Sie müssen in ihre Tätigkeiten in einer für ihre Tätigkeit und ihren Status angemessenen Weise eingearbeitet sowie fachlich begleitet und unterstützt werden. Dies schließt Überlegungen zur qualifizierenden Fortbildung ein, sowohl für adressatenbezogene Tätigkeiten (z.B. Kurse in Gesprächsführung o.Ä.) als auch Tätigkeiten in Leitungs- oder Aufsichtsgremien (Langnickel/ Gabler o.J.).[38]

---

38 Ob mit Fortbildungen das elementare Strukturproblem einer ehrenamtlichen, formal verantwortlichen Führung, also einer „Laien-Leitung“, für sachlich komplexe, hauptberuflich zu erledigende Managementaufgaben zu lösen ist, muss als fraglich angesehen werden. Die von Langnickel/ Gabler formulierten Vorschläge zur Qualifizierung ehrenamtlicher Leitungsgremien sind notwendig umzusetzen, aber das Strukturproblem ist damit nicht gelöst: Der notwendige Wissens- und Professionalitätsvorsprung der hauptberuflich Tätigen bringt ehrenamtliche Kontrollgremien meist in eine Situation, bei der ein kontrollierender Gegenpart kaum wirkungsvoll eingenommen werden kann, es sei denn, der formal „Ehrenamtliche“ bringt so viel an zeitlichem Engagement, an eigener beruflich bedingter Professionalität und an persönlicher Unabhängigkeit mit, dass er seinen formalen Ehrenamtlichenstatus überwindet und sich inhaltlich den hauptberuflich Tätigen annähert. Die Widersprüchlichkeit, einerseits Ehrenamtliche in Leitungsgremien von Organisationen einbinden zu wollen, und andererseits ein effektives hauptberuflich zu erbringendes Management gewährleisten zu müssen, ist schwer zu bewältigen (vgl. Merchel 2008, S. 148ff.). Eine Lösungsversuch besteht darin, die Funktion einer hauptamtlichen Geschäftsführung zu stärken im Rahmen einer (g)GmbH; ob damit eine tragfähige Lösung geschaffen wird und unter welchen Umständen dies der Fall sein kann, kann man kontrovers diskutieren. Das Problem kann hier nur erwähnt werden; eine Erörterung und kritische Bewertung der praktischen Versuche, mit dieser Widersprüchlichkeit umzugehen, können im Rahmen eines einführenden Lehrbuchs nicht geleistet werden.

- **Koordination und Klärung möglicher Konflikte mit beruflich tätigen Mitarbeitern:** Aufgrund der unterschiedlichen Sichtweisen auf das Handlungsfeld, die Adressaten und die Organisation sowie aufgrund des unterschiedlichen Status muss zum einen das Miteinander von beruflich und ehrenamtlich Tätigen aufeinander abgestimmt und transparent koordiniert werden. Zum anderen ist immer damit zu rechnen, dass durch die Unterschiedlichkeit der Akteure und durch deren unterschiedliche Eingebundenheit und Verantwortung in der Organisation Konflikte auftreten, die sorgsam wahrzunehmen und so zu klären sind, dass trotz bestehender Unterschiede ein im Grundsatz kooperatives Miteinander möglich wird und beide Mitarbeitergruppen ihre jeweiligen Tätigkeiten entsprechend ihren Sichtweisen kompetent und motiviert realisieren können.

Je nach Umfang der über Ehrenamtlichkeit realisierten Ressourcen und Leistungsangebote kann es hilfreich sein, wenn für das „Personalmanagement" im Bereich der freiwillig Tätigen eine spezifische Zuständigkeit in der Organisation geschaffen wird: dass also eine Person oder einige wenige Personen für das „Freiwilligenmanagement" als zuständig definiert werden und dass diese Zuständigkeit mit transparenten Aufgaben und Verfahrensabläufen verknüpft wird.

7.4 Handlungsfelder des Personalmanagements

Der Begriff „Personalmanagement" umfasst die Gesamtheit der auf die Mitarbeiter einer Organisation bezogenen Steuerungsaktivitäten. Die Aufgaben des Personalmanagements sind zum einen die Definition des für die Zielerreichung der Organisation erforderlichen Personals in quantitativer und qualitativer Hinsicht sowie zum anderen die Gewinnung, die Entwicklung und die Bindung der entsprechenden Mitarbeiter. Das Personalmanagement zielt gleichermaßen auf das Verhalten der Mitarbeiter („Verhaltenssteuerung") wie auf Entscheidungen, die mit einer mitarbeiterbezogenen Steuerungsabsicht strukturell in der Organisation verankert werden („Systemgestaltung"; z. B. Qualifikationsrahmen, Entlohnungssysteme, Muster der Einarbeitung etc.) (vgl. Hölzle 2006, S. 17 ff.). Das Personalmanagement ist verknüpft mit den anderen Bereichen des Managements: z. B. über die Personalbedarfs- und Personalkostenplanung mit der ökonomischen Steuerung; über Modalitäten der Teamzusammensetzung, der Leitung oder der Organisationsentwicklung mit der organisationsbezogenen Steuerung; über die Bewertung des qualitativen Gehalts der Arbeit mit der fachlichen Steuerung etc. Aber die Konzentration auf die Personen bzw. Mitarbeiter und deren Dispositionen und Qualifikationen macht die spezifische Steuerungsrichtung aus, die dem Personalmanagement eine eigene Aufmerksamkeit und eine eigene Bedeutung innerhalb des Managements verleiht. Personalmanagement sollte strategisch ausgerichtet sein, indem es eingebettet wird in eine umfassende Managementstrategie der Organisation.

Die verschiedenen Anforderungen des Personalmanagements lassen sich bündeln in zwei Säulen: „Management des Personalbedarfs" und „Personalentwicklung". In beiden Säulen bedarf es der „Personalbeurteilung". Diese Handlungsbereiche des Personalmanagement lassen sich jedoch nur dann produktiv bearbeiten, wenn in der Organisation eine Vorstellung darüber erarbeitet worden ist, welche Kompetenzen benötigt werden, damit Mitarbeiter in verschiedenen Funktionen und Aufgabenbereichen die an sie gerichteten Arbeitsanforderungen gut realisieren können. Die Basis für ein erfolgversprechendes Personalmanagement wird somit durch die Erarbeitung differenzierter Kompetenzprofile für die verschiedenen Aufgaben- und Funktionsbereiche in der Organisation gelegt. *(Schaubild 7.1)*

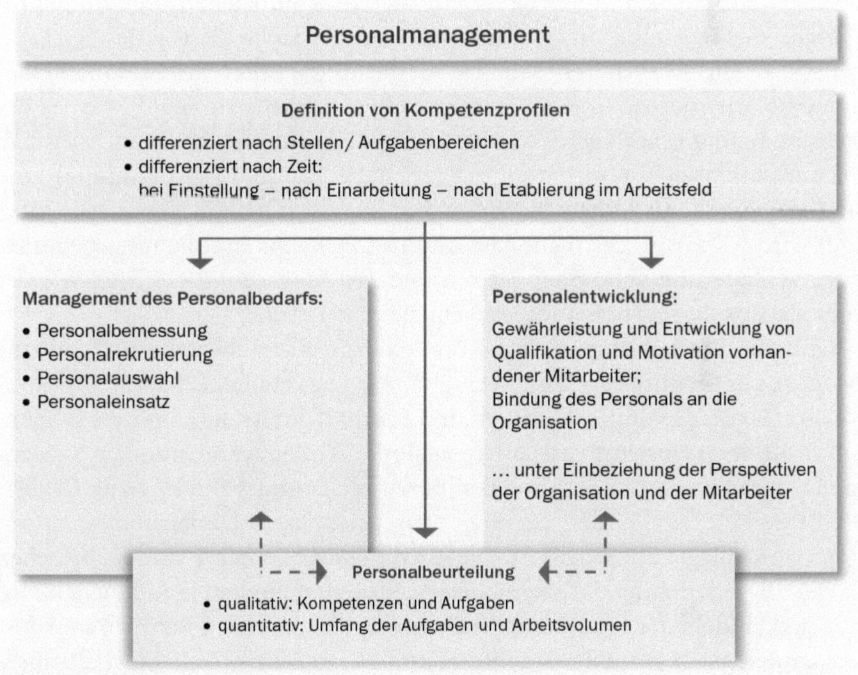

Schaubild 7.1: Handlungsbereiche des Personalmanagements

Den Ausgangspunkt für alle Aktivitäten des Personalmanagements bildet die Vorstellung darüber, welche Kompetenzen für die verschiedenen Arbeitsbereiche und Personalstellen in einer Organisation erforderlich sind, damit die Mitarbeiter die an sie gerichteten Aufgaben gut erfüllen können. Die Grundlage für alle Aktivitäten des Personalmanagements liegt also in der Erarbeitung von **Kompetenzprofilen für die Arbeit bzw. für die unterschiedlichen Personalstellen und Funktionen (Mitarbeiterfunktionen; Leitungsfunktionen) in einer Organisation**. Man kann keine angemessene Personalauswahl, keine Personalentwicklung, keine Personalbeurteilung betreiben, wenn in einer Organisation keine Klarheit darüber herrscht, welche Kompetenzen die Mitarbeiter in verschiedenen Arbeitsbereichen benötigen. Da man davon ausgehen muss, dass Mitarbeiter allmählich in eine Organisation hineinwachsen und sich unterschiedliche Kompetenzen im Laufe ihrer Berufstätigkeit erwerben, sollte ein Kompetenzprofil differenzieren zwischen Kompetenzen, die die Organisation von neu eingestellten Mitarbeitern (Basiskompetenzen), von Fachkräften nach einer Phase der Einarbeitung (ca. 6–8 Monate) und von Fachkräften nach einer Arbeitsdauer von ca. 1,5 Jahren (nach einer gewissen Etablierung im Arbeitsfeld) erwartet bzw. erwarten kann/muss (beispielhaft am Handlungsfeld Jugendamt/ ASD s. Pamme/ Merchel 2014, S. 47 ff.). Solche differenzierten Kompetenzprofile sollten innerhalb der Organisation kommuniziert sein; es sollte als Teil des „Organisationswissens" transparent sein. Damit die für die Praxis des Personalmanagements orientierenden Kompetenzprofile entstehen können, bedarf es der Verständigung innerhalb der Organisation, was die wesentlichen Aufgaben (Organisationsziele und darauf ausgerichtete Handlungsprogramme) sind und was eine gute Aufgabenerfüllung ausmacht (Qualitätskriterien). Auch hier wird wiederum deutlich, dass und in welcher Weise die mitarbeiterbezogene Steuerung verkoppelt ist mit anderen Steuerungsbereichen wie der organisationsbezogenen und der fachlichen Steuerung.

Für die Erarbeitung solcher Kompetenzprofile stehen unterschiedliche Modelle zur Orientierung zur Verfügung. So fasst Heiner (2010, S. 56) Kompetenz als das Zusammenspiel von drei Faktoren: Wissen (kognitive Dimension), Können (instrumentelle Dimension), Wollen (motivationale Dimension) – jeweils verbunden mit der Bereitschaft und Fähigkeit zur (Selbst-)Reflexion und verbunden mit einer werteorientierten Dimension („Haltungen"; von Spiegel 2013, S. 88 f.). Diese Kompetenzelemente sind zu beziehen (a) auf die Erledigung der sachlichen Aufgaben in einem Handlungsfeld, (b) auf das Handeln der Mitarbeiter in einem organisationalen Rahmen und dessen Umfeld und (c) auf die Beachtung und Pflege der persönlichen Leistungsfähigkeit (die eigene Person als „Handlungsinstrument" in der Sozialen Arbeit) (Heiner 2010, S. 62 ff.). Eine Orientierung an solchen Kategorien kann helfen, die Debatte um Kompetenzprofile in Organisationen als Grundlage für Personalmanagement zu strukturieren.

Das **„Management des Personalbedarfs"** richtet sich auf die Analyse des vorhandenen Personalbestandes, auf die Definition des für die Aufgabenbewältigung und für die Zielerreichung der Organisation erforderlichen Personals und auf den Abgleich zwischen dem vorhandenen und für notwendig erachteten Personalbestand (Personalbemessung), auf die Gewinnung von Mitarbeitern (Personalbeschaffung) sowie auf den zeitlich und sachlich angemessenen Einsatz von Mitarbeitern (Personaleinsatz). Die Personalauswahl und der zeitliche und sachliche Personaleinsatz reichen in das Feld der Personalentwicklung hinein und markieren einen Übergang zwischen den beiden Feldern. Bei der Steuerung des Personalbedarfs werden nicht nur quantitative Größenordnungen (Umfang der Aufgaben und des Arbeitsvolumens), sondern auch qualitative Kriterien (Qualifikation) zugrunde gelegt.

Für die Personalbemessung können für einige Organisationen relativ eindeutige Maßstäbe herangezogen werden: die in gesetzlichen Bestimmungen oder in Förderungsbedingungen enthaltenen oder die in Rahmenverträgen für Leistungs- und Entgeltvereinbarungen niedergelegten Personalschlüssel. Für andere Arbeitsbereiche, in denen solche eindeutigen Maßstäbe nicht existieren, müssen Verfahren entwickelt und angewendet werden, mit deren Hilfe in systematischer Weise der Bedarf an Personal berechnet und der Aufgabenentwicklung kontinuierlich angepasst werden kann. Solche Personalbemessungsverfahren können unterschiedlich komplex angelegt sein: von einer relativ simpel erscheinenden Zuordnung einer bestimmten Anzahl von Fällen (Richtwerte), die man für eine Fachkraft als bearbeitbar erachtet (wobei die Schwierigkeit häufig in der Definition von „Fall" liegt: ab wann ist ein „Fall" ein „Fall"?) bis hin zu komplexen zeitbasierten Bemessungsverfahren (am Beispiel des Jugendamtes/ ASD s. Khalaf 2012).

Wenn Organisationen in Arbeitsfeldern tätig sind, in denen ein akuter Fachkräftemangel herrscht oder ein solcher droht, sollte es Teil des Personalmanagements sein, Strategien zur gezielten Personalrekrutierung zu entwickeln und umzusetzen. Dazu gehört neben der Gestaltung äußerer attraktiver Arbeitsbedingungen (angemessenes Gehalt, längerfristige oder unbefristete Arbeitsverträge, transparente Stellenanforderungen, evtl. Möglichkeiten zur begrenzten Individuellen Arbeitszeitgestaltung) auch die strukturierte Kooperation mit Ausbildungsinstitutionen (Hochschulen, Fachschulen etc.), um bereits während der Ausbildungen Personen für das jeweilige Arbeitsfeld und für die jeweilige Organisation zu interessieren.

Die **„Personalentwicklung"** nimmt die vorhandenen Mitarbeiter mit ihren Motivationen und Qualifikationen in Bezug auf deren Aufgaben in den Blick. Personalentwicklung ist traditionell derjenige Teilbereich des Personalmanagements, der sich vor allem auf die Qualifikationen der in der Organisation tätigen Mitarbeiter bezieht: die Erkundung des Qualifikationspotentials der Mitarbeiter, den Abgleich zwischen notwendiger und vorhandener

Qualifikation sowie die Entwicklungsmaßnahmen zur besseren Ausrichtung der Qualifikationen an den Erfordernissen der Organisation – wobei hier Qualifikation umfassend zu verstehen ist: Kenntnisse, Fähigkeiten und Einstellungen/ Haltungen sowie die zugrunde liegende Motivation und Handlungsbereitschaft der Mitarbeiter. Über diese anpassungsorientierte Ausrichtung hinaus sollte Personalentwicklung – entsprechend der in *Kapitel 7.2* markierten Konzipierung von Personalmanagement – auch den Qualifizierungs- und Gestaltungsbedürfnissen der Mitarbeiter Rechnung tragen. Personalentwicklung hat also auch einen Ausgleich von Organisationszielen und Individualzielen im Blick. Vor diesem Hintergrund lässt sich Personalentwicklung definieren als „die systematische und erfolgsorientierte Förderung der Anlagen und Fähigkeiten der Mitarbeitenden in aktiver Abstimmung mit ihren eigenen beruflichen Erwartungen, mit den Erfordernissen der Arbeitsaufgaben und mit den Geschäftszielen des Unternehmens" bzw. mit den Organisationszielen der Einrichtung (Schöni, zit. nach Hölzle 2006, S. 64). Maßnahmen der Personalentwicklung führen im erfolgreichen Fall zu einer inneren Bindung der Mitarbeiter an die Organisation – ein Effekt, der zum einen für die Verarbeitung des strukturell angelegten Spannungsverhältnisses zwischen Individuum und Organisation bedeutsam ist (→ *Kap. 4.2.4*) und der zum anderen insbesondere in solchen Arbeitsfeldern erstrebenswert erscheint, in denen es schwierig wird, frei gewordene Stellen adäquat zu besetzen.

Die Verfahren und Instrumente der Personalentwicklung sind vielfältig (vgl. Hölzle 2006; Friedrich 2010, S. 81 ff.; für das Jugendamt/ den ASD Pamme 2012 und umfassend Pamme/ Merchel 2014)[39]. Als die wichtigsten Elemente der Personalentwicklung lassen sich festhalten:

- **Personalauswahl:** Dabei geht es um Modalitäten und Verfahrensweisen, bei der sowohl die Eignung von Bewerbern als auch die Erwartungen/ Anforderungen von Bewerbern im Hinblick auf die Organisation und auf ihren möglichen Arbeitsplatz besser und ge-

39 Die bei Pamme/ Merchel 2014 enthaltenen Arbeitshilfen für die zentralen Aufgaben im Rahmen der Personalentwicklung geben auch Orientierungen für andere Handlungsfelder und lassen sich ggf. als anzupassende Vorlagen für einen Transfer auf andere Handlungsfelder der Sozialen Arbeit verwenden. Da alle Instrumente der Personalentwicklung jeweils auf die spezifischen Anforderungen und Bedingungen eines Handlungsfeldes sowie auf die spezifischen Konstellationen in einer Organisation abgestimmt sein müssen, damit sie von den Organisationsakteuren als „treffend" akzeptiert werden können, wird immer eine differenzierende Transfer-Reflexion erforderlich sein. Die zitierten Arbeitshilfen können hier anregen und die Transfer-Reflexionen dadurch erleichtern, dass sie Richtungen markieren.

nauer erkundet werden. Eine sorgfältige Personalauswahl ist erforderlich, um die „Trefferquote" hinsichtlich der „richtigen Mitarbeiter" für den jeweiligen Arbeitsplatz zu erhöhen und damit dem Aufwand bei möglichen Neuausschreibungen infolge einer verfehlten ersten Personalauswahl zu entgehen; ferner kann durch eine qualifizierte Personalauswahl eine für die Aufgabenbewältigung problematische Personalfluktuation begrenzt bzw. reduziert werden.

- **Einarbeitung von neuem Personal:** Eine sorgfältige und strukturierte Einarbeitung neuer Mitarbeiter verbessert die Kompetenz und das schnellere Hineinwachsen dieser Mitarbeiter in das jeweilige Arbeitsfeld und in die spezifischen Arbeitsweisen und Handlungsbedingungen einer Organisation. Eine qualifizierte und verlässlich organisierte Einarbeitung wirkt somit qualitätsfördernd für die Arbeit, ermöglicht dem neuen Mitarbeiter eine Orientierung in der Organisation und schafft dadurch eine verbesserte Grundlage für eine Bindung der neuen Fachkraft an die Organisation. Dass im Rahmen der Einarbeitung auch das von den neuen Mitarbeitern ausgehende Irritationspotential für das Organisationslernen genutzt werden kann und soll, ist bereits in *Kapitel 4.3* erwähnt worden.

- **Steuerung von Fort- und Weiterbildung:** Fort- und Weiterbildung nimmt zum einen die individuellen Fortbildungsbedürfnisse der einzelnen Mitarbeiter auf. Zum anderen ist die Organisation gefordert, die Fort- und Weiterbildung der Mitarbeiter aktiv zu steuern. Eine Steuerungsanforderung an die Organisation betrifft die Definition des Fortbildungsbedarfs: Dieser sollte sich auch danach richten, was die Organisation an Entwicklungszielen verfolgt und welche Qualifikationen bei den Mitarbeitern die Organisation daher benötigt. Fort- und Weiterbildung ist somit auch als Teil der strategischen und operativen Ausrichtung der Organisation zu verstehen. Eine weitere, von der Organisation zu beachtende Steuerungsanforderung liegt im Transfer des in der Fortbildung Gelernten in die Alltagspraxis der Organisation. Denn ein solcher Transfer stellt sich nicht von selbst her. Vielmehr ist von einer markanten Differenz zwischen Fortbildungssituation und Fortbildungsinhalten einerseits und den Alltagsanforderungen andererseits auszugehen – eine Differenz, die sich darin auswirkt, dass Fortbildungserkenntnisse sich häufig am Alltag der Organisation und der zu bewältigenden Aufgaben stoßen und Transferbemühungen dann im Alltag verpuffen. Für einen möglichst weitgehenden und gelingenden Transfer bedarf es daher gezielter Impulse, die im Schnittpunkt von mitarbeiterbezogener Steuerung, fachlicher Steuerung und organisationsbezogener Steuerung angesiedelt sind.

- **Gestaltung von Mitarbeiterentwicklungsgesprächen:** Mitarbeiterentwicklungsgespräche sind ein zentraler Ort, an dem viele unterschiedliche Aspekte der Personalentwicklung zusammenlaufen: Dort werden individuelle Belastungen thematisierbar, es können Probleme und Verbesserungsmöglichkeiten in den Arbeitsabläufen erörtert werden, Potenziale und Defizite in der Qualifikation sowie Entwicklungsbedürfnisse von Mitarbeitern können besprochen werden und vieles andere mehr. Damit solche Mitarbeiterentwicklungsgespräche nicht zur unproduktiven Routine werden (weil sie seit vielen Jahren immer wieder propagiert werden und man sich dem „irgendwie" anpassen zu müssen glaubt oder nach dem Motto: „Die oberste Leitung fordert es jetzt von uns, also müssen wir das mal schnell machen, dann haben wir es hinter uns ...."), bedarf es zum einen der Sensibilisierung für den Sinn solcher Gespräche, zum zweiten einer Gesprächsmethodik, die diesen Sinn zu realisieren vermag, sowie zum dritten einer spezifischen Ausrichtung auf die Gegebenheiten und Aufgaben in der jeweiligen Organisation, damit die Beteiligten sich und ihre Arbeit angemessen in den Gesprächsthemen und im Gesprächsverlauf wiederfinden können (vgl. dazu auch Nagel/ Oswald/ Wimmer 1999).

- Da in der Sozialen Arbeit viele Handlungsfelder mit nicht unerheblichen Potentialen zur psychischen und sozialen Belastung der Mitarbeiter behaftet sind, sollten **Einschätzungen zum Belastungspotential sowie Instrumente/ Verfahren zur kontinuierlichen Beobachtung (individueller und organisationaler) Belastungsentwicklungen** als Teil des Personalmanagements erarbeitet und praktiziert werden. In Arbeitsfeldern, die aufgrund ihrer Aufgabenstruktur hohe Belastungspotentiale für die dort Tätigen enthalten (Beispiel: Merchel 2012b; Petry 2013), erfordert eine solche hohe strukturelle Belastungsanfälligkeit Mechanismen der kontinuierlichen Beobachtung hinsichtlich der Belastungsentwicklung, um frühzeitig Maßnahmen zur Aufrechterhaltung der Arbeitskraft der betroffenen Mitarbeiter initiieren zu können. Insofern können die Beobachtung der Dynamik von Arbeitsbelastung und der bewusste Umgang mit dieser Dynamik als Teil eines betrieblichen

Gesundheitsmanagements angesehen werden. Das betriebliche Gesundheitsmanagement ist zwar konzeptionell breiter angelegt ist (s. Wienemann 2012), aber mit dem Fokus auf Arbeitsbelastung reicht es auch in die mitarbeiterbezogene Steuerung hinein.

Neben den Kompetenzprofilen bilden Vorgänge der **Personalbeurteilung** eine weitere Grundlage sowohl für das Management des Personalbedarfs als auch für die Personalentwicklung. Beim Management des Personalbedarfs sind Bewertungen hinsichtlich des vorhandenen Personalbestands, hinsichtlich der Eignung von Mitarbeitern zur Bewältigung bestimmter Aufgaben im Rahmen des Personaleinsatzes, zur Qualifikation von Bewerbern im Rahmen der Personalbeschaffung etc. erforderlich. Auch für Maßnahmen der Personalentwicklung bildet irgendeine Art von Personalbeurteilung immer die Grundlage. Beurteilungen dienen als Planungsgrundlage für Fort- und Weiterbildungen sowohl im Hinblick auf Individuen als auch im Hinblick auf Gruppen/ Teams. Durch Beobachtung von Leistungen und arbeitsbezogenen Verhaltensweisen verschafft sich die Leitung Bilder von den Stärken und Schwächen einzelner Mitarbeiter und/ oder eines Teams, wertet diese aus im Hinblick auf mögliche oder anzustrebende Entwicklungsperspektiven und gestaltet auf dieser Grundlage die Beurteilungs- und Personalentwicklungsgespräche mit den Mitarbeitern. Die Sichtweisen und Vorstellungen der Leitungsperson und des jeweiligen Mitarbeiters bilden die Basis zur Verabredung von Personalentwicklungsmaßnahmen. Man kann die Formen der Personalbeurteilung verschiedenartig gestalten (hierarchisch oder gegenseitig rückkoppelnd, in einem einseitig proklamierenden oder in einem beteiligungsorientierten Gesprächsstil, in offenen Einzelgesprächen oder in eher verdeckten Hinweisen im Rahmen von Teamgesprächen etc.), aber die Notwendigkeit der Personalbeurteilung als eine Funktion und eine Grundlage von Personalmanagement ist nicht zu umgehen.

Übungs- und Reflexionsaufgaben

1. Begründen Sie, warum dem Faktor „Personal“ eine hervorgehobene Bedeutung bei der Erbringung sozialer Dienstleistungen zukommt, und konkretisieren Sie diese Begründungen mit konkreten Beispielen aus Organisationen der Sozialen Arbeit!
   Benennen Sie weitere Gründe, die für ein gut konzipiertes Personalmanagement in Organisationen der Sozialen Arbeit sprechen!
2. Dem Personalmanagement wird häufig die Funktion eines „Zulieferbetriebs“ zugesprochen, der die Organisation mit den erforderlichen Qualifikationen, Kompetenzen und Motivationen versorgen soll. Warum ist diese Sichtweise verkürzt, und worin besteht die Alternative zu einer solchen Sichtweise?
3. Warum können Personalmanagement-Konzepte, die auf hauptberuflich tätige Mitarbeiter zielen, nicht ohne weiteres auf Ehrenamtliche übertragen werden? Was ist beim Personalmanagement im Bereich der ehrenamtlich Tätigen spezifisch zu beachten? In welchen Bereichen sollte das Personalmanagement bei Ehrenamtlichen Akzente setzen, und in welcher Weise sollte dies geschehen?
4. Warum bilden das Erarbeiten von differenzierten Kompetenzprofilen und deren transparente Kommunikation in einer Organisation die Grundlage für ein effektives Personalmanagement?
5. Welche Aufgaben des Personalmanagements sind in den beiden „Säulen“ des Personalmanagements jeweils zusammengefasst: dem „Management des Personalbedarfs“ und der „Personalentwicklung“?

Zum vertiefenden Weiterlesen

Grunwald. K./ Steinbacher, E. (2009): Ehrenamt und Freiwilliges Engagement. In: Arnold, U./ Maelicke, B. (Hrsg.), Lehrbuch der Sozialwirtschaft. 3. Aufl. Baden-Baden (Nomos-Verlag), S. 614-640

Hölzle, Ch. (2006): Personalmanagement in Einrichtungen der Sozialen Arbeit. Grundlagen und Instrumente. Weinheim/ München (Juventa-Verlag)

Pamme, H./ Merchel, J. (2014): Personalentwicklung im Allgemeinen Sozialen Dienst (ASD). Konzeptionelle Herangehensweisen und Arbeitshilfen. Berlin (Verlag des Deutschen Vereins für öffentliche und private Fürsorge)

Reifenhäuser, C./ Reifenhäuser, O. (Hrsg.) (2013): Praxishandbuch Freiwilligenmanagement. Weinheim/ Basel (Verlag Beltz Juventa)

Kapitel 8
Gestaltung der Bezüge einer Organisation zu ihrer Umwelt

■ Organisationen der Sozialen Arbeit stehen in einem Austauschverhältnis zu ihrer Umwelt. Sie müssen daher die Entwicklungen in der für sie relevanten Umwelt kontinuierlich beobachten und die Bezüge zu ihrer Umwelt aktiv gestalten. Jede Organisatin hat ihre eigene spezifische Umwelt; sie konstruiert sich Umwelt, indem sie entscheidet, welche Ereignisse /Vorgänge außerhalb der Organisationsgrenzen sie für relevant hält und welche sie unbeobachtet lassen will. In die Konstruktion der Umwelt werden drei Ebenen einbezogen: die gesellschaftlichen Rahmenbedingungen (Recht, Politik, symbolische Normwelt), in Austausch stehende andere Organisationen, reale und potentielle Leistungsadressaten. Alle Organisationsmitglieder sind funktional an der Gestaltung der Bezüge einer Organisation zu ihrer Umwelt beteiligt.
Angesichts der Abhängigkeit der Organisationen Sozialer Arbeit von sozialpolitischen Konstellationen und Entscheidungen müssen Managementakteure Strategien zur aktiven Beeinflussung der sozialpolitischen Rahmenbedingungen entwickeln: überregional über Wohlfahrtsverbände und Fachverbände, regional insbesondere über kommunale Gremien und über Mitwirkung bei der kommunalen Infrastrukturplanung.
Gelingende Kooperation mit anderen Organisationen ergibt sich nicht von selbst, sondern muss durch aktives und reflektiertes Managementhandeln hergestellt werden. Zwischen Organisationen, die eine je eigene Organisationslogik aufgebaut haben, bestehen strukturell bedingte Kommunikationshindernisse, die möglicherweise durch Konkurrenzen verstärkt werden. Zum Gelingen von interorganisationalen Kooperationsbezügen bedarf es des Bemühens um Anschlussfähigkeit der Kommunikationen, der personellen Kontinuität, der bewussten Ankoppelung der interorganisationalen Kommunikation an die eigene Organisation sowie der Beobachtung und Bearbeitung von Loyalitätskonflikten.
„Marketing" bezeichnet die Gestaltung der Umweltbezüge einer Organisation im Hinblick auf den Leistungsaustausch. Darin sind zwei Richtungen einbezogen: die Ausrichtung der Leistungen an den Anforderungen der Umwelt (Hineinholen der „Kundenperspektive" in die Leistungsgestaltung) sowie die Präsentation der Organisation und ihrer Leistungen gegenüber der Umwelt. Mit Marketing soll der Faktor „Umwelt" gleichermaßen in der internen Leistungsgestaltung wie in der Außenpräsentation zur Geltung gebracht werden. Im Marketing muss das Paradox bewältigt werden, einerseits die Leistungen konsequent an „Kundenbedürfnissen" auszurichten und andererseits sich mit einem eigenen Profil gegenüber anderen Organisationen abzuset-

zen, eine „eigene Marke“ zu werden. Die Handlungsanforderungen im Marketing richten sich auf (a) Umweltanalyse, (b) Analyse der Stärken und Schwächen sowie der Wettbewerbsfähigkeit einer Organisation, (c) die Erarbeitung von Marketingstrategien unter Beachtung der „klassischen“ Bereiche der Leistung, der Gegenleistung, der Absatzwege und der Kommunikation.

An verschiedenen Stellen des Buches ist die Tatsache angesprochen worden, dass Organisationen der Sozialen Arbeit von den Konstellationen und Entwicklungen in ihrer Umwelt unmittelbar abhängig sind: nicht nur in der generellen Perspektive, dass alle Organisationen durch Abgabe ihrer Leistungen (Sachgüter, Dienstleistungen) an ihre Umwelt im Austausch die für ihre Existenz notwendigen Ressourcen aus dieser Umwelt erhalten (→ *Kap. 4.1*) und daher die in der Umwelt existenten Erwartungen nicht außer Acht lassen können (→ *Kap. 2.4.2.4*) – sondern spezifisch für Soziale Arbeit auch dadurch, dass die Leistungen, die Organisationen der Sozialen Arbeit erbringen, zu einem großen Anteil unmittelbar aufgrund von politischen Entscheidungen in ihren wesentlichen Rahmenbedingungen geprägt und finanziert werden, also staatliche und staatlich-administrative Instanzen aufgrund sozialpolitischer Entscheidungen unmittelbar in das Steuerungsgeschehen engreifen (→ *Kap. 3.2*). Einerseits sind Organisationen in ihrer Existenz abhängig von ihrer Umwelt. Andererseits befinden sie sich aber nicht in einem einseitigen Abhängigkeitsverhältnis zur Umwelt, sondern sie wirken mit ihren Handlungen auf die Umwelt zurück und gestalten diese aktiv mit. Abraham/ Büschges fassen die Bezüge zwischen Organisationen und ihrer Umwelt als Input-Output-Beziehungen: „Aus der Umwelt beziehen Organisationen ihre personellen, materiellen, finanziellen und ideellen oder symbolischen Ressourcen. An die Umwelt geben Organisationen ihre Organisationsleistungen ab, sofern sie diese ihren Zielen entsprechend nicht nur für das Organisationspersonal erbringen.“ (Abraham/ Büschges 2004, S. 242)

Dies erfordert von den Managementakteuren sowohl eine kontinuierliche Beobachtung von Umweltbedingungen und ihrer Dynamik mitsamt einer Auswertung dieser Entwicklungen im Hinblick auf deren Bedeutung für die eigene Organisation als auch Aktivitäten, um im Rahmen der jeweiligen Möglichkeiten auf die für die Organisation relevanten sozialpolitischen Konstellationen Einfluss zu nehmen (→ *Kap. 8.2*). Ferner erbringen Organisationen Sozialer Arbeit ihre Leistungen nicht isoliert, sondern in der Regel eingebunden in einen Zusammenhang unterschiedlicher Organisationen: Sie müssen kooperieren mit Auftrag gebenden und administrativ zuständigen Organisationen (z. B. Jugendämter, Sozialadministration), mit anderen für die Leistungserstellung bedeutsamen Organisationen (z. B. Gerichte, Organisationen des Bildungswesens, Organisationen des Gesundheitswesens, Arbeitsagentur/ Jobcenter) und mit weiteren, in der Lebenswelt der Adressaten relevanten Organisationen (z.B. Betriebe, Sportvereine etc.). Die interorganisationalen Kooperationen erfolgen sowohl einzelfallbezogen und in Kontakten mit einzelnen Organisationen als auch in organisationsübergreifenden Kontexten (Gremien, Arbeitsgemeinschaften). Solche Kooperationen erfolgen nicht automatisch in einer produktiven Weise, sondern dazu bedarf es einer entsprechenden Gestaltungskompetenz (→ *Kap. 8.3*). Gegenüber ihrer Umwelt müssen Organisationen Sozialer Arbeit sich und ihre Leistungen in doppelter Weise als offen erweisen und nach außen präsentieren: Sie müssen sich in ihrer Leistungsgestaltung an den Anforderungen der wichtigsten, für sie relevanten Interessenträger ausrichten, und sie müssen ihr Leistungsprofil gegenüber ihrer Umwelt adäquat kommunizieren. Sie müssen also „Marketing" betreiben – ein Marketing, das nicht kurzschlüssig mit „Werbung" gleichzusetzen ist, sondern auf einen bewusst gestalteten Leistungsaustausch mit der Umwelt zielt, der der Organisation eine Ressourcenzufuhr und damit ein Überleben in dieser Umwelt ermöglicht (→ *Kap. 8.4*). Bevor man sich jedoch mit den verschiedenen, auf die Umwelt ausgerichteten Managementanforderungen beschäftigt, sollte Klarheit darüber geschaffen werden, was sich hinter dem Begriff „Umwelt" verbirgt, was also die Umwelt einer Organisation ausmacht, denn nicht alles, was außerhalb der Organisationsgrenzen einer Organisation abspielt, ist auch gleichzusetzen mit der „Umwelt" einer Organisation (→ *Kap. 8.1*).

8.1 Was macht die „Umwelt" einer Organisation aus?

Der Begriff „Umwelt" ist zunächst zu fassen als ein allgemeiner Sammelbegriff für solche Vorgänge, Ereignisse, Institutionen und Personen, die sich außerhalb der Organisationsgrenzen befinden oder ereignen und die für die Organisation deshalb eine Relevanz erhalten, weil sie sich in irgendeiner Weise auf die inneren Vorgänge in Organisationen auswirken und daher in die strategische Organisationsgestaltung einbezogen werden müssen. Mit dieser Festlegung ist bereits ein Austauschverhältnis impliziert: Nicht alles, was außerhalb der Organisationsgrenzen geschieht, stellt sich für die Organisation als relevante „Umwelt" dar. Vielmehr erhält nur derjenige Teil dieser Geschehnisse eine „Umweltrelevanz" für eine Organisation, der in irgendeiner Weise das Austauschverhältnis zwischen der Organisation und der sie umgebenden Welt anspricht.

Damit dürfte deutlich sein, dass man nicht generell von *der* Umwelt sprechen kann, der Organisationen der Sozialen Arbeit ausgesetzt sind, als sei die Umwelt für die verschiedenen Organisationen im Grundsatz gleich strukturiert. Vielmehr findet jede Organisation eine spezifische Umwelt vor, und sie gestaltet ihre Umwelt in spezifischer Weise mit und schafft sie sich sogar partiell selbst. **Jede Organisation hat ihre jeweils eigene und spezifische Umwelt. Und: Jede Organisation konstruiert sich ihre Umwelt.** Denn die Organisation entscheidet, was sie zu der für sie relevanten Umwelt zählt und welche Vorgänge und Ereignisse aus ihrer „Umgebung" sie unbeachtet lassen und nicht zu ihrer Umwelt rechnen will. Dementsprechend muss jede Organisation

- die spezifische Konstellationen „ihrer" Umwelt analysieren,
- die entsprechenden Einflussfaktoren und Aufträge betrachten und daraus
- Schlussfolgerungen für die eigene Leistungserbringung ziehen und
- Strategien zur Einflussnahme auf „ihre" Umwelt entwerfen.

Die als Umwelt einer Organisation wahrgenommenen Prozesse, Ereignisse, Bezüge und Gegebenheiten lassen sich in drei Ebenen ausdifferenzieren (Puch 1994, S. 181):

- die Ebene der gesellschaftlichen Rahmenbedingungen,
- die Ebene der in Austausch stehenden Organisationen (Interorganisationsbeziehungen) und
- die Ebene der realen und potentiellen Leistungsadressaten. (s. *Schaubild 8.1*)

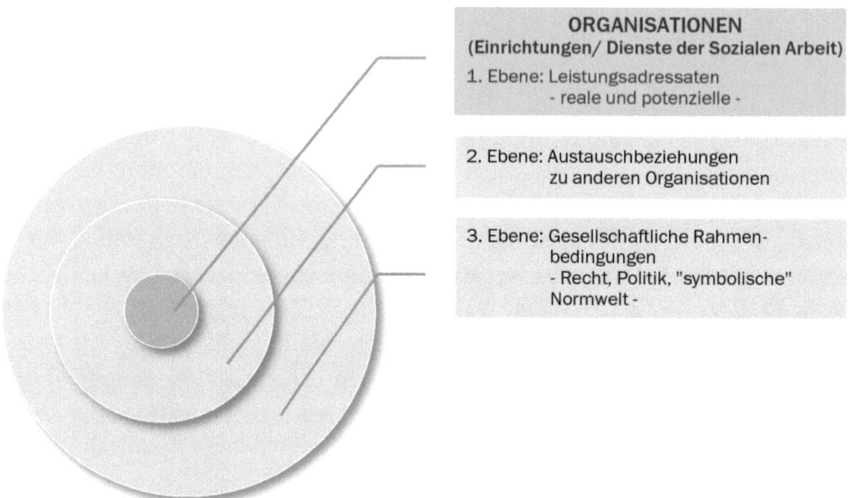

Schaubild 8.1: Drei Ebenen der Umwelt einer Organisation

Die **Ebene der gesellschaftlichen Rahmenbedingungen** als Teil der Umwelt von Organisationen zeigt sich in den für die Organisation relevanten gesetzlichen Bestimmungen, in den Verfahren und Ergebnissen der politischen Entscheidungskontexte sowie in den schwer zu fassenden Faktorenbündeln, das man als den „symbolischen Teil“ der gesellschaftlichen Rahmenbedingungen bezeichnen kann (vgl. Abraham/ Büschges 2014, S. 242ff.): soziokulturell bedeutsame Werte und Normen (z.B. die Norm sozialer Gerechtigkeit, Leitideen über den angemessenen Umgang mit einzelnen Adressatengruppen Sozialer Arbeit), Wertbestände relevanter Interessengruppen, der geteilte Bestand an für die Organisation relevantem Handlungswissen und Legitimationswissen, Tendenzen der öffentlichen Meinung. Der für eine Organisation bedeutsame Teil der gesetzlichen Bestimmungen lässt sich noch relativ gut bestimmen. Auch die organisationsrelevanten formellen und informellen Formen und Kontexte, in denen politische Entscheidungen herbeigeführt werden, können analytisch einigermaßen verlässlich rekonstruiert werden. Anders verhält es sich dagegen bei dem Versuch, den „symbolischen Teil“ der gesellschaftlichen Rahmenbedingungen als Element der Organisationsumwelt genauer zu bestimmen. Dieser Teil tritt meist erst in besonderen Konfliktsituationen stärker in das Bewusstsein. Man erkennt die Bedeutung und spezifische Beschaffenheit dieses symbolischen Teils der Umwelt dann, wenn beispielsweise öffentlich über vermeintliche „Kunstfehler“ in einer Organisation debattiert wird oder wenn über „menschenunwürdige Zustände“ in einer Organisation berichtet wird. Oder wenn angesichts der steigenden finanziellen Aufwendungen bei der Erziehungshilfe eine öffentliche Diskussion darüber geführt wird, ob eine „die Gesellschaft die Kosten aufwenden muss, um Kindern in schwierigen Lebenssituationen (oder: normabweichenden Kindern/ Jugendlichen) Chancengerechtigkeit zu verschaffen“ oder ob die Erziehungshilfe bewertet wird als „viel zu teuer für so wenig Kinder/ Jugendliche, dabei noch für solche, die gegen Regeln und Anforderungen verstoßen“. Der Verstoß gegen einen vermeintlichen Normbestand oder die Irritation bei solchen symbolhaften Aspekten und Themen in den gesellschaftlichen Rahmenbedingungen macht häufig erst deren Gehalt und deren Bedeutung deutlich sichtbar. So verweist etwa die Heftigkeit, mit der z.B. in der Öffentlichkeit über die sog. „Kinderkriminalität“ oder über besonders auffällige Jugendliche diskutiert und Maßnahmen der geschlossenen Unterbringung in der Heimerziehung gefordert werden, auf die normwahrenden und sanktionierungsbezogenen Erwartungen, die die Öffentlichkeit gegenüber der Heimerziehung hegt – ein Beispiel für die Relevanz dieses „symbolischen Teils“ der gesellschaftlichen Umwelt von Organisationen der Sozialen Arbeit.

Die **Ebene der Interorganisationsbeziehungen** dokumentiert sich in denjenigen Bezügen zu anderen Organisationen, die eine Organisation gewollt oder ungewollt und in unterschiedlicher Intensität eingeht und pflegt. Organisationsspezifische Austauschbeziehungen bestehen zu Organisationen, die im gleichen oder in einem ähnlichen Handlungsbereich tätig sind: andere

Organisationen der Sozialen Arbeit, mit denen man z. B. in Fachgremien (u. a. psychosoziale Arbeitsgemeinschaften, Arbeitsgemeinschaften nach § 78 SGB VIII) oder in regelmäßigen Einzelkontakten (z. B. Kooperationen zu einem Jugendamt oder Sozialamt) kooperiert. Ferner unterhält eine Organisation Austauschbeziehungen zu Organisationen, die in einem anderen Arbeitsbereich tätig sind, die aber bei der Realisierung von deren Organisationszielen Überschneidungen zum Organisationsziel der eigenen Organisation aufweisen (z. B. Polizei, Justizbehörden, Schulen, Arbeitsamt). Diese Kooperationsbezüge können mehr oder weniger formalisiert sein, und sie können mehr oder weniger intensiv und verlässlich ausgestaltet sein. Die Interorganisationsbezüge sind häufig sehr stark geprägt von den Beziehungen und Interaktionsstilen der jeweiligen Organisationsmitglieder zueinander. Personenbezogene Kontakte zu anderen Organisationen und zu Mitgliedern anderer Organisationen stellen für eine Organisation wichtige Handlungsoptionen zur Informationsgewinnung und zur Beeinflussung der organisationsrelevanten Umwelt dar. Insbesondere in der Sozialen Arbeit sind unter dem Begriff des „Netzwerks" Interorganisationsbeziehungen analysiert worden, und es sind Strategien entwickelt worden, diese Netzwerke sowohl für methodisches Handeln als auch für sozialpolitische Strategien einzusetzen (Bauer/ Otto 2005; Dahme/ Wohlfahrt 2000; Fischer/ Kosellek 2013; Schubert 2008).

Die Interorganisationsbeziehungen werden, wie bereits erwähnt, primär über Personen bzw. Organisationsmitglieder gestaltet. Eine Organisation benötigt für ihre Darstellung gegenüber der Umwelt und für die Verhandlungen mit anderen Organisationen glaubwürdige Personen, die ein Vertrauen in die Leistungsfähigkeit der Organisation herzustellen vermögen. Dieses Vertrauen der Umwelt in die Leistungsfähigkeit einer Organisation vollzieht sich zunächst über die entsprechenden Organisationsrepräsentanten, also über Personen. Für die Organisation ist es aber von großer Bedeutung, dass es gelingt, dieses personenbezogene Vertrauen zu transformieren in ein „Systemvertrauen", das die Umwelt der Organisation als System und nicht nur dem einzelnen Organisationsmitglied oder einem begrenzten Organisationssegment (z. B. einem Team) entgegenbringt: Das Vertrauen in die Person wird ersetzt durch das Vertrauen, dass die Organisation funktioniert und dass deren Funktionieren kalkulierbar ist (s. Hansbauer 1999, S. 89). So kann z. B. eine Einrichtung der Heimerziehung ihre Bezüge zu dem Umweltsegment „Jugendämter" nicht auf Dauer darauf gründen, dass Jugendämter die Einrichtung deswegen belegen, dass sie den Gruppenleitern X, Y und Z ein „gutes pädagogisches Händchen" zusprechen, und dass die Belegung daher auf die Zeit der Organisationsmitgliedschaft dieser Gruppenleiter gekoppelt wird. Die Einrichtung muss als Organisation ihre Leistungsfähigkeit in Interorganisationsbeziehungen glaubhaft vermitteln können, um auch bei einem Wechsel von Organisationsmitgliedern in ihrem Bestand nicht gefährdet zu werden. Das Vertrauen der Jugendämter in die pädagogischen Fähigkeiten bestimmter Personen muss ersetzt werden durch das Vertrauen in die Organisation, dass sie in der Lage ist, durch qualifizierte Handlungsprogramme und angemessene Handlungsstrukturen angemessene Leistungen zu erzeugen. Nur dann wird die Einrichtung berechenbar im Rahmen der Interorganisationsbeziehungen zu ihrer Umwelt.

Auf der **Ebene der realen und potentiellen Leistungsadressaten** werden diejenigen in den Blick genommen, an die sich das Leistungsangebot der Organisation richtet. *Reale* Leistungsadressaten sind diejenigen, die das Angebot tatsächlich in Anspruch nehmen (z.B. Kinder und Jugendliche, die häufiger das Jugendzentrum aufsuchen oder Drogensüchtige, die den Konsumraum einer Drogenberatungsstelle aufsuchen). *Potentielle* Leitungsadressaten sind solche Personen, an die sich das Leistungsangebot richtet und die von diesem angesprochen werden sollen, die aber zu einem bestimmten Zeitpunkt das Leistungsangebot (noch) nicht in Anspruch nehmen (z.B. für das Jugendzentrum: Kinder und Jugendliche einer bestimmten Altersgruppe, die im Einzugsgebiet der Jugendzentrums leben; oder beim Drogenkonsumraum: alle Drogensüchtigen, die sich im innerstädtischen Gebiet einer Stadt aufhalten). Nicht nur die tatsächlichen, sondern auch die potentiellen Nutzer als Teil der Umwelt in den Blick zu nehmen, ist wichtig bei den Überlegungen zum Marketing (→ *Kap. 8.4*). Bei der Betrachtung der Leistungsadressaten einer Organisation ist nicht immer deutlich, ob diese eher den Status von Organisationsmitgliedern zugeordnet bekommen oder als Teil der Umwelt aufgefasst werden sollen. Wie in *Kapitel 4.2.4* erläutert, sind die realen Leistungsadressaten in solchen Organisationen, die einen relevanten Teil des Alltags mit diesen verbringen, analytisch eher als Organisationsmitglieder zu verstehen, während sowohl die potentiellen Leistungsadressaten als auch die realen Adressaten bei ambulanten Leistungen prägnanter als Teil der Umwelt einer Organisation einzuordnen sind. Anders als bei den Interorganisationsbeziehungen, bei denen eine Organisation die Relevanz bestimmter Kooperationen genauer einschätzen und strategisch ausrichten kann, lässt sich der von den Leistungsadressaten repräsentierte Teil der Umwelt weniger gut konturieren. In den meisten Fällen sind die Leistungsadressaten – zumindest in der Sozialen Arbeit – nicht organisiert und daher als Umweltsegment für die Organisation nur bedingt unmittelbar ansprechbar und nur mit Unwägbarkeiten einschätzbar.

Die aus der existentiellen Eingebundenheit in die Umwelt resultierenden Anforderungen an das Management von Organisationen der Sozialen Arbeit lassen sich allgemein auf drei zentrale Punkte ausrichten:

- Die Organisation muss gewährleisten, dass die Vorgänge in der Umwelt kontinuierlich beobachtet und bewertet werden im Hinblick auf deren Bedeutung für die Leistungserstellung und die sozialpolitische Positionierung einer Organisation. Dies ist erforderlich als Teil eines kontinuierlichen strategischen Managements (→ Kap. *3.4*).

- Die Organisation muss Formen der Einflussnahme auf die für sie relevanten sozialpolitischen Vorgänge und Entscheidungen entwickeln und für eine Verankerung in den (regionalen und überregionalen) sozialpolitischen Konstellationen finden, die ihr zum einen eine Wahrnehmung der Entwicklungen ermöglicht und zum anderen Möglichkeiten des sozialpolitischen Agierens eröffnet (*Kap. 8.2*).
- Die Organisation muss ein eigenes Profil gewinnen, das sie und ihre spezifischen Leistungen für die Umwelt erkennbar und im Vergleich zu anderen Akteuren im Leistungsfeld identifizierbar macht, das aber andererseits auf die Anforderungen der wichtigen Interessenträger in ihrer Umwelt ausgerichtet ist und somit den Ansprüchen der relevanten Umweltakteure entspricht.

Die Akteure in einer Organisation der Sozialen Arbeit sollten sich bewusst sein, dass im Grundsatz alle Organisationsmitglieder und nicht nur die Managementakteure durch ihre Arbeit funktional an der Gestaltung von Bezügen zur Umwelt beteiligt sind. Alle Organisationsmitglieder befinden sich im Vollzug ihrer Tätigkeiten an der Schnittstelle „Organisation – Umwelt". Alle haben in irgendeiner Weise und in unterschiedlichem Umfang Kontakte mit Adressaten und anderen, für die Leistungserbringung relevanten Organisationen und beeinflussen somit das Bild, das die Organisation gegenüber ihrer Umwelt vermittelt. Die Organisation tritt ihrer Umwelt maßgeblich in Form der erlebbaren Organisationsmitglieder gegenüber. Den Managementverantwortlichen kann nicht gleichgültig sein, welches Bild die Organisation über das Verhalten der Mitarbeiter gegenüber der Umwelt abgibt. Insofern hat die Gestaltung der Bezüge einer Organisation zu ihrer Umwelt immer auch eine „innengerichtete Seite": Die Gestaltung der Bezüge nach außen setzt einen reflektierenden Blick nach innen voraus – eine Reflexion und Versuche zur Gestaltung der Haltungen und der Verhaltensweisen der Organisationsmitglieder als Repräsentanten „ihrer" Organisation.

8.2 Einflussnahme auf Erwartungen und Bedingungsgefüge in der Umwelt der Organisation

Bereits die Definition dessen, was Umwelt für eine Organisation ausmacht, markiert die aktive Rolle der Organisation: Die Konturierung der Umwelt vollzieht sich als mehr oder weniger bewusste und mehr oder weniger aktive Auseinandersetzung und Konstruktion durch die Organisation. Doch nicht nur bei der Konturierung des organisationsspezifischen Gebildes „Umwelt" nimmt die Organisation eine konstituierende Rolle ein, sondern auch bei der Dynamik der Anforderungen und Bedingungen, die an eine Organisation aus deren Umwelt herangetragen werden, hat die Organisation keine ausschließlich passive Rolle („Opfer der Verhältnisse"). Vielmehr ist sie gefordert, durch aktives Managementhandeln ihre Optionen zur Mitgestaltung und Einflussnahme auf Umweltakteure und Bedingungen in ihrer Umwelt zu nutzen. Gerade weil soziale Dienstleistungen sich nicht vornehmlich auf einem Markt durch Kaufentscheidungen von Kunden herausbilden, sondern zu einem erheblichen Teil politisch gesteuert und entschieden werden (→ *Kap. 3.1 und 3.2*), liegt es in dieser Logik, dass Managementakteure bestrebt sein sollten, die sozialpolitischen Konstellationen und Entscheidungen versuchen zu beeinflussen.

Damit stellt sich die Frage, über welche Kanäle und Gelegenheiten sich solche Beeinflussungsmöglichkeiten ergeben, an welchen Stellen und in welcher Weise sich für Managementakteure Optionen zur sozialpolitischen Einflussnahme eröffnen. Bei der Erörterung dieser Frage sind die regionale und die überregionale Ebene zu unterscheiden. Auf überregionaler Ebene sind die sozialpolitischen Handlungsoptionen für Managementakteure aus einzelnen Organisationen sehr eingeschränkt. Managementakteure haben die Möglichkeit der Mitwirkung in Fachgremien von Wohlfahrtsverbänden, in denen die Organisation Mitglied ist, oder in arbeitsfeldbezogenen Fachverbänden, die zum Teil als Strukturelement innerhalb der konfessionellen Wohlfahrtsverbände agieren oder ohne Anlehnung an einen der großen Wohlfahrtsverbände unabhängig fachpolitische und sozialpolitische Meinungsbildung und Interessenvertretung für ein bestimmtes Handlungsfeld betreiben (s. im Überblick Klausch/ Struck 2010 sowie die Übersichten in Anhang 1 bei Kreft/ Mielenz 2005, S. 1039ff.; am Beispiel der Erziehungshilfe s. die Darstellungen in Macsenaere u.a. 2014, S. 293ff.). Nicht in allen Handlungsfeldern der Sozialen Arbeit existiert eine solch umfassende und aktive Fachverbandsstruktur wie in der Erziehungshilfe.[40] Aber in fast jedem Handlungsfeld besteht

40 In der Erziehungshilfe sind vier Fachverbände aktiv: der Evangelische Erziehungsverband e.V. (EREV), der Bundesverband Katholischer Einrichtungen und Dienste der

zumindest ein überregional tätiger Fachverband, der zum einen die Möglichkeit bietet, sich aktuelle fachliche und fachpolitische Informationen aus einem bedeutsamen Umweltsegment einer Organisation zu verschaffen, und der zum anderen ein Forum bietet, um bei der fach- und sozialpolitischen Willensbildung in einem Handlungsfeld und bei Aktivitäten zur entsprechenden politischen Einflussnahme mitzuwirken.

Differenzierter und zielgenauer sind die fach- und sozialpolitischen Handlungsoptionen auf der regionalen, kommunalen Ebene. Hier ergibt sich eine potentiell größere Nähe zu sozialpolitisch relevanten Akteuren aus Politik und Verwaltung, wodurch sich Möglichkeiten zu Kontakten und politischen Diskursen eröffnen. Ferner können Managementakteure in kommunalen Gremien entweder unmittelbar mitwirken oder über ihre regionalen wohlfahrtsverbandlichen Vertreter Informationen über sozialpolitische Entscheidungsprozesse sammeln und diese zu beeinflussen versuchen. Zum Dritten ergeben sich Einflussoptionen über die Mitwirkung bei der kommunalen Infrastrukturplanung, z. B. bei Prozessen der Sozialplanung, bei der Jugendhilfeplanung oder bei anderen Planungsprozessen mit Relevanz für Handlungsfelder der Sozialen Arbeit (z. B. bei den Aktivitäten, die unter dem Etikett „kommunale Bildungslandschaften" firmieren; vgl. dazu Kühnlein/ Klein 2011; Maykus 2007; Bleckmann/ Schmidt 2012).

Insbesondere der kommunale Bereich ist durch Strukturen geprägt, die Merkmale und Voraussetzungen für eine politisch-administrative Gestaltung über Perspektiven des „Governance" aufweisen (Nullmeier 2011). Im Politikmodus „Governance" verstehen sich politische Akteure und umsetzende/ gestaltende Verwaltung nicht als zentrale Regulierungsakteure, die das Feld intentional und zielgerichtet steuern, sondern als koordinierende und planerisch Impuls gebende Stelle im Rahmen einer „kooperativen Kultur des lokalen Regierens" (Dahme/ Wohlfahrt 2013, S. 243). Am „Regieren" sind „nicht nur die politisch gewählten Vertreter und Parteien beteiligt, sondern auch Bürger, zivilgesellschaftliche Vereinigungen, Interessenverbände und die Wirtschaft, diejenigen also, die im klassischen repräsentativen Demokratiemodell eigentlich die ‚Regierten' sind" (Dahme/ Wohlfahrt 2013, S. 244). Es liegt nahe, dass sich insbesondere der kommunale Bereich für einen solchen Politikmodus eignet, da hier eine relative Übersichtlichkeit der Akteure gewahrt werden kann und vielfältige Beteiligungsformen geschaffen werden können. Dazu gehören u. a. mehr oder weniger formalisierte Arbeitsgemeinschaften (z. B. die Arbeitsgemeinschaften gem. § 78 SGB VIII oder örtliche psychosoziale Arbeitsgemeinschaften oder die „Netzwerke Frühe

---

Erziehungshilfen (BVkE), der Bundesverband für Erziehungshilfe, AFET e.V. und die Internationale Gesellschaft für erzieherische Hilfen (IGfH) e.V.

Hilfen" im Schnittpunkt von Jugendhilfe und Gesundheitshilfe) sowie formalisierte kommunalpolitische Gremien, hier insbesondere der Jugendhilfeausschuss, der Mitwirkungsmöglichkeiten für Vertreter der freien Träger eröffnet (dazu ausführlicher Merchel/ Reismann 2004 und Merchel 2014), oder weitere kommunalpolitische Ausschüsse (Sozialausschuss u. a.), in denen je nach Kommunalverfassung eine beratende Mitgliedschaft und Mitwirkung von Vertretern freier Träger ermöglicht werden kann. Managementakteure haben die Möglichkeiten, als Akteure im Rahmen lokaler Governance-Strukturen mitzuwirken und darüber fach- und sozialpolitische Einflussoptionen zu aktivieren, entweder durch unmittelbare Mitwirkung in Arbeitsgemeinschaften und anderen Gremien oder durch eine enge Rückkoppelung mit verbandlichen Vertretern, die in politischen Ausschüssen und weiteren Gremien einen Trägerbereich und die darin gebündelten fachpolitischen Gestaltungsperspektiven repräsentieren sollen.

Prozesse der Sozial- und Jugendhilfeplanung prägen die kommunale Infrastruktur, enthalten und entwickeln Vorgaben für sozial- und jugendhilfepolitische Entscheidungen und sollten aufgrund der damit verbundenen Prägewirkung für die Umwelt einer Organisation von den Managementakteuren nicht außer Acht gelassen werden, zumal solche Prozesse in der Regel vielfältige Beteiligungsmöglichkeiten für Repräsentanten der im Handlungsfeld tätigen Organisationen eröffnen (vgl. Merchel 2010c).

Die kommunale Sozialplanung ist zum einen Infrastrukturplanung im gesamten Sozialbereich. Hier werden die komplexen Planungsaufgaben i. d. R. nach Zielgruppen (Kinder/ Jugendliche, alte Menschen, Menschen mit Behinderung, pflegebedürftige Menschen etc.) oder nach sozial und/ oder administrativ festgelegten Räumen (Stadtteile/ Stadtbezirke/ Regionen) sowie in einer Kombination beider Elemente (z. B. alte Menschen in innenstadtnahen Stadtteilen) differenziert. Zum anderen wird der Sozialplanung eine Funktion im Rahmen einer sozialen Kommunalpolitik zugewiesen: Aufgabe ist dann die planerische Erfassung der Verbindungen zwischen dem Sozialbereich und anderen Bereichen der kommunalen Planung, die Analyse und Verhinderung möglicher nachteiliger sozialer Folgen von kommunalen Planungen (Verkehr, Wirtschaft, Umwelt, Flächen und Bebauung etc.) für die Lebensqualität von Bevölkerungsgruppen. Sozialplanung kann also gleichermaßen als bereichsbezogene Planungsaufgabe wie als planerische Querschnittsaufgabe einer sozialen Kommunalpolitik konzipiert werden. Innerhalb der Sozialplanung hat die Jugendhilfeplanung sowohl im Hinblick auf die konzeptionelle und methodische Diskussion als auch hinsichtlich der Planungspraxis (Planungsprojekte, spezifisch mit Planung beauftragte Mitarbeiter, etc.) einen hervorgehobenen Stellenwert (Maykus/ Schone 2010). Dies resultiert daraus, dass – anders als für andere Bereiche der Sozialen Arbeit – für die Jugendhilfe eine eigene gesetzliche Planungsverpflichtung existiert

(§§ 79/80 SGB VIII), die auch geregelte Beteiligungsmöglichkeiten für Träger der Jugendhilfe und somit für die bei den Trägern verantwortlichen Managementakteure vorsieht (§ 80, 3 SGB VIII).

Dass Organisationen der Sozialen Arbeit sich offensiv und engagiert in Prozesse der Sozialplanung einbringen, ist aus fachpolitischen Gründen und aus trägerpolitischen Gründen der Interessenvertretung, also mit dem Ziel der Mitgestaltung der organisationsrelevanten Umweltkonstellationen anzustreben:

- In fachpolitischer Hinsicht eröffnet die Beteiligung an der Sozialplanung den Organisationsakteuren die Möglichkeit, den konzeptionellen und sozialpolitischen Rahmen zu beeinflussen, in den ihre Arbeit eingebettet ist. Ferner können sie ihre differenzierten Kenntnisse zu Lebenslagen und zum Unterstützungsbedarf von Adressaten/ Zielgruppen zur Geltung bringen und dadurch zu einem gelingenden Adressatenbezug des Planungsprozesses beitragen.
- Unter trägerpolitischen Gesichtspunkten ist eine Beteiligung wichtig, weil in den quantitativen und qualitativen Bedarfsdefinitionen und in den darauf ausgerichteten Maßnahmevorschlägen zentrale Rahmenbedingungen für die Existenz der Einrichtung angesprochen werden und weil in den sozialplanerischen Diskursen wichtige Impulse für die konzeptionelle und organisatorische strategische Ausrichtung und Weiterentwicklung einer Organisation gegeben werden.

Die Beteiligung an der Sozialplanung sowie die Vermittlung zwischen Planungsdiskursen und einrichtungsinternen Kenntnissen und Entwicklungen ist eine wichtige Aufgabe von Managementakteuren im Rahmen der Beobachtung und (Mit-)Gestaltung der Rahmenbedingungen, innerhalb derer eine Organisation der Sozialen Arbeit handeln muss.

8.3 Gestaltung interorganisationaler Kooperation

Organisationen der Sozialen Arbeit sind in vielfältiger Weise in Kooperationskontexte mit anderen Organisationen eingebunden bzw. auf eine einigermaßen gelingende Kooperation mit diesen angewiesen – dies sowohl im Hinblick auf die Bewältigung der einzelfallbezogenen Aufgaben als auch bei der Sicherstellung des infrastrukturellen Rahmens, innerhalb dessen eine Organisation ihre Existenz aufrecht erhalten muss. Jede Organisation steht in einem interorganisationalen Geflecht, das bisweilen mit der Metapher des

„Netzwerks“ charakterisiert wird, und das die Schnittstellen mit anderen Organisationen und Handlungsfeldern widerspiegelt, die sich durch die Leistungserbringung der Organisation und durch das Bemühen um die Sicherstellung der eigenen Existenz ergeben. Ein solches interorganisationales Geflecht ergibt sich durch einzelfall- oder anlassbezogene Kooperationen, durch einzelfallunabhängige Kontakte und Kooperationsgestaltungen mit anderen Organisationen oder durch die Beteiligung in organisationsübergreifenden Gremien. Andere Organisationen stellen also einen relevanten Teil der Umwelt einer Organisation dar. Eine gelingende Kooperation mit anderen Organisationen ergibt sich nicht von selbst, sondern die Bedingungen zum Gelingen müssen hergestellt werden. Somit erweist sich auch dieser Teil der der Gestaltung der Bezüge einer Organisation zu ihrer Umwelt als eine Herausforderung für das Management einer Organisation der Sozialen Arbeit.

Kooperation zwischen Organisationen gelingt nicht selbstverständlich, wenn nur „der gute Wille der Beteiligten“ vorhanden ist. Gelingende Kooperation mit anderen Organisationen ist nicht die Regel, sondern angesichts unterschiedliche organisationaler Interessen und Handlungslogiken eher ein „Glücksfall“ bzw. das Ergebnis besonderer Bemühungen (für die Jugendhilfe s. van Santen/ Seckinger 2003). Denn „Kooperationen sind nicht nur mit komplexen sozialen Prozessen verbunden, sondern stellen auch inhaltlich und kommunikativ hohe Anforderungen an die handelnden Organisationen und Personen, weil funktionierende Kommunikationen und Beziehungen zwischen den drei an der Kooperation beteiligten Ebenen, also der Organisation, den handelnden Personen und dem Kooperationszusammenhang gestaltet werden müssen“ (van Santen/ Seckinger 2012, S. 351).

Betrachtet man sich die Ausgangsbedingungen für Kooperation zwischen unterschiedlichen Organisationen – insbesondere, wenn diese aus unterschiedlichen Handlungsfeldern tätig sind (Beispiele für die Jugendhilfe: Jugendhilfe – Schule – Gerichte – Gesundheitswesen/ Kinder- und Jugendpsychiatrie – Polizei – Betriebe) –, dann muss zunächst einmal das Misslingen der Kooperation als der „eher wahrscheinliche Fall“ kalkuliert werden. Betrachtet man in der Praxis die Gründe für weniger gelungene Kooperationen zwischen Organisationen, so besteht häufig die Neigung zu Personalisierungen: Diese oder jene Person habe sich nicht ausreichend bemüht, habe Absprachen nicht eingehalten, sich nicht ausreichend auf die Zusammenarbeit eingelassen, sei durch Vorurteile gegenüber beteiligten Organisationen belastet gewesen, die „Chemie“ zwischen bestimmten Personen habe nicht gestimmt etc. Solche Personalisierungen hindern zum einen an der Analyse der strukturellen Bedingungen, die das Verhalten personaler Kooperationsakteure möglicherweise beeinflussen, und sie führen zum anderen zu verkürzten Managementhandlungen, weil sie lediglich personenbezogene Managementaktivitäten nahelegen (einen Mitarbeiter besser zur Kooperation motivieren, evtl. Kooperationsakteure austauschen, kooperative Fähigkeiten bei Mitarbeitern schulen etc.). Wichtig ist demgegenüber ein struktureller Blick auf die Bedingungen, die ein Misslingen von Kooperation zwischen Organisationen wahrscheinlich machen und der möglicherweise strategische Ansatzpunkte eröffnet, um über adäquates Managementhandeln die Optionen für den „Glücksfall einer tendenziell gelingenden Kooperation" zu erweitern.

Dass Kooperation zwischen Organisationen, insbesondere wenn sie in unterschiedlichen thematischen Handlungsbereichen agieren, mit einem nicht unerheblichen Potential des Misslingens belastet ist, ist elementar mit der Systemlogik von Organisationen zu erklären, wie sie in *Kapitel 2.4.2.1* erläutert wurde. Jede Organisation weist eine eigene „Systemlogik" auf, die in der Kooperation mit Organisationen aus der Umwelt auf andere „organisationale Systemlogiken" trifft. Die Organisationen konfrontieren sich gegenseitig mit Differenzen, sodass Störungen in der Kommunikation geradezu zwangsläufig erscheinen. Ein Familiengericht folgt nun einmal einer anderen Systemlogik als z.B. eine Erziehungsberatungsstelle, und die Systemlogik einer Schule ist ebenso different zur Systemlogik eines ASD oder einer Einrichtung der stationären Erziehungshilfe (vgl. dazu Merchel 2005 b, S. 175f.) wie die Systemlogik einer Drogenberatungsstelle zu der einer Staatsanwaltschaft oder zu der eines Jugendamtes bzw. eines ASD. Die Differenz zwischen den Systemlogiken, die die Kommunikation zwischen den beteiligten Organisationen belasten, wird reproduziert in den Kommunikationen zwischen den beteiligten Organisationsakteuren. Sie wird durch die Art deren Kommunikation bei den beteiligten Organisationsakteuren eher zementiert oder eher flüssig gehalten. Wenn Akteure mit einem einseitigen Blick auf die Lösung der „eigenen" Probleme und Anforderungen die Organisationslogik der anderen Organisationen unbeachtet lassen und die anderen Organisationen mit Anforderungen konfrontieren, die sie in deren Organisationslogik tendenziell überfordern, werden die strukturell bedingten Kommunikationshindernisse anders verarbeitet als bei einer Bereitschaft und Fähigkeit, die Organisationslogik der beteiligten Organisationen verstehend in den Blick zu nehmen.

Die Kooperation zwischen Organisationen trägt also strukturell bereits den Keim eines potentiellen Misslingens in sich,

- weil verschiedene Organisationslogiken von Organisationen aufeinander treffen, die füreinander jeweils Umwelten bilden;
- weil jede der an einer Kooperation beteiligten Organisationen eigene Ziele hat, die mit den Zielen der anderen Organisationen nicht kongruent sind;

- weil jede beteiligte Organisation Muster zur Wahrnehmung, Definition und Gewichtung von Problemen und Anforderungen sowie unterschiedliche Handlungsprogramme aufgebaut hat, die zu denen anderer Organisationen different sind;
- weil die an der Kooperation beteiligten Organisationsmitglieder sich Bilder von den jeweils anderen Organisationen machen, die bisweilen aufgrund begrenzter Kenntnisse zu den anderen Organisationen verkürzt sind und die elementaren Merkmale und Mechanismen dieser Organisationen nur begrenzt abbilden;
- weil entsprechend den verschiedenartigen Organisationslogiken sich die Motive für eine Kooperation voneinander unterscheiden und möglicherweise nicht in einem ausgewogenen Verhältnis stehen;
- weil die an interorganisationalen Kooperationen Beteiligten unterschiedliche Machtpotentiale aktivieren können und unterschiedliche Möglichkeiten haben, ihren Interessen Geltung zu verschaffen.

Hinzu kommt das Spannungsfeld zwischen Kooperation und Konkurrenz, das sich je nach Kooperationskontexten unterschiedlich intensiv auswirkt. Organisationen in Kooperationsbezügen befinden sich in unterschiedlich ausgeprägten Konkurrenzbezügen: Konkurrenz um materielle Ressourcen, aber auch Konkurrenz um legitimatorische Ressourcen (Ansehen, Zuerkennung von Kompetenz und Deutungsmacht etc.) und um (formelle und informelle) politische Einflussmöglichkeiten. In diesem spannungsanfälligen Feld müssen sich Organisationen mit ihren Kooperationsstrategien bewegen – mit strategischen Kalkülen, die nicht vordergründig auf ein harmonisches Kooperationsbild ausgerichtet sein werden, sondern die Kooperation in ein Verhältnis setzen zu den spezifischen Organisationsinteressen.

Wenn einerseits Organisationen der Sozialen Arbeit auf einigermaßen gelingende Kooperationen mit Organisationen aus der für sie relevanten Umwelt angewiesen sind und andererseits solche Kooperationen strukturell belastet und tendenziell höchst störanfällig sind, ist nach solchen Bedingungen zu fragen, unter denen eine produktive Verarbeitung der belastenden Strukturgegebenheiten ermöglicht wird und die Wahrscheinlichkeit eines Gelingens der Kooperation steigt. Solche Bedingungen in den Blick zu nehmen, eröffnet Managementakteuren Möglichkeiten und Anforderungen, um über Managementhandeln eine produktive Gestaltung der interorganisationalen Umweltbezüge einer Organisation der Sozialen Arbeit zu fördern.

Voraussetzungen, damit die Chance des Gelingens bei interorganisationale Kooperationen erweitert wird, und damit Anforderungen an ein Management im Hinblick auf die Gestaltung dieses Teils der Umweltbeziehungen einer Organisation der Sozialen Arbeit sind insbesondere (vgl. zum

Folgenden van Santen/ Seckinger 2005 und in der Konkretion für eine bestimmte Organisation van Santen/ Seckinger 2012 sowie Grossmann/ Lobnig/ Scala 2007, S. 106ff.):

- Bei einer Kooperation mit einer oder mehreren anderen Organisationen sollten die beteiligten Akteure im Blick behalten, dass die Anschlussfähigkeit der Kommunikation sich nicht von selbst ergibt, also nicht vorausgesetzt werden kann, sondern bewusst hergestellt werden muss. Das bedingt eine Verständigung über die in einem Kooperationskontext zu lösenden Aufgaben und das Bemühen um ein Verstehen der Organisations- und Handlungslogik der beteiligten Organisationen, was ein Wissen über grundlegende Strukturen, Aufgaben und Handlungsmodi der Kooperationspartner zur Voraussetzung hat. Das Bemühen um Anschlussfähigkeit in der Kommunikation vollzieht sich zum einen in der organisationsinternen Vorbereitung, Begleitung und Auswertung der interorganisationalen Kooperation und zum anderen in einem entsprechend achtsamen Modus der Mitwirkung in einem Kooperationskontext. Irritationen in der Kommunikation müssen beobachtet und im Hinblick auf ihre Entstehungsgründe analysiert werden.

- Da Kooperation zwischen Organisationen über Organisationsmitglieder erfolgt, also in der Regel mit einer hohen Personenorientierung einhergeht, hat dies Konsequenzen für die Auswahl und die Vorbereitung der Organisationsmitglieder, die für die Organisation in einen Kooperationskontext geschickt werden (fachliche Kompetenzen, Wissen zu Kooperationsthemen und beteiligten Organisationen, soziale bzw. kommunikative Kompetenzen). Ferner ist für eine personenbezogene Kontinuität Sorge zu tragen, denn die Tragfähigkeit interorganisationaler Bezüge stellt sich u.a. her über die personelle Komponente der Vertrauensbildung und der persönlichen Verständigungsmöglichkeiten. Denn die konkreten Interaktionen verlaufen nicht über abstrakte Organisationen, sondern über deren Verkörperung in Form von Organisationsmitgliedern, also Personen. Damit sich produktive Kommunikationsgewohnheiten entwickeln können und ein für Kooperation erforderliches Mindestmaß an Vertrauen entstehen kann, ist personelle Kontinuität eine Grundvoraussetzung.

- Zwar wird jede interorganisationale Kooperation durch persönliche Kompetenzen und Eigenheiten der die Organisationen vertretenden Organisationsmitglieder geprägt, jedoch darf dabei nicht vergessen werden, dass die Personen als Organisationsmitglieder und nicht primär als Individuen mit eigenen Motiven, Interessen und Eigenheiten in einem Kooperationskontext mitwirken. Dies bedeutet für Managementakteure, dass sie für systematische Rückkoppelungen in die Organisation sowie für strategische Ausrichtungen und Auswertungen der Kooperationen innerhalb der eigenen Organisation zu sorgen haben. Interorganisationale Kooperation ist also mit der Notwendigkeit verbunden, solche Kooperationen kontinuierlich innerhalb der eigenen Organisation zu verankern und über entsprechende Kommunikationsprozesse eine solche Verankerung zu gewährleisten. Das führt gleichzeitig zu einer Produktivität in den Kooperationskontexten selbst, denn über die Verkoppelung in die beteiligten Organisationen wird die Chance erhöht, dass Ergebnisse der Kooperation (Vereinbarungen, Absprachen, Verfahrensregelungen etc.) in den beteiligten Organisationen möglichst umfassend praktiziert werden.

- Managementakteure müssen sich mit einem möglichem Loyalitätskonflikt der an den Kooperationskontexten beteiligten Organisationsakteure auseinandersetzen, der von van Santen/ Seckinger als „multiple Adhärenz" bezeichnet wird (2005, S. 213; ähnlich Grossmann 2007, S. 113). Die Organisationsakteure sind zunächst als Repräsentanten ihrer Organisation deren Zielen und strategischen Perspektiven verpflichtet. Mit zunehmender Intensität des Kooperationskontextes und mit relativ großer personeller Kontinuität kann sich der Kooperationskontext jedoch zu einem eigenen sozialen Systemgebilde entwickeln, das von den beteiligten Mitgliedern eine Loyalität dem Kooperationskontext gegenüber erwartet. Dadurch können die beteiligten Personen multiplen Loyalitätserwartungen ausgesetzt sein, denn mit zunehmender Stärke eines Kooperationskontextes können Situationen entstehen, in denen die Anforderungen des Kooperationskontextes und die der „entsendenden" Organisation differieren und beide sozialen Systeme von dem jeweiligen Mitglied Loyalität erwarten. Managementakteure müssen solche Entwicklungen achtsam beobachten und ggf. daraus erwachsende Loyalitätskonflikte reflexiv aufgreifen. Denn ein Übergehen dieser Probleme im Schnittfeld von Organisation und organisationaler Umwelt führt zum einen zu Unsicherheiten und individuellen Belastungen der beteiligten Organisationsakteure, zum zweiten zu Schwierigkeiten in der Ausrichtung der Umweltbezüge durch die Organisation und zum dritten zu Problemen bei der Dynamik des Kooperationskontextes selbst, weil möglicherweise wichtige an der Kooperation beteiligte Akteure nicht in der Lage sind, Entscheidungen zu treffen, oder in der Zuspitzung von Loyalitätskonflikten von ihren Organisationen aus dem Kooperationskontext abgezogen werden.

Neben diesen Managementanforderungen zur Gestaltung interorganisationaler Kooperationen soll eine weitere Anforderung hinsichtlich der Beobachtung und Begleitung von Kooperationsbezügen nicht unerwähnt bleiben: Auch wenn die Kooperation zwischen Organisationen in der Regel als etwas Positives sowie für die Organisation und für fachliches handeln Produktives herausgestellt wird, so sollte das in Kooperationsgeflechten enthaltene Potential von meist unreflektierten problematischen Nebenfolgen sorgsam in den Blick genommen werden. Van Santen/ Seckinger (2012, S. 344) nennen hier insbesondere (1) die „Exklusion potentieller Partner", (2) die „Verfilzung" und die damit einhergehende Gefahr eines unangemessenen, primär auf die Interessen der beteiligten Organisationen ausgerichteten Tunnelblicks, (3) fachlich problematische Handlungsstrategien, bei der z.B. interorganisationale Kooperation über die Rechte von Leistungsadressaten (Rechte auf Mitwirkung oder Datenschutz) hinweggehen, sowie (4) eine „Konkurrenz um Nicht-Zuständigkeit", indem spezifische organisationale Verantwortlichkeiten in einen Dunstkreis der „kooperativen Zuständigkeit" vernebelt werden, sodass insbesondere schwierige Aufgaben faktisch der Bearbeitung entzogen und organisationale Verantwortlichkeiten für deren Lösung in die Diffusität verschoben werden. Es gehört zur Verantwortung von Managementakteuren, auch solche problematischen Nebeneffekte von interorganisationalen Kooperationskontexten achtsam wahrzunehmen, sie in den organisationsinternen Reflexionen reflexiv zu verarbeiten und Strategien zu einem offensiven Umgang mit diesen Problemen in den Kooperationskontexten zu entwerfen.

8.4 Marketing

Der Begriff „Marketing" wird häufig mit „Werbung" assoziiert. Eine solche Assoziation ist teilweise richtig und falsch zugleich: teilweise richtig, weil eine Leistung oder ein Produkt auf einem „Markt" platziert werden soll und dafür das Spezifische dieser Leistung/ dieses Produkts gegenüber potentiellen Interessenten kommuniziert werden muss – falsch, weil damit eine Verkürzung stattfindet, denn für eine Platzierung einer Leistung/ eines Produkts auf einem „Markt" bedarf es neben der Werbung ebenso der Erkundung der Bedürfnisse potentieller Interessenten, der Überlegungen zur spezifischen Ausgestaltung der Leistung/ des Produkts im Hinblick auf Nutzerwünsche (akzeptable Preise, angemessene Standorte, Profil einer Leistung), der Beobachtung realer und möglicher Konkurrenten.

Mit „Marketing“ ist also mehr gemeint als lediglich „Werbung“. Marketing meint die systematische und zielgerichtete Gestaltung der auf die Leistungen der Organisation ausgerichteten Beziehungen einer Organisation zu ihrer Umwelt, bei denen die Organisation bestrebt ist, in ihrer Leistungsgestaltung die Gegebenheiten und Anforderungen der Umwelt als eine zentrale Richtgröße einzubeziehen (vgl. einführend Christa 2010; Scheuch 2007). Es ist Anliegen von Marketing, Organisationsentscheidungen und die Präsentation einer Organisation und ihrer Leistungen nicht primär aus einer innerorganisatorischen Logik zu entwickeln, sondern sie gleichermaßen aus der Perspektive von Interessenträgern aus der Umwelt der Organisation zu betrachten. Zentrale Entscheidungen einer Einrichtung sind aus der Sicht von außen stehenden Interessenträgern und potentiellen Leistungsabnehmern zu betrachten und nicht nur aus der Innensicht nach dem Motto „Was können wir? Was wollen wir?“. Marketing realisiert sich also in einer Kommunikation der Organisation mit ihrer Umwelt, und zwar in zwei Richtungen:

- „von außen nach innen“: in Überlegungen, welche Leistungen in welcher Qualität die relevante Umwelt benötigt, und im systematischen Einbezug der „Kundenperspektive“ bei der Konzipierung und Erstellung von Leistungen;
- „von innen nach außen“: in der Präsentation der Organisation und ihrer Leistungen samt deren Profil gegenüber der Umwelt.

Eine solche Außenperspektive in die strategischen Überlegungen zur Leistungsgestaltung einzubeziehen, ist in vielen Organisationen der Sozialen Arbeit noch ungewöhnlich. Vielfach werden die Leistungen primär aus einer Innensicht strukturiert: Das, was die Organisationsakteure für fachlich sinnvoll und unter den vorhandenen (personellen, finanziellen sachlichen, räumlichen) Bedingungen für umsetzbar halten, bestimmt die Leistungsgestaltung. Anforderungen aus der Umwelt, also von Leistungsnutzern und anderen Interessenträgern, werden so weit zur Kenntnis genommen und bei der Leistungsgestaltung berücksichtigt, wie sie (a) relativ problemlos umsetzbar sind, (b) mit für die Organisation relevanten Macht- und Druckpotentialen (z.B. Finanzierung) verbunden sind und/ oder (c) in den internen fachlichen Kalkülen und Interessen eine Entsprechung finden. Die Perspektive der Interessenträger in der Umwelt wird der Innenperspektive untergeordnet oder selektiv so wahrgenommen, wie es zu der in der Organisation entwickelten Innensicht passt.[41] Marketing vollzieht hier einen anderen Blick: Marketingdenken erfordert eine intensivierte Ausrichtung auf die Anforderungen der relevanten Interessenträger aus der Umwelt bei der Konzipierung und Realisierung der Leistungen einer Organisation. Das „Prinzip Marketing" ist in seinen Auswirkungen nicht begrenzt auf die Gestaltung der Beziehungen und der Interaktionen mit der Umwelt. Vielmehr geht es darum, den Faktor „Umwelt" gleichermaßen in die interne Leistungsgestaltung und in die Außenpräsentation der Organisation zur Geltung zu bringen.

Der Begriff „Marketing" mag in der Sozialen Arbeit nicht unumstritten sein: zum einen weil er häufig auf den Aspekt „Werbung" verkürzt wird, und zum anderen weil mit diesem das Sich-Bewegen auf einem Markt gekennzeichnet wird, auf dem man etwas „vermarkten" bzw. verkaufen möchte (Buber, S. 231), wo doch in der Sozialen Arbeit ein lediglich sehr eingeschränkter Markt existiert und die Logik dieses „Marktes" auch nicht primär auf eine gezielte Bedürfnisausweitung ausgerichtet ist, wie das auf dem Sachgütermarkt der Fall ist. Dennoch hat das Thema „Marketing" eine große Bedeutung für das Management, denn auch in der Sozialen Arbeit existiert ein zwar eingeschränkter und politisch stark regulierter, doch realer „Markt", der sich in der Konkurrenz verschiedener Träger, in Bezügen zu Nutzern, im Bemühen um das Wohlwollen verschiedener Interessenträger zeigt. Mit zunehmender Wettbewerbsorientierung in der Sozialen Arbeit dringen Marktstrukturen stärker in die vorher dominanten korporatistisch geprägten Trägerstrukturen ein (vgl. Cremer 2013; Hensen 2006; Merchel 2008, S. 213ff.; Dahme/ Wohlfahrt 2013, S. 167ff.). Insofern ist auch in der Sozialen Arbeit ein Marketingdenken bedeutsam, bei dem die Anforderungen der Nutzer und der Interessenträger (insbesondere der Finanzgeber) eine zentrale Rolle einnehmen bei der Ausgestaltung und Weiterentwicklung der Leistungen. Gerade weil soziale Dienstleistungen „Vertrauensgüter" sind,

41 Die „traditionell starke innenzentrierte Aufgabenerfüllung", die Buber (2013, S. 235) als charakteristisch für NPO's bezeichnet, hat auch strukturelle Gründe: Organisationen bzw. freie Träger, die sich für eine bestimmte Idee gegründet haben, wollen zunächst diese Idee nach außen tragen, wodurch eine solche Motivation mit ihrer Richtung „von innen nach außen" Dominanz gewinnt und als Folge Grenzen setzt für eine Haltung, die der Außenperspektive („von außen nach innen") eine starke Bedeutung zuweist. Insofern sind auch Managementansätze, die der „Mission" einer Organisation eine hohe Bedeutung zuweisen (vgl. *Kap. 3.5*), kritisch zu betrachten im Hinblick auf ihre Folgen für das Marketing und die entsprechenden Haltungen in einer Organisation. Bereits das Wort „Mission" oder „Vision" markiert bereits das Bemühen, sich „missionarisch" gegenüber seiner Umwelt verhalten zu wollen – eine Haltung, die den Gegenpol zum Marketingdenken bildet.

deren Qualität aufgrund ihrer Immaterialität und aufgrund der Ausrichtung an jeweils individuellen Konstellationen und Anforderungen nur begrenzt von Anfragenden beurteilbar sind (→ *Kap. 3.1*), bedarf es eines sorgfältig konzipierten Marketing, um (a) Vertrauensoptionen zu schaffen und (b) die Leistungen immer wieder erneut im Hinblick auf die sich wandelnden Anforderungen von Nutzern und Interessenträgern zu überprüfen und weiterzuentwickeln.

Um die spezifischen Konstellationen in der Sozialen Arbeit im Hinblick auf die Konzipierung von Marketing begrifflich zu fassen, sind neben „Marketing in der Sozialen Arbeit" weitere Begriffe in der Fachliteratur eingeführt worden, die jedoch eher verwirrend wirken. So sprechen Birzele/ Thieme von „Sozialmarketing" und meinen damit „das professionelle Vermarkten von Sozial- und Gesundheitsdienstleistungen" (2007, S. 7). Christa (2010, S. 18f.) unterscheidet „Social Marketing", das in Kampagnen auf das Verhalten von Personen zielt (z.B. Umgang mit bzw. Vorbeugung vor AIDS bzw. HIV-Infizierung), von „Sozio-Marketing", mit dem Marketingstrategien von Organisationen der Sozialen Arbeit bezeichnet werden. Kortendieck (2011, S. 19ff.) greift eine Differenzierung auf zwischen „Social Marketing im engeren Sinne" (auf Verhalten oder Einstellungen zielende Kampagnen) und „Social Marketing im weiteren Sinne" (als „Denkhaltung" beim Management von Organisationen der Sozialen Arbeit" und darauf ausgerichtete Praxis). Arnold (2009b, S. 555f.) bleibt hier undeutlich und führt als Oberkategorie noch das „Nonprofit-Marketing" ein, um auch Marketingaktivitäten solcher Organisationen einzubeziehen, die in anderen Bereichen der Sozialen Arbeit, aber als nicht-staatliche und als nicht gewerbliche Organisationen tätig sind (z.B. Kultur-Organisationen, Umweltorganisationen etc.; so auch Buber 2013). Um einem Begriffswirrwarr zu entgehen, ist in diesem Kapitel einfacher von „Marketing in der Sozialen Arbeit" die Rede; es meint das Konzipieren und Realisieren von Leistungen durch Organisationen der Sozialen Arbeit im Austauschverhältnis zur Umwelt. Das von Christa angesprochene „Social Marketing" lässt sich als „Ideenmarketing" charakterisieren, das ebenfalls zu den nicht zu vernachlässigenden Aufgaben des Managements in der Sozialen Arbeit zählt und das an späterer Stelle in diesem Kapitel thematisiert wird.

Mit der Kennzeichnung von Marketing als ein Konzipieren und Realisieren von Leistungen im Austauschverhältnis zur Umwelt werden zwei Aspekte deutlich, die auf einen umfassenden Stellenwert des Marketing im gesamten Management hinweisen: Marketing als Teil der Haltung und des Verhaltens von Organisationsmitgliedern sowie Marketing in der Spannung zwischen spezifischer Managementaufgabe einerseits und generalisierendem Managementprinzip andererseits. Marketing bedarf einer Haltung der Organisationsmitglieder in doppelter Hinsicht:

- Wie bereits angedeutet, müssen die Organisationsmitglieder bereit und in der Lage sein, die Aufgaben und Leistungen ihrer Organisationen aus einer Außen-Perspektive zu betrachten, sich in die Lage und die Sichtweisen von Adressaten und weiteren Interessenträgern zu versetzen und aus dieser Perspektive auf das Leistungsgeschehen in der Organisation zu blicken. Die Perspektive relevanter Anderer aus der Umwelt anzunehmen, stellt eine Anforderung an die Haltung der Organisationsmitglieder dar.
- Die Organisationsmitglieder müssen sich bewusst machen, dass sie bereits durch ihr Handeln, durch ihren Umgang mit den Adressaten und ihr Verhalten gegenüber Personen aus der Umwelt „Marketing“ betreiben. Denn durch die Art der Leistungserstellung und durch ihre Interaktionen mit Personen aus anderen Organisationen vermitteln sie ein Bild von ihrer Organisation gegenüber der Umwelt. Ihr Handeln hat immer auch eine „Marketing-Bedeutung“, derer sie sich bewusst sein sollten.

Solche dem Marketing förderlichen Haltungen entstehen nicht von selbst, sondern bedürfen angemessener und sensibler Impulse durch Managementakteure sowie der kontinuierlichen Beobachtung, ob und in welcher Weise die Haltung im Alltag realisiert wird. Eine Haltung, die den Interessenträgern und den Nutzern Bedeutung für die Gestaltung der Leistungen und Angebote zuspricht, muss durch Impulse kontinuierlich herausgefordert werden. Gerade die strukturbedingte und daher „normale“ Selbstreferentialität von Organisationen (→ *Kap. 2.4.2.1*) setzt Grenzen für das Entstehen und das Aufrechterhalten der skizzierten Haltungen bei Organisationsmitgliedern, die jedoch aufgrund der notwendigen partiellen Öffnung einer Organisation gegenüber ihrer Umwelt sorgsam zu beachten und immer wieder zu fördern sind.

Der andere Aspekt, der die Bedeutung von Marketing im Rahmen des Managements markiert, liegt in der Verortung dieses Bereichs im Kontext anderer Steuerungsbereiche. Dem Marketing wird angesichts der Forderung, die gesamte Leistungsgestaltung aus einem Blick der Kommunikation mit der Umwelt zu organisieren und inhaltlich auszufüllen, bisweilen eine dominante Funktion innerhalb des Managements zugesprochen. So versteht Bruhn (2012) Marketing „als umfassendes Leitkonzept des Managements“, als ein „umfassendes Führungskonzept“ und „nicht nur als eine gleichberechtigte Funktion innerhalb einer Organisation“ (S. 55). Sicherlich ist Marketing – wie viele andere Steuerungsbereiche des Managements auch – mit Steuerungsaufgaben in anderen Managementbereichen eng verknüpft. Die Verbindung zum umfassenden Strategischen Management und zum strategischen Controlling liegt auf der Hand; schließlich geht es dort um die Beantwortung der zentralen Marketing-Frage, welche Leistungen aktuell und in Zukunft von der Umwelt benötigt werden und wie sich die Organisation auf diese Anforderungen ausrichten soll. Der Bezug zum Qualitätsmanagement („Kundenzufriedenheit" angesichts der Qualitätsanforderungen von Leistungsnutzern und Finanzierern) ist ebenso naheliegend wie die Verknüpfung mit der betriebswirtschaftliche Steuerung, denn ohne eine funktionierende Kosten- und Leistungsrechnung sind keine tragfähigen Preiskalkulationen und keine praktische Beantwortung der Marketing-Frage möglich „Welche intern kalkulierbare Preise sind für welche Qualität auf dem Markt realisierbar?". Die Ausführungen zu den Haltungen der Organisationsmitglieder dürften die Anknüpfungspunkte zwischen Marketing und Organisationsgestaltung (insbes. Handlungsprogramme und Organisationskultur; vgl. auch Birzele/ Thieme 2007, S. 138 f.) verdeutlicht haben. Auch das Personalmanagement steht in einem Bezug zum Marketing; denn die Personalgewinnung hängt u. a. vom Image und vom Profil einer Organisation ab, und jede Maßnahme zur Personalentwicklung prägt bestimmte Kompetenzen und Haltungen von Mitarbeitern und wirkt sich dementsprechend in den Interaktionen von Organisationsmitgliedern mit der Organisationsumwelt aus.

Wenn man diese Bezüge herausstellt, wird Marketing fast automatisch zur Dominanz innerhalb des Managements stilisiert: Alles wird „irgendwie" aufgeladen zu einem Marketing-Phänomen (so nachzulesen z. B. bei Lichtsteiner u. a. 2013). Damit entsteht aber die Gefahr der mangelnden Beachtung von Marketing im Managementalltag: Denn was überall „irgendwie" mitschwingt, wird nicht mit einer eigenen Aufmerksamkeit bedacht, verschwindet allzu schnell im Gewohnten. Das, was immer „mitgedacht" wird, erhält wenig spezifische Beachtung; es erhält keinen speziellen thematischen und methodischen Ort in der Organisation und ist in Gefahr, unbeabsichtigt im Managementalltag unterzugehen. Daher sollte Marketing als eine spezifische Perspektive mit entsprechenden methodischen Anforderungen innerhalb eines Steuerungsbereichs („Gestaltung der Bezüge einer Organisation zu ihrer Umwelt") markiert werden – bei gleichzeitiger und selbstverständlicher Beachtung der Verwobenheit dieser Managementaufgabe mit Managementaufgaben aus anderen Steuerungsbereichen.

Das Marketing ist mit einem elementaren Dilemma verbunden: Einerseits soll die Organisation ihre Leistungen „konsequent an den Bedürfnissen der Kunden ausrichten", andererseits soll sich die Organisation in ihren Leistungen aber auch „von Mitbewerbern unterscheiden, sich am Markt positionieren und profilieren" (Lichtsteiner u. a. 2013, S. 195). Die erste Anforderung macht eine Außenorientierung erforderlich, die zweite Anforderung markiert mit dem Verweis auf das eigene Profil einen Innenblick – erweitert durch die zusätzliche Schwierigkeit, dass in der Sozialen Arbeit neben den realen und potentiellen Nutzern weitere Interessenträger den Kreis der „Kunden“ komplex und bisweilen mit widersprüchlichen Interessen erscheinen lassen. Das Herausarbeiten und das Verdeutlichen des Profils werden als eine Managementstrategie verstanden, mit deren Hilfe eine Organisation der Sozialen Arbeit sich besser im Markt positionieren kann, indem es sich gegenüber seinen Konkurrenten abhebt sowie sich mit einer bestimmten „Marke“ gegenüber möglichen Nutzern präsentiert und bei diesen Nutzern Präferenzen für eine Inanspruchnahme erzeugt. Insbesondere für freie Träger werden solche Strategien der organisationalen Profilierung empfohlen, damit sich freie gemeinnützige Träger im Kontext gesellschaftlicher Wertbestimmungen von „Subsidiarität“ und „Pluralität“ angemessen legitimieren und positionieren können. Vor allem konfessionell ausgerichtete Träger stehen vor der Herausforderung, ihre Besonderheit, ihr Profil im Vergleich zu anderen Trägern und in einem säkularisierten Umfeld zu verdeutlichen, damit der traditionelle Wert der „Pluralität“ von Weltanschauungen und Konzepten als Argument für eine entsprechende staatliche Förderungs- und Finanzierungspolitik im Blick der sozialpolitischen Akteure bleibt. In diese Richtung gehen auch Debatten um die Bedeutung des Gemeinnützigkeitsprinzips: Gemeinnützigkeit, die als ausschließlich als steuerrechtliche Kategorie gefasst werden soll, sondern gleichermaßen als gesellschaftliches Ordnungs- und normativ geprägtes Strukturierungsprinzip legitimiert ist (Anheier/ Then 2004).

Die Marketing-Herausforderung bringt also wiederum eine Paradoxie mit sich, in der sich Managementhandeln herausbilden muss (→ *Kap. 2.5*): zwischen Ausrichtung an den Anforderungen der Umwelt einerseits und der Notwendigkeit einer Profilbildung andererseits – eine Notwendigkeit zur Profilbildung, die nicht nur aus der Konkurrenz zu anderen Marktteilnehmern erwächst und damit auch dem Marketing im gewerblichen Bereich inhärent ist, sondern eine Notwendigkeit zur Profilbildung als sozialpolitische Strategie zur Aufrechterhaltung von Subsidiarität und Pluralität, die als gesellschaftspolitische Prinzipien eine elementare Bedeutung für die Existenz und die Legitimation vieler Organisationen der Sozialen Arbeit haben.

Neben den klassischen Intentionen des Marketing – dem „Eigenmarketing“, um die Organisation mit ihren Zielen und Leistungen bekannt zu machen und ein bestimmtes Image zu fördern, sowie dem „Absatzmarketing“, damit die Leistungen der Organisation von Nutzern in Anspruch genommen werden – hat in der Sozialen Arbeit auch das „Ideenmarketing“ eine große Bedeutung. Weil soziale Dienstleistungen über politische Entscheidungen zustande kommen und unmittelbar von diesen abhängen (→ *Kap. 3.1* und *3.2*), ist eine bestimmte Grundhaltung in der Gesellschaft erforderlich, vor deren Hintergrund politische Entscheidungen erfolgen. Es geht also um das, was in *Schaubild 8.1* mit dem Begriff der „symbolischen Normwelt“ als Teil der gesellschaftlichen Rahmenbedingungen benannt worden ist. Dass auch schwerstbehinderte Menschen ein Recht auf Förderung haben, dass „Aids alle angeht" und nicht nur Menschen mit vermeintlich risikohaftem Sexualverhalten und Drogenkonsum, dass Inklusion ein gesellschaftlicher Wert sein soll, der auch bei möglicherweise höheren Kosten realisiert werden soll, dass Chancengleichheit eine wichtige gesellschaftliche Herausforderung darstellt – solche und viele weitere normative Grundlagen in der Gesellschaft bilden die Folie, auf der sich sozialpolitische Entscheidungen herausbilden, die für die Existenz und die Handlungsbedingungen von Organisationen der Sozialen Arbeit bedeutsam sind. Daher bildet „Ideenmarketing" einen nicht zu vernachlässigenden Aspekt in den Marketingstrategien von Organisationen der Sozialen Arbeit.

Die methodischen Arbeitsanforderungen im Marketing lassen sich in drei Bereiche strukturieren (s. *Schaubild 8.2*) (vgl. Arnold 2009b; Moos/Peters 2008, S. 134ff.; Christa 2010):

- Umweltanalyse: Hier geht es um die Beantwortung der Frage, welche Leistungen die Umwelt bzw. verschiedene Interessenträger in der Umwelt aktuell und voraussichtlich künftig erwarten und wie sich die Organisation auf diese Erwartungen einstellen kann.
- Analyse der eigenen Organisation, ihrer Stärken und Schwächen und ihrer Wettbewerbsfähigkeit im Vergleich zu aktuellen und sichtbaren künftigen Konkurrenten auf dem „Markt".
- Erarbeitung von Zielen und Marketingstrategien im Hinblick auf Zielgruppen und auf Leistungsangebote unter Beachtung der „klassischen 4 P des Marketing": Product (Leistung), Price (Gegenleistung), Place (Absatzwege), Promotion (Kommunikation).

Die **Umweltanalyse** ist in der zentralen Leitfrage nach den aktuell und künftig wahrscheinlich von der Umwelt benötigten und angefragten Leistungen stark mit den Diskursen im Strategischen Management verknüpft (→ *Kap. 3.4*). Es sind politische und rechtliche (sozialrechtliche, arbeitsrechtliche, finanzierungsrechtliche etc.) Konstellationen und Entwicklungen in der Umwelt zu beobachten und im Hinblick auf die aktuelle und künftige Leistungserstellung zu bewerten. Die Beobachtung und Bewertung der soziokulturellen Umwelt richtet sich auf die Entwicklungen im Normengefüge der Gesellschaft und in der öffentlichen Meinung sowie auf mögliche Schlussfolgerungen für die Leistungsgestaltung und für die Präsentation der Organisation in der Öffentlichkeit und gegenüber Interessenträgern.

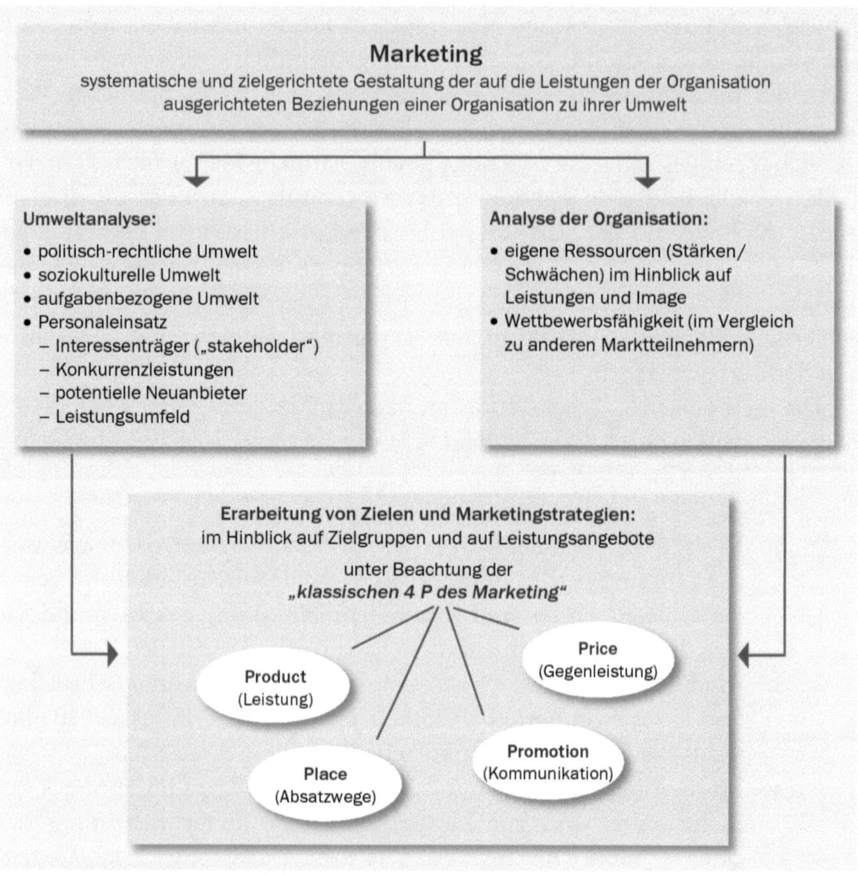

Schaubild 8.2: Arbeitsanforderungen des Marketing

Wichtig ist eine differenzierte Analyse der aufgabenbezogenen Umwelt einer Organisation. Eine große Bedeutung hat dabei die Analyse der Interessenträger („stakeholder"). Die Analyse der wichtigsten Interessenträger und die Einordnung der unterschiedlichen Interessenträger in eine Bedeutungspriorität sind für die strategische Ausrichtung des Marketing grundlegend: Denn hier entscheidet die Organisation, welchen Akteuren aus der Umwelt sie im Hinblick auf ihre Existenz mehr oder weniger Macht zuschreibt, welche Prioritäten sie daher bei ihren Marketingentscheidungen vornehmen will und mit welchen Inhalten sie entsprechend der als hoch gewichteten Anforderungen bestimmter Interessenträger ihre Leistungen gestalten und ihre Außenpräsentation prägen will. Eine solche Analyse ist auch deswegen besonders wichtig, weil „es sich bei den Stakeholdern um eine Mehrzahl von Personen bzw. Institutionen handelt, die unterschiedliche und möglicherweise auch widersprüchliche Interessen verfolgen" (Arnold 2009b, S. 553) und weil solche Widersprüchlichkeiten gut abzuwägen sind im Rahmen einer Marketingstrategie. Die Vielfalt möglicher Interessenträger im Umfeld einer Organisation der Sozialen Arbeit lässt sich anhand der von Arnold (2009b) vorgeschlagenen Differenzierung gliedern. Arnold unterscheidet vier Typen von Interessenträgern, denen er unterschiedliche Macht bzw. Bedeutung für die Organisation zuordnet:

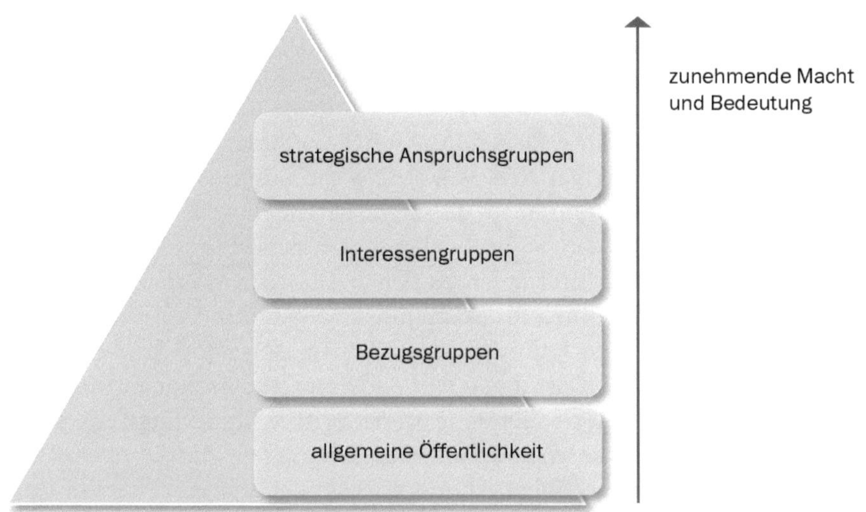

Schaubild 8.3: Struktur der Interessenträger im Umfeld einer Organisation der Sozialen Arbeit (Arnold 2009b, S. 565)

„Strategische Anspruchsgruppen" sind solche, die mit ihren eigenen Entscheidungen eine große Macht ausüben und damit die Entscheidungsprozesse in einer Organisation der Sozialen Arbeit maßgeblich beeinflussen. Managementakteure können strategische Anspruchsgruppen samt deren Meinungen und Entscheidungen nicht ignorieren. Von den Akteuren der strategischen Anspruchsgruppen werden entweder Finanzierungsentscheidungen oder für die Finanzierung einer Organisation maßgebliche Vorentscheidungen getroffen. Zu den *Interessengruppen* „zählen diejenigen stakeholder, die einen hohen Willen zur Machausübung artikulieren, deren tatsächliche Macht allerdings begrenzt ist" (Arnold 2009b, S. 565). Hier sind häufig diejenigen zu finden, die in einem geregelten Kontakt zu Angehörenden der strategischen Anspruchsgruppen stehen und die deren Entscheidungen mittelbar beeinflussen können. Die in der dritten Gruppe *(„Bezugsgruppen")* gefassten Interessenträger sind noch weiter vom Machtzentrum der Entscheidungen entfernt. Sie beeinflussen in gewisser Weise die Akteure bei den Interessengruppen, dringen aber kaum zu den Entscheidungsträgern bei den

strategischen Anspruchsgruppen vor. Sie sind aber häufig bedeutsam für das Meinungsklima, innerhalb dessen sich eine Organisation in ihrem sozialräumlichen Umfeld bewegt, und sind daher für eine Unterstützung der Anliegen einer Organisation nicht ganz unwichtig. Unspezifisch wird dann die vierte Kategorie der *„allgemeinen Öffentlichkeit"* (Nachbarschaft einer Einrichtung, Presse, „was in der Bevölkerung so gedacht wird über die Einrichtung" …). In der Pyramidenform des Schaubilds wird deutlich, dass nach oben hin mit wachsender Macht die Anzahl der jeweiligen potentiellen Interessenträger immer geringer wird.

Die Aufteilung in die vier Typen von Interessenträger ist selbstverständlich nicht trennscharf, und es bestehen auch keine „objektiven Kriterien", wer aus dem Umfeld einer Einrichtung welchem dieser Typen zuzuordnen ist. Die Differenzierung hat eine heuristische Funktion: Sie soll helfen, einzelne Interessenträger in ihren auf die Organisation einwirkenden Machtpotentialen zu unterscheiden. Sie soll daher eine Orientierungshilfe bieten für organisationsinterne Erörterungen zu den Interessenträgern und zu deren unterschiedlicher Bedeutung für Marketingstrategien der Organisation.

Weitere Analysen im Rahmen der aufgabenbezogenen Umwelt richten sich auf die Konkurrenzleistungen von anderen Organisationen im Handlungsfeld oder von Organisationen in angrenzenden Handlungsfeldern, die möglicherweise durch deren Angebote eine Konkurrenz für die eigene Leistung erzeugen könnten („Substitutionsleistungen"). Eine Analyse von Konkurrenzleistungen auf beiden Ebenen (von Organisationen im eigenen Handlungsfeld oder mögliche Substitutionsleistungen von Organisationen anderer Handlungsfelder) sollten frühzeitig analysiert und im Vergleich zur eigenen Leistung (selbstkritisch) bewertet werden, um sich frühzeitig strategisch darauf einstellen zu können. Ähnliches gilt für die Erwägung, ob möglicherweise bereits erkennbare Potentiale von Neuanbietern vorhanden sind, mit denen man in naher Zukunft rechnen kann.

Ein weiteres Feld der Umweltanalyse ist durch das Leistungsumfeld der jeweils von einer Organisation erbrachten Leistungen gegeben. Es ist davon auszugehen, dass ein Großteil der Leistungen in der Sozialen Arbeit in ein Leistungsumfeld eingebettet ist und dass Veränderungen in diesem Leistungsumfeld markante Folgen für die Leistungserstellung einer bestimmten Organisation haben. So bringen z. B. Veränderungen in der schulischen Ganztagsbetreuung Folgen mit sich für Einrichtungen der offenen Kinder- und Jugendarbeit, für Horte, für Tagesgruppen in der Erziehungshilfe. Eine Veränderung der Inklusionspraxis von Schulen wird Auswirkungen auf die Kinder- und Jugendhilfe haben. Ein Aufgabenzuwachs im ASD der Jugendämter, der nicht mit einer entsprechenden Ausweitung des Personalbestandes beantwortet wird, wird die Träger ambulanter Erziehungshilfen verstärkt mit Anforderungen zur sozialpädagogischen Diagnostik konfrontieren.

Viele weitere Beispiele für solche Verknüpfungen mit einem Leistungsumfeld könnten angeführt werden. Für das Marketing einer Organisation stellt sich die Anforderung, solche Entwicklungen im Leistungsumfeld frühzeitig wahrzunehmen und zu beobachten, um daraus Schlussfolgerungen zu ziehen für die eigene Leistungsgestaltung.

Der zweite Schwerpunkt im methodischen Vorgehen des Marketing richtet sich auf die **Analyse der eigenen Organisation.** Hier geht es zum einen um die systematisierte Bewertung von Stärken und Schwächen einer Organisation, z.B. im Hinblick auf das Image, die finanziellen Potentiale, die Personalstruktur, die räumlichen Bedingungen und sachlichen Gegebenheiten, die fachliche Innovationsfähigkeit, den Stand des betriebswirtschaftlichen Controlling, die fachbezogene Reflexionsbereitschaft (z.B. im Stand des Qualitätsmanagements) etc. Dabei sollten die Stärken nicht nur aus einem „internen Blick" betrachtet werden, sondern die als „Stärken" eingeschätzten Wertungen sollten auch in der Wahrnehmung der Leistungsadressaten und der wichtigsten Interessenträger relevant sein: „Stärken müssen ‚sichtbar' sein, also auch von Kunden als solche erkannt werden." (Christa 2010, S. 103) Die Anforderung, die eigene Wettbewerbsfähigkeit im Vergleich zu anderen „Marktteilnehmern" einzuschätzen, ist sicherlich schwer zu realisieren und mit vielen Hypothesen verbunden. Denn das Wahrnehmen der jeweils anderen erfolgt immer selektiv und mit einem begrenzt zuverlässigen Blick, sodass die eigene Positionierung im Vergleich zu Konkurrenten immer nur tastend erfolgen kann. Aber es ist sinnvoll, auch einen solchen tastenden Blick auf das Konkurrenzumfeld zu werfen, um die Konkurrenten und Annahmen zu deren möglichen Stärken und Schwächen in die eigene Strategie einzubeziehen.

Die aus der Umweltanalyse und der Analyse der eigenen Organisationen zu entwickelnden, auf spezifische Interessengruppen ausgerichteten Marketingstrategien sind operativ so auszugestalten und zu konkretisierenden, dass sie die Anregungen aufnehmen, die in den **„4 klassischen P des Marketing"** angesprochen werden.[42] Die Anforderungen im Rahmen dieser „4 P" sind (vgl. auch Christa 2010 und 2012; Kortendieck 2011, S. 101ff.):

42 Die hier benannten „4 klassischen P" sind mittlerweile in einigen Veröffentlichungen zum Marketing durch „zusätzliche P" erweitert worden: Personalpolitik, Prozessmanagement, Physical Facilities (Ausstattung) (s. Moos/ Peters 2008, S. 145ff.; Birzele/ Thieme 2007, S. 101ff.). In der Ausweitung zeigt sich die bereits erwähnte Neigung, Marketing zu verallgemeinern und als dominantes Managementfeld zu installieren. Die Skepsis gegenüber solchen Konzipierungen vom Marketing führt dazu, dass hier die Darstellung zum operativen Teil des Marketing auf die „klassischen 4 P" beschränkt bleibt.

- **Leistungen der Organisation („Product“):** Auf der Grundlage einer Analyse von Leistungen (Finanzierungen, Qualitätsanforderungen, Legitimationsanforderungen) und Ansprüchen der Austauschpartner in der Umwelt soll die „Leistungspolitik“ der Einrichtung festgelegt werden („Was sollten wir anbieten?“ „Welches Angebotsprofil sollten unsere Leistungen haben?“). Es soll Transparenz im Hinblick auf die Leistungen erzeugt werden („Welche Leistungen kann man bei uns für welchen Preis erwarten und wo sind die Grenzen der einzelnen Leistungsangebote?“). Dabei sollen Qualitätskriterien definiert werden („Mit welchen konkreten Qualitätsversprechen wollen wir unser Angebot gegenüber den Interessenträgern präsentieren?“).
  Insbesondere die Transparenz ist ein wichtiges Element für die Leistungspolitik einer Organisation; denn durch unklare Leistungen und unklare Leistungsgrenzen werden möglicherweise falsche Erwartungen hinsichtlich einer Leistung erzeugt mit der Folge, dass wichtige „Kunden“ der Organisation aus Enttäuschung keine oder reduzierte Leistungsaufträge an die Einrichtung geben. Beispiel: Eine Einrichtung der stationären Erziehungshilfe, die diffus „Elternarbeit“ als Element im Leistungsprofil der Einrichtung hervorhebt, erzeugt möglicherweise die Erwartung beim ASD, dass dort Kinder mit der Option einer Rückkehr in die Herkunftsfamilie unterzubringen seien und die Einrichtung die Elternarbeit zur Verbesserung der Erziehungsbedingungen in der Herkunftsfamilie übernehme, und zwar zum regelhaften Leistungsentgelt/ Tagessatz der Einrichtung. Die Einrichtung meint jedoch mit „Elternarbeit“ nicht eine solche intensive Zusammenarbeit mit der Herkunftsfamilie des Kindes, sondern die „normale Kontaktarbeit“ mit den Eltern als den Bezugspersonen des Kindes; eine intensive Arbeit an den Erziehungsbedingungen der Herkunftsfamilie wird zum normalen Tagessatz für nicht realisierbar gehalten. Die Einrichtungsakteure sehen das intensive Arbeiten mit den Eltern als Aufgabe des ASD an, während der ASD auf das von ihm interpretierte „Leistungsversprechen“ der Einrichtung vertraut und damit implizit „intensive Elternarbeit“ von der Einrichtung erwartet. Das Missverständnis und die Enttäuschungen sind vorprogrammiert – mit der Folge einer künftigen geringeren Inanspruchnahme der Leistungen der Einrichtungen durch den ASD: ein durch mangelnde Leistungstransparenz erzeugtes Problem, das durch ein angemessenes Marketingdenken hätte vermieden werden können. Das, was mit „Elternarbeit“ gemeint ist und mit dem normalen Leistungsentgelt abgegolten wird, hätte genauer charakterisiert werden müssen. Die Schnittfelder zwischen einem operativen Marketing im

Rahmen der „Leistungspolitik" mit der fachlichen und der organisationsbezogenen Steuerung sind offenkundig.

- **Preis und Gegenleistungen der Austauschpartner („Price"):** Zu erörtern ist insbesondere, welche Gegenleistungen von Austauschpartnern erwartet werden können. Dazu gehört zum einen die Überlegung, ob ein bestimmter „Zielpreis" (mit entsprechenden „Zielkosten") unter dem Aspekt der Zahlungsbereitschaft von Interessenträgern zu kalkulieren wäre. Wenn für bestimmte Angebote keine Leistungsfinanzierer zu finden sind, weil diese den Preis angesichts ihrer eigenen Finanzsituation für zu hoch bzw. nicht bezahlbar halten, kann das Angebot qualitativ noch so gut sein; es wird aufgrund mangelnder Nachfrage nicht realisiert werden können. Und wenn z. B. in einem Jugendamt die Regel herrscht, dass Heimunterbringungen bis zu einem Tagessatz von X Euro vom ASD selbst entscheiden werden dürfen und oberhalb dieses Preises die Zustimmung der Leitungsperson eingeholt werden muss, so muss sich eine Einrichtung gut überlegen, ob sie zur Verbesserung ihrer Belegungschancen den eigenen Preis unterhalb dieses Wertes kalkuliert, wenn etwa auch andere Träger eine ähnliche Strategie praktizieren. Ferner ist zu erörtern und zu entscheiden, auf welche Weise Preise entsprechend den unterschiedlichen Leistungsintensitäten und Leistungsinhalten differenziert und nach außen transparent gemacht werden können (mit entsprechenden Auswirkungen auf das innerorganisatorische Controlling). In das Preiskalkül einzubeziehen ist auch die Beobachtung und Bewertung des Preis-Leistungs-Verhältnisses unter Abwägung der Preise von Konkurrenzanbietern. Die Nähe dieses Marketingkomplexes zu Fragen der ökonomischen Steuerung ist offenkundig.

- **Absatz der Leistungen („Place"):** Der Absatz, die „Distributionspolitik" ist nicht im engeren Sinne, sondern nur in der sinnentsprechenden Übertragung auf die Soziale Arbeit zu interpretieren. Fragen des „Absatzes" von sozialen Dienstleistungen werden u. a. entschieden über die Standortwahl für das eigene Leistungsangebot. Ebenso wichtig ist die Frage, wie die räumliche und mentale Distanz zum potentiellen Nutzer überwunden werden kann – eine Frage, die in der Sozialen Arbeit meist über die Vokabel „Niedrigschwelligkeit der Zugangswege" diskutiert wird. Die Leistung soll so gestaltet und präsentiert werden, dass sie aus der Sicht und im Erleben der Leistungsadressaten tatsächlich nutzbar wird, dass also die Leistungsadressaten einen räumlichen und einen inneren, mentalen Zugang zu der Leistung finden können. Ebenso geht es um die Überbrückung von Zeitdistanzen (z.B. geringe (Wartezeiten) oder um das Festlegen adäquater, für die Zielgruppen nutzbarer Öffnungszeiten (z.B. für Beratungsstellen oder für Jugendfreizeiteinrichtungen). In die Erörterung zur Distribution der Leistungen gehört ebenfalls die Gestaltung der atmosphärischen Bedingungen (Raumgestaltung, Ausstattung). Auch bei der Gestaltung der „Absatzwege“ werden Aspekte der fachlichen und der organisationsbezogenen Steuerung thematisiert. Ein weiterer Aspekt zielt eher auf die interorganisationale Kooperation (→ *Kap. 8.3*): die Suche nach „Absatzmittlern“ (Christa 2010, S. 184ff.). Dies sind solche Personen oder Organisationen, die bei ihren eigenen Tätigkeiten Kontakte zu potentiellen Leistungsadressaten haben und die diese auf die Leistungen der Organisation aufmerksam machen oder auf diese werbend hinweisen können. Dafür bedarf es der relativ kontinuierlichen Information der „Absatzmittler“ über die Leistungen der Organisation und der Vertrauensbildung hinsichtlich der Qualität dieser Leistungen.

- **Öffentlichkeitsbezogene Kommunikation („Promotion“):** Dies ist der Teil, auf den im Alltagsverständnis das Marketing häufig verkürzt wird: Öffentlichkeitsarbeit für die Organisation und für deren Leistungen. Die allgemeine und zielgruppenbezogene Öffentlichkeitsarbeit erfolgt über unterschiedliche Medien (Druckerzeugnisse, Internet-Seiten, Zusammenarbeit mit der Presse, Informationsveranstaltungen, Nutzung von Kommunikationen über Social Media). Eine solche Öffentlichkeitsarbeit soll einerseits zielgruppen- bzw. stakeholderspezifisch ausdifferenziert werden; andererseits ist darauf zu achten, dass die Organisation Einheitlichkeit im Auftreten wahrt. Die Organisation muss bei aller Differenzierung in der Kommunikationsstrategie in ihren Äußerungen problemlos und einschränkungslos von verschiedenen Kommunikationsadressaten als *eine* Organisation wahrnehmbar sein. Das bereits erwähnte „Ideenmarketing“, mit dem versucht wird, auf elementare gesellschaftliche Wertvorstellungen Einfluss zu nehmen, die für die Existenz von Organisationen Sozialer Arbeit bedeutsam sind, kann ebenfalls in diesen Teil des Marketing eingeordnet werden.

  Damit einher gehen aber auch die Prägung und die Präsentation eines „Profils“ der Organisation, also einer Gestalt, die die Organisation unterscheidbar macht gegenüber anderen Leistungsanbietern im ähnlichen Arbeitsfeld und in der gleichen Region (gegenüber „Konkurrenten“). In der Sprache des Marketing würde das heißen: Die Einrichtung und ihre Leistungen möglichst zu einer „unverwechselbaren Marke“ zu machen, die auf einer herauszuarbeitenden „corporate identity“ gründet (vgl. dazu Christa 2010, S. 268 ff.; Lichtsteiner u. a. 2013, S. 210 ff.; Kiessling/ Babel 2011). Strategien der Corporate Identity zielen darauf ab, in der Darstellung nach außen ein bestimmtes Image einer Organisation zu erzeugen, mit dem die Organisation erkennbar und gegenüber anderen Organisationen unterscheidbar wird; die Erkennbarkeit des Profils der Organisation wird ebenso markiert durch ein relativ einheitliches Auftreten aller Organisationsteile. Der Begriff „Identity“ verweist darauf, dass dieses Image, wenn es markant nach außen wirken soll, nicht nur ein äußerer Schein sein darf, sondern in der „Identität“ der Organisation verankert sein muss; das, was als „Botschaft“ in der Kommunikation nach außen intendiert ist, muss auch im Inneren der Organisation eine Grundlagen haben. Da Organisationen sich ihrer Umwelt besonders einprägsam durch das Handeln der Organisationsmitglieder mitteilen, muss die Organisation dafür sorgen, dass sich die Corporate Identity im Verhalten der Mitglieder, in einem adäquaten „corporate behavior“ widerspiegelt, somit durch Sinneseindrücke bestätigt und gefestigt wird.

Neben dem Corporate Behavior bietet das „corporate design“ einen weiteren elementaren Verankerungspunkt für eine sinnliche Wahrnehmbarkeit der Corporate Identity. Das Corporate Design hat zwei Funktionen. Zum einen sollen über einen einheitlichen visuellen Auftritt (Logo, Schriftzüge bei Veröffentlichungen, Farben, Symbole – bis hin zur architektonischen Gestaltung oder zur Ausgestaltung von Räumen) die optische Wiederkennbarkeit der Organisation und die Zuordnung einzelner Organisationsteile zur Gesamtorganisation gefördert werden; eine kohärente Wahrnehmung der Organisation und ihrer Teil wird angestrebt. Zum anderen soll zumindest der Versuch unternommen werden, in den Elementen des Corporate Design bestimmte Aspekte der Corporate Identity in ein optisches Signal zu „übersetzen“, also etwas von der inhaltlichen oder normativen Ausrichtung in einer symbolhaft zugespitzten Form wahrnehmbar werden zu lassen; Beispiele sind etwa die Architektur und die Farbgestaltung in anthroposophischen Einrichtungen (Waldorf-Kindergärten u. a.) oder die im Jahr 2007 vom Paritätischen Wohlfahrtsverband vorgenommenen Auswechselung des Logos (*Schaubild 8.4*).

Beispiel für Marketingstrategie im „corporate design“:
Paritätischer Wohlfahrtsverband

Der Paritätische Wohlfahrtsverband präsentiert sich seit Oktober 2007 mit einem neuen Corporate Design. Das offizielle Logo des Verbandes ist seitdem ein rotes Gleichheitszeichen in einem blauen Rahmen.

„Dieses Signet symbolisiert hervorragend den Grundgedanken der Parität“, so Hauptgeschäftsführer Ulrich Schneider. „Es steht für die Gleichwertigkeit von Ungleichem, für das Recht auf gleichen Respekt und gleiche Chancen.“ Dieser Gedanke bewog die Verbandsgremien, nach mehr als vier Jahrzehnten Abschied vom alten Verbandslogo zu nehmen. Dessen blaue Rautenstruktur war abgeleitet von der Abkürzung VWV, die auf die historische Bezeichnung ‚Fünfter Wohlfahrtsverband‘ Bezug nahm.

Schaubild 8.4: Beispiel für „corporate design“ – Logo des Paritätischen Wohlfahrtsverbandes

Solche Strategien der Corporate Identity verweisen auf zwei bedeutsame Anforderungen, die an das Marketing im Hinblick auf die öffentlichkeitsbezogene Kommunikation („Promotion“) zu richten sind. Zum einen wird die Kommunikation nach außen nur dann die gewünschten Kommunikationseffekte nach sich ziehen können, wenn das, was nach außen hin kommuniziert wird, auch im Innern der Organisation eine Entsprechung hat, also wenn die Kommunikationsinhalte von den Empfängern der Kommunikation als glaubwürdig angesehen werden können. Zum anderen bedarf es – wie bei anderen Steuerungsbereichen – der kontinuierlichen Beobachtung und Überprüfung, ob die proklamierte Corporate Identity sich noch ausreichend im Verhalten und in den Haltungen der Organisationsmitglieder widerspiegelt, ob die Kommunikationsinhalte und die Kommunikationsformen noch die Realität der Organisation abbilden und ob die „Markenversprechen“, die man gegenüber der Umwelt abgibt, in der Praxis des Organisationshandelns angemessen eingehalten werden können. Denn kaum etwas ist schädlicher für die Umweltbezüge einer Organisation, als wenn Proklamationen und erlebte Realität von Akteuren in der Umwelt markant als divergent erlebt werden und die Organisation dadurch in den Augen bedeutsamer Interessenträger (Stakeholder) als unzuverlässig erscheint.

Übungs- und Reflexionsaufgaben

1. Was bedeutet der Satz „Jede Organisation konstruiert sich ihre Umwelt selbst.“? Welche Elemente/ Ebenen lassen sich bei den Konstituierungen der Umwelt einer Organisation unterscheiden? Konkretisieren Sie für eine bestimmte Organisation die Umwelt entsprechend den drei Umwelt-Ebenen!
2. Wie kann eine Organisation die Anforderung umsetzen, bei den Interorganisationsbeziehungen „Systemvertrauen“ zu erzeugen bzw. das Vertrauen der Umwelt in Organisationsmitglieder zu überführen in ein Vertrauen in die Organisation?
3. Welche Möglichkeiten ergeben sich für Organisationen der Sozialen Arbeit, Einfluss zu nehmen auf die für ihre Arbeit relevanten sozialpolitischen Rahmenbedingungen? Konkretisieren Sie dies für einige Handlungsfelder (z. B. Jugendzentren, Suchtberatungsstellen, Frühförderstellen, stationäre Erziehungshilfe ...)!
4. Warum ist eine gelingende Kooperation zwischen verschiedenen Organisationen eher als „ein Glücksfall“ anzusehen? Auf welche Weise sollte über Managementhandeln versucht werden, einen solchen „Glücksfall“ wahrscheinlicher zu machen?
5. „Marketing ist mehr als Werbung.“ Charakterisieren Sie Sinn und Bedeutung von Marketing für die Gestaltung der Bezüge einer Organisation der Sozialen Arbeit zu ihrer Umwelt!
6. Warum sollten Organisationen der Sozialen Arbeit Marketingdenken und Marketingstrategien in ihr Management einbeziehen, obwohl in der Sozialen Arbeit kein „Markt“ wie z. B. auf dem Sachgütermarkt existiert?
7. Führen Sie für eine bestimmte Organisation der Sozialen Arbeit eine Analyse der Interessenträger in der Differenzierung des Schaubilds 8.3 durch. Sammeln Sie verschiedene Interessenträger und begründen Sie, warum Sie welche Interessenträger in der Bedeutungs- und Machtskala positionieren!
8. Was bedeuten die „klassischen 4 P“ des Marketing für die Erarbeitung von Marketingstrategien in Organisationen der Sozialen Arbeit? Konkretisieren Sie die „4 P“ im Hinblick auf ein bestimmtes Handlungsfeld (Kindertageseinrichtungen, Erziehungsberatungsstellen, Werkstätten für Menschen mit Behinderungen, Drogenberatungsstellen ...): Nennen Sie für jedes der „4 P“ mindestens zwei Anforderungen, die für eine Marketingstrategie der Organisation bedeutsam sind!

Zum vertiefenden Weiterlesen

Christa, H. (2010): Grundwissen Sozio-Marketing. Konzeptionelle und strategische Grundlagen für soziale Organisationen. Wiesbaden (VS-Verlag)

Merchel, J. (2010): Sozial- und Jugendhilfeplanung. In: Thole, W. (Hrsg.), Grundriss Soziale Arbeit. Ein einführendes Handbuch. 3. Aufl., Wiesbaden (VS-Verlag), S. 743-758

Merchel, J./ Reismann, H. (2004): Der Jugendhilfeausschuss. Eine Untersuchung über seine fachliche und jugendhilfepolitische Bedeutung am Beispiel NRW. Weinheim/ München (Juventa-Verlag)

Santen, E. van/ Seckinger, M. (2003): Kooperation: Mythos und Realität einer Praxis. Eine empirische Studie zur interinstitutionellen Zusammenarbeit am Beispiel der Kinder- und Jugendhilfe. München (DJI-Verlag)

Santen, E. van/ Seckinger (2005): Fallstricke im Beziehungsgeflecht: die Doppelebenen interinstitutioneller Netzwerke. In: Bauer, P./ Otto, U. (Hrsg.), Mit Netzwerken professionell zusammenarbeiten. Band II: Institutionelle Netzwerke in Steuerungs- und Kooperationsperspektive. Tübingen (DGVT-Verlag), S. 201-219

Kapitel 9
Leitung als Steuerungsfunktion in Organisationen der Sozialen Arbeit

■ Das Bild von „Leitung“ und deren Aufgaben kann als ein Spiegelbild des zugrunde liegenden Verständnisses von „Organisation“ angesehen werden. Einem systemtheoretisch inspiriertem Organisationsverständnis entspricht ein Konzept von Leitung, das sich vom Bild des/der „Machers/ Macherin“ oder der „charismatischen Persönlichkeit“ absetzt und sich demgegenüber auf „Anregungen zur Selbststeuerung des Systems“ und „Kontextsteuerung“ ausrichtet. Leitung hat die Aufgabe, dafür zu sorgen, dass die Organisation und das Handeln in der Organisation durch Entscheidungen eine Richtung erhalten. Leitung markiert einen transparent zu definierenden und positional zu verankernden Ort in der Organisation, an dem Steuerungsanforderungen zusammenlaufen. Mit der Leitungsposition ist Machtpotential, aber auch Verantwortung verbunden. Die Leitungsaufgaben in einer Organisation lassen sich charakterisieren in vier Vokabeln: entscheiden, gestalten, Reflexion fördern, verbinden – dies sowohl im Innern der Organisation als auch in den Bezügen der Organisation zu ihrer Umwelt. Eine Leitungsperson muss nicht „alles selbst machen“, aber gewährleisten, dass die Leitungsfunktionen und –aufgaben realisiert werden. Leitung umfasst gleichermaßen personenbezogene wie strukturbezogene Leitungsaktivitäten. Eine zentrale Anforderung an Leitung besteht in der balancierenden Bewältigung von Spannungsfeldern und Paradoxien.
Leitungspersonen sollten Analyse- und Planungskompetenzen, Interaktions- und Kommunikationskompetenzen sowie Reflexions- und Evaluationskompetenzen differenziert im Hinblick auf die verschiedenen Steuerungsbereiche entwickeln. Leitungspersonen sollten sich Möglichkeiten zur Selbstreflexion im Hinblick auf die eigene Rollengestaltung schaffen.
Die organisationspsychologischen Konzepte zum „guten Führungsstil“ lassen sich zu drei Mustern bündeln: Eigenschaftstheorien des „Führens“, verhaltenswissenschaftliche Ansätze, situationsorientierte Ansätze. Die Versuche, situationsübergreifend und prognostisch Anhaltspunkte für einen „guten Führungsstil“ zu proklamieren, überzeugen nicht. Stattdessen: Die Wahrscheinlichkeit eines angemessenen Leitungsverhaltens steigt, wenn die Leitungsperson in der Lage ist, eine Reflexion zur Leitungssituation in Verbindung zu bringen mit einer Selbstreflexion zu Aspekten der eigenen Persönlichkeit, die möglicherweise für das Verhalten in der jeweiligen Leitungssituation bedeutsam werden.

In den vorangegangenen Kapiteln war von Steuerungsanforderungen in den verschiedenen Steuerungsbereichen, von den notwendigen Managementleistungen die Rede, die in einer Organisation der Sozialen Arbeit realisiert werden müssen, damit die Organisation die Grundlagen für ihre Existenz schafft und die Wahrscheinlichkeit einer für die weitere Existenz förderlichen guten Arbeit erhöht wird. Damit sind die sachlichen Managementaufgaben und die darin enthaltenen, differenzierter zu betrachtenden Managementanforderungen charakterisiert worden. Gegenstand der Erörterungen war also „Management im funktionalen Sinn" (→ *Kap. 2.1*). Diese in der Charakterisierung von Managementaufgaben enthaltene sachliche Perspektive muss von Organisationsmitgliedern umgesetzt werden, die innerhalb der Organisationsstruktur dafür beauftragt und legitimiert sind und denen eine hervorgehobene Verantwortung für solche Aufgaben des Managements zugeordnet worden ist („Management im institutionalen Sinn"; → *Kap. 2.1*; Management als positional im Organisationsgefüge verankerte personale Zuordnung). Die Umsetzung obliegt also der Leitung als einer in der Organisationsstruktur ausdifferenzierten Funktion mit entsprechender Leitungsmacht und Leitungsverantwortung, die von Personen ausgeübt und wahrgenommen wird, die diese Steuerungsfunktionen möglichst produktiv zur Existenzsicherung der Organisation realisieren sollen.

In diesem Kapitel sollen diese Leitungsfunktion und die mit der Wahrnehmung dieser Funktion verbundenen Anforderungen an die entsprechenden Leitungspersonen im Mittelpunkt stehen. Der Charakter eines einführenden Lehrbuchs macht eine Beschränkung auf einige wenige Aspekte zum Thema „Leitung in Organisationen der Sozialen Arbeit" erforderlich (ausführlicher s. Merchel 2010d; an einem Beispiel ausführlich erörtert und konkretisiert in Merchel 2010b). Zunächst sollen die Position der Leitung und der damit verbundenen Aufgaben charakterisiert werden: Was macht die „Steuerungsverantwortung" von Leitung aus? Welche Voraussetzungen müssen in einer Organisation gegeben sein, damit die Funktion der Leitung von den damit beauftragten Personen adäquat ausgeübt werden kann? (*Kap. 9.1*) In einem zweiten Schritt geht der Blick von der Organisation weg und stärker zu den Leitungspersonen: Welche Kompetenzen benötigen Leitungspersonen für eine adäquate Bewältigung ihrer Managementaufgaben? Welche Annahmen über erforderliche Kompetenzen und daraus zu entwickelnde Kriterien lassen sich einer Diskussion über „mehr oder weniger gute Leitung" zugrunde legen? (*Kap. 9.2*) Wenn man über „gute Leitung" nachdenkt, so gerät neben den Kompetenzen auch die Handlungsebene in den Blick. Die Handlungsebene wird thematisiert in der traditionellen Frage nach einem angemessenen „Führungsstil": Lassen sich organisationübergreifend Eckpunkte für ein gutes Leitungsverhalten, für einen „guten Führungsstil" proklamieren? (*Kap. 9.3*) In diesem Dreischritt – organisationsstrukturelle Voraussetzungen; Kompetenzen bei Personen; Verhalten von Personen in Leitungspositionen – sollen einige Orientierungspunkte markiert werden für eine produktive Umsetzung der in den vorangegangenen Kapiteln entwickelten Managementanforderungen in den verschiedenen Steuerungsbereichen bei Organisationen der Sozialen Arbeit.

9.1 Position und Aufgaben von Leitung sowie organisationsstrukturelle Bedingungen zu ihrer Realisierung

Welches Verständnis von den Aufgaben der Leitungspersonen man hat, was man von Leitung erwartet, welche Vorstellungen von „guter Leitung" in einer Organisation existieren und sich in Erwartungen und Anforderungen an Leitungspersonen niederschlagen – dies steht in unmittelbarer Verbindung zu dem Bild von „Organisation", das man entwirft und für plausibel hält (→ *Kap. 2.4.1*). Wenn man Organisationen in der Maschinenmetapher denkt, wird man an Leitung die Anforderung haben, die richtigen Hebel zu finden und durch zielgerichtete Steuerungsimpulse (Anordnungen, Anweisungen, Verfahrensstandards setzen und überprüfen, Strukturen schaffen etc.) die Organisation zielgerichtet und möglichst zielgenau zu steuern; Leitung wird daran gemessen, ob sie „den Laden im Griff hat". Wenn man dagegen z.B. Organisation als einen „Organismus" ansieht, wird man von Leitung erwarten, dass sie sich vornehmlich um den Rahmen für ein organisches Wachstum kümmert, dass möglichst harmonische Passungen zwischen den verschiedenen Individuen und Gruppen in einer Organisation geschaffen werden, die ein organisches Sich-Entwickeln ermöglichen. Das (implizite und explizite) Konzept von „Leitung" stellt somit „ein Spiegelbild des jeweils zugrunde liegenden Organisationsverständnisses" dar (Wimmer 2009, S. 20).

In dem grundlegenden Organisationsverständnis, das den Ausführungen in diesem Buch zugrunde liegt (→ *Kap. 2.4.2*), werden Organisationen verstanden als sich selbst organisierende soziale Systeme, die sich auf die Bearbeitung bestimmter Aufgaben ausrichten, die für ihre Umwelt bedeutsam sind und für deren Bearbeitung die Organisation die für ihre Existenz erforderlichen Ressourcen erhalten kann; dabei entwickelt die Organisation eigene differenzierte Logiken und Eigenheiten, die im System steuernd wirken und die die Organisation von anderen Organisationen in ihrer Umwelt unterscheidbar macht. In einem solchen Organisationsverständnis steht Leitung vor einem elementaren Paradox: Sie beabsichtigt Steuerung in einem nach eigener Logik funktionierenden und auf die eigene Logik (Routinen, Sichtweisen, Wahrnehmungsmodalitäten, Interpretationsweisen etc.) zunächst einmal fixierten („selbstreferentiellen"), sich selbst organisierendem System. Obwohl eine Organisation sich in ihrer komplexen Eigendynamik nicht linear (zielgenau, in kalkulierbaren Ziel-Mittel-Impulsen) steuern lässt, müssen Leitungspersonen Einfluss auf die Organisation ausüben. Es bedarf daher eines reflexiven Steuerungsverständnisses, wie es in *Kapitel 2.5* dargelegt wurde: Leitung als Bemühen um möglichst anschlussfähige Impulse, die die Selbststeuerung des Systems anregen, und als Modus der „Kontextsteuerung", bei dem auf Konstellationen einzuwirken versucht wird, die im Umfeld einer Steuerungsabsicht bedeutsam sind, um auf diese Weise die Organisationsakteure zu veranlassen, sich mit einem bestimmten Thema oder einer bestimmten Steuerungsabsicht auseinanderzusetzen. Leitungsinterventionen haben den Charakter eines Versuchs, „ein lebendes System in eine gewünschte Richtung zu verführen" (Seliger 2013, S. 84).

Damit dürfte deutlich sein: Ein Verständnis, nach dem Leitung eine Position für „Macher/innen" darstellt, die an der Erwartung gemessen werden, dass und ob sie „ihre" Organisation „in den Griff bekommen oder im Griff haben", ist genauso unangemessen wie Vorstellungen, die sich von einer „charismatischen Persönlichkeit" ein Optimum an Leitungserfolg versprechen. Beide Erwartungen, die auf „Macher/innen" und auf „charismatische Persönlichkeiten" gerichteten, vermögen die Systemdynamik von Organisationen nicht adäquat aufzunehmen und bauen Anforderungen an die Inhaber von Leitungspositionen auf, an denen diese zwangsläufig scheitern müssen. Trotz der im Alltag erlebten Komplexität von Organisationen werden immer noch „heroische" Bilder von Leitung entworfen – nicht immer offen, sondern in anderen Vokabeln versteckt und vermeintlich aufgeklärter wie z.B. im Begriff „Leadership", der auch in Veröffentlichungen zur Leitung in Organisationen der Sozialen Arbeit als Leitorientierung proklamiert wird (Eurich/ Brink 2009; Simsa/ Patak 2008; Fröse 2013).

Trotz der Bemühungen um Differenzierung wird in der Debatte um „Leadership" letztlich implizit Komplexitätsreduktion betrieben und daran eine Hoffnung auf wirkungsvolle Steuerung verknüpft: Man hält Ausschau nach Personen mit „Leader-Qualität", „die für Überblick sorgen, visionär in die Zukunft schauen und das entsprechende Zutrauen mobilisieren, indem sie signalisieren, die Dinge im Griff zu haben, die Mitarbeiter um sich scharen und ihnen eine Vorstellung vom ‚richtigen Kurs' vermitteln" (Krusche 2008, S. 107). Die Komplexität der Gestaltungsdynamik im sozialen System „Organisation" wird durch Reduktion auf „Leadership", auf eine Ausrichtung auf die Gestalt „Leader" bearbeitet – eine „heroisch" konzipierte Figur des Hoffnungsträgers, deren Scheitern aufgrund der unrealistischen Erwartungen in den meisten Fällen vorprogrammiert ist.

Allein ein Blick auf die Merkmalsbereiche von Organisationen (*Kap. 4.1*) lässt erkennen, dass und warum Leitung erforderlich ist: Handlungsprogramme und Strukturen zu einer möglichst verlässlichen Aufgabenerfüllung in einer Organisation stellen sich nicht von selbst oder allein in der Dynamik des Zusammenwirkens der Organisationsmitglieder her, bzw. dann, wenn sie bisweilen entstehen, ist nicht ohne weiteres gewährleistet, dass sie aufgabenadäquat gestaltet sind; hier bedarf es einer Strukturierung durch Leitung. Ziele und Leistungsbereiche müssen vor dem Hintergrund der Anforderungen der Umwelt definiert und für einzelne Organisationsteile (Abteilungen, Teams) und für Mitarbeiter konkretisiert werden. Individuelle Handlungen von Organisationsakteuren müssen im Hinblick auf eine angemessene Leistungserbringung strukturiert und koordiniert werden. Organisationsmitglieder müssen zu einem spezifischen Handeln motiviert und befähigt werden. Man muss Formen finden und realisieren, in denen das Handeln von Mitarbeitern und Teams sowie die Ergebnisse dieses Handelns bewertet werden. Ob die Handlungsanforderungen von Mitarbeitern oder von Teams eingehalten werden, muss überwacht und reflektiert werden. Damit die Handlungsfähigkeit von Organisationen gewährleistet ist, wird also ein eigener, *transparent definierter und positional verankerter Ort* erforderlich, *an dem Steuerungsanforderungen zusammenlaufen: Leitung*. In einer Organisation müssen vielfältige Entscheidungen getroffen werden. Leitung hat die Aufgabe, für solche Entscheidungen zu sorgen: entweder durch eigene Entscheidungen oder durch das Installieren von Mechanismen, innerhalb derer Entscheidungen herbeigeführt, die dann durch Leitungshandeln (implizit oder explizit) bestätigt oder variiert werden.

„Transparent definiert" heißt: Für die Mitarbeiter in der Organisation muss klar sein, (a) wer die Leitungsfunktion für welchen Bereich innehat, (b) welche Leitungsaufgaben und Verantwortungsbereiche mit der jeweiligen Leitungsposition verbunden sind und (c) welche Gestaltungsmöglichkeiten (einschließlich der Kontroll- und Sanktionsmöglichkeiten) den jeweiligen Leitungspersonen durch ihre Position in der Hierarchie gegeben sind. Auch nach außen muss erkennbar sein, wer für die Organisation in welcher Weise Verantwortung trägt und wer in welchen Fragen als „Repräsentant der Organisation" ansprechbar ist. „Positional verankert" bedeutet: Die Leitungsfunktion ist mit einer bestimmten Position verbunden und wird nicht per Absprache oder per Aushandlung wechselnd geregelt (z.B. in Form von personell wechselnden „Sprecher – oder Koordinationsfunktionen" im Team).[43]

43 Die bisweilen in Organisationen der Sozialen Arbeit anzutreffende Positionsbezeichnung „Koordinator/in" lässt den Verdacht einer strukturbezogenen Intransparenz aufkommen. Manchmal wird in Organisationen eine Funktion, die mit der Erwartung an Leitungshandeln verbunden ist (z.B. Teamleitung), mit dem Etikett der „Koordination" versehen – entweder weil man die mit der offiziellen Bezeichnung „Leitung" einhergehenden tarifrechtlichen Konsequenzen einer höheren Bezahlung vermeiden

Die Position der Leitung ist mit Macht verbunden, wodurch sie in der Struktur verankerte Gestaltungsoptionen erhält; gleichzeitig ist mit der Macht eine besondere Verantwortung verkoppelt, eine Verantwortung für eine Aufrechterhaltung der Organisation und ihrer aufgabenbezogenen Funktionsfähigkeit (Merchel 2010d, S. 113ff.; Neubauer/ Rosemann 2006, S. 41ff.). Die mit Macht verbundene Verantwortung zeigt sich jedoch nicht allein in einer sachlichen Hinsicht, sie hat auch eine soziale Dimension. Die für Leitungspersonen spezifischen und gegenüber den anderen Mitarbeitern hervorgehobenen Gestaltungsmöglichkeiten müssen sich nicht nur positional legitimieren (nach dem Motto „Ich darf das, weil ich eine Leitungsposition habe"), sondern sie bedürfen auch der sozialen Legitimation im Sinne eines „Rede-und-Antwort-Stehen", einer Rechtfertigung des eigenen Handelns im Hinblick auf Personen und Organisation. Eine Machtausübung ohne ausreichend erkennbare Verantwortungsdimension wird hohl und vermag kaum wirkungsvolle Steuerungsimpulse gegenüber Mitarbeitern zu entfalten. Die notwendige Verkoppelung von Macht und Verantwortung zeigt sich im Begriff der „Autorität", die als eine Grundlage für wirkungsvolles Leitungshandeln gilt. Während der Begriff „Macht" stärker auf die strukturell ermöglichten Einflusspotentiale einer Leitungsperson ausgerichtet ist, werden im Begriff „Autorität" die in der Person liegenden Einflusspotentiale angesprochen: Autorität wird zugeschrieben von relevanten Anderen, sie „beruht immer auf freiwilliger Anerkennung der Überlegenheit der Autoritätsperson durch andere, denn wenn sie eingefordert oder erzwungen wird, ist der Autoritätsgedanke bereits erschüttert" (Pohlmann/ Markova 2011, S. 125). Eine der Voraussetzungen für die Zuschreibung von Autorität an eine Leitungsperson ist – neben fachlicher Kompetenz, erlebter Kommunikationskompetenz etc. – das Erleben von verantwortungsgeprägtem Handeln der Leitungsperson. Autorität als wirkungsvolle Leitung ermöglichender Faktor markiert einen zentralen Aspekt in der notwendigen Verkoppelung von Macht und Verantwortung in der Wahrnehmung der Leitungsfunktion.

---

will und/ oder weil man aus einer oberen Leitungssicht eine „Leitung auf mittlerer oder unterer Ebene" für erforderlich hält, dies aber gegen eine egalitär ausgerichtete Basis nicht durchsetzen kann oder will. Der Kompromiss „Koordination" bleibt intransparent, weil von oberen Hierarchiepositionen die Erwartung von aktivem *Leitungs*handeln damit verbunden wird, während von unten (Mitarbeiter, „Basis") das Leitungshandeln mit Verweis auf das mangelnde Leitungsetikett gebremst wird („Spiel dich mal nicht so auf; schließlich bleibst Du einer von uns."). Die Intransparenz dieser Koordinationsrolle muss dann von der Person ausgeglichen werden, die Folgen der Intransparenz werden auf dem Rücken der Person ausgetragen.

Wie kann man die Funktionen von Leitung charakterisieren? Die Funktionen von Leitung lassen sich in vier Punkten zuspitzen (ausführlicher: Merchel 2010d, S. 30ff.):

- Leitung hat dafür zu sorgen, dass Aufgaben verlässlich und kompetent erledigt werden. Leitung muss im Blick haben, dass die Aufgabenerfüllung für die Umwelt kalkulierbar und in einer von der Umwelt erwarteten Qualität erfolgt und nicht allzu sehr von personellen Zufälligkeiten beeinflusst wird. Die Umwelt darf nicht den Eindruck haben, dass Verlässlichkeit und Kompetenz bei der Aufgabenerfüllung sich danach richten, „an wen man gerade gerät".

- Leitung soll innerhalb der Organisation personelle Grundlagen (Qualifikation und Motivation der Mitarbeiter) und organisationale Grundlagen (Arbeitsteilung, Kooperation, Kommunikationsformen, Handlungsprogramme) dafür schaffen, dass eine fachlich gute Aufgabenerfüllung gelingt.

- Leitung soll Reflexion zur Arbeit und zu den Rahmenbedingungen der Arbeit ermöglichen und diese in der Organisation herausfordern sowie auf diese Weise Weiterentwicklungen der Organisation anstoßen. Die Qualität der Arbeit hängt auch davon ab, ob und wie gut die Arbeit fachlich geplant und reflektiert wird. Weil man für Reflexion Distanz zum Handlungsalltag benötigt und weil Mitarbeiter aufgrund ihrer Befangenheit „im wuseligen Alltag" diese Distanz in der Regel nicht so gut und so verlässlich aufbringen können, braucht es Leitung, die solche Reflexionsimpulse gezielt in den Alltag einbringen kann. Denn Leitung kann aufgrund ihrer Position diese Distanz etwas besser entwickeln.

- Leitung muss dafür sorgen, dass Außenbezüge zur relevanten Umwelt der Organisation gestaltet werden und dass eine kontinuierliche Beobachtung der Vorgänge in der Umwelt und eine Bewertung dieser Vorgänge im Hinblick auf deren Relevanz für die eigene Organisation stattfinden. Mitarbeiter haben zwar ebenfalls viele Außenkontakte und bekommen viel von der Umwelt einer Organisation mit, aber die unterschiedlichen Wahrnehmungen der Mitarbeiter müssen zusammengeführt und im Rahmen einer Gesamtbewertung verkoppelt werden. Ferner muss gewährleistet sein, dass Umweltbeobachtung nicht zufällig, sondern systematisch und kontinuierlich erfolgt.

Diese Charakterisierung der Leitungsaufgaben ist durchzogen von vier Vokabeln, die die Funktion der Leitung in einer Organisation prägen: **entscheiden, gestalten, Reflexion fördern, verbinden** – und dies sowohl im Innern der Organisation als auch in den Bezügen der Organisation zu ihrer Umwelt. „Entscheiden" ist erforderlich, um die Komplexität einer Organisation (der Aufgaben, der Umwelt, der Handlungsoptionen, der möglichen Strukturen etc.) bearbeitbar zu machen und um trotz der Ungewissheit, die mit vielen Situationen verbunden ist (was geschieht, wenn wir so oder so handeln?), handlungsfähig zu bleiben.[44] „Gestalten" kann in gewisser Weise als Synonym für „entscheiden" verstanden werden, denn jeder Gestaltungsvorgang ist mit Entscheidungen verkoppelt; hier wird „gestalten" als eine Leitungsfunktion eigens benannt, um darauf aufmerksam zu machen, dass im Alltag einer Organisation viele Gestaltungsimpulse gegeben werden und erforderlich sind, die äußerlich nicht ohne weiteres als „Entscheidungen" wahrgenommen werden (obwohl es eigentlich solche sind), z. B. die Aufforderung an Mitarbeiter, sorgfältiger die Arbeitszeiten aufzuzeichnen oder in der Kommunikation mit einer Schule bestimmte Verhaltensweisen zu unterlassen oder stärker zu realisieren oder sich doch einmal mit einer neuen Methode zu beschäftigen und diese auszuprobieren u. a. m. „Reflexion fördern" zielt darauf ab, Routinen und Gewohnheiten, die für die Leistungserbringung in einer Organisation unerlässlich sind, auf ihren Gehalt zu überprüfen und Notwendigkeiten zur Weiterentwicklung des Handelns und der Organisation frühzeitig in den Blick zu bekommen und nicht erst dann, wenn die Organisation und/oder die Leistungsnutzer bereits Schaden erlitten haben und die Organisation damit in bedrohliche Krisen geraten könnte. „Reflexion fördern" bedeutet Innehalten im täglichen Betrieb, darüber systematisch nachdenken, was man tut, warum man es tut und ob dies für die Zukunft noch tragfähig sein wird – bedeutet also „verarbeitbare Irrita-

44 Wenn über „Entscheidungen" gesprochen wird, die von Leitung herbeizuführen sind, so sind dabei zwei verschiedene „Formen" von Entscheidungen einzubeziehen: Entscheidungen in konkreten Einzelfragen und Entscheidungen über „Entscheidungsprämissen". Mit „Entscheidungsprämissen" sind solche Entscheidungen gemeint, die Organisationsmitgliedern insofern eine Orientierung geben, als sie bei den Entscheidungen, die sie zu treffen haben, plausibel an diese Prämissen anschließen können. Entscheidungsprämissen prägen eine Richtung vor, in der Aufgaben und Probleme interpretiert und bearbeitet werden können und in denen dann Entscheidungen auf konkreterer Ebene getroffen und legitimiert werden können (vgl. Simon 2007, S. 70 ff.). Entscheidungsprämissen haben also eine orientierende und richtungsweisende Funktion bei der Interpretation und Bearbeitung von Aufgaben und anstehenden Entscheidungen, und sie fokussieren darüber hinaus Aufmerksamkeit in der Organisation: Sie bündeln Energie auf bestimmte Themen, bestimmte Interpretationen, bestimmte Verarbeitungs- und Entscheidungsmodalitäten (s. Krusche 2008, S. 113 ff.) und stellen insofern einen elementaren Leitungsimpuls dar.

tionen“ in die Organisation zu bringen (vgl. *Kap. 4.3*). „Verbinden“ trägt der Tatsache Rechnung, dass in Organisationen Menschen („psychische Systeme“) aufeinander treffen und mit einem Organisationssystem in Kontakt geraten, die jeweils für sich einen hohen Grad an Autonomie aufweisen, aufgrund derer es nicht als selbstverständlich anzusehen ist, dass sie zueinander kommen und im Miteinander produktiv werden. Ferner ist jede Organisation auf eine produktive „Verbindung“ mit anderen Organisationen aus der Umwelt angewiesen (*Kap. 8.3*), die ebenfalls als eigene Organisationssysteme betrachtet werden müssen, zu denen Verkoppelungen hergestellt werden müssen. Insofern liegt im kontinuierlichen „Verbinden“ unterschiedlicher Systeme und im Bearbeiten der Störungen, die sich in den Verkoppelungen ergeben, eine weiter elementare Funktion von Leitung (vgl. Seliger 2013, S. 33f.).

Leitung hat somit dafür zu sorgen, dass in einer Organisation Entscheidungen zur Gewährleistung von Handlungsfähigkeit der Organisation getroffen werden und dass Reflexion als Überprüfung und Bewertung von vorherigen Entscheidungen und Handlungsweisen stattfindet. Über Entscheidungen und Reflexionen müssen Gestaltungsimpulse in die Organisation gegeben und das Organisationshandeln in eine bestimmte, möglichst bewusst entschiedene Richtung gelenkt werden. Gestaltung der Organisation und ihrer Außenbezüge durch Entscheidungen, und dies auf der Grundlage systematischer Reflexionen: Darin liegt die Funktion von Leitung, die in der Struktur einer Organisation der Sozialen Arbeit transparent definiert, positional verankert und personell zugeordnet sein soll. Zur Realisierung dieser Funktion sind Leitungspersonen in einer Organisation mit Machtpotentialen ausgestattet, die sie dann wirkungsvoll zur Geltung bringen können, wenn ihnen neben der formalen Macht auch von den Organisationsmitgliedern und den Akteuren in der Umwelt der Organisation Autorität zugesprochen wird, wofür sie eine Haltung der Verantwortung für die Organisation und für die Vorgänge in der Organisation erkennen lassen müssen.

Dafür, dass diese zentralen Anforderungen an Leitung mit den vier o.g. Steuerungsfunktionen erfüllt werden, kommt der Leitung die Prozessverantwortung zu: Leitung muss dafür Sorge tragen, dass die für die Leistungserstellung und die Zielerreichung der Organisation erforderlichen Prozesse realisiert werden. Eine Leitungsperson muss nicht „alles selbst machen“, aber sie muss gewährleisten, dass die genannten Funktionen und Aufgaben realisiert werden. Auch die Arten und Verhaltensweisen, in denen die Leitungspersonen ihre Funktionen ausfüllen, können sich unterscheiden: Sie können dies eher dominant oder eher partizipativ tun, sie können Entscheidungen eher verkünden oder eher werbend kommunikativ vermitteln, sie können eher konfrontierend oder eher Anteil nehmend handeln, sie können die Mitarbeiter eher in deren jeweiligen Funktionen oder eher als „ganze Person" ansprechen etc. Je nach Situation in einer Organisation können unterschiedliche Leitungsmodalitäten und verschiedene Verhaltensweisen angemessen sein; es kommt aber darauf an, dass die Leitungsfunktionen erfüllt werden und keine markanten Leitungslücken entstehen.

Wenn Leitungsfunktionen nicht oder nur unzureichend erfüllt werden, kann eine Einrichtung bzw. eine Organisation Schaden erleiden: Sie wird möglicherweise als wenig verlässlich oder als wenig kompetent wahrgenommen und erhält weniger Aufträge und damit weniger Finanzmittel, sie kann die eigenen Mitarbeiter überfordern (Mitarbeiter fühlen sich nicht unterstützt, müssen vieles selbst regeln ...), es kann zu Einschränkungen in der Qualität der Leistungen kommen, Konflikte und latente Spannungen innerhalb der Organisation können zunehmen, Finanzplanung und Finanzsteuerung finden möglicherweise nur unzureichend statt, einzelne Teilbereiche (Teams) verselbständigen sich und verlieren die Bindung an die Gesamtorganisation, aufgrund von Unzufriedenheit steigt die Mitarbeiterfluktuation über ein „gesundes Maß" hinaus, die Rekrutierung von qualifiziertem Personal wird immer schwieriger etc. Solche Effekte einer nicht ausreichend vorhandenen oder nicht funktionierenden Leitung können sich gegenseitig verstärken. Es kann zu Einbußen in der Leistungsfähigkeit der Organisation führen und sich zu einer Entwicklung verdichten, bei der die Existenz einer Organisation gefährdet wird.

Wenn hier von Leitung und von der Notwendigkeit einer transparent definierten und positional verankerten Leitung die Rede ist, dann ist nicht nur die „oberste Leitungsebene" gemeint: Vielmehr geht es um ein Leitungs*system* in einer Organisation. Je größer eine Organisation ist, desto weniger kann von *einer* Leitungsebene eine gute Realisierung sämtlicher Steuerungsaufgaben erwartet werden. Vielmehr müssen mit zunehmender Größe und zunehmendem Umfang der Steuerungsaufgaben Leitungsaufgaben auf unterschiedliche Positionen verteilt werden: in der Hierarchie (Gesamtleitung, Abteilungsleitungen. Teamleitungen etc.)[45] und möglicherweise nach Hand-

45 „Leitung" ist eine zentrale Funktion innerhalb einer Organisation, die zur Aufrechterhaltung der Arbeitsfähigkeit einer Organisation zu erfüllen ist. Die Notwendigkeit zur Realisierung dieser Funktion betrifft nicht nur die Gesamtorganisation, sondern auch die einzelnen Organisationsteile. Auch ein gutes Zusammenwirken in einem Team entsteht nicht von selbst, sondern muss „hergestellt und gepflegt" werden, und auch im Team bedarf es letztlich einer Instanz, die Strukturierungsleistungen (einschließlich der anfallenden Entscheidungen) als Teil ihrer Verantwortung ansieht und

lungsbereichen (fachliche Leitung, Finanzleitung etc.). Bei solchen Aufteilungen in verschiedene Verantwortungsbereiche sind allerdings zwei Dinge zu beachten. Zum einen müssen die verschiedenen Leitungs- und Verantwortungsbereiche transparent gestaltet sein: Es muss klar abgegrenzt sein, wer in welcher Position welche Leitungsaufgabe zu erfüllen hat. Zum anderen müssen die verschiedenen Leitungs- und Verantwortungsbereiche miteinander verbunden werden: Es muss allen Beteiligten und „Betroffenen" deutlich sein, wie die Verkoppelungen der einzelnen Verantwortungsbereiche erfolgt und wie am Ende die Gesamtverantwortung wahrzunehmen ist. Es darf nicht dazu kommen, dass verschiedene Leitungspersonen sich jeweils auf ihren Bereich beziehen, aber eine Zusammenführung in einer Gesamtleitung nicht mehr funktioniert.

> Wenn somit über **Leitung** gesprochen wird, so ist damit die Steuerungs- und Managementverantwortung in einer Organisation der Sozialen Arbeit gemeint, die bei wachsender Größe und Komplexität einer Organisation im Rahmen eines differenzierten und koordinierten Leitungs**systems** wahrgenommen wird.

Die bisherigen Ausführungen über die Notwendigkeit und die elementaren Aufgaben von Leitung dürfte bereits erkennbar gemacht haben, dass Leitungsmodalitäten sowohl strukturbezogene als auch personenbezogene Leitungsaktivitäten umfassen:

- **Personenbezogene Leitungsaktivitäten** richten sich unmittelbar an die einzelnen Organisationsmitglieder. Diese sollen in ihrem Verhalten oder gar in ihren Haltungen beeinflusst werden, und zwar durch Steuerungsimpulse, die mit Anforderungen an die einzelne Person oder an Gruppen von Personen (Teams) verknüpft sind. Dies kann sich z. B. ausdrücken in Arbeitsanweisungen, in fachlicher Anleitung und/oder Beratung, in der Kontrolle der Handlungen von Organisationsmitgliedern, in spezifischen Kon-

---

praktiziert. Auch in einem Team sind Leitungsaufgaben kompetent zu realisieren: Koordination/ Organisation, Kommunikation/ Moderation/ Integration/ Motivierung, Repräsentation, Konfliktmanagement, Reflexionsförderung (am Beispiel ASD s. Merchel 2012 c). Eine mangelnde personelle Zuordnung der Leitungsfunktion in einem Team führt häufig zu Überlastungen innerhalb der Teamkooperation, weil Intransparenz zu Einschränkungen in der Qualität der Leistungserbringung führt oder zu Defiziten, die durch zusätzliche Koordinationsarbeiten kompensiert werden müssen.

fliktgesprächen oder in Reflexionsgesprächen zum Arbeitsverhalten und zur Arbeitsleistung (z. B. anlassbezogen oder in zyklisch stattfindenden Mitarbeiterentwicklungsgesprächen).

- **Strukturbezogene Leitungsaktivitäten** zielen auf das Schaffen eines Rahmens, der den Organisationsmitgliedern Orientierung geben und ihnen den Aufbau von (relativer) Verhaltenssicherheit geben soll, damit sie Formen der Selbstorganisation bei ihrer Arbeit und bei der eigenen Entscheidungsfindung entwickeln können. Dies kann erfolgen z. B. in der Festlegung von Verfahrensregeln und Verfahrensabläufen, im Einbringen und in der Einübung fachlicher methodischer Verfahren (z. B. Hilfeplanung, Modalitäten des Case Management, sozialraumbezogene Handlungsmuster etc.) oder auch im Rahmen von Konzeptentwicklung oder Qualitätsmanagement (→ *Kap. 6*).

Leitungspersonen haben in der Regel das Bestreben, über strukturbezogene Leitungsimpulse die Notwendigkeit personenbezogener Leitungsaktivitäten zu begrenzen, denn diese

- sind zum einen zeitaufwendiger,
- erweisen sich zum anderen häufiger erforderlich zur Kontrolle von Mitarbeitern oder bei konflikthaften Anlässen und deuten somit auf als unangenehm empfundene Interventionen und
- fördern zum dritten deutlich weniger die Entfaltung von Selbststeuerungsaktivitäten der Organisationsmitglieder.

Die Intention, sich durch strukturbezogene Leitungsaktivitäten von personenbezogenen Anweisungen und Kontrollaktivitäten zu entlasten, ist sicherlich für das Arbeitsklima in einer Organisation förderlich, aber sie ist auch nur bis zu einem gewissen Grad realisierbar. Denn auch die von den Personen vorgenommenen Interpretationen der allgemeinen Orientierungsvorgaben (Handlungsprogramme, Strukturen) müssen im Hinblick auf die Steuerungsabsicht überprüft und ggf. korrigiert werden, die Verfahrensvorgaben müssen im Hinblick auf Umsetzung kontrolliert werden, und es ergeben sich immer wieder personenbezogene Anlässe zur fachlichen Beratung, zur personenbezogenen Überprüfung/ Kontrolle und dementsprechend zu auf ein Individuum ausgerichteten Leitungsimpulsen. Die Funktion von Leitung in Organisationen der Sozialen Arbeit erfordert gleichermaßen Leitungsaktivitäten auf beiden Ebenen.

Mit dem Hinweis auf gleichermaßen zu entfaltende personenbezogene wie strukturbezogene Leitungsaktivitäten ist bereits ein zentrales Anforderungsmerkmal für Leitung angesprochen: das Balancieren von Spannungsfeldern bzw. das Bewältigen von Paradoxien. Der in *Kapitel 2.4* vorgebrachte allgemeine Hinweis auf den balancierenden Umgang mit Dilemmata und Paradoxien als generelle Steuerungsanforderung in Organisationen der Sozialen Arbeit konnte in den Ausführungen zu den Managementaufgaben in den einzelnen Steuerungsbereichen (*Kap. 4 bis 8*) an vielen Stellen konkretisiert werden. Die Ausübung der mit Leitung verbundenen Funktionen ist strukturell – also unabhängig von den Personen, die eine Leitungsfunktion ausüben – mit verschiedenen Dilemmata/ Paradoxien verbunden (Merchel 2010d, S. 107ff.; Krusche 2008; Wimmer/ Schumacher 2009; Grunwald 2006; Simsa/ Steyrer 2013), so u.a.

- die gerade erwähnte Spannung zwischen personenbezogenen und strukturbezogenen Leitungsimpulsen;
- die Spannung zwischen Mitarbeiterorientierung (Leistungsfähigkeit und Wohlergehen der Organisationsmitglieder) und Aufgabenorientierung (Erreichen der sachlichen Ziele der Organisation, Funktionsfähigkeit der Abläufe zur angemessenen Aufgabenerledigung);
- die Spannung zwischen notwendigem Vertrauen gegenüber der Leistungsbereitschaft und der Kompetenz von Mitarbeitern einerseits und der erforderlichen kritischen Beobachtung und Kontrolle gegenüber Mitarbeitern;
- die Spannung zwischen Beruhigen und Stabilisieren (Komplexitätsreduktion) einerseits, damit die Organisation Routinen entwickeln kann und arbeitsfähig wird bzw. bleibt, und einer Irritation andererseits, damit sie ihre Selbstreferentialität partiell überwindet und lernfähig wird (Komplexitätsausweitung und Destabilisierung);
- die Organisation mit Soll-Ist-Differenzen versorgen (was funktioniert nicht so, wie es eigentlich sein müsste?), ohne aktuelle Zustände als so unzureichend zu charakterisieren und die Ziele so weitgehend zu markieren, dass die Differenz für die Mitarbeiter demotivierend wirkt;
- durch Entscheidungsprämissen (Vorgabe von Orientierungen/ Richtungen für Wahrnehmung/ Interpretation/ Entscheidungen) die Komplexität möglicher Entscheidungen zu begrenzen, ohne den Organisationsmitgliedern die (begrenzte) Offenheit und Flexibilität bei Einzelentscheidungen, die gerade in „front-line-organizations" wie in den Organisationen der Sozialen Arbeit dringend erforderlich ist (→ *Kap. 7.1*), zu nehmen;

- über Entscheidungsprämissen und Impulse zur Irritation von Routinen und tradierten Sichtweisen die Aufmerksamkeit in der Organisation auf bestimmte Aspekte zu fokussieren, ohne diese Aufmerksamkeit so zu begrenzen und so eng zu fokussieren, dass die Organisation für andere wichtige Informationen aus der Umwelt oder für andere bedeutsame organisationsintern entstehende Irritationen unachtsam wird;
- die Spannung zwischen Leitungsaktivitäten, die auf die individuellen Nutzenerwartungen der Organisationsmitglieder ausgerichtet sind („transaktionale Leitungsmuster"), und Leitungsaktivitäten, die eher die Sinngehalte der Arbeit und der Organisation und die normativen Leitorientierungen in den Mittelpunkt stellen („transformationale Leitungsmuster") (Simsa/ Steyrer 2013, S. 371 f.; Neubauer/Rosemann 2006, S. 32 ff.).

Die Aufzählung solcher Spannungsfelder ließe sich durch viele weitere Hinweise erweitern. Sie macht deutlich, dass und in welcher Weise Leitungspersonen strukturell bedingten gegenläufigen Anforderungen ausgesetzt werden, die sie nicht einfach durch Entscheidungen zur einen oder zur anderen Seite hin auflösen können. Das macht sie zu Dilemmata oder Paradoxien, also im Grundsatz unauflösbaren Widersprüchen. Dilemmata können nur durch das Finden und Halten von Balancen bewältigt werden. Diese Anforderung wird dadurch besonders anspruchsvoll, dass es keine einheitlichen Orientierungsmuster gibt, nach denen das Ausbalancieren mehr oder weniger gut gelingen kann. Balancen sind dadurch gekennzeichnet, dass sie immer gefährdet sind, dass kleine Fehleinschätzungen oder kleine Unaufmerksamkeiten oder mangelnde Achtsamkeit zum „Absturz" führen können. „Balancen" sind nie dauerhaft und verlässlich, sondern immer fragil und tendenziell bedroht. Gelingende Balancen stellen sich in jeder Organisation unterschiedlich dar, und sie können von Situation zu Situation wechseln und in unterschiedlichen personellen und sachlichen Konstellationen einer Organisation differieren. Dies ist einer der zentralen Gründe dafür, dass Leitungspersonen neben einer guten Kultur des Feedbacks durch die Mitarbeiter Reflexionshilfen durch kollegiale Reflexionen in Gruppen von Leitungspersonen oder ein professionelles Coaching benötigen, um eine reflektierende Distanz zu ihrem Leitungsalltag herstellen zu können und um eine Reflexionshilfe zu der Frage zu erhalten, ob und wie ihnen der balancierende Umgang mit den Dilemmata gelingt (vgl. Schreyögg 2010b und 2012).

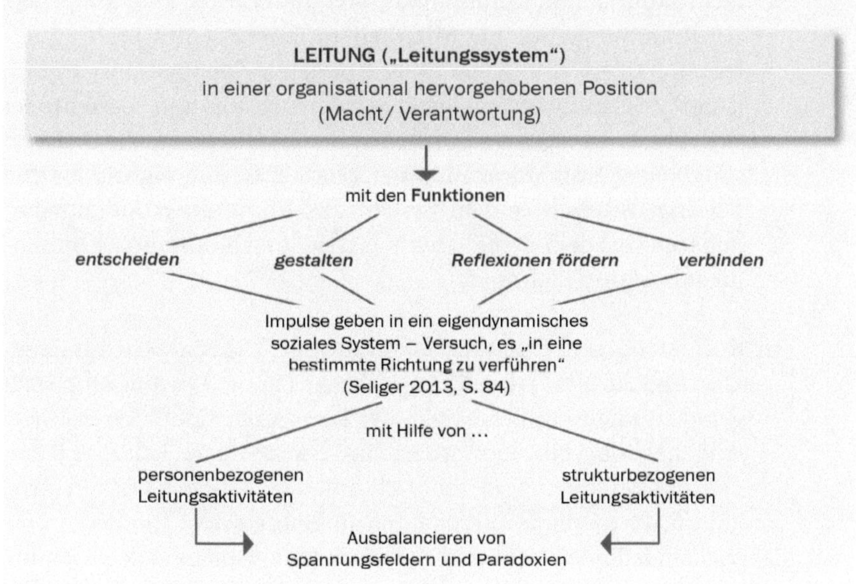

Schaubild 9.1: Position und Aufgaben von Leitung in Organisationen der Sozialen Arbeit

9.2 Kompetenzprofil für Leitungspersonen

Die nur skizzenhafte Darlegung der Leitungsfunktionen und der entsprechenden Anforderungen an Leitungspersonen im vorangegangenen Abschnitt vermitteln einen ersten Eindruck von den spezifischen Kompetenzen, die Leitungspersonen herausbilden sollten, damit sie den an sie gerichteten Anforderungen einigermaßen gerecht werden können. Eine systematisierte Konstituierung von Kompetenzprofilen für Leitungspersonen in Organisationen der Sozialen Arbeit kann anschließen an den Steuerungsbereichen, die in diesem Buch differenziert worden sind. In jedem dieser Steuerungsbereiche sind *drei prozessbezogene Kompetenzmuster* herauszubilden, mit deren Hilfe die inhaltlichen Steuerungsaufgaben bewältigt werden können (Merchel 2010b, S. 22ff.; dort auch an einem konkreten Beispiel einer Leitung umfassend dargestellt und analysiert):

- **Analyse- und Planungskompetenz:** Für die Steuerung von Organisationen und in Organisationen bedarf es der Kompetenz, Vorgänge innerhalb der Organisation und in der Umwelt der Organisation zu analysieren und auf der Grundlage dieser Analyse zielbezogene Handlungsschritte zur weiteren Entwicklung der Organisation zu entwerfen.

- **Interaktions- und Kommunikationskompetenz:** Die Kompetenz zur Kommunikation mit Mitarbeitern, Interessenträgern und Akteuren in Verwaltung, Politik und anderen Kooperationspartnern ist für die Handlungsmöglichkeiten der Organisation von zentraler Bedeutung. In einem systemisch ausgerichteten Organisationsverständnis ist Kommunikation der zentrale Gestaltungsmodus von Leitung. Leitungshandeln besteht aus Kommunikationssituationen bzw. aus dem Bemühen um Herstellung bestimmter Kommunikationskonstellationen.

- **Reflexions- und Evaluationskompetenz:** Die Fähigkeit zur Reflexion und zur Evaluation des Geschehens in der Organisation stellt gerade für Leitungspersonen unter zwei Gesichtspunkten eine hervorgehobene Anforderung dar: Zum einen müssen Leitungspersonen die Mitarbeiter methodisch anleiten können, um effektive, zum Teil irrtierende und dadurch anregungsreiche und weiterentwickelnde Reflexionen und Kommunikationsprozesse zur Geltung zu bringen; zum anderen liegt in der größeren Distanz zum Alltagsgeschehen, die die Position Leitung im Vergleich zu den stärker in den Einrichtungsalltag verwobenen Mitarbeitern mit sich bringt, ein besonderes Reflexionspotential.

Setzt man die inhaltlichen Steuerungsbereiche in Bezug zu den drei prozessbezogenen Kompetenzmustern, so resultiert daraus eine Übersicht mit 15 Feldern, in denen die jeweiligen Kompetenzanforderungen konkretisiert werden können (Schaubild 9.2):

Kompetenzmuster / Steuerungsbereiche	Analyse- und Planungskompetenzen	Interaktions- und Kommunikationskompetenzen	Reflexions- und Evaluationskompetenzen
fachliche Steuerung	*A/P 1*	*I/K 1*	*R/E 1*
betriebswirtschaftliche Steuerung	*A/P 2*	*I/K 2*	*R/E 2*
organisationsbezogene Steuerung	*A/P 3*	*I/K 3*	*R/E 3*
mitarbeiterbezogene Steuerung	*A/P 4*	*I/K 4*	*R/E 4*
Steuerung der Bezüge zur Umwelt	*A/P 5*	*I/K 5*	*R/E 5*

Schaubild 9.2: Prozessbezogene Kompetenzmuster von Leitung in den Steuerungsbereichen (Pamme/ Merchel 2014, S. 266)

In jedem dieser Felder können – differenziert nach Handlungsfeld einer Organisation und differenziert nach Position einer Leitungsfunktion (obere, mittlere oder untere Leitungsebene) – die speziellen Kompetenzanforderungen konkretisiert werden. Am Beispiel „Leitung im Allgemeinen Sozialen Dienst (Jugendämter)" ist dies bei Pamme/ Merchel (2014, S. 265ff.) konkretisiert worden und exemplarisch nachzuvollziehen. In unterschiedlichen Tabellenfeldern ist eine Vielzahl von Kompetenzen einsetzbar, die dann jeweils in eine prioritäre Reihenfolge gesetzt werden können.

Die drei Kompetenzmuster markieren Anforderungen in den Steuerungsbereichen, mit denen im Grundsatz Leitungspersonen auf allen Leitungsebenen konfrontiert sind. Jedoch werden sich Differenzierungen und unterschiedliche Schwerpunktsetzungen ergeben je nach Ansiedlung einer Leitungsposition in der Hierarchie. Leitungspersonen auf der unteren Hierarchie-Ebene (z.B. Teamleitung) werden zwar ebenso wie die Leitung auf der oberen Hierarchie-Ebene (Gesamtleitung der Organisation; Geschäftsführung) mit Anforderungen in allen fünf Steuerungsbereichen konfrontiert, jedoch in unterschiedlicher Form und in unterschiedlicher Intensität, sodass auch die zu entwickelnden Kompetenzen differenziert und mit unterschiedlichen Gewichtungen zu betrachten sind. Wenn in einer Organisation solche Kompetenzprofile für die verschiedenen Leitungsebenen definiert worden sind, erzeugt dies zum einen Transparenz im Hinblick auf Erwartungen an Leitungspersonen. Zum anderen ermöglichen Kompetenzprofile eine strukturierte Personalauswahl für Leitungspositionen und eröffnen Möglichkeiten der Personalentwicklung für Leitungspersonen (vgl. dazu *Kap. 7.4* und – am Beispiel ASD – Pamme/ Merchel 2014, S. 171ff.).

Weitere Differenzierungen, die bei der Erarbeitung von Kompetenzprofilen für Leitung Bedeutung haben, sind Organisationsgrößen (Unterschiede in den Kompetenzanforderungen z.B. in der Leitung einer Kindertageseinrichtung oder einer Erziehungsberatungsstelle oder einer komplexen Einrichtung der Erziehungshilfe mit mehreren Heimgruppen, betreuten Wohngemeinschaften, Tagesgruppen, ambulanten familienbezogenen und ambulanten jugendlichenorientierten Hilfen, Gruppenangeboten an Schulen) sowie die Trägerkonstellationen, in die eine Organisation eingebunden ist. Ob z.B. eine Wohneinrichtung für Menschen mit Behinderungen in Trägerschaft eines Vereins steht, der nur diese Wohneinrichtung betreibt, oder ob diese Einrichtung Teil eines großen und komplex strukturierten Trägers mit mehreren Einrichtungen aus mehreren Arbeitsfeldern (Behindertenhilfe/ Altenhilfe/ Jugendhilfe; stationäre Einrichtungen und ambulante Dienste) ist, hat erhebliche Folgen für die Anforderungen an Leitung und für die dementsprechend auszubildenden konkreten Kompetenzmuster.

Neben dem Grad der Eingebundenheit in komplexere Trägerkonstellationen ist ebenfalls bedeutsam, ob sich die Einrichtung in öffentlicher oder freier Trägerschaft befindet (zu Trägerstrukturen vgl. Merchel 2008; Nikles 2008; Bieker 2011). Die Einbindung einer Einrichtung (z.B. eines Sozialpsychiatrischen Dienstes, einer Erziehungsberatungsstelle oder eines Jugendzentrums) in eine öffentliche Verwaltung konfrontiert Leitungspersonen in den Steuerungsbereichen und innerhalb der jeweiligen Kompetenzmuster zum Teil mit Anforderungen, die sich in der konkreten Ausformung von den Anforderungen bei einem freien gemeinnützigen oder einem gewerblichen Träger unterscheiden, so z.B. im Hinblick auf Modalitäten der Haushaltsgestaltung (geringere Flexibilität wegen der Einordnung in größere Haushalten der Kommunalverwaltung, langwierigere Verfahren der Anmeldung von Finanzbedarf etc.) oder im Hinblick auf formalisierte Verfahrensweisen der Personalgewinnung und der Personalentwicklung (Einhalten der Vorgaben von Personalämtern, stärker formalisierte Verfahren etc.). Solche Differenzierungen sind bei der Konstituierung von Kompetenzprofilen für Leitungspositionen in Organisationen der Sozialen Arbeit zu bedenken.

Neben den zu konkretisierenden Fähigkeiten in den genannten prozessualen Kompetenzbereichen stehen Leitungspersonen in der Situation, dass sie eine hervorgehobene Position in der Organisation einnehmen (u.a. Macht und Verantwortung), die sie gegenüber anderen Organisationsmitgliedern einer besonderen Beobachtung und Bewertung durch andere aussetzt. „Weil sie so im Zentrum der organisationalen Aufmerksamkeit stehen, ist ihr tatsächliches Verhalten enorm kulturprägend.“ (Wimmer 2009, S. 30) Hinzu kommt, dass die Leitungsimpulse auf ein lebendiges soziales Organisationssystem treffen, bei dem letztlich nur begrenzt kalkulierbar ist, wie die Leitungsimpulse im System verarbeitet werden. „Man hat als Führungskraft bei all seinen Eingriffs- und Gestaltungsbemühungen die Bedingungen für die eigene Wirksamkeit nie vollständig in der Hand. Man greift immer in eigendynamische Verhältnisse ein, ohne deren Dynamik nur annähernd zu durchschauen und die Auswirkungen des eigenen Verhaltens prognostizieren zu können. Der Umgang mit Unsicherheit, Intransparenz und den Gefühlen des Kontrollverlustes stellt daher an die Aufrechterhaltung des Kompetenzempfindens wie an die Handlungsfähigkeit der Akteure außerordentlich hohe Anforderungen.“ (Wimmer 2009, S. 28)

Gerade weil Leitungspersonen mit dem ihnen zugestandenen Gestaltungsräumen und einem auf ihnen lastenden Verantwortungsdruck gleichermaßen umgehen müssen, weil die Verarbeitung ihrer Leitungsimpulse höchst unkalkulierbar ist und weil sie sich in ihrem Leitungshandeln bisweilen in einer relativ „einsamen“ Position befinden können, bedarf es der Herausbildung der Fähigkeit und der Möglichkeiten zur *Selbstreflexion im Hinblick auf die eigene Rollengestaltung*, auf die eigene Haltung, auf persönliche Spannungen und Empfindungen im Kontext der Leitungsrolle. Solche Aspekte, die bedeutsam sind für eine kompetente Ausgestaltung der Leitungsrolle in Organisationen der Sozialen Arbeit, sind u. a.:

- **die aktive und aktivierende Haltung der Leitungsperson zu ihrer Leitungsaufgabe:** Wenn, wie das bisweilen in der Sozialen Arbeit der Fall ist, auf eine „konsequent dezentralisierte Eigenverantwortung" der Mitarbeiter gesetzt und damit auf einer proklamatorischen Ebene implizit die spezifische Leitungsfunktion in ihrem Stellenwert marginalisiert wird, gerät die Leitungsperson in Gefahr, nicht ausreichend ihren aktiven Beitrag zum Entdecken und Aufgreifen von Problemstellungen, zum strukturierten Anstoßen von Problemlösungen, zum Kontrollieren und Weiterentwickeln der Art der Aufgabenbewältigung in den Blick zu nehmen.

- **die Fähigkeit zur Selbstreflexion:** Gerade weil Leitungspersonen sich gleichermaßen in Strukturen bewegen und in der Interaktion mit konkreten Menschen zu tun haben und weil sie sich selbst als Teil dieser Strukturen verstehen müssen, bedarf es einer beachtlichen Reflexions- und Selbstreflexionsleistung. Nur wenn Leitungspersonen sich selbst und ihr Leitungsverhalten im Kontext des Organisationssystems reflektieren können, kann die Systemstruktur einigermaßen verstanden und können Steuerungsimpulse sensibel austariert werden. Leitungspersonen müssen nicht nur das „System Organisation" mit seinen Handlungs- und Reaktionsmustern beobachten, sondern bei diesen Beobachtungen auch sich selbst als in die Interaktionsdynamik eingebunden betrachten.

- **die Herausbildung einer reflektierten Haltung zum Phänomen der Unsicherheit innerhalb der Organisationsgestaltung sowie die Herausbildung einer Haltung der Bescheidenheit hinsichtlich des Steuerungsanspruchs, ohne dass eine solche Bescheidenheit in eine faktische Verweigerung von Leitungshandeln einmündet:** „Management ist die Fähigkeit, mit Ungewissheit auf eine Art und Weise umzugehen, die diese bearbeitbar macht, ohne das Ergebnis mit Gewissheit zu verwechseln." (Baecker 1994, S. 9) Es bedarf einer balancierenden Haltung, bei der Bescheidenheit hinsichtlich der Steuerungserwartungen sich produktiv verbindet mit der Bereitschaft zur aktiven Gestaltung über reflektierte Leitungsimpulse, die in die Organisation eingebracht werden.

- **der reflektierte Umgang mit Macht und Verantwortung:** Macht bildet sowohl in ihrer organisationsbezogenen als auch in ihrer personenbezogenen Dimension ein wichtiges Element in der Ausstattung von Leitungspositionen und markiert ein Medium, in dem sich Leitungshandeln vollzieht. Die Frage, wie eine Leitungsperson mit dieser Ausstattung umgeht (autoritär übersteigernd, angstvoll nivellierend ...) oder wie eine Leitungsperson die mit der positionalen Macht verbundene Tendenz zur sozialen Vereinsamung innerhalb der Organisation verarbeiten kann, ist für das Bild einer „kompetenten Leitung“ bedeutsam. Ebenso wichtig ist die persönliche Stellung zum Phänomen „Verantwortung“ (verstanden als sozialer und moralischer Verpflichtungsgrad), das die Leitung aufgrund ihrer Position nicht negieren kann.

9.3 Führungsstile: Verhaltensmuster für „gute Leitung“?

Nach den bisherigen Ausführungen in diesem Kapitel dürfte deutlich geworden sein, dass kein genereller „guter Führungsstil“ proklamiert werden kann, dem eine organisationsübergreifende Gültigkeit zugesprochen werden könnte. Denn je nach Konstellationen in einer Organisation, je nach Aufgabe, je nach Kontext einer Leitungssituation, je nach Art und Kompetenz der Mitarbeiter können verschiedene Praktiken oder verschiedene Leitungsstile angemessen sein. Leitung vollzieht sich in Kommunikationssituationen, und diese bringen unterschiedliche, situationsangepasste Kommunikationsanforderungen mit sich, die sich nicht auf einen bestimmten „Stil“ reduzieren lassen. Hinzu kommt, dass die Anforderungen an eine „gute Leitung“ und damit an einen adäquaten „Leitungsstil“ unterschiedlich ausfallen je nach Position der Erwartungsträger in einer Organisation. Die Mitarbeiter werden in ihrer Position und mit ihren Interessen zumindest teilweise andere Erwartungen an das Leitungsverhalten richten als Leitungspersonen aus anderen hierarchischen Leitungsebenen, und deren Erwartungen werden sich wiederum zumindest in Teilen unterscheiden von den Anforderungen der obersten Vorgesetztenebene (Geschäftsführung, Vorstand; im kommunalen Bereich: Dezernenten/ Beigeordnete, Verwaltungsvorstand; bei gewerblichen Trägern: Eigentümer). Vorstellungen zu adäquatem Leitungsstil sind auch interessengebunden und können in unterschiedlicher Intensität nach Positionen/ Funktionen in einer Organisation differieren.

Das Bemühen um verallgemeinerbare Orientierungen bei der Herausbildung von Leitungsstilen prägt jedoch einen Großteil der diesbezüglichen organisationspsychologischen Forschungen und Konzeptionierungen (vgl. Neuberger 2002; Steinmann/ Schreyögg 2005, S. 643 ff.; zum Folgenden im

Überblick Merchel 2010d, S. 45ff.). Der Großteil der organisationspsychologischen Konzepte lässt sich zu *drei Mustern* bündeln: *Eigenschaftstheorien des „Führens", verhaltenswissenschaftliche Ansätze und situationsorientierte Ansätze.*

Eigenschaftstheorien des „Führens" ordnen der Persönlichkeit der Leitungsperson eine ausschlaggebende Bedeutung für erfolgreiche Leitung zu. Blickt man auf Personen, die in der Wirtschaft als besonders erfolgreich gelten, und fragt man nach deren persönlichen Merkmalen, so fallen „typische" Eigenschaften wie Selbstvertrauen, Entschlusskraft, Intelligenz, breites Wissen, Zuverlässigkeit, Überzeugungskraft etc. ins Auge, deren Bezug zum Leitungserfolg dieser Personen man für plausibel hält und denen man dementsprechend einen hohen Erklärungswert für Leitungserfolg beimisst. In der Generalisierung solcher Annahmen erhält man „typische" Eigenschaften, die für ein erfolgreiches Leiten als günstig oder notwendig erachtet werden. Einige wissenschaftliche Untersuchungen folgten im Grundsatz diesem relativ simplen, am Alltagsdenken ausgerichteten Muster: Man untersuchte Inhaber von Leitungspositionen nach den Eigenschaften, die sie von anderen Personen auf unteren Hierarchie-Ebenen unterschieden, man prüfte, ob sich systematisch Persönlichkeitsunterschiede zwischen erfolgreichen und erfolglosen Leitungspersonen erkennen ließen, und man analysierte die Persönlichkeit von Personen, die ihre Karriere in besonderer Weise dem eigenen Verhalten und der eigenen Leistung verdankten (Steinmann/ Schreyögg 2005, S. 646ff.). Auf diese Weise gelangte man zu einer Vielzahl von Persönlichkeitsmerkmalen, die man in einem korrelativen Bezug zu Leitungserfolg oder zum Erreichen einer Leitungsposition sah und die dann zur Grundlage von Personalauswahlverfahren gemacht wurden; so u. a.:

- „Befähigung (Intelligenz, Wachsamkeit, verbale Gewandtheit, Originalität, Urteilskraft);
- Leistung (Schulleistung, Wissen, sportliche Leistung);
- Verantwortlichkeit (Zuverlässigkeit, Initiative, Ausdauer, Aggressivität, Selbstvertrauen, Wunsch sich auszuzeichnen);
- Teilnahme (Aktivität, Soziabilität, Kooperationsbereitschaft, Anpassungsfähigkeit, Humor);
- Status (sozioökonomische Position, Popularität)." (von Rosenstiel 2009, S. 7)

Die auf Persönlichkeitseigenschaften ausgerichteten Konzepte enthalten zwei Mängel. Zum einen gehen sie davon aus, dass Eigenschaften an sich wirksam sind; sie berücksichtigen zu wenig, dass Eigenschaften auch insofern soziale Phänomene sind, als sie zu ihrer Wirksamkeit der Attribuierung durch andere bedürfen. Eine Person „hat" nicht nur eine Eigenschaft, sondern sie wird dann wirksam, wenn sie von anderen „erkannt" und dieser Person zugeschrieben wird, und wenn diese Eigenschaft in einem Leitungskontext als bedeutsam erachtet wird. Nur dann, wenn z.B. „soziale Sensibilität" einer Person zugeschrieben wird und wenn die relevanten Akteure in einer Organisation überzeugt sind, dass man sie für Leitung benötigt und sie in dieser Organisation nützlich ist, erhält diese Eigenschaft Bedeutung und kann Wirkungen erzeugen, weil Organisationsmitglieder einige bedeutsame Phänomene in der Organisation auf diese Eigenschaft der Leitungsperson zurückführen. Zum anderen wird in den eigenschaftsorientierten Konzepten bestimmten Persönlichkeitsmerkmalen im Grundsatz organisations- und situationsübergreifend eine produktive Wirkung zugesprochen. Damit ist nicht ausreichend berücksichtigt, dass bestimmte Persönlichkeitseigenschaften in der einen (z.B. kleineren oder chaotischen) Organisation möglicherweise hilfreich wirken können, während diese in anderen Organisationen (z.B. großen, komplexen oder rigide strukturierten) mit problematischen Effekten verbunden sein könnten – oder dass das aus einem Persönlichkeitsmerkmal resultierende Verhalten in bestimmten Situationen erwünschte Effekte und in anderen Situationen unerwünschte Effekte zeigen kann.

Die *verhaltensorientierten Ansätze* stellen zwar ebenso wie die Eigenschaftstheorien die Person in den Mittelpunkt, orientieren sich im Unterschied zu diesen aber nicht an der Persönlichkeit der Leitungsperson, sondern richten ihr Augenmerk auf das sichtbare Verhalten der Leitungspersonen. Im Mittelpunkt des Interesses stehen die Beobachtung und die Bewertung des Verhaltens der Leitungspersonen unter einem sachlich-rationalen Aspekt. Denn das Ziel der verhaltensorientierten Ansätze besteht darin, Anhaltspunkte für ein möglichst günstiges, also effektives Leitungsverhalten zu gewinnen und Orientierungen für die Ausgestaltung des Leitungsverhaltens zu geben. In diese Kategorie einzuordnen sind z.B. die klassischen Untersuchungen zur Unterscheidung von autoritärem, dominantem und demokratischem, kooperativem Leitungsstil einschließlich der nachfolgenden weiteren Ausdifferenzierungen, in denen unterschiedliche Abstufungen im Zwischenraum zwischen den beiden Idealtypen konstruiert wurden. Auch die Definition von fünf Typen des Leitungsstils im Verhaltensgitter von Blake/ Mouton, die ihre Leitungsstil-Typen aus der Gegenüberstellung der beiden Dimensionen „Mitarbeiterorientierung versus Sach-/bzw. Leistungsorientierung" gewinnen[46], gehört zu bekann-

46 Blake/ Mouton unterscheiden idealtypisch die Führungsstile: „geringe Mitarbeiterorientierung/ geringe Sachorientierung: Gleichgültigkeit, geringe Arbeitsanforderungen" – „geringe Mitarbeiter bei hoher Sachorientierung: Höchstleistung ohne Rücksichtnahme auf Belange der Mitarbeiter" – „hohe Mitarbeiter- bei geringer Sachorientierung: gute Arbeitsatmosphäre bei Vernachlässigung der Leistungsziele" – „hohe Mitarbeiter- bei

ten Beispielen zu den verhaltensorientierten Ansätzen. Ebenso wie bei den anderen verhaltensorientierten Konzepten wird auch beim Verhaltensgitter von Blake/ Mouton (Steinmann/ Schreyögg 2005, S. 663; Merchel 2010d, S. 59) ein Verhaltensideal proklamiert: Hier ist es das Leitungsverhalten, das gleichermaßen ein hohes Interesse an den Menschen und ein hohes Interesse an der Arbeitsleistung erkennen lässt. Bei Neuberger wird dies mit dem Etikett „Team-Management" charakterisiert: „Hohe Arbeitsleistung vom engagierten Mitarbeiter, Interdependenz im gemeinschaftlichen Einsatz für das Unternehmensziel verbindet die Menschen in Vertrauen und gegenseitiger Achtung." (2002, S. 514) Praktisch bedeutsam soll eine solche Orientierung dadurch werden, dass in Seminaren und Trainings ein Weg gewiesen werden soll, auf dem man zu dem charakterisierten Ideal im Leitungsverhalten gelangen kann. Es geht um die Vermittlung und Einübung von Verhaltensweisen, auf die Leitungspersonen bei der Herausbildung ihres Leitungsstils achten sollen, um effektives Leitungsverhalten zu entwickeln.

Ähnlich wie bei den Eigenschaftskonzepten folgen die verhaltensorientierten Ansätze einer zentralen Annahme: dass es im Grundsatz möglich sei, situations- und organisationsübergreifend gültige generelle Aussagen zu gewinnen darüber, was ein effektives Leitungsverhalten ausmacht. Wenn verhaltensorientierte Ansätze wie das Modell von Blake/ Mouton zwei oder mehrere Dimensionen in das Konzept der Verhaltensempfehlungen einbeziehen, werden die in den Dimensionen enthaltenen Widersprüche (Spannungen) aufzulösen versucht in Harmonisierungen, ohne dass sie als Dilemmata/ Paradoxien begriffen werden, die jeweils situativ bewältigt werden müssen und für die es im Grunde keine durchgängige harmonische Lösung geben kann. Da aber in diesen Ansätzen generelle Verhaltensweisen für angemessenes Leitungsverhalten proklamiert werden sollen, bleibt nichts anderes übrig, als eine Harmonisierung der Spannungen für möglich zu erachten und Verhaltensweisen auf dem Weg einer solche Harmonisierung zu empfehlen und zu trainieren. Damit werden diese Ansätze jedoch der Tatsache nicht gerecht, dass Leitung zu einem erheblichen aus Anforderungen des Paradoxie-Managements besteht (→ *Kap. 2.5 und 9.1*). Und Paradoxie-Management lässt sich nicht in generalisierbaren Verhaltensempfehlungen unterbringen, sondern ein angemessener Umgang mit Paradoxien muss immer wieder erneut und situationsadäquat mühsam gefunden werden.

---

gleichzeitig hoher Sachorientierung: markantes Leistungsstreben wird harmonisiert mit starker Ausrichtung auf Mitarbeiterbelange" – „mittlere Mitarbeiter- und mittlere Sachorientierung: Suche nach Kompromiss zwischen beiden divergierenden Orientierungen" (s. Merchel 2010d, S. 59f.). Ein Führungsstil, der auf dem Weg ist vom Kompromiss hin zu einer möglichst weitgehenden Integration der beiden Orientierungen, gilt für Blake/ Mouton als Idealperspektive.

Situationsorientierte Ansätze setzen sich ab von den kontextunabhängigen Konzepten zu einem „guten Leitungsstil", wie sie in den beiden geschilderten Typen von Ansätzen sichtbar werden. Jedoch verbleiben die meisten dieser situationsorientierten Konzepte bei einem Anspruch, der sie mit den anderen Ansätzen verbindet: die Konstruktion und Proklamation eines vermeintlich besten Leitungsstils. Sie gehen von der Annahme aus, dass man für die einzelnen Situationstypen, die bei der Leitung auftauchen, im Grundsatz die jeweils angemessenen Leitungsstile identifizieren könne, wenn man nur in der Lage sei, die Situation – verstanden als eine „intervenierende Variable" zwischen Leitungsperson, Leitungsstil und Leitungserfolg – genau zu analysieren. Wenn man zu solch einer Situationsanalyse in der Lage sei, könne man gleichsam prognostisch den situativ richtigen, Erfolg versprechenden Leitungsstil bestimmen. Diese Ansätze sind bestrebt, den Faktor „Situation" genauer zu bestimmen und auszudifferenzieren, aber lediglich so weit, dass eine überschaubare Anzahl von „Situationstypen" sichtbar wird, denen man dann Empfehlungen für produktives Leitungsverhalten zuordnet.

Die situationsorientierten Ansätze erweitern zwar die Suche nach einem angemessenen Leitungsverhalten und Leitungsstil um die Variable „Situation", jedoch stützen sie die Vorstellung einer weitgehenden intentionalen Steuerbarkeit von Organisationen durch Leitung. Sie vermitteln implizit die Botschaft, dass man alles „im Griff" haben kann, wenn man nur die Situation angemessen analysiert und aus dieser Analyse den „objektiv richtigen" Leitungsstil ableitet. Die situationsorientierten Konzepte lassen sich leiten von der Annahme, dass zu einem bestimmten Situationstyp ein bestimmtes Leitungsverhalten passe, das Leitungserfolg verspricht, und dass es darauf ankomme, Situationen einem Situationstypus zuzuordnen, damit man dann weiß, was zu tun ist: nämlich das, was der jeweilige Ansatz an situationsbezogenen Verhaltensempfehlungen im Vorrat hat und als „richtig" proklamiert. So soll Leitungserfolg prognostizierbar gemacht werden: letztlich ein sozialtechnologisches Denken, das diesen Ansätzen zugrunde liegt.

Zudem müssen situationsorientierte Ansätze bei den Versuchen, Kategorien zur Typisierung von Situationen zu gewinnen, die Anzahl von Situationstypen notwendigerweise eingrenzen, um die Handhabbarkeit des jeweiligen Ansatzes nicht allzu sehr einzuschränken. Dabei sind Einseitigkeiten in der Interpretation von Situationen unvermeidbar. Jede Leitungsperson, die sich von einem solchen Ansatz Orientierung erhofft, steht vor Situationen, die weitaus komplexer sind als der jeweilige Ansatz zu erfassen vermag. Die situationsorientierten Ansätze können somit lediglich auf die Bedeutung bestimmter Aspekte bei der Reflexion zur Situation aufmerksam machen und die entsprechende Wahrnehmung der Leitungsperson schärfen helfen, nicht jedoch, wie es ihre eigentliche Absicht ist, rationale Entscheidungskriterien zur genaueren Ausgestaltung von Leitungsverhalten bieten. Das Bemühen, den situationsspezifisch besten Leitungsstil zu ermitteln („one best model"), kann schon vor dem Hintergrund der durch ein Modell gar nicht einholbaren Komplexität von Leitungssituationen gar nicht zu einem Erfolg führen.

Wenn man die Ausrichtung auf Situationen nicht mit einem prognostischen, das Leitungsverhalten prägenden Anspruch verbindet und wenn man sich von der Situationstypisierung und dem darauf aufbauenden Vorgeben adäquater Verhaltensweisen löst, dann wird es möglich, die Situationsorientierung in den Kontext eines reflexiven Leitungsmodus einzuordnen: ***Situationsorientierung – nicht mit prognostischer, sondern mit (selbst-)reflexiver Absicht.*** Die Bezugnahme auf situative Faktoren bedeutet dann, die Bedingungsvielfalt der Leitungssituation in den Blick zu nehmen, die Situation zu reflektieren, in der sich das „anzustoßende System" befindet, sowie einzelne Aspekte dieser Bedingungsvielfalt bei der Reflexion zum eigenen Leitungsverhalten und zu den möglichen Chancen und Risiken eines künftigen Leitungsverhaltens nicht aus dem Blick geraten zu lassen. Mit der Prononcierung von „Reflexion" wird Abstand genommen von dem Bestreben, einen gleichsam technischen Modus zur Erzeugung eines vermeintlich situativ „richtigen" Leitungsstils zu installieren. Vielmehr rechnet eine reflexive Haltung mit der Unmöglichkeit der Prognose von Leitungserfolg und zieht daraus die Schlussfolgerung, dass die Wahrscheinlichkeit eines angemessenen Leitungsverhaltens steigt zum einen mit der Fähigkeit, die Komplexität von Situationen nicht auszublenden, und zum anderen mit der Bereitschaft zur Reflexion und mit der Qualität der Reflexion dieser Komplexität: in der Einzelreflexion, in der Reflexion innerhalb eines Gruppenkontextes oder auch in der Reflexion im Rahmen von Coachingprozessen (→ *Kap. 9.1*).

Die Reflexion kann sich aber nicht auf die Situationen und den Zustand der individuellen und sozialen Systeme beschränken, auf die sich Leitungsimpulse richten. Sie muss auch das „individuelle System" einschließen, von dem die Leitungsimpulse ausgehen: *die Selbstreflexion zu den Persönlichkeitsaspekten der Leitungsperson.* Denn zum einen handelt es sich bei Leitungsimpulsen um Kommunikationsvorgänge, bei denen die Prägung durch persönliche Eigenheiten der die Kommunikation maßgeblich beeinflussenden Leitungsperson nicht außer Acht bleiben darf. Zum anderen ist bereits im vorangegangenen Abschnitt die Aufmerksamkeit fokussierende und damit kulturprägende Wirkung des Verhaltens der Leitungspersonen hervorgehoben worden. Das Kommunikationsverhalten der Leitungsperson (als des „anstoßenden" Systems) ist also – neben einer differenzierten Analyse der Situation und des Zustands der „anzustoßenden Systeme" – ein wesentlicher Faktor für die Anschlussfähigkeit der Leitungsimpulse und für die Wirkungsmöglichkeiten der Steuerungsversuche. Das Leitungsverhalten konstituiert sich im Bezug zur Fähigkeit und zur Bereitschaft, Situationsfaktoren und Persönlichkeitsfaktoren bei der Leitungsperson (Lernerfahrungen, Haltungen, persönliche Eigenschaften etc.) in ihrer Wechselwirkung zu reflektieren, und wiederum der Fähigkeit und Bereitschaft zu einer entsprechenden Selbstreflexion (*Schaubild 9.3*; s. Merchel 2010d, S. 72ff.). Seliger (2013, S. 125ff.) verortet Anforderungen an Leitung und Leitungsverhalten in einem Dreieck von „Organisation führen", „Menschen führen" und „sich selbst führen". Da alle drei Seiten dieses Dreiecks die Kommunikationssituation „Leitung" ausmachen, sind diese in die Reflexion einzubeziehen. Gutes Leitungsverhalten wird eher entstehen, wenn die Leitungsperson ein Wissen über sich selbst (über die eigenen Motive, werte, Haltungen, Stärken und Schwächen etc.) geschaffen hat, es aufrecht erhält und es in die Reflexion zu verschiedenen Leitungssituationen einbeziehen kann.

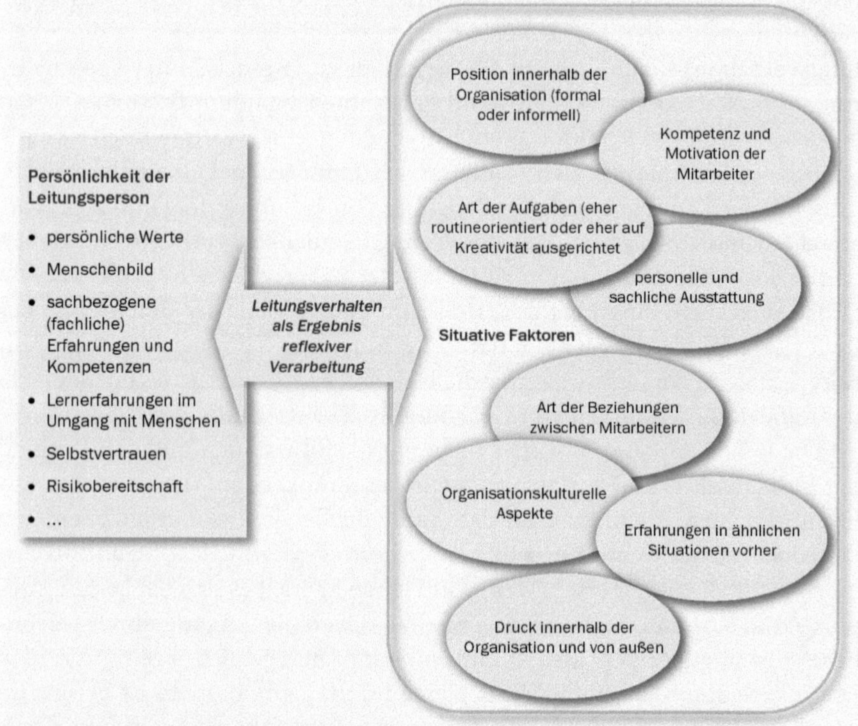

Schaubild 9.3: Leitungsverhalten und Leitungsstil in der Reflexion von situativen Faktoren und Persönlichkeit

Fragt man nun wie in der Überschrift zu diesem Abschnitt nach einem Führungsstil, in dem sich „gute Leitung" dokumentiert, so mag das Ergebnis auf den ersten Blick ernüchternd ausfallen. Zugespitzt – und zugegeben: provokativ – lautet die Antwort auf diese Frage: Es kommt drauf an! Es kommt auf drei Aspekt-Bündel an: (1) auf die Situation, (2) auf die Persönlichkeit der Leitungsperson sowie (3) auf die Fähigkeit einer Leitungsperson, die verschiedenen Aspekte der Situation und der eigenen Person zu beobachten, in ihrem Bezug zueinander reflexiv zu verarbeiten und daraus Schlussfolgerungen zu ziehen für die Gestaltung von Kommunikationssituationen, die anschlussfähige Steuerungsimpulse sowohl an die Organisation (strukturbezogen) als auch an die Organisationsmitglieder (personenbezogen) heranbringen. Die Konzipierung von adäquatem Leitungsverhalten ist vor allem ein Ergebnis der gelingenden Reflexion verschiedener situativer Bedingungen, die in den Leitungskontext hineinspielen, und ein Ergebnis der gelingenden Reflexion des Zusammenspiels von Persönlichkeitsfaktoren und situativen Faktoren, wodurch auch eine Perspektive zum persönlichen Leitungslernen und zur Weiterentwicklung des eigenen Leitungsstils und der eigenen Leitungsverhaltensweisen eröffnet werden kann. Insofern ist die Antwort auf die Frage nach einem guten Leitungsstil in der Kurzformel „Es kommt drauf an!" zwar zutreffend, aber in der genaueren Betrachtung dann doch etwas komplexer als sie zunächst erscheint.

Übungs- und Reflexionsaufgaben

1. Wie lässt sich das Bild von „Leitung" (Funktion, Aufgaben) charakterisieren, das einem systemtheoretischen Verständnis von „Organisation" entspricht?
2. Wie müssen Leitungsfunktionen In einer Organisation der Sozialen Arbeit verankert sein, damit Leitungspersonen angemessene Organisationsbedingungen vorfinden, um den an sie gerichteten Steuerungsanforderungen gerecht werden zu können?
3. Wie lassen sich die generellen Leitungsaufgaben charakterisieren, die mit der Leitungsfunktion verbunden sind? Konkretisieren Sie die Aufgaben, die den „4 Vokabeln" entsprechen, am Beispiel einer konkreten Organisation der Sozialen Arbeit.
4. Worin unterscheiden sich personenbezogene und strukturbezogene Leitungsaktivitäten? Erkunden Sie Beispiele für beide Typen in Organisationen der Sozialen Arbeit.
5. Erörtern Sie, wie der balancierende Umgang mit leitungsspezifischen Spannungsfeldern und Paradoxien gelingen kann. Was kann eine Leitungsperson tun, um bei den einzelnen Spannungsfeldern nicht in die Gefahr einer einseitigen Ausrichtung/ Lösung zu geraten?

6. Welche Kompetenzmuster sollten bei Leitungspersonen entwickelt sein? Erarbeiten Sie beispielhaft für eine Organisation in einem Handlungsfeld Sozialer Arbeit einige spezifische Kompetenzen für diese Kompetenzmuster in den verschiedenen Steuerungsbereichen (s. Schaubild 9.2, S. 288)!
7. Welche Muster in den organisationspsychologischen Konzepten zum „Führungsstil" haben sich herausgebildet? Wie lassen sich diese Muster inhaltlich charakterisieren? In welcher Hinsicht können diese Muster als problematisch oder als nützlich angesehen werden?
8. Wenn auf die Frage nach einem „guten Führungsstil" verkürzt und provokativ geantwortet wird „Es kommt drauf an!": Welche Annahmen zu einem „guten Leitungsverhalten" bzw. zur Herausbildung eines solchen Verhaltens enthält dieser Kurz-Satz? Worauf „kommt es an"? Welches Bild von „guter Leitung" kommt in diesen Annahmen zum Ausdruck?
   Welche Verbindungen lassen sich herstellen von diesem Bild einer „guten Leitung" zum Verständnis von „Organisation" und „Steuerung", wie es in *Kapitel 2* erläutert wurde?

Zum vertiefenden Weiterlesen

Merchel, J. (2010b): Leiten in Einrichtungen der Sozialen Arbeit. (Bd. 5 der von M. Heiner herausgegebenen Reihe „Handlungskompetenzen in der Sozialen Arbeit") München/ Basel (Ernst Reinhardt-Verlag)

Merchel, J. (2010d): Leitung in der Sozialen Arbeit. Grundlagen der Gestaltung und Steuerung von Organisationen. 2. Aufl. Weinheim/ München (Juventa-Verlag)

Wimmer, R. (2009): Führung und Organisation – zwei Seiten ein und derselben Medaille. In: Revue für postheroisches Management, Heft 4, S. 20-33

Literatur

Abraham, M./ Büschges, G. (2004): Einführung in die Organisationssoziologie. 3. Aufl. Wiesbaden

Alisch, M. (2001): Stadtteilmanagement – Voraussetzungen und Chancen für die soziale Stadt. 2. Aufl. Opladen

Alt, R. (2001): Mikropolitik. In: Weik, R./ Lang, R. (Hrsg.), Moderne Organisationstheorien, Bd. 2. Wiesbaden, S. 153-188

Ammermann, N. (2010): „Wertekompass" – zur Evaluation von Unternehmensethik in diakonischen Trägern. In. Krobath, Th./ Heller, A. (Hrsg.), S. 949-963

Anheier, H.K./ Then, V. (Hrsg.) (2004): Zwischen Eigennutz und Gemeinnutz. Neue Formen und Wege der Gemeinnützigkeit. Gütersloh

Arnold, U. (2009a): Besonderheiten der Dienstleistungsproduktion. In: Arnold, U./ Maelicke, B. (Hrsg.), S. 438-457

Arnold, U. (2009b): Sozialmarketing. In: Arnold, U./ Maelicke, B. (Hrsg.), S. 550-600

Arnold, U./ Maelicke, B. (Hrsg.) (2009): Lehrbuch der Sozialwirtschaft 3. Aufl. Baden-Baden

AWO (Arbeiterwohlfahrt) Bundesverband (2004): Zukunftssicherung durch Strukturreform – Diskussionspapier zur AWO-Verbandsentwicklung. In: Theorie und Praxis der sozialen Arbeit 5/2004, S. 48-60

Bachert, R. (Hrsg.) (2006): Corporate Governance in Nonprofit-Unternehmen. München

Bachert, R. (2010): Controlling in der Nonprofit-Organisation. Freiburg im Breisgau

Bachert, R./ Pracht, A. (2004): Basiswissen Controlling und operatives Controlling. Controlling und Rechnungswesen in Sozialen Unternehmen. Weinheim/ München

Bachert, R./ Schmidt, A. (2010): Finanzierung von Sozialunternehmen. Freiburg im Breisgau

Badelt, Ch./ Meyer, M./ Simsa, R. (Hrsg.) (2007): Handbuch der Nonprofit Organisation. Strukturen und Management. 4. Aufl. Stuttgart

Baecker, D. (1994): Postheroisches Management. Ein Vademecum. Berlin

BAGFW (Bundesarbeitsgemeinschaft der Freien Wohlfahrtpflege) (2009): Einrichtungen und Dienste der Freien Wohlfahrtspflege – Gesamtstatistik 2008. Berlin

Baitsch, Ch./ Nagel, E. (2009): Organisationskultur – Das verborgene Skript der Organisation. In: Wimmer, R. et al. (Hrsg.), S. 219-240

Bauer, P./ Otto, U. (Hrsg.) (2005): Mit Netzwerken professionell zusammenarbeiten. Band II: Institutionelle Netzwerke in Steuerungs- und Kooperationsperspektive. Tübingen

Bauer, R. (2001): Personenbezogene soziale Dienstleistungen. Begriff, Qualität und Zukunft. Opladen

Beher, K./ Krimmer, H./ Rauschenbach, Th./ Zimmer, A. (2008): Die vergessene Elite. Führungskräfte in gemeinnützigen Organisationen. Weinheim/ München

Belardi, N. (2010): Coaching. In. Kreft, D./ Müller, C.W. (Hrsg.), Methodenlehre in der Sozialen Arbeit. München/ Basel, S. 102-104

Berger, U./ Bernhard-Mehlich, I. (2002): Die verhaltenswissenschaftliche Entscheidungstheorie. In: Kieser, A. (Hrsg.), Organisationstheorien. 5. Aufl. Stuttgart, S. 133-168

Bertelsmann-Stiftung (Hrsg.) (2008): Leitfaden lokales Übergangsmanagement. 2. Aufl. Gütersloh

Bestmann, St. (2013): Wer hat hier eigentlich Ansprüche auf was? Zur Zukunft von Hilfe und Steuerung in der Kinder- und Jugendhilfe. In: Sozialmagazin 1-2/2013, S. 15-23

Bettig, U. u. a. (2013): Betriebswirtschaftliche Grundlagen in der Sozialwirtschaft. Baden-Baden

Beyer, L./ Kinzel, H.G. (2005): Öffentliches Rechnungswesen: Kameralistik oder Doppik? In: Blanke u. a. (Hrsg.), (Hrsg.): Handbuch zur Verwaltungsreform. 3. Auflage. Wiesbaden, S. 351-360

Beyes, T./ Jäger, U. (2005): Erforschung multidiskursiver Organisationen. NPO-Management aus systemtheoretischer Sicht. In: Die Betriebswirtschaft 6/2005, S. 627-645

Bieker, R. (2011): Trägerstrukturen in der Sozialen Arbeit. Ein Überblick. In: ders./ Floerecke, P. (Hrsg.), Träger, Arbeitsfelder und Zielgruppen in der Sozialen Arbeit. Stuttgart, S. 13-43

Bieker, R./ Vomberg, E. (Hrsg.) (2012): Management in der Sozialen Arbeit. Stuttgart

Birgmeier, B.R. (2010): Sozialpädagogisches Coaching. Theoretische und konzeptionelle Grundlagen und Perspektiven für Soziale Berufe. Weinheim/ München

Birgmeier, B.R. (2014): Coaching im Kontext der Sozialen Arbeit. In: Wegener, R./ Loebbert, M./ Fritze, A. (Hrsg.), Coaching-Praxisfelder. Forschung und Praxis im Dialog. Wiesbaden, S. 95-114

Birzele, H.-J./ Thieme, L. (2007): Sozialmarketing. Schwalbach/Ts.

Bleckmann, P./ Schmidt, V. (Hrsg.) (2012): Bildungslandschaften: Mehr Chancen für alle. Wiesbaden

Bleicher, K. (2011): Das Konzept Integriertes Management. Visionen – Missionen – Programme. 8. Aufl. Frankfurt-Main/ New York

Bode, S. (2012): Personalmanagement in der Sozialen Arbeit. In. Bieker, R./ Vomberg, E. (Hrsg.), S. 91-112

Boeßenecker, K.-H./ Markert, A. (2011): Studienführer Sozialmanagement: Studienangebote in Deutschland, Österreich und Schweiz: Befunde – Analysen – Perspektiven. 2. Aufl. Baden-Baden

Böwer, M./ Wolff, St. (2011): Führung in Zeiten enger(er) Kopplung. Über ‚Erfindungen' im Management Allgemeiner Sozialer Dienste. In: Göhlich, M./ Weber, S.M./ Schiersmann, Ch./ Schröer, A. (Hrsg.), Organisation und Führung. VS-Verlag, Wiesbaden, 143—152

Bogumil, J./ Schmidt, J. (2001): Politik in Organisationen. Organisationstheoretische Ansätze und praxisbezogene Anwendungsbeispiele. Opladen

Bogumil, J./ Grohs, St./ Kuhlmann, S./ Ohm, A.K. (2007): Zehn Jahre Neues Steuerungsmodell. Eine Bilanz kommunaler Verwaltungsmodernisierung. Berlin

Brandl, J. u. a. (2006): Entwicklungsdynamik von Vergütungssystemen in Nonprofit-Organisationen. In: Zeitschrift für Personalforschung 4/2006, S. 356-374

Bruhn, M. (2012) Marketing für Nonprofit-Organisationen. Grundlagen – Konzepte – Instrumente. 2. Aufl. Stuttgart

Buber, R. (2013): Marketing in NPOs. In: Simsa, R./ Meyer, M./ Badelt, Ch. (Hrsg.), S. 227-246

Buestrich, M./ Burmeister, M./ Dahme, H.-J./ Wohlfahrt, N. (2008): Die Ökonomisierung Sozialer Dienste und Sozialer Arbeit. Baltmannsweiler

Burla, St. (1989): Rationales Management in Nonprofit-Organisationen. Bern/ Stuttgart

Christa, H. (2010): Grundwissen Sozio-Marketing. Konzeptionelle und strategische Grundlagen für soziale Organisationen. Wiesbaden

Christa, H. (2012) Sozio-Marketing. In: Bieker, R./ Vomberg, E. (Hrsg.), S. 71-90

Conen, M.-L. (2011): Ungehorsam – eine Überlebensstrategie. Professionelle Helfer zwischen Realität und Qualität. Heidelberg

Cremer, G. (2004): Wenn wir scheitern, scheitern wir an uns selbst – Strategien zur Behauptung im Markt sozialer Dienste. In: Hildemann, K.D. (Hrsg.), Die Freie Wohlfahrtspflege – Ihre Entwicklung zwischen Auftrag und Markt. Leipzig, S. 179-188

Cremer, G. (2013): Wohlfahrtsverbände im Wettbewerb: Plädoyer für eine ordnungspolitische Perspektive. In: Archiv für Wissenschaft und Praxis der Sozialen Arbeit. 1/2013, S. 62-74

Cremer, G./ Goldschmidt, N./ Höfer, S. (2013): Soziale Dienstleistungen. Ökonomie, Recht, Politik. Tübingen

Dahme, H.-J. (2011): Kommunale Finanzen und Finanzierung kommunaler Sozialleistungen. In: Dahme, H.-J./ Wohlfahrt, N. (Hrsg.), S. 114-127

Dahme, H.-J/ Kühnlein, G./ Wohlfahrt, N. (2005): Zwischen Wettbewerb und Subsidiarität. Wohlfahrtsverbände unterwegs in die Sozialwirtschaft. Berlin

Dahme, H.-J./ Wohlfahrt, N. (Hrsg.((2000): Netzwerkökonomie im Wohlfahrtsstaat. Wettbewerb und Kooperation im Sozial- und Gesundheitssektor. Berlin

Dahme, H.-J./ Wohlfahrt, N. (Hrsg.) (2010): Regiert das Lokale das Soziale? Die Kommunalisierung und Dezentralisierung sozialer Dienste als sozialpolitische Reformstrategie. Baltmannsweiler

Dahme, H.-J./ Wohlfahrt, N. (Hrsg.) (2011): Handbuch Kommunale Sozialpolitik. Wiesbaden

Dahme, H.-J./ Wohlfahrt, N. (2013): Lehrbuch Kommunale Sozialverwaltung und Soziale Dienste. 2. Aufl. Weinheim/ Basel

Drepper, Th. (2010): Soziale personenbezogene Dienstleistungsorganisationen aus neoinstitutionalistischer Perspektive. In. Klatetzki, Th. (Hrsg.), Soziale personenbezogene Dienstleistungsorganisationen. Soziologische Perspektiven. Wiesbaden, S. 129-165

Eckardstein, D. von/ Mayerhofer, H. (2003) Personalstrategien für Ehrenamtliche in sozialen NPO's. In: Eckardstein, D. von/ Ridder, H.-G. (Hrsg.), Personalmanagement als Gestaltungsaufgabe im Nonprofit und Public Management. München/ Mering, S. 77-95

Eschenbach, R./ Horak, Ch./ Furtmüller, St. (2007): Rechnungswesen und Controlling in NPOs. In: Badel, Ch./ Meyer, M./ Simsa, R. (Hrsg.), S. 340-361

Eurich, J./ Brink, A. (Hrsg.) (2009): Leadership in sozialen Organisationen. Wiesbaden

Evers, A./ Heinze, R.G./ Olk, Th. (Hrsg.) (2011): Handbuch Soziale Dienste. Wiesbaden

Faber, M. (2011): Von der Kameralistik zur Doppik – der neue Kommunalhaushalt. In: Dahme, H.-J./ Wohlfahrt, N. (Hrsg.), S. 102-113

Finis Siegler, B. (2009): Ökonomik Sozialer Arbeit. 2. Aufl. Freiburg/Br.

Fischer, J./ Kosselek, T. (Hrsg.) (2013): Netzwerk und Soziale Arbeit. Theorien, Methoden, Anwendung. Weinheim/ Basel

Franzpötter, R. (1997): Organisationskultur – Begriffsverständnis und Analysen aus interpretativ-soziologischer Sicht. Baden-Baden

Friedrich, A. (2010): Personalarbeit in Organisationen Sozialer Arbeit. Theorie und Praxis der Professionalisierung. Wiesbaden

Friedrich, A. (2011): Soziale Arbeit auf dem Weg in die Professionalisierung des Sozialmanagements. In: Langer, A./ Schröer, A. (Hrsg.), Professionalisierung im Nonprofit Management. Wiesbaden, S. 67-86

Fröse, M. (2013): Leadership. In: Grunwald, K./ Horcher, G./ Maelicke, B. (Hrsg.), S. 611-614
Galuske, M./ Thole, W. (Hrsg.) (2006): Vom Fall zum Management. Neue Methoden der Sozialen Arbeit. Wiesbaden
Girschner, W. (1990): Theorie sozialer Organisationen. Eine Einführung in Funktionen und Perspektiven von Arbeit und Organisation in der gesellschaftlich-ökologischen Krise. Weinheim/ München
Gmür, M. (2000): Strategisches Management für Nonprofit-Organisationen. In: Nährlich, St./ Zimmer, A. (Hrsg.), Management in Nonprofit-Organisationen. Eine praxisorientierte Einführung. Opladen, S. 177-200
Grossmann, R./ Lobnig, H./ Scala, K. (2007): Kooperation im Public Management. Theorie und Praxis erfolgreicher Organisationsentwicklung in Leistungsverbünden, Netzwerken und Fusionen. Weinheim/ München
Grunwald, K. (2006): Management von Dilemmata und Paradoxien in Organisationen der Sozialen Arbeit. In: Neue Praxis 2/2006, S. 186-201
Grunwald, K. (2009): Zum Management von Einrichtungen der Sozialen Arbeit aus organisationssoziologischer Perspektive. In: ders. (Hrsg.), Vom Sozialmanagement zum Management des Sozialen? Eine Bestandsaufnahme. Baltmannsweiler, S. 85-138
Grunwald, K. (2012): Zur Bewältigung von Dilemmata und Paradoxien als zentrale Qualifikation von Leitungskräften in der Sozialwirtschaft. In: Bassarak, H./ Noll, S. (Hrsg.), Personal im Management. Wiesbaden, S. 55-79
Grunwald, K./ Horcher, G./ Maelicke, B. (Hrsg.) (2013): Lexikon der Sozialwirtschaft. 2., aktualisierte und vollständig überarbeitete Auflage. Baden-Baden
Grunwald, K./ Steinbacher, E. (2007): Organisationsgestaltung und Personalführung in den Erziehungshilfen. Grundlagen und Praxismethoden. Weinheim/ München
Grunwald. K./ Steinbacher, E. (2009): Ehrenamt und Freiwilliges Engagement. In: Arnold, U. /Maelicke, B. (Hrsg.), S. 614-640
Haibach, M. (2012): Handbuch Fundraising. Spenden, Sponsoring, Stiftungen in der Praxis. 4. Aufl. Frankfurt/ New York
Hansbauer, P. (1999): Wie aus Innovationen Institutionen werden. Ein Beitrag zum theoretischen Verständnis des Wandels in der Heimerziehung in den 1980er Jahren. In: Zeitschrift für Erziehungswissenschaft 1/1999, S. 73-97
Heiner, M. (2007): Soziale Arbeit als Beruf. Fälle – Felder – Fähigkeiten. München/ Basel
Heiner, M. (2010): Kompetent Handeln in der Sozialen Arbeit. München/ Basel
Heinze, R.G./ Schneiders, K. (2013): Vom Wohlfahrtskorporatismus zur Sozialwirtschaft? Zur aktuellen Situation der freien Wohlfahrtspflege in Deutschland. In: Archiv für Wissenschaft und Praxis der sozialen Arbeit 1/2013, S. 4-17
Heister, W. (2012): Aspekte der Wirtschaftlichkeitsrechnung in sozialen Einrichtungen. In: Bieker, R./Vomberg, E. (Hrsg.), S. 156-179
Helmig, B./ Purtschert, R. (Hrsg.) (2006): Nonprofit-Management. Beispiel für Best-Practices im Dritten Sektor. 2. Aufl. Wiesbaden
Hensen, G. (Hrsg.) (2006): Markt und Wettbewerb in der Jugendhilfe. Ökonomisierung im Kontext von Zukunftsorientierung und fachlicher Notwendigkeit. Weinheim/ München
Hensen, G./ Hensen, P. (Hrsg.) (2012): Gesundheits- und Sozialmanagement. Leitbegriffe und Grundlagen modernen Managements. Stuttgart
Hildemann, K. (2005): Diakonische Unternehmensführung zwischen Ethik- und Marktorientierung. In: Eurich, J. u. a. (Hrsg.), Soziale Institutionen zwischen Markt und Moral. Wiesbaden, S. 161-171

Hölzle, Ch. (2006): Personalmanagement in Einrichtungen der Sozialen Arbeit. Grundlagen und Instrumente. Weinheim/ München
Hörster, R./ Müller, B. (1996): Zur Struktur sozialpädagogischer Kompetenz – oder: Wo bleibt das pädagogische in der Sozialpädagogik? In: Combe, A./ Helsper, W. (Hrsg.), Pädagogische Professionalität. Untersuchungen zum Typus pädagogischen Handelns. Frankfurt/ Main, S. 614-648
Hofmann, B. (Hrsg.) (2008): Diakonische Unternehmenskultur. Handbuch für Führungskräfte. Stuttgart
Horak,, Ch./ Heimerl, P. (2007): Management von NPOs – Eine Einführung. In: Badelt, Ch. u.a. (Hrsg.), S. 167-177
Horak, Ch./ Matul, Ch./ Scheuch, F. (2007): Ziele und Strategien von NPOs. In: Badelt, Ch./ Meyer, M./ Simsa, R. (Hrsg.), S. 178-201
Hosemann, W./ Geiling,W. (2013): Einführung in die Systemische Soziale Arbeit. München/Basel
Jäger, U./ Beyes, T. (2008): Von der Kunst des Balancierens. Entwicklungen, Themen und Praktiken des Managements von Nonprofit-Organisationen. Bern/ Stuttgart/ Wien
Jarmai, H./ Zauner, A. (1997): NPO-Management. Perspektiven für ein eigenständiges Verständnis der Architektur und Führung. In: Schmitz, Ch./ Heitger, B./ Gester, P.-W. (Hrsg.), Managerie – 4. Jahrbuch, Heidelberg, S. 235-251
Kaiser, St./ Kozica, A. (2013): Organisationale Routinen. Ein Blick auf den Stand der Forschung. In: Organisationsentwicklung 1/2013, S. 15-18
Kaplan, R.S./ Norton, D.P. (1997): Balanced Scorecard. Strategien erfolgreich umsetzen. Stuttgart
Khalaf, A. (2012): Personalbemessung im bzw. für den ASD. In: Merchel, J. (Hrsg.) 2012a, S. 387-395
Kieser, A. (1996): Moden und Mythen des Organisierens. In: Die Betriebswirtschaft 1/1996, S. 20-39
Kieser, A./ Walgenbach, P. (2010): Organisation. 6. Aufl. Stuttgart
Kiessling, W./ Babel, F. (2011): Corporate Identity. Strategie nachhaltiger Unternehmensführung. 4. Aufl. Augsburg
Klatetzki, Th. (1998): Qualitäten der Organisation. In: Merchel, J. (Hrsg.), Qualität in der Jugendhilfe – Kriterien und Bewertungsmöglichkeiten. Münster, S. 61-75
Klatetzki, Th. (Hrsg.) (2010): Soziale personenbezogene Dienstleistungsorganisationen. Soziologische Perspektiven. Wiesbaden
Klausch, P./ Struck, N. (2010): Dachorganisationen der Sozialen Arbeit – eine Übersicht. In: Thole, W. (Hrsg.), Grundriss Soziale Arbeit. Ein einführendes Handbuch. 3. Aufl., Wiesbaden, S. 831-845
Klimecki, R.G./ Probst, G.J.B. (1990): Entstehung und Entwicklung der Unternehmenskultur. In: Lattmann, Ch. (Hrsg.), Die Unternehmenskultur: ihre Grundlagen und ihre Bedeutung für die Führung der Unternehmung. Heidelberg, S. 41-65
Klug, W. (2013): „Leitbildnerei" – Leitbildentwicklung in Einrichtungen der öffentlichen Sozialen Dienste. In: Strunk, A. (Hrsg.), S. 13-26
Knorr, F./ Offer, H. (1999): Betriebswirtschaftslehre – Grundlagen für die Soziale Arbeit. Neuwied/ Kriftel
Kolhoff, L./ Kortendieck, G. (2006): Personalmanagement und Personalwirtschaft. Baden-Baden
Korte, R.-J./ Drude, H. (2008): Führen von Sozialleistungsunternehmen. Konfessionelle Sozialarbeit und unternehmerisches Handeln im Einklang. Berlin
Kortendieck, G. (2009): Strategisches Management im Sozialen Bereich. Augsburg

Kortendieck, G. (2011): Marketing im Sozialen Bereich. Augsburg

Kortendieck, G. (2012): Strategisches Controlling. In: Hensen, G./ Hensen, P. (Hrsg.), S. 61-78

Kreft, D./ Mielenz, I. (Hrsg.) (2005): Wörterbuch Soziale Arbeit. 5. Aufl. Weinheim/ München

Krobath, Th. (2010): Zur Organisation ethischer Reflexionen in Organisationen. In: ders./ Heller, A. (Hrsg.), S. 543-583

Krobath, Th./ Heller, A. (Hrsg.) (2010): Ethik organisieren. Handbuch der Organisationsethik. Freiburg im Breisgau

Kromrey, H. (2000): Die Bewertung von Humandienstleistungen. Fallstricke bei der Implementations- und Wirkungsforschung sowie methodische Alternativen. In: Müller-Kohlenberg, H./ Münstermann K. (Hrsg.), Qualität von Humandienstleistungen. Evaluation und Qualitätsmanagement in Sozialer Arbeit und Gesundheitswesen. Opladen, S. 19-57

Krummacher, M. (2011): Quartiersmanagement in benachteiligten Stadtteilen. In: Dahme, H.-J./ Wohlfahrt, N. (Hrsg.), Handbuch Kommunale Sozialpolitik. Wiesbaden, S. 318-329

Krusche, B. (2008): Paradoxien der Führung. Aufgaben und Funktionen für ein zukunftsfähiges Management. Heidelberg

Kühl, St. (2011): Organisation. Eine sehr kurze Einführung. Wiesbaden

Kühl, W. (2007): Leistungsbezogene Bezahlung nach TVöD. Erste grundlegende Überlegungen zur Implementierung einer Leistungsbewertung in der Sozialen Arbeit. In: Sozialmagazin 5/2007, S. 12-23

Kühnlein, G./ Klein, B. (2011): Kommunale Bildungslandschaften. In: Dahme, H-J./ Wohlfahrt, N. (Hrsg.), S. 175-187

Küpper, W./ Felsch, A. (2000): Organisation, Macht und Ökonomie. Mikropolitik und die Konstitution organisationaler Handlungssysteme. Wiesbaden

Lang, R./ Haunert, F. (1997): Handbuch Sozial-Sponsoring. Grundlagen, Praxisbeispiele, Handlungsempfehlungen. Weinheim/ Basel

Lang, R./ Winkler, I./ Weik, E. (2001): Organisationskultur, Organisationaler Symbolismus und Organisationaler Diskurs. In: Weik, E./ Lang, R. (Hrsg.), Moderne Organisationstheorien. Bd. 1. Wiesbaden, S. 201-252

Langnickel, H./ Gabler, H. (o.J.): Qualität fängt im Vorstand an. Qualitätsentwicklung in der ehrenamtlichen Vorstandsarbeit. Hrsg.: Bundesministerium für Familie, Senioren, Frauen und Jugend. Reihe QS-Hefte Nr. 14). Bonn

Lex, T./ Gaupp, N./ Reißig, B./ Adamczyk, H. (2007): Übergangsmanagement: Jugendliche von der Schule ins Arbeitsleben lotsen. Handbuch aus dem Modellprogramm „Kompetenzagenturen". München/ Wiesbaden

Lichtsteiner, , H./ Gmür, M./ Giroud, Ch./ Schauer, R. (2013): Das Freiburger Management-Modell für Nonprofit-Organisationen. 7. neu bearbeitete Aufl. Bern

Litges, G./ Lüttringhaus, M./ Stoik, Ch. (2005): Quartiersmanagement. In: Kessl, F./ Reutlinger, Ch./ Mauerer, S./ Frey, O. (Hrsg.), Handbuch Sozialraum. Wiesbaden, S. 559-576

Lüders, Ch. (2006): Qualitative Evaluationsforschung – Was heißt hier Forschung? In: Flick, U. (Hrsg.), Qualitative Evaluationsforschung. Konzepte, Methoden, Umsetzungen. Reinbek bei Hamburg, S. 33-62

Macsenaere, M./ Esser, K. (2012): Was wirkt in der Erziehungshilfe? Wirkfaktoren in Heimerziehung und anderen Hilfearten. München/ Basel

Macsenaere, M./ Esser, K./ Knab, E./ Holler, St. (Hrsg.) (2014): Handbuch der Hilfen zur Erziehung. Freiburg

Maelicke, B. (2009): Unternehmensphilosophie, Leitbild, Corporate Identity. In: Arnold, U./ Maelicke, B. (Hrsg.), S. 718-729

Maelicke, B. (2013): Vollzugsmanagement. In: Grunwald, K./ Horcher, G./ Maelicke, B. (Hrsg.), S. 1091-1099

Maaser, W. (2010): Lehrbuch Ethik. Grundlagen, Problemfelder und Perspektiven. Weinheim/ München

Martin, E. (2007): Sozialpädagogische Berufsethik. Auf der Suche nach dem richtigen Handeln. 2. Aufl. Weinheim/ München

Matt, E. (2007): Integrationsplanung und Übergangsmanagement. Konzepte zu einer tragfähigen Wiedereingliederung von (Ex-)Strafgefangenen. In: Forum Strafvollzug. Zeitschrift für Strafvollzug und Straffälligenhilfe 1/2007, S. 25-31

Mayerhofer, H. (2003): Der Stellenwert Ehrenamtlicher als Personal in Nonprofit Organisationen. In: Eckardstein, D. von/ Ridder, H.-G. (Hrsg.), Personalmanagement als Gestaltungsaufgabe im Nonprofit und Public Management. München/ Mering, S. 97-118

Maykus, St. (2007): Lokale Bildungslandschaften – Entwicklung und Umsetzungsfragen eines (noch) offenen Projektes. In: Zeitschrift für Kindschaftsrecht und Jugendhilfe 7-8/2007, S. 294-303

Maykus, St./ Schone, R. (Hrsg.) (2010): Handbuch Jugendhilfeplanung. Grundlagen, Anforderungen und Perspektiven. 3. Aufl. Wiesbaden

Meinsen, St./ Diekmann. J. (2012): Wissensmanagement. In: Hensen, G./ Hensen, G. (Hrsg.), 231-249

Merchel, J. (2005a): Organisationsgestaltung in der Sozialen Arbeit. Grundlagen und Konzepte zur Reflexion, Gestaltung und Veränderung von Organisationen. Weinheim/ München

Merchel, J. (2005b): Strukturveränderungen in der Kinder- und Jugendhilfe durch die Ausweitung von Ganztagsangeboten für Schulkinder. In: Sachverständigenkommission Zwölfter Kinder- und Jugendbericht (Hrsg.), Materialien zum Zwölften Kinder- und Jugendbericht, Bd. 4: Kooperationen zwischen Jugendhilfe und Schule. München, S. 169-238

Merchel, J. (2007): Jugendamt und Organisationskultur: Gegen eine Vernachlässigung des Organisationskulturellen in der öffentlichen Jugendhilfe. In: Das Jugendamt 11/2007, S. 509-515

Merchel, J. (2008): Trägerstrukturen in der Sozialen Arbeit. Eine Einführung. 2. Aufl. Weinheim/ München

Merchel, J. (2010a): Evaluation in der Sozialen Arbeit. München/ Basel

Merchel, J. (2010b): Leiten in Einrichtungen der Sozialen Arbeit. (Bd. 5 der von M. Heiner herausgegebenen Reihe „Handlungskompetenzen in der Sozialen Arbeit") München/ Basel

Merchel, J. (2010c): Sozial- und Jugendhilfeplanung. In: Thole, W. (Hrsg.), Grundriss Soziale Arbeit. Ein einführendes Handbuch. 3. Aufl., Wiesbaden, S. 743-758

Merchel, J. (2010d): Leitung in der Sozialen Arbeit. Grundlagen der Gestaltung und Steuerung von Organisationen. 2. Aufl. Weinheim/ München

Merchel, J. (2011): Wohlfahrtsverbände, Dritter Sektor und Zivilgesellschaft. In: Evers, A./ Heinze, R.-G./ Olk, Th. (Hrsg.), S. 245-264

Merchel, J. (Hrsg.) (2012a): Handbuch Allgemeiner Sozialer Dienst (ASD). München/ Basel

Merchel, J. (2012b): Anforderungen und Belastungen der Fachkräfte im ASD. In: ders. (Hrsg.) 2012a, S. 368-378

Merchel, J. (2012c): Teamstrukturen und Leitung im ASD. In: ders. (Hrsg.) 2012a, S. 65-75

Merchel, J. (2013a): Qualitätsmanagement in der Sozialen Arbeit. Eine Einführung. 4. Aufl. Weinheim/ Basel

Merchel, J. (2013b): Qualität als Bezugspunkt für Steuerung? Zur Problematik qualitätsbezogener Steuerungserwartungen im Kinder- und Jugendhilferecht. In: Recht der Jugend und des Bildungswesens 1/2013, S. 18-33

Merchel, J. (2014): Die Bedeutung der Jugendhilfeausschüsse für die Hilfen zur Erziehung. In: Macsenaere, M. u.a. (Hrsg.), S. 329-335

Merchel, J./ Pamme, H./ Khalaf, A. (2012): Personalmanagement im Allgemeinen Sozialen Dienst. Standortbestimmung und Perspektiven für Leitung. Weinheim/ Basel

Merchel, J./ Reismann, H. (2004): Der Jugendhilfeausschuss. Eine Untersuchung über seine fachliche und jugendhilfepolitische Bedeutung am Beispiel NRW. Weinheim/ München

Merkens, H. (2011): Neoinstitutionalismus in der Erziehungswissenschaft. Opladen/ Farmington Hills

Messmer, H./ Schnurr, St. (2013): Managerialismus. In: Grunwald, K./ Horcher, G./ Maelicke, B. (Hrsg.), S. 639-641

Michel-Schwartze, B. (2007): Konzeptionsentwicklung als Steuerungsmethode. In: dies. (Hrsg.), Methodenbuch Soziale Arbeit. Basiswissen für die Praxis. Wiesbaden, S. 293-316

Moos, G. (2012): Risikomanagement. In: Hensen, G./ Hensen, P. (Hrsg.), S. 141-152

Moos, G./ Peters, A. (2008): BWL für soziale Berufe. Eine Einführung. München/ Basel

More-Hollerweger, E./ Rameder, P. (2013): Freiwilligenarbeit in Nonprofit-Organisationen. In: Simsa, R./ Meyer, M./ Badelt, Ch. (Hrsg.), S. 381-399

Morgan, G. (1997): Bilder der Organisation. Stuttgart

Nagel, R./ Oswald, M./ Wimmer, R. (1999): Das Mitarbeitergespräch als Führungsinstrument. Stuttgart

Nagel, R./ Wimmer, R. (2006): Systemische Strategie-Entwicklung. Modelle und Instrumente für Berater und Entscheider. 3. Aufl. Stuttgart

Naschold, F. (1999): Produktivität öffentlicher Dienstleistungen. In: ders./ Pröhl, M. (Hrsg.), Produktivität öffentlicher Dienstleistungen. Dokumentation eines wissenschaftlichen Diskurses zum Produktivitätsbegriff. Gütersloh

Neubauer, W./ Rosemann, B. (2006): Führung, Macht und Vertrauen in Organisationen. Stuttgart

Neuberger, O. (2002): Führen und führen lassen. Ansätze, Ergebnisse und Kritik der Führungsforschung. 6. Aufl. Stuttgart

Neumayr, M./ Schober, Ch./ Schneider, H. (2013): Spenden und Stiftungszuwendungen. In: Simsa, R./ Meyer, M./ Badelt, Ch. (Hrsg.), S. 4711-490

Nicolini, H.J. (2006): Finanzierung für Sozialberufe. Grundlagen – Beispiele – Übungen. Wiesbaden

Nikles, B.W. (2008): Institutionen und Organisationen der Sozialen Arbeit. Eine Einführung. München/ Basel

Nullmeier, F. (2011): Governance sozialer Dienste. In: Evers, A./ Heinze, R.G./ Olk, Th. (Hrsg.), S. 284-298

Oechler, M. (2009): Dienstleistungsqualität in der Sozialen Arbeit. Eine rhetorische Modernisierung. Wiesbaden

Oelerich, G./ Schaarschuch, A. (Hrsg.): Soziale Dienstleistungen aus Nutzersicht. Zum Gebrauchswert Sozialer Arbeit. München/ Basel

Olk, Th. (2011): Dienstleistungsbeziehungen: Bürger, Nutzer, Konsumenten und Koproduzenten. In: Evers, A./ Heinze, R.G./ Olk, Th. (Hrsg.), S. 482-498

Olk, Th./ Otto, H.-U. (Hrsg.) (2003): Soziale Arbeit als Dienstleistung. Grundlegungen, Entwürfe und Modelle. München/ Unterschleißheim

Ossadnik, W./ Barklage, D. (2002): Budgetierungsverfahren. In: Küpper, H.-U./ Wagenhofer, A. (Hrsg.), Handwörterbuch Controlling und Unternehmensrechnung. Stuttgart, S. 241-250

Otto, H.-U. (2007): What works? Zum aktuellen Diskurs um Ergebnisse und Wirkungen im Feld der Sozialpädagogik und Sozialarbeit – Literaturvergleich nationaler und internationaler Diskussion, Berlin (Arbeitsgemeinschaft für Jugendhilfe AGJ)

Otto, H.-U./ Polutta, A./ Ziegler, H. (Hrsg.) (2010): What works – Welches Wissen braucht die Soziale Arbeit? Zum Konzept evidenzbasierter Praxis. Opladen/ Farmington HIlls

Otto, H.-U./ Thiersch, H. (Hrsg.) (2011): Handbuch Soziale Arbeit. 4. völlig neu bearbeitete Auflage. München/ Basel

Otto, H.-U./ Ziegler, H. (2011): Managerialismus. In: Otto, H.-U./ Thiersch, H. (Hrsg.), 901-911

Pamme, H. (2012): Personalentwicklung im ASD. In: Merchel, J. (Hrsg.) 2012a, S. 396-404

Pamme, H./ Merchel, J. (2014): Personalentwicklung im Allgemeinen Sozialen Dienst (ASD). Konzeptionelle Herangehensweisen und Arbeitshilfen. Berlin

Peter, C. (2010): Neo-Institutionalismus und Soziale Arbeit. In. Zeitschrift für Sozialpädagogik 2/2010, S. 156—168

Petry, U. (2013): Die Last der Arbeit im ASD. Belastungen und Entlastungen in der Sozialen Arbeit. Weinheim/ Basel

Pfaff, D. (2002): Budgetierung. In: Küpper, H.-U./ Wagenhofer, A. (Hrsg.), Handwörterbuch Controlling und Unternehmensrechnung. Stuttgart, S. 231-241

Pohlmann, M./ Markova, H. (2011): Soziologie der Organisation. Eine Einführung. Konstanz/ München

Pracht, A. (2013): Betriebswirtschaftslehre für das Sozialwesen. Eine Einführung in betriebswirtschaftliches Denken im Sozial- und Gesundheitsbereich. 3. Aufl. Weinheim

Preisendörfer, P. (2011): Organisationssoziologie. Grundlagen, Theorie und Problemstellungen. 3. Aufl. Wiesbaden

Projekt eXe (Hrsg.) (2008): Kollegiale Fremdevaluation in der Kinder- und Jugendhilfe. Perspektiven für ein neues Konzept. München (Deutsches Jugendinstitut)

Puch, H.-J. (1994): Organisation im Sozialbereich. Eine Einführung für soziale Berufe. Freiburg Im Breisgau

Reber, J. (2013): Christlich-spirituelle Unternehmenskultur. Stuttgart

Reifenhäuser, C./ Reifenhäuser, O. (Hrsg.) (2013): Praxishandbuch Freiwilligenmanagement. Weinheim/ Basel

Reinbacher, P. (2009): Gewissensmanagement in Organisationen: Möglichkeiten im Umgang mit Corporate Social Responsibility. Wiesbaden

Rosenstiel, L. von (2009): Grundlagen der Führung. In: ders./Regnet, E./ Domsch, M.E. (Hrsg.), Führung von Mitarbeitern. Handbuch für erfolgreiches Personalmanagement. 6. Aufl., Stuttgart, S. 3-27

Sanders, K./ Kianty, A. (2006): Organisationstheorien. Eine Einführung. Wiesbaden

Santen, E. van/ Seckinger, M. (2003): Kooperation: Mythos und Realität einer Praxis. Eine empirische Studie zur interinstitutionellen Zusammenarbeit am Beispiel der Kinder- und Jugendhilfe. München

Santen, E. van/ Seckinger (2005): Fallstricke im Beziehungsgeflecht: die Doppelebenen interinstitutioneller Netzwerke. In: Bauer, P./ Otto, U. (Hrsg.), S. 201-219

Santen, E. van/ Seckinger, M. (2012): Kooperation im ASD. In: Merchel, J. (Hrsg.) (2012a), S. 341-356

Schaefers, Ch. (2002): Der soziologische Neo-Institutionalismus. Eine organisationstheoretische Analyse- und Forschungsperspektive auf schulische Organisationen. In: Zeitschrift für Pädagogik 6/2002, S. 835-855

Schein, E. (2003): Organisationskultur – „The Ed Schein Corporate Culture Guide". Edition Humanistische Psychologie (EHP). Bergisch Gladbach

Schellberg, K. (2012): Rechnungswesen in sozialen Unternehmen. In: Hensen, G./ Hensen, P. (Hrsg.), S. 39-59

Scheuch, F. (2008): Marketing für NPO's. In: Badelt, Ch./ Meyer, M./ Simsa, R. (Hrsg.), S. 258-272

Schiersmann, Ch./ Thiel, H.-U. (2009): Organisationsentwicklung. Prinzipien und Strategien von Veränderungsprozessen. Wiesbaden

Schmidt-Grunert, M. (1996): Die „BWL-isierung" als Hoffnungsträger der Sozialen Arbeit: eine unangemessene und unrealistische Einschätzung des „gesellschaftlichen Ansehens" der Sozialen Arbeit. In: Sozialmagazin 4/1996, S. 30-44

Schneider, A. (2010): Soziales Managen. Schwalbach/ Ts.

Schneider, J./ Minnig, Ch./ Freiburghaus, M. (2007): Strategische Führung von Nonprofit-Organisationen. Bern/ Stuttgart/ Wien

Schreyögg, A. (2010a): Supervision. Ein integratives Modell. 5. Aufl. Wiesbaden

Schreyögg, A. (2010b): Coaching für eine neu ernannte Führungskraft. 2. Aufl. Wiesbaden

Schreyögg, A. (2012): Coaching. Eine Einführung für Praxis und Ausbildung. 7. Aufl. Frankfurt/ New York

Schreyögg, G. (1998): Strategische Diskurse: Strategieentwicklung im organisatorischen Prozess. In: Organisationsentwicklung 4/1998, S. 32-43

Schreyögg, G. (2003): Organisation Grundlagen moderner Organisationsgestaltung. 4. Aufl. Wiesbaden

Schreyögg, G./ Koch, J. (2010): Grundlagen des Managements. Basiswissen für Studium und Praxis. 2. Aufl. Wiesbaden

Schubert, H. (2005a): Netzwerkmanagement. In: ders. (Hrsg.), Sozialmanagement. Zwischen Wirtschaftlichkeit und fachlichen Zielen. 2. Aufl., Wiesbaden, S. 187-209

Schubert, H. (2005 b): Controlling als Assistenz im Steuerungsprozess. In: ders. (Hrsg.), Sozialmanagement. Zwischen Wirtschaftlichkeit und fachlichen Zielen. 2. Aufl., Wiesbaden, S. 211-235

Schubert, H. (Hrsg.) (2008): Netzwerkmanagement. Koordination von professionellen Vernetzungen. Wiesbaden

Schwarz, P. (1996): Management-Brevier für Nonprofit-Organisationen. Bern/ Stuttgart/ Wien

Scott, W.R. (1986): Grundlagen der Organisationstheorie. Campus, Frankfurt/ New York

Seckinger, M. (2012): Kooperation trotz Konkurrenz. Zusammenarbeit von freien Trägern in widrigen Umwelten. Oder: das Marktprinzip ist nicht geeignet, ein System wie die Kinder- und Jugendhilfe zu steuern. In. Sozialmagazin 10/2012, S. 26-32

Seithe, M. (2012): Schwarzbuch Soziale Arbeit. 2. Aufl. Wiesbaden

Seliger, R. (2013): Das Dschungelbuch der Führung. Ein Navigationssystem für Führungskräfte. 4. Aufl. Heidelberg

Simon, F.B. (2007): Einführung in die systemische Organisationstheorie. Heidelberg

Simsa, R. (2001): Einflussstrategien von Non-Profit-Organisationen: Ausprägungen und Konsequenzen für das Personalmanagement. In: Zeitschrift für Personalforschung 3/2001, S. 284-305

Simsa, R. (2007): NPOs und die Gesellschaft. In: Badelt u.a. (Hrsg.), S. 120-140

Simsa, R./ Meyer, M./ Badelt, Ch. (Hrsg.) (2013): Handbuch der Nonprofit-Organisation. Strukturen und Management. 5. Aufl. Stuttgart

Simsa, R./ Patak, M (2008): Leadership in Nonprofit-Organisationen. Die Kunst der Führung ohne Profitdenken. Wien

Simsa, R./ Steyrer, J. (2013): Führung in NPOs. In: Simsa, R./ Meyer, M./ Badelt, Ch. (Hrsg.), S. 359-377

Spiegel, H. von (2013): Methodisches Handeln in der Sozialen Arbeit. 5. Aufl. München/ Basel

Stäger, R./ Salcher, M. (2006): NPO's erfolgreich führen. Handbuch für Nonprofit-Organisationen in Deutschland, Österreich und Schweiz. Stuttgart

Staehle, W. (1999): Management. 8. Aufl. München

Steinmann, H. /Schreyögg, G. (2005): Management. Grundlagen der Unternehmensführung. 6. Aufl. Wiesbaden

Stockmann, R. (Hrsg.): Evaluationsforschung: Grundlagen und ausgewählte Forschungsfelder. 3. Aufl. Münster u.a.

Stoll, B. (2013): Balanced Scorecard für Soziale Organisationen. Qualität und Management durch strategische Steuerung. 3. Aufl. Regensburg

Strunk, A. (Hrsg.) (2013): Leitbildentwicklung und systemisches Controlling. Baden-Baden

Sturzenhecker, B./ Deinet, U. (Hrsg.) (2007): Konzeptentwicklung in der Kinder- und Jugendarbeit. Reflexionen und Arbeitshilfen für die Praxis. Weinheim/ München 2007

Titscher, St./ Mayrhofer, W./ Meyer, M. (2010): Zur Praxis der Organisationsforschung. In: dies. (Hrsg.), Praxis der Organisationsanalyse. Wien, S. 17-44

Trendel, M. (2008): Praxisratgeber Persönliches Budget. Mehr Selbstbestimmung für behinderte Menschen. Regensburg/ Berlin

Urban-Stahl, U./ Jahn, N. (2014): Beschwerdeverfahren in Einrichtungen der Kinder- und Jugendhilfe. München/ Basel

Urselmann, M. (2009): Fundraising. In: Arnold, U./ Maelicke, B. (Hrsg.), S. 525-549

Urselmann, M. (2014): Fundraising. Professionelle Mitteelbeschaffung für steuerbegünstigte Organisationen. 6. Aufl. Wiesbaden

Vaudt, S./ Rasche, S. (2011): Professionalisierung des Controllings in der Behindertenhilfe: Verfeinerung der Kostenrechnung nach Einführung des Persönlichen Budgets. In: Langer, A./ Schröder, A. (Hrsg.), Professionalisierung im Nonprofit Management. Wiesbaden, S. 229-248

Vilain, M. (2006): Finanzierungslehre für Nonprofit-Organisationen. Zwischen Auftrag und ökonomischer Notwendigkeit. Wiesbaden

Vilain, M. (2010): Das Leitbild – Managementinstrument für die Sozialwirtschaft in Alltag und Krise. In: Reiss, Ch. (Hrsg.), Steuerung von Sozial- und gesundheitsunternehmen. Baden-Baden, S. 125-140

Voswinkel, St. (2004): Kundenorientierung. In: Bröckling, U./ Krasmann, S./ Lemke, Th. (Hrsg.), Glossar der Gegenwart. Frankfurt/ Main, S.145-151

Walgenbach, P. (2002): Institutionalistische Ansätze in der Organisationstheorie. In: Kieser, A. (Hrsg.), Organisationstheorien. 5. Aufl., Stuttgart, S. 319-353

Wehrling, U. (2013): Leistungsorientierte Vergütung – Krise oder Chance für die Soziale Arbeit? In: Böllert, K./ Alfert, N./ Humme, M. (Hrsg.), Soziale Arbeit in der Krise. Wiesbaden, S. 141-157

Weick, K.E. (1995): Der Prozess des Organisierens. Frankfurt/ Main (erste deutsche Ausgabe: Frankfurt/ Main 1985)

Weick, K.E./ Sutcliffe, K.M. (2003): Das Unerwartete managen. Wie Unternehmen aus Extremsituationen lernen. Stuttgart

Wex, Th. (2003): Die Strategie erwerbswirtschaftlicher Ökonomisierung. Eine Kritik und ein Plädoyer für eine genuine Nonprofit-Ökonomik. In: Arbeitskreis Nonprofit-Organisationen (Hrsg.), Mission Impossible? Strategien im Dritten Sektor. Frankfurt/ M., S. 42-67

White, V. (2000): Profession und Management. Über Zwecke, Ziele und Mittel in der Sozialen Arbeit. In: Widersprüche, Heft 77, S. 9-27

Wiater, W. (2007): Wissensmanagement. Eine Einführung für Pädagogen. Wiesbaden

Wienemann, E. (2012): Betriebliches Gesundheitsmanagement. In: Hensen, G./ Hensen, P. (Hrsg.), S. 175-194

Willke, H. (2007): Einführung in das systemische Wissensmanagement. 2. Aufl. Heidelberg

Wimmer, R. (2009): Führung und Organisation – zwei Seiten ein und derselben Medaille. In: Revue für postheroisches Management, Heft 4, S. 20-33

Wimmer, R./ Meissner, J.O./ Wolf, P. (Hrsg.) (2009): Praktische Organisationswissenschaft. Lehrbuch für Studium und Beruf. Heidelberg

Wimmer, R./ Nagel, R. (2000): Der strategische Managementprozess – zur Praxis der Überlebenssicherung in Unternehmen. In: Organisationsentwicklung 1/2000, S. 4-19

Wimmer, R./ Schumacher, Th. (2009): Führung und Organisation. In: Wimmer, R. et al., S. 169-193

Wöhrle, A. (2013a): Mit welchen Begriffen des Managements argumentieren wir? In: Kölner Journal – wissenschaftliches Forum für Sozialwirtschaft und Sozialmanagement 1/2013, S. 34-59

Wöhrle, A. (2013b): Sozialmanagement und Management in der Sozialwirtschaft. In: Wöhrle, A. u.a. (Hrsg.), S. 191-233

Wöhrle, A./ Beck, R./Grunwald, K./Schellberg, K./ Schwarz, G./ Wendt W.R. (2013): Grundlagen des Managements in der Sozialwirtschaft. Baden-Baden

Ziegler, H. (2006): Evidenzbasierte Soziale Arbeit. Über managerielle PraktikerInnen in neo-bürokratischen Organisationen. In: Schweppe, C./ Sting, S. (Hrsg.), Sozialpädagogik im Übergang. Neue Herausforderungen für Disziplin und Profession. Weinheim/ München, S. 139-155